全国统一电力市场建设与运营

北京电力交易中心 编著

中国电力出版社
CHINA ELECTRIC POWER PRESS

内 容 提 要

为全面推进全国统一电力市场建设，及时总结我国电力市场改革成果与实践经验，北京电力交易中心组织编写了《全国统一电力市场建设与运营》，系统梳理电力市场的基础理论和国际经验，深入介绍我国电力市场的运营实践，旨在为电力市场相关人员提供全面参考，服务全国统一电力市场建设。

本书共分为12章。第1章阐述了电力市场的基本概念、理论框架与体系架构；第2章分析了国外典型电力市场的发展模式与实践经验；第3章回顾了我国电力市场改革历程，总结了全国统一电力市场建设成效，并展望了未来趋势与挑战；第4~12章聚焦全国统一电力市场运营实践，深入解析市场注册、交易、结算、信息披露、运营监测、风险防控、平台技术等核心环节。

本书兼具理论性与实践性，既可作为电力市场体系设计、科学研究、技术开发、市场运营以及教学人员培训使用，也可供发电企业、售电公司、电力用户等市场经营主体学习参考。

图书在版编目（CIP）数据

全国统一电力市场建设与运营 / 北京电力交易中心编著. -- 北京：中国电力出版社，2025. 6（2025.7重印）. -- ISBN 978-7-5239-0193-9

Ⅰ. F426.61

中国国家版本馆 CIP 数据核字第 2025NK6029 号

出版发行：中国电力出版社
地　　址：北京市东城区北京站西街 19 号（邮政编码 100005）
网　　址：http://www.cepp.sgcc.com.cn
责任编辑：石　雪　孙世通　高　畅
责任校对：黄　蓓　郝军燕
装帧设计：张俊霞
责任印制：钱兴根

印　　刷：北京瑞禾彩色印刷有限公司
版　　次：2025 年 6 月第一版
印　　次：2025 年 7 月北京第二次印刷
开　　本：787 毫米×1092 毫米　16 开本
印　　张：22.75
字　　数：368 千字
定　　价：128.00 元

编 委 会

主　任　谢　开

副主任　常　青　　曹瑛辉　　庞　博　　李　竹
　　　　缪　静　　李增彬

委　员　张圣楠　　张　显　　汤洪海　　刘　硕
　　　　周　琳　　谢　文　　王　琪　　何显祥
　　　　徐　亮

编 写 组

组　长　李增彬

副组长　李国栋

成　员　解力也　　郭艳敏　　谢　毅　　范孟华
　　　　郭鸿业　　张玉振　　赵鹏飞　　蒋　宇
　　　　陈礼频　　韩照晶　　刘　学　　石梦舒
　　　　冯树海　　黄春波　　程海花　　马秋阳
　　　　董晓亮　　梁赫霄　　金一丁　　史　昕
　　　　张　硕　　顾宇桂　　董　荞　　王国阳
　　　　吕　琛　　孙庆凯　　龙苏岩　　黄子蒙

Preface | 序 言

全面完善市场运营体系
加快推进全国统一电力市场建设

党的二十届三中全会明确提出要深化能源管理体制改革,加快建设全国统一电力市场,将全国统一电力市场建设摆在构建全国统一大市场的突出位置。自以中发〔2015〕9 号文为标志的新一轮电力体制改革启动以来,我国电力市场建设走过了不平凡的十年征程。在党中央、国务院的坚强领导下,电力行业锐意进取、攻坚克难,市场改革实践取得了显著成效,全国统一电力市场的总体架构已基本形成,市场功能体系持续完善,在保障国家能源安全、促进能源绿色低碳转型、稳定社会经济运行等方面发挥了不可替代的关键作用。

"统一市场、两级运作"市场体系基本形成,省间市场有效落实国家能源战略,促进资源大范围优化配置和余缺互济,省内市场确保本省电力电量平衡,保障电力可靠供应。市场机制不断完善,形成包含电能量、辅助服务、绿电绿证、容量补偿等较为完备的市场体系,初步实现中长期市场带曲线连续运营,国家电网经营区省间现货市场和山西、山东、甘肃、湖北省级现货市场转入正式运行。市场规模快速增长,2024 年底国家电网经营区注册市场主体超 65 万家,是 2015 年新一轮电改之初的 23 倍;2024 年市场化交易电量首超 5 万亿千瓦时,是 2015 年的 7.3 倍,年均增长 25%,终端用户售电量中市场化电量比重达到 75%。

电力市场服务电力安全保供的作用有效发挥,2024 年省间交易电量首次突破

1.5 万亿千瓦时，度夏期间高峰时段跨区中长期交易电力占比 96%，充分发挥保供压舱石作用。省间现货有效响应短时供需变化，促进余缺互济。山西、山东、甘肃等省常态化开展中长期 D-2 日连续交易，中长期与现货在交易周期、价格信号等方面充分衔接，共同引导供需协同。新能源发展与消纳水平显著提升，2024 年，新能源市场化交易电量占比首超 50%。自开市以来，绿电交易累计 2188 亿千瓦时，绿证交易累计 2.01 亿张，助力北京 2022 年冬奥会、2023 年杭州亚运会实现首次 100%绿色电力供应。探索适应新型电力系统的市场交易机制，创新多年期绿电交易（PPA），试点沙戈荒大基地联营交易、分布式光伏入市等新模式。

十年的改革实践，不仅构建了市场体系的基本骨架，更积累了宝贵的经验，锤炼了市场运营的能力，为全国统一电力市场的最终建成奠定了坚实基础。

我国能源资源禀赋与负荷中心呈逆向分布，远距离、大范围优化配置资源是必然选择。特别在能源加速转型背景下，出现以下新特点：一方面受新能源预测难、波动大等特性影响，传统送电省"丰枯急转"，保供应与保消纳相互交织；另一方面受能耗双控、国际贸易等政策影响，各地绿色电力消费需求快速增长，绿电供给结构性不足矛盾突出。因此，亟需加快推动全国统一电力市场建设，畅通资源流动，实现大范围灵活配置。

新型电力系统建设纵深推进，电力安全保供面临更为严峻复杂的局面。在负荷侧，电力系统负荷尖峰化特征日益明显，日内调峰幅度占总负荷比例可达 50%以上；在电源侧，国家电网经营区新能源装机占比超过 40%，日内最大波动达到 3.3 亿千瓦。系统顶峰和调节面临巨大压力，仍存在时段性、局部性供需紧张，要求充分发挥市场调配资源的效能，一方面依托大电网构建大市场，着力提升交易灵活性，促进电力大范围余缺互济；另一方面积极引导负荷侧资源聚合参与市场，激发调节潜能，促进供需互动。

新能源的跃升式发展给系统消纳与运行带来巨大挑战。2024 年国家电网经营区新增新能源装机 2.67 亿千瓦，累计达到 11.38 亿千瓦，超过火电成为第一大电源，需要进一步发挥市场机制作用，服务新旧动能转换，促进新能源高质量发展：一是通过市场价格信号有效引导供需协同，扩大消纳空间；二是充分体现新能源绿色价值，稳定发电企业收益；三是科学合理引导新能源投资和布局，助力产业健康发展；四是促进调节能力建设，更好保障清洁低碳转型。

新模式、新业态需要市场机制激发创新动能和活力。新型电力系统下新型储能、电动汽车、源网荷储一体化、虚拟电厂等各类新型主体涌现。新型主体是新质生产力的重要方面，也是新型电力系统的重要特征，其快速发展既对系统承载提出了更高要求，又给系统调节带来了潜在机遇。需要加快构建与新型主体特征相适应的市场机制，引导其在促进能源转型、保障电力供给中发挥积极作用，同时培育良好商业模式，促进技术进步和新质生产力发展。

面对新形势、新要求，我们必须以更大的决心、更实的举措，聚焦关键领域，加快推进全国统一电力市场建设，为构建新型电力系统、实现"双碳"目标提供强大的市场引擎。

强化各交易品种一体化运营，提升市场效能。全面推动中长期交易连续运营全覆盖，提升中长期交易灵活性与流动性，为市场主体灵活响应供需变化提供手段；实现省级现货市场全覆盖，保障短时电力平衡；推动辅助服务作用有效发挥，助力电网安全运行；创新爬坡、惯量、区域备用共享等交易品种，服务新型电力系统运行需求；探索容量市场建设，保持系统容量充裕。

强化多层次市场协同运行，扩大市场范围。推进省间省内市场融合，持续完善跨省跨区交易机制；进一步推动建立跨经营区中长期、现货市场常态化协同运营机制，促进全国范围电力资源优化配置；努力扩大长三角等区域内省间交易规模，充分发挥余缺互济作用；推动省级市场标准化建设。在坚持分省平衡的基础上，两级市场联合出清，推动解决市场主体在省间省内市场差异化报价、选择性参与等问题，提升资源优化配置效率。

坚持安全底线和市场化方向，创新市场机制。加快建立完善适应新型电力系统的电力市场机制，服务新能源全面入市；不断完善沙戈荒大基地参与市场机制，服务大基地平稳运行和新能源消纳；细化完善分布式、新型主体聚合交易机制，引导分布式、虚拟电厂、源网荷储一体化项目等以聚合方式参与市场；推动出台碳核算相关规则，充分纳入绿电减排贡献度，进一步激发绿色消费；全面推广多年期绿电交易（PPA）和绿电消费核算认证，扩大省间省内绿电供给。

完善市场规则与风险防控体系，夯实市场建设基础。实现全国基础性交易规则和技术标准规范统一，为建设全国统一电力市场奠定坚实规则基础；强化市场运营监测与风险防控，及时洞察市场风险；完善价格机制，研究适应新型电力系统和全国统一电力市场的输配电价体系;完善转型成本疏导机制,设计反映调节能力建设、系统运营支撑等成本的市场机制,分类疏导系统转型成本,实现合理共担的可持续发展模式。

建设全国统一电力市场,是一项承载着时代使命、关乎能源转型全局和行业高质量发展的复杂系统工程。在全国统一电力市场体系初步建成的关键之年,系统梳理全国统一电力市场建设与运营实践,对于凝聚共识、汇聚合力,推动电力市场建设行稳致远,具有极其重要的意义。本书汇聚了众多研究者、实践者的深入思考和宝贵经验,期望为全国统一电力市场建设贡献绵薄之力。

我们坚信,在党中央的坚强领导下,通过持续深化改革、锐意创新,一个统一开放、竞争有序、安全高效、清洁低碳的全国统一电力市场必将全面建成,为构建新型能源体系、建设美丽中国、实现中华民族的伟大复兴注入磅礴的绿色动能!

谢 开

2025 年 6 月

Foreword | 前　言

　　电力市场是现代能源体系的重要组成部分，是实现电力资源优化配置、促进可再生能源消纳、推动能源绿色低碳转型的关键机制。随着我国能源革命的深入推进和"双碳"目标的提出，构建全国统一电力市场已成为深化电力体制改革的核心任务。近年来，我国电力市场建设步伐加快，市场交易规模持续扩大，市场机制不断完善，但仍面临多层次电力市场协同运行、多交易品种协同互补、新能源入市机制待完善、系统灵活调节潜力仍需激发等诸多新的挑战。在此背景下，全面梳理电力市场的基本理论、国际经验、国内实践及未来发展方向，对于推动全国统一电力市场的高质量建设与运营具有重要意义。

　　本书立足于我国电力市场改革与发展的实际需求，概要性介绍了电力市场的基础理论和典型电力市场经验，重点围绕我国统一电力市场的建设实践和运营关键环节进行详细介绍。全书共分为12章。第1章介绍电力市场的基本理论，包括基本概念、经济学原理、电力市场体系结构、出清定价原理等，为后续章节奠定理论基础；第2章分析国外典型电力市场的实践经验，涵盖欧美成熟市场的运行模式，提炼可借鉴的经验与启示；第3章梳理我国统一电力市场的发展历程，总结电力市场改革成效，并展望未来发展趋势与挑战；第4～12章聚焦全国统一电力市场运营的核心环节，包括电力市场注册、电力市场交易、市场结算、绿电及绿证交易、零售市场交易、市场信息披露、运营监测分析及评价、市场风险防控以及交易平台建设等，全面解析全国统一电力市场运营的机制设计、组织流程、出清方法、结算机制以及交易平台支撑关键技术等。部分章节采用了案例说明的方式，便于读者详细了解市场运营的具体细节和计算过程，为读者提供了市场组织和市场参与两个层面的实操指导。

本书是国内首部全面介绍全国统一电力市场建设与运营实践的综合性书籍，涵盖了基础理论、国外经验、我国电力市场建设实践等。内容方面，在市场范围上覆盖了批发市场和零售市场，在市场层级上覆盖了省间市场和省级市场，在周期维度上覆盖了年、月、多日中长期交易和日前、日内、实时现货交易，在交易品种上覆盖了电能量、辅助服务、绿电绿证等交易，在运营流程上覆盖了市场注册、交易组织、市场结算、信息披露、运营监测分析评价、风险防控等事前、事中和事后的全业务环节。本书理论与实践相结合，是一部了解我国电力市场建设与运营实践的基础性书籍。

本书旨在为电力市场从业人员、研究人员及教学人员提供系统、实用的参考，助力加快推进全国统一电力市场建设与运营，力图为我国电力市场的高质量发展贡献绵薄之力。由于电力市场改革仍在动态演进，本书介绍的内容可能存在一定的时效局限，书中涉及的政策、机制等一般更新至 2025 年 3 月，涉及的统计数据一般更新至 2024 年底，敬请读者关注。

本书由北京电力交易中心牵头组织，中国电科院、国网能源院、清华大学及山西、山东、上海、江苏、四川电力交易中心等单位参与编写，并于 2024 年 12 月、2025 年 2 月、2025 年 4 月分别在上海、北京、山西开展了线下集中编写、集中审稿工作，全书的统稿由中国电科院协助完成。本书第 1 章和第 2 章由清华大学编写；第 3 章由国网能源院编写；第 4 章和第 7 章由山东电力交易中心编写；第 5 章由中国电科院、山西电力交易中心、国网能源院合作编写；第 6 章由中国电科院编写；第 8 章、第 10 章由上海电力交易中心编写；第 9 章由四川电力交易中心编写；第 11 章由江苏电力交易中心编写；第 12 章由山西电力交易中心编写。

本书编写过程中，得到了众多专家、学者和业界同仁的支持与指导，部分发电企业、售电公司、高校专家为本书提供了很好的建议和意见，在此表示衷心感谢！另外本书也参考和借鉴了国内外电力市场的研究著作和实践成果，特此感谢！市场理论在不断创新，市场实践在不断探索，我们将持续完善书稿内容，期待得到各方指导。

由于时间仓促和编写人员水平有限，疏漏之处在所难免，恳请读者批评指正。

编　者

2025 年 6 月

Contents | 目 录

1 电力市场基本理论

电力市场是电力系统运行经济性的客观载体，也是新型电力系统高效、灵活、经济运行的核心机制。电力市场通过市场化手段优化电力资源配置，促进发电、输电和用电的高效协同。随着能源结构加速转型和技术迭代升级，电力市场的理论体系不断演进，已逐步构建起多时间尺度协同、多交易品种互补、多空间层级联动的复合型市场架构，有效支撑了新型电力系统在安全运行、经济调度和绿色发展等方面的多元化需求。本章将从电力市场基本概念出发，结合电力市场基本经济学理论，系统性阐述电力市场的体系结构和核心机制，为深入理解电力市场的设计与运营奠定理论基础。

1.1 电力市场基本概念

掌握电力市场的概念是理解其运行机制和设计逻辑的基础。明确电力市场的核心内涵和基本特征，可以更好地把握其在促进电力资源优化配置、提升电力运行效率以及推动能源转型中的重要作用。本节将围绕电力市场的定义、基本特征及其作用展开介绍。

1.1.1 电力市场定义及基本特征

广义的电力市场是电力生产、传输、销售和使用关系的总和。狭义的电力市场是指购售双方通过市场竞争的方式对电能及相关产品进行交易并确定价格和数量的机制。从交易品种上，电力市场可分为电能量市场、辅助服务市场、容量市场等；从时间尺度上，电力市场可分为中长期市场、现货市场等；从市场性质上，电力市场可分为物理市场和金融衍生品市场等；根据交易组织层级和对手方，电力市场可以分为批发市场和零售市场。

电力市场本质是打破管制下的自然垄断或由政府主管部门配置电力资源的模式，还原电能商品属性，让市场机制发挥资源配置的作用，通过市场竞争发现价格，以价格引导电力分时分区的供需平衡和电力行业投资，提升行业的整体经济效率。

然而，电力市场与普通商品市场有显著区别。与普通商品相比，电能商品具有显著不同的特性，主要表现在以下几个方面：

（1）电能商品需实时平衡，无法大规模存储。电能的生产、传输和消费几乎是同步完成的，这使得电能商品无法像其他商品一样被大规模存储。虽然近年来抽水蓄能和储能技术取得了积极进展，但其规模和经济性尚不足以根本性地改变这一局面。因此，电力市场仍是基于电能供需关系实时平衡的市场。

（2）电能商品受电网运行的诸多物理约束。电力系统运行受到基尔霍夫定律、输电线路热稳极限、系统运行方式等诸多物理约束影响。物理上，用户与发电方之间并非"点对点"的供应关系，每个节点的发用电功率变化，都会引起系统内多个节点的共同关联调节，并改变线路潮流。电力市场建设与运营，以电力系统运行为基础，需要考虑电力系统运行的物理约束。

（3）电能商品的需求波动性复杂。用电需求随时间、季节和天气的变化而不断波动。白天的用电需求通常高于夜晚，夏季和冬季的用电需求往往高于春秋季节，极端天气（如酷暑或寒潮）还可能导致用电负荷在短时间内大幅攀升。在电能需求频繁变化过程中，机组启停计划和功率大小也在随之变化，使得系统中的边际机组成本，亦即电能生产的边际成本也在随之快速变化，这也加剧了电力市场运营的复杂度。

1.1.2 电力市场作用

电力市场通过价格信号引导发电、用电和储能行为，在提高系统效率、优化资源配置、推动能源转型等方面发挥着积极的作用。

（1）提高发电效率，降低用能成本。传统公共事业电力公司的垂直垄断地位一定程度上遏制了电力系统运营效率的提升，低效率导致的成本最终转嫁至电力用户。除此之外，垂直垄断运营模式下受政府管制也无法根据其生产成本的变化进行灵活的定价。而电力市场可以实现高效发电资源对于低效发电资源的优胜劣汰，提高电力行业的整体经济效率，从而降低用户用能成本。

（2）发现价格信号，优化资源配置。电力市场通过供需关系来确定电力价格，能够准确地反映电力商品的稀缺程度和边际成本。现货市场的出清电价既能够体现电能的时间价值，反映不同时刻下的供需关系，又能够体现电能的空间价值，反映不同地理位置的价格信号，进而引导发用两侧资源的时空合理配置。

（3）保障电力供应，推动能源转型。电力市场通过价格信号动态匹配供需，激励发电侧灵活调峰和用户侧需求响应，提升电力系统的供应可靠性。电力市场通过更广范围、更多周期的资源配置，强化了电力供应的保障能力。电力市场通过绿电交易、绿证交易等机制，引导资金流向新能源领域，加速清洁能源替代化石能源。另外，电力市场通过辅助服务市场和容量充裕性机制，进一步保障了电力系统的安全稳定经济运行。

1.2　电力市场经济学理论

经济学理论是电力市场设计与运行的基础。通过引入供需关系、市场均衡、边际成本定价等基本经济学概念，可以更清晰地理解电力市场的价格形成机制和资源优化配置原理。本节将重点梳理与电力市场密切相关的经济学核心理论，为分析市场行为和政策设计提供必要的理论支撑。

1.2.1　市场主体模型

市场是由某种商品或服务的买方和卖方组成的群体。"供给"和"需求"是买卖双方在市场中相互作用时意愿与能力的体现。本节将分别介绍消费者模型和生产者模型，分析其市场交易的行为原理。

1.2.1.1　消费者模型

1. 需求曲线

需求曲线是指某种商品的需求量随着该商品的价格变化而变化的关系曲线。假设消费者的收入与其他商品的价格均保持不变，根据价格不同时对应的不同需求，可以绘制横轴为数量、纵轴为价格的需求曲线，如图 1-1 所示，直观地描述消费者愿意为购买商品所承担价格之间的关系。

对于完全理性的消费者，消费者需求曲线本质上反映了其边际支付意愿。对于单个消费者，由于报价行为是不连续的，需求曲线呈现出分段形式。但对于数量规模足够大的消费者，将其分段式需求曲线汇总，商品价格与消费者需求关系呈现为连续需求函数曲线。

典型需求曲线斜率为负，表明消费者对商品

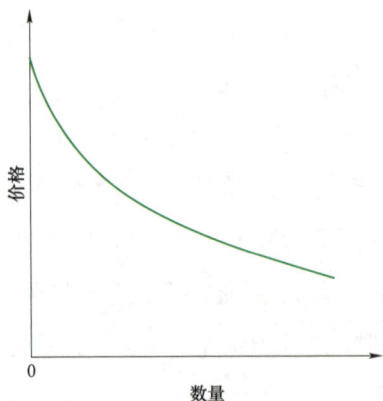

图 1-1　典型需求曲线

的边际支付意愿（即该商品的边际价值）会随着消费数量的增加而逐渐降低。需求函数反映了边际效用递减的规律，当消费者拥有的商品较少时，他们往往愿意支付更高的价格；而随着商品数量的增加，他们愿意支付的价格会随之下降。需求曲线上的每一个点都反映了消费者在这一数量下为增加一单位商品愿意支付的最大金额，以及为减少一单位商品所需的最低补偿。因此，需求曲线体现了消费者对于商品价格与消费者感知效用之间的边际价值。当消费者对某种商品的需求受到价格以外的因素影响时，如果需求减少，需求曲线会向左平移；反之，若需求增加，曲线则会向右平移。

2. 需求弹性

在电力市场中，所有消费者某一时刻的负荷需求总和构成当前时刻的需求曲线。需求曲线的斜率取决于当前时刻负荷是否有响应价格的空间，即为需求响应能力，在经济学中通常被定义为需求价格弹性，它反映了一定时期内，某种商品的需求量变动相对于该商品价格变动的反应程度。

在传统电力市场中，通常认为电力商品属于完全无弹性商品，即电力需求是完全刚性的，电价变化并不会对电力需求有影响。但随着需求侧响应以及虚拟电厂等新型市场业态的发展，电力商品的弹性逐渐被发掘，从而使得电价的波动能够一定程度上对电力需求产生影响，并通过市场手段对电力供需平衡进行合理调节。

3. 消费者剩余

消费者剩余是指消费者在购买商品或服务时，愿意支付的价格与实际支付的价格之间的差额。从社会福利学视角来看，市场对资源的配置目的在于实现更大的福利，市场均衡导致社会总体的收益（或福利）最大化。对于消费者而言，社会福利是指在购买某件商品时所能获得的效用，这是由于消费者需求曲线代表其对该商品的价值评估。图 1-2 为消费者剩余示意图。消费者总效用是指需求曲线下方的面积，消费者剩余则是扣除结算价格后的面积，也就是需求曲线、市场价格水平线以及价格坐标轴三者所围区域的面积。消费者剩余的意义在于，消费者对于商品效用的估值等于需求曲线，但消费者实际付出的只是供需平衡点处的价格，对于消费者而言，超过付出价格的估值是消费者所能获得的"额外价值"，因此称为消费者剩余。

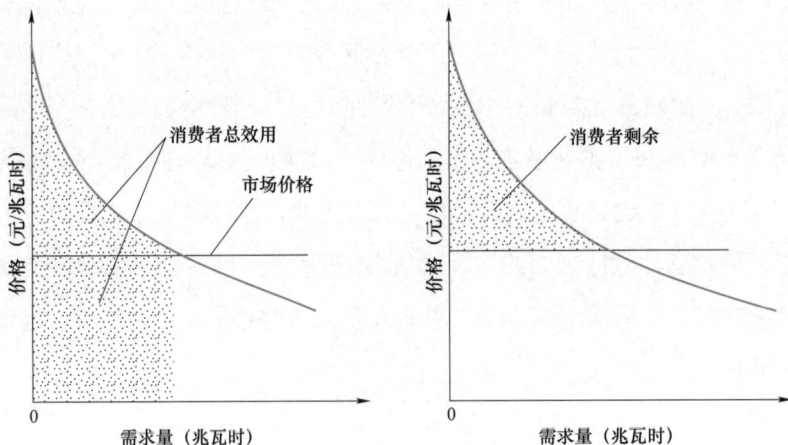

图 1-2　消费者剩余示意图

1.2.1.2　生产者模型

1. 供给曲线

类比消费者模型，供给曲线用于描述生产者的市场行为。供给曲线反映了某种商品的供给量随价格变化的关系，它的斜率通常为正，表示市场商品价格和市场短期供给量呈同方向的变动。当供给量增加时生产成本上升，而生产更多的商品所需的原料也可用作其他用途而获取更大的收益，机会成本比重就会更加凸显。生产者的边际成本代表增加一单位商品产量的生产成本。单个生产者的供给曲线可能是分段式的，但通过将数量足够多生产者的供应汇总，可以得到一条近似平滑向上倾斜的曲线。

在电力市场中，供给曲线的典型代表是发电商的发电报价曲线。在美国 PJM 市场、ERCOT 市场中均规定发电曲线必须是非递减的，这也满足供给曲线向右上倾斜的特征。单个发电商的报价曲线应与其成本相对应。变动成本包括启停成本、空载成本和变动成本，其中启停成本为单独核算的固定值。而每一时段的成本曲线如图 1-3 所示，空载成本是指单调递增的增量成本曲线的起点所需的成本，实际市场中，部分空载成本会通过第一段阶梯报价曲线回收，机组还需要申报与阴影面积数值相等的空载成本；变动成本随出力的变化体现了真实的边际成本。

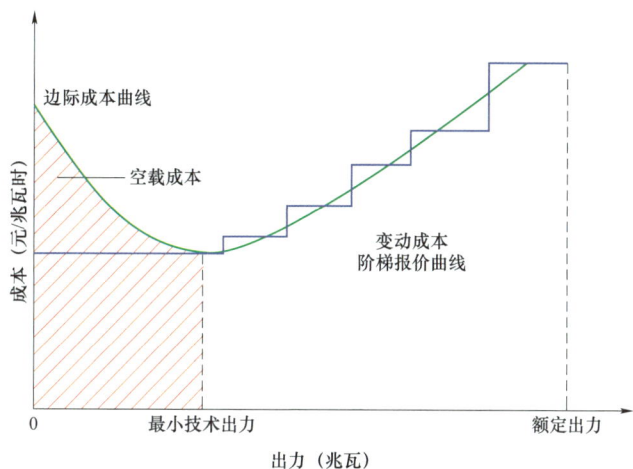

图 1-3　发电成本曲线示意图

2. 生产者剩余

生产者剩余是指供应商在市场价格下出售产品所获得的超额利润,即边际成本与市场价格之间的差额。生产者剩余就等于供给曲线与市场价格水平线所围成区域的面积,代表生产者获得的利润,如图 1-4 所示。需要强调的是,市场供给曲线是由众多生产者的个体供给曲线汇总而成,因此,发电成本较低的生产者通常能获得更高的利润。而在市场均衡点附近的边际生产者,由于市场价格与生产每单位商品的成本几乎相等,往往无法获得任何利润。

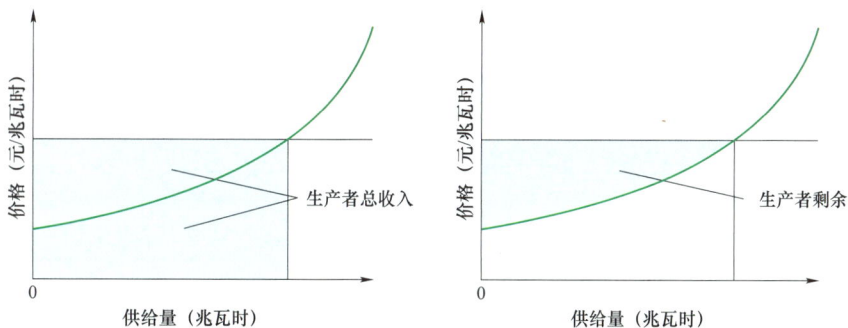

图 1-4　生产者剩余示意图

1.2.2　生产成本与社会福利

电力市场通常以最小化生产成本或最大化社会福利为目标,生产成本和社会福利能够切实反映市场效率。

1. 生产成本

经济学中，生产一定数量产品的最低总费用叫作成本。成本可以根据不同性质分为固定成本、变动成本及其他类型成本。

短期内无法调整的生产要素，其成本与产量无关，被称为固定成本。例如，一家发电商为建设发电站购买昂贵的设备和基础设施的成本，光伏发电站购置光伏设备和逆变器设备的成本，这些支出在短期内不会随着发电量的变化而变化，无论电站是否运行，这部分成本始终存在，因此称为固定成本。

与固定成本相对的是变动成本，这类成本会随着生产活动的变化而变化。对于传统火电电源，变动成本主要为燃煤、燃气等一次能源成本和生产过程中产生的其他成本。对于可再生能源电源而言，其运行过程并不需要一次能源，仅需要考虑其运行过程中的运行费用，因此可再生能源电源的变动成本极低。

除此之外，还有一种特殊的成本，称为类固定成本。比如启动成本，只有在生产开始时才会发生，与具体的产量无关。当电厂启动发电设备时，可能需要消耗一定量的燃料来完成设备的预热或启动，这部分成本在电厂停止运行时不会产生，但只要电厂开始生产，无论发电量多少，这部分成本都是必然发生的。

2. 社会福利

社会福利是指消费者剩余与生产者剩余的总和，它可以量化交易所产生的整体收益。在一个自由竞争市场里，当价格处于供给曲线和需求曲线的交点位置时，总体福利达到最大值。图 1−5 表明，在市场均衡情况下，消费者剩余等于区域 A、B 与 E 的面积之和，生产者利润等于区域 C、D 与 F 的面积之和。

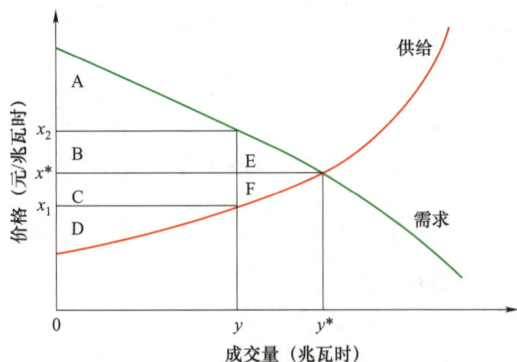

图 1−5　社会福利示意图

在自由竞争市场中，商品按均衡价格成交，但有时候可能存在外部干预阻碍商品价格达到完全竞争市场的均衡状态。例如，一些特定规则可能偏向于鼓励生产者，设定一个最低成交价格。如果最低成交价格 x_2 高于均衡价格 x^*，最低价格即为市场价格，交易量将会从 y^* 减少到 y。此时消费者剩余会减小到图中 A 区域的面积，生产者剩余为图中 B、C、D 面积的总和。类似地，一些特定规则也可能设定一个最高成交价格。如果设定的最高价格为 x_1，低于竞争市场出清价格 x^*，生产者将把产量削减至 y。在这一情况下，消费者剩余为区域 A、B、C 所对应的面积之和，而生产者剩余仅为区域 D 所对应的面积。假如政府主管部门决定对此商品征税，并假设所有税收均转嫁给消费者，它将使消费者的支付价格与生产者的销售价格产生差额。政府主管部门对每单位成交商品的征税额度为 $x_2 - x_1$。在此情况下，需求量从 y^* 减少到 y。消费者剩余将减少到区域 A 所对应的面积值，而生产者剩余仅为区域 D 对应的面积值，政府主管部门的税收总额等于区域 B、C 对应面积之和。

外部干预会构成对总体福利的重新分配。它可能有利于生产者、消费者或者其他相关方。无论哪种干预都会产生不良影响，总会减少总体福利水平，减少量等于 E、F 所代表的区域面积之和。总体福利受外部干预而减少的量被称为是无谓损失，其产生原因是市场价格受外部干预扭曲而减少了交易的成交量，这也体现了电力市场管控与自由市场竞争之间的矛盾关系，合理的市场机制需要在管控和竞争中寻求恰当的平衡关系。

1.2.3　市场博弈与均衡

在完全竞争市场中，任何生产者和消费者都不能通过自身行为来影响价格，即所有市场参与者面临的价格都是固定不变的。记供给函数为 D，需求函数为 S，市场出清价格为 x^*，在该价格下供给量刚好等于需求量，见式（1-1）：

$$D(x^*) = S(x^*) \qquad (1-1)$$

市场均衡还可以通过反供给函数和反需求函数进行定义。记反供给函数为 $D^{(-1)}$，反需求函数为 $S^{(-1)}$。在成交量等于均衡数量 y^* 时，消费者为获得该数量的商品所愿意支付的价格与生产者提供此数量的商品所要求的价格应当相等，见式（1-2）：

$$D^{(-1)}(y^*) = S^{(-1)}(y^*) \qquad (1-2)$$

图 1-6 进一步描述了市场均衡的稳定性。当市场价格 $x_1 < x^*$，即供不应求时，生产者将提高商品价格，供给数量也随之增加，直至价格达到均衡价格为止；类似地，当市场价格 $x_2 > x^*$，即供过于求时，部分生产者的商品会因为缺少买方而无法售出，进而将降低商品价格，供给数量也随之减少，直至生产者愿意出售商品数量恰好等于消费者愿意购买商品数量为止。市场均衡状态下社会总体福利达到最大。

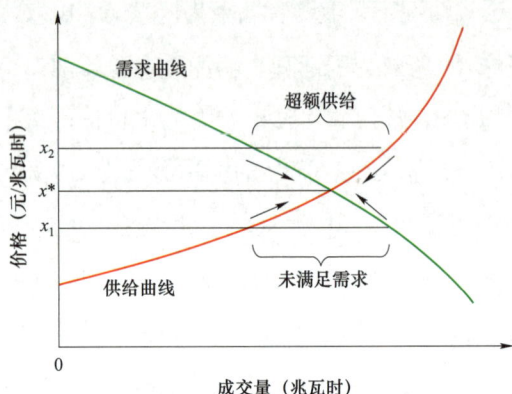

图 1-6　市场均衡的稳定性

1.2.4　市场秩序

在理想的市场交易中，供需双方按照真实供给曲线和需求曲线提交报价，并在市场均衡点处成交。但是由于电力市场中可能存在占有较大市场份额的市场主体，它们可能利用自身的市场地位行使市场力。市场力是指发电商或大用户所具有的改变市场价格、使市场价格偏离完全竞争市场下的价格水平的能力。

当参与者的个体行为不会对市场价格产生影响时，称为完全竞争市场。此时报价高于市场价格的供应商以及出价低于市场价格的消费者，都不会对市场产生实际影响，市场价格最终由买卖双方行为共同决定。从宏观角度看，在完全竞争或接近完全竞争的市场中，商品的边际生产成本与消费者的边际效用相等，这是一种较为理想的市场状态。

然而在一些市场中，部分生产者和消费者占据较大份额，具有较大的市场力，能够通过减少供给（物理持留）或者提高报价（经济持留）操纵市场价格，使得均衡价格偏离完全竞争情况，导致社会总福利减少。一方面，具有市场力的发电商可通过持留容量、虚报成本等手段抬高电价，增加用户用电成本，或者通过策略性报价排挤中小竞争者，抢占市场份额，阻碍发电行业健康发展；另一方面，行使市场力会导致价格信号失真，影响长期投资决策，造成容量过剩或短缺，最终加剧供需失衡，威胁电网安全运行。

因此，良好的市场秩序是实现资源优化配置、保障电力系统安全性与经济性的重要前提。在市场竞争可能失效的场景下，需要通过市场规则设计和监管干预来限制市场力，确保公平竞争。

1.3 电力市场体系结构

电力市场体系结构是电力市场运行的框架和基础，决定了市场参与主体、交易模式以及运行规则。不同市场体系结构反映了不同的市场设计目标。本节将重点介绍电力市场体系结构，为明确电力市场交易品种和运行机制提供框架索引。

电力市场可按交易对象、交易时间和市场性质等不同维度形成不同类别的市场，如图 1-7 所示。电力市场按交易对象可分为容量、电能量（批发或零售）、辅助服务、输电权、绿色属性和金融衍生品等不同类型市场，按交易时间可分为中长

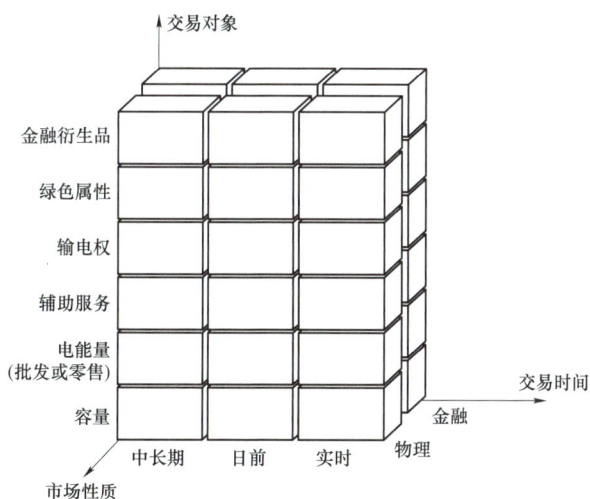

图 1-7 电力市场体系结构示意图

期市场、日前市场和实时市场，按市场类别可分为物理市场和金融市场。本节将按照交易对象展开，介绍常见的电力市场体系结构。

1.3.1 电能量市场

电能量市场是以电能为交易标的的市场。电能是一种基于物理规律的独特商品，在市场交易中与其他大宗商品有着显著的差异。这些差异不仅影响了电力市场的设计规则，也决定了电力商品的生产方式。考虑到电力商品的特殊性，电能量交易通常按时序递进组织，主要包括中长期交易和现货交易，中长期交易市场又可分为年度市场、月度市场、月内市场，现货交易市场又可分为日前市场、日内市场和实时市场。

1.3.1.1 中长期市场

中长期市场一般基于合约进行组织，具体的交易方式为双边交易和集中交易两类。双边交易是指买卖双方直接签订合约进行电能量交易，我国一般要求双边交易通过交易平台实施，国外则大多采用场外交易的方式组织。从合约性质上可进一步细分为物理合约和金融合约，其中物理合约是指约定双方必须以电力或电量实物交割而执行的合约；金融合约则仅约定电力资金的交割责任，但不作为发用电计划实际执行。

1. 双边合约

在中长期电能量市场中，双边合约的设计与应用是市场运行的重要组成部分，主要包括双边协商交易、长期购电协议（Power Purchase Agreement，PPA）。

（1）双边协商交易。双边协商交易是指买卖双方通过电力交易平台达成的电量、电价、曲线的双边协议。经营主体自主协商，达成交易意向后，通过电力交易平台申报，从而签订电力交易合同。买卖双方可根据自身需求灵活协商曲线，满足差异化需求，如长期稳定供电、可再生能源消纳等。经营主体可通过长期协议锁定电价，保障发电商的收益和用户的成本稳定性。双边协商交易是目前我国电力市场最主要的交易方式之一。

（2）长期购电协议。长期购电协议泛指电力用户或政府主管部门与发电商之间以协议价格、固定周期采购电量标的而签订的双边协议。目前，长期购电协议通常应用于电力大用户或政府主管部门与可再生能源发电商以 10 年以上的固定周期、协议电价签订的可再生能源电力及其绿证的购售合同。长期购电协议可以稳定电力供应预期、降低电力成本，实现绿色电力购买。对于电力市场发展而言，长期购电协议为可再生能源发展提供了积极引导作用。目前，我国也已开展长期购电协议的相关实践。

2. 集中交易

集中交易是指多个买卖主体通过电力交易机构集中开展电能量交易。场外的双边交易虽然有其灵活性，但在市场透明性和时效性方面要逊色于集中交易。集中交易一般采用竞价或者拍卖的方式开展，完善的保证金制度可以使参与集中交易的市场成员规避交易对手的信用风险。集中交易的速度也比场外双边交易有明显的优势，因此对时间要求高的市场比较适合采用集中交易的组织形式。集中交易主要包括集中竞价交易、集中撮合交易、滚动撮合交易、挂牌交易等模式。

1.3.1.2 现货市场

现货市场是实现电能量短期交易和资源优化的重要环节，现货市场包含日前市场、日内市场和实时市场。

1. 日前市场

发用电双方在日前阶段进行量价申报，充分考虑次日电网运行边界条件以及物理约束，采用安全约束机组组合（Security Constrained Unit Commitment，SCUC）、安全约束经济调度（Security Constrained Economic Dispatch，SCED）程序进行优化计算，通过集中优化决策出清次日机组开机组合、发电出力曲线并确定日前现货市场价格，实现电力电量平衡、电网安全管理和资源优化配置。

2. 日内市场

日内市场是在日前现货市场关闭后、实际运行前进行的短期交易，用于调整日前市场的预测偏差，提高系统灵活性。典型日内市场包括欧洲日内市场，主要采用"连续撮合、先到先得"交易方式，成交量相对较小。我国省间现货市场也开展了日内交易的运行实践。

3. 实时市场

实时市场是电力现货市场的最后一环，在电力实际运行时段进行交易，用于平衡电网实时供需，确保电力系统安全稳定运行。实时市场的出清结果用于最终执行，实现对发电机组出力按照最经济原则进行最优调度。

1.3.2 辅助服务市场

电网稳定运行并不仅仅是电能量总量平衡，而是具有一定时空特性的有功、无功实时稳定平衡关系，由此形成了对频率、电压以及系统备用容量等多维度要求。电力市场辅助服务是保障电力系统安全、稳定、经济运行的重要机制，常见的辅助服务主要包含：深度调峰服务、调频服务、备用服务、爬坡服务、惯量服务、无功补偿服务和黑启动服务。

1.3.2.1 深度调峰服务

深度调峰服务市场是我国电力系统在能源转型过程中为解决调峰能力不足问题而创设的特色化市场机制。其核心在于通过市场化手段激励传统火电机组突破常规运行限制，在新能源大发时段或负荷低谷期进一步压低出力，为可再生能源消纳创造空间。

从市场组织角度看，深度调峰服务市场经历了从计划补偿向市场化交易的演进过程。早期采用"两个细则"的补偿模式，后逐步发展为集中竞价、边际出清的市场化机制，继而与现货市场联合优化运行，通过多日滚动机组组合算法协调两类市场的出清。具体而言，在目前市场阶段先确定机组组合和新能源消纳空间，当预测存在弃风弃光时启动深度调峰服务市场，最终形成兼顾安全性与经济性的发电计划。现行制度主要采用"按效果付费"原则，补偿费用由新能源企业按实际受益比例分摊。

深度调峰服务市场虽然增加了系统的灵活性，但也面临诸多挑战。经济层面，深调出力区间会增加燃料损耗最终传导至终端用户，推高用电成本；市场层面，独立运行的调峰服务市场可能导致电能量市场价格信号扭曲，难以真实反映电力商品的时空价值。

随着电力市场化改革深化，独立调峰服务市场的局限性逐渐显现，如价格信号失真、机制重叠等问题。未来，随着灵活性资源（如储能、燃气机组）增加和现货市场成熟，调峰辅助服务市场或将完全由电能量市场替代，最终形成更高效的市场化资源配置体系。

1.3.2.2　调频服务

调频服务是辅助服务中占比最大的交易商品之一，其核心任务是在很短的时间尺度上实时处理微小的负荷与发电功率的不匹配，确保发电功率与用电负荷之间的实时平衡，从而维持系统频率。调频服务原理是基于实时功率平衡的动态调节，利用快速调节资源对频率偏差进行响应，分层次、分阶段地实现频率调节。调频服务卖方包括发电机组、储能系统或负荷侧资源等快速调节资源，买方是系统运营商。在日前阶段系统运营商基于负荷预测购置一定的调频容量，并在实时阶段调用所购得的调频资源。

1. 调频品种

电网调频可分为三次调频、二次调频和一次调频。三次调频一般是与调度相结合，通过市场化手段调度广泛的资源（如火电机组、储能系统、需求侧响应等），恢复系统备用容量并平衡中长期供需，其响应时间通常为几分钟到十几分钟，主要用于补充系统备用并优化系统经济性。二次调频是由电力调度机构通过自动发电控制系统（Automated Generation Control，AGC）发出指令，协调多台发电机组或其他资源对功率进行更精确的调整，以将频率恢复到基准值，其响应时间为几十秒到几分钟。一次调频是由发电机组调速器自动完成的控制方式，属于本地化物理响应。

在所有交易品种中，以 AGC 为基础的二次调频市场最为普遍。AGC 的目的是通过调整被选定的发电机输出，使控制区域频率恢复到指定的正常值以及保证控制区域之间的功率交换为给定值。电网对 AGC 的需求为维持系统频率及联络线交换功率的调节容量，因此根据基准值附近的波动性可将 AGC 调节容量分为向上调节容量和向下调节容量两部分。在调频市场中，机组在日前阶段申报可参与调频的容量，经过系统运营商出清后，在运行阶段，接收系统运营商的 AGC 信号，并向上或向下调节输出功率。

在经济运行方面，AGC 通过合理的价格机制激励调频资源参与。传统的价格机制主要由容量补偿和里程补偿两部分构成。容量补偿是对参与 AGC 的机组预留调频能力的补偿，这部分费用通常与机组的调节范围和技术特性挂钩，是发电机组预留调频容量损失的机会成本，单位为元/兆瓦时。调频里程是指发电机组响应调频指令所执行的累计功率调整量绝对值之和，而里程补偿则是指因机组付出调频里程而得到的补偿，其单位为元/兆瓦。

此外，除了调频"数量"以外，调频服务的"质量"也是确定调频价格的重要依据，需要考虑机组在调频任务中的实际表现，即性能指标系数。综合调频性能评价指标由调节速率、响应时间、调节精度加权求和得到，其中调节速率是衡量发电单元响应 AGC 控制指令时的速率，即单位时间内出力变化的大小，反映了发电单元在指令调节过程中的快速响应能力。响应时间是指发电单元开始响应 AGC 指令的时刻与指令下发时刻的差值，反映了发电单元对 AGC 指令的响应速度。调节精度是衡量发电单元最终稳定出力与目标值之间差值的指标，反映了发电单元在响应AGC 指令后的精度。在现行调频市场中，不同类型的机组性能指标差异较大，与传统火电机组相比，电化学储能由于其响应调节速度较快从而可以实现较高的调频性能指标。当系统频率偏差较大或调频需求增加时，与性能指标相关的支付标准系数也会相应提高，以激励机组提供更优质服务。

2. 调频服务发展趋势

随着高比例新能源接入新型电力系统，系统发用平衡的波动性和随机性更加显著，导致系统频率变化更加剧烈。传统调频服务也逐渐向提供更快速、更精准的响应性能拓展，因此衍生出了不同响应速度和持续时间的差异化产品。美国、英国、澳大利亚等国的电力市场也在探索传统调频市场以外的快速调频服务交易，其本质是以一次调频服务为商品的交易。另外，调频服务提供主体也进一步多元化，如虚拟电厂可聚合电动汽车、智能楼宇等负荷侧资源，控制调整负荷大小来实现快速频率调整。

1.3.2.3 备用服务

备用服务是电力系统运行中另一项至关重要的辅助服务。备用服务的主要目标是为可能出现的发电机组故障、负荷预测误差或其他紧急状况提供及时响应的备用资源，从而确保系统能够在极端情况下维持供需平衡。

从调节方向上区分，备用服务可分为正备用和负备用，分别代表电量增发和电量减发的部分。而从响应时间上看，备用服务也可分为旋转备用、非旋转备用和替代备用，每一类服务都有其特定的响应时间和技术要求。旋转备用是备用服务中响应最快的一类资源，通常由随时可以并网，或已并网但仅带一部分负荷的发电机组提供。这些机组通过保持一定的发电调节裕度，能够在 10 分钟之内进行功率输出调节，以应对突发的系统功率缺口。由于旋转备用资源始终处于运行状态，它们不仅能够快速响应，还能够提供短时间的惯性支持，有助于缓解频率下降的初始冲击。非旋转备用则由未并网但可快速启动的资源提供，通常为几十分钟之内可以迅速开机并带负荷的机组，适用于应对持续时间较长的功率缺口。替代备用则是响应时间更长的一类备用资源，通常用于替代已经耗尽响应能力的旋转或非旋转备用，以恢复系统的备用容量。替代备用是为防止系统出现第二次意外事故而设置，所以，系统的替代备用需求是维持机组 $N-2$ 安全约束所需的容量。系统替代备用不应低于电网中的单机容量次高机组的容量。

备用市场的竞价容量需要满足常规的可靠性和安全性标准，确保系统正备用达到系统总负荷的 3%～5%。在备用市场中，备用服务提供方申报容量价格，出清时基于容量价格进行排序，系统运营商则综合考虑经济性和技术要求，确定中标容量。在实时阶段，如果系统受到较大的波动，则按照旋转备用、非旋转备用和替代备用的顺序进行实时调用。

从发展趋势上看，备用市场将通过引入需求侧资源、储能等新型主体进一步提升备用灵活性。另外，备用预测也将进一步智能化，通过结合新能源功率预测和负荷预测，可实现动态调整备用容量预测。

1.3.2.4　爬坡服务

在传统电力系统中，当负荷需求发生变化时，火电等机组会调整自身出力以满足发用实时平衡。但是随着新能源的高比例接入，其调节能力受到天气因素等影响，不仅无法快速调整出力以满足负荷需求，反而由于其本身的出力波动增加了对系统灵活调节的要求。因此，爬坡服务是电力辅助服务体系中针对电力系统动态平衡需求而设计的一种关键技术服务，旨在激励发电机组或其他灵活性资源快速调整出力。爬坡服务可由燃气机组、储能等可快速调整出力的灵活性资源提供，系统运营商根据负荷预测购买相应的爬坡资源。

1. 爬坡服务原理

爬坡服务的核心是发电机组或储能系统的输出调节能力，即单位时间内出力变化的速率，其单位为兆瓦/分钟。传统火电机组的爬坡能力有限，响应速度较慢。与之相较，以锂电池储能为代表的新型储能系统则天然具备更快的动态响应速度，其响应速度最高可在毫秒级，全功率爬坡也仅在秒级，因此便成为爬坡服务的重要补充。此外，如电动汽车负荷等需求侧响应资源也可通过配套功率控制优化技术提供一定的爬坡能力。目前爬坡服务可根据其运行原理分灵活爬坡服务和增强爬坡服务。

2. 灵活爬坡服务

灵活爬坡服务（Flexible Ramping Product，FRP）在美国加州 CAISO 中具体应用，旨在应对高比例间歇性新能源接入时对电网中供需平衡的挑战。如图 1-8 所示，灵活爬坡服务强调上爬坡和下爬坡的协同，系统运营商通过前瞻调度模型，明确不同时段的灵活性需求，并为提供爬坡响应的资源提供经济激励。

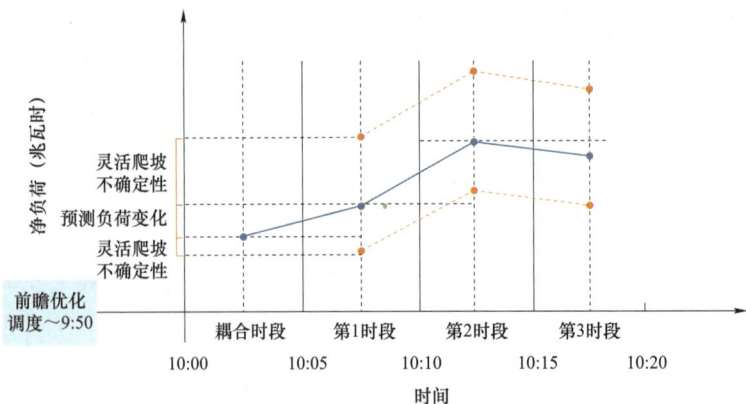

图 1-8 灵活爬坡服务示意图

3. 增强爬坡服务

增强爬坡服务（Ramp Product Enhancement，RPE）在美国 MISO 市场中具体应用，主要聚焦于应对电网中的短期波动和不确定性。由于间歇性资源的输出特性易受天气等外部因素影响，该市场通过激励灵活性资源提供快速调节能力，来平衡系统的实时功率波动。如图 1-9 所示，与灵活爬坡服务不同，增强爬坡服务不考虑电网的前瞻调度问题，而是在每一时点直接确定，从而更关注短时间内的动态调整能力，以提高系统对频繁波动的适应性，确保电网安全可靠运行。

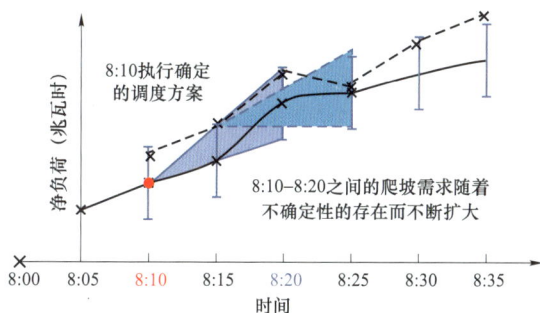

图 1-9 增强爬坡服务示意图

爬坡服务的技术路径和市场机制已初步成熟，但在我国应用仍面临若干技术性挑战。一方面，传统火电机组的深度调节能力受限，频繁爬坡可能导致设备磨损加剧、维护成本上升，亟须通过先进控制技术和设备升级提升其运行灵活性；另一方面，储能系统作为高效的灵活性资源，如何发掘管理其爬坡能力，并通过系统调度对其进行适时的调用仍是值得探讨的问题。此外，从市场层面上看，爬坡服务的市场化规则尚未完全统一，不同地区的补偿机制和技术标准存在差异，仍需探索合理的爬坡服务产品设计机制。

1.3.2.5 惯量服务

惯量服务是电力系统运行中维持频率稳定的一类基础性辅助服务，旨在通过火力发电机组或其他惯量提供装置，在系统频率发生快速偏移时，利用其物理惯性特性为电网提供瞬时功率支撑，减缓频率变化速率（Rate of Change of Frequency, RoCoF），为后续的调频服务措施争取时间。在维持频率稳定方面，惯量服务的时间尺度小于调频服务，可以一定程度上认为其响应信号应几乎与频率偏移同时出现，以起到在第一时间对频率偏差的抑制作用。

在传统电力系统中，系统惯量由同步发电机的旋转惯量所提供。当系统频率发生变化时，发电机的旋转动能会通过电磁耦合直接转化为电能，形成对频率变化的自然抑制作用。这种旋转惯量响应是无延迟的，被动且自动发生，因此在传统系统中旋转惯量是由同步发电机组所义务提供的。

但随着高比例新能源接入电网，传统同步发电机逐渐被新能源发电的电力电子接口所取代，其本身不具备旋转惯量，无法直接提供惯量响应。这种惯量缺失导致高比例新能源电力系统在故障或扰动下，频率变化速率显著加快，增加了系统频率失稳的风险。为了弥补惯量不足，现代电力系统逐步引入了虚拟惯量服务（Synthetic Inertia Service）。虚拟惯量通过控制储能系统（如电池储能、飞轮储能）或新能源发电的功率变流器，在频率偏差发生时模拟同步发电机的惯量响应。

由于惯量响应发生在毫秒级时间尺度，传统电力市场的结算周期难以覆盖惯量服务的价值，因而未来需要进一步准确评估惯量服务的价值并将其作为一项独立的辅助服务，基于市场化机制由系统运营商对惯量提供者给予经济性补偿，从而使得惯量服务由一项强制性无偿辅助服务向市场化辅助服务过渡，以更好地适应新型电力系统中高比例新能源接入的现实场景。

1.3.2.6　无功辅助服务

无功辅助服务是电力系统中用于维持电网的电压稳定和无功功率平衡的另一类关键辅助服务。与有功功率不同，无功功率并不直接参与电能的传输或消耗，而是用于建立和维持电力系统中的电磁场，是电网正常运行不可或缺的组成部分。无功辅助服务的核心目标是通过合理调节无功功率的注入或吸收，确保电网各节点的电压维持在安全范围内。从辅助服务的角度看，同步机组和静态无功补偿装置均可向电网提供无功补偿服务，而系统运营商则应根据节点电压水平调用合适的无功资源调节无功潮流，实现电压水平的稳定。

无功补偿服务可分为基本服务和有偿服务两类，其中基本服务规定了发电机组应当义务承担的无功输出部分，而有偿服务则是指发电机组迟相功率因数低于 0.90 向电力系统注入无功功率，或进相功率因数低于 0.97 从电力系统吸收无功功率所提供的服务。当发电机组过量输出无功时，会占用发电容量，影响机组的有功出力，因此需要通过市场化手段在功率因数较低时对提供无功的机组给予补偿。

1.3.2.7　黑启动服务

黑启动指在大规模停电（全网停电或部分电网崩溃）的情况下，无须依赖外部电源，通过具备自启动能力的电厂或设备逐步恢复电网运行的过程。由于电力系统的正常启动通常依赖于已有的电网电源支持，而在全网断电的情况下，传统发电厂（如火电厂）可能无法正常启动，因此黑启动能力成为电网恢复的核心保障。

电力调度机构根据系统安全需要，合理确定黑启动电源，并与黑启动机组所在并网发电厂在中长期阶段签订黑启动技术协议，约定黑启动技术性能指标要求。提供黑启动服务的机组每半年自检一次进行黑启动试验，每两年委托具备国家认证资质机构做一次黑启动试验，并经电力调度机构认可，报电力监管机构备案。黑启动服务费用分为能力费和使用费。能力费是指对机组提供黑启动能力储备的补偿，每月给予这些机组一定的补偿费用，单位为元/月/台。使用费则是每次黑启动发生后给予的补偿，单位为元/次/台。

在新型电力系统中，应进一步发掘可靠的新型黑启动电源，如构网型储能等，以实现对传统火电机组在黑启动应用中的替代，从而探索高比例新能源渗透下的电网系统韧性保障以及故障停电后有效的恢复机制。

1.3.3　容量市场及充裕性机制

容量充裕性机制是电力市场中为了确保电力系统在任何时间都能满足电能需求而设计的一种保障机制，它通过经济激励、政策调控等手段保障电网峰荷时的发电容量供给，核心目标是确保电力系统拥有足够的发电能力（或其他可调节资源），以应对高峰负荷需求和突发事件（如设备故障或极端天气）带来的供需失衡风险。

目前主流的容量充裕性机制是为发电商或其他资源提供额外的基于容量的经济补偿，激励它们建设、维持或提供备用容量，主要形式包括稀缺电价、战略备用、容量补偿、容量市场、分散容量义务和可靠性期权。

1. 稀缺电价

稀缺电价机制一般通过电力现货市场解决容量充裕性问题，而不单独设置以容量为标的物的交易机制。该机制下，电能量市场在系统容量稀缺时段的价格较高，发电商可通过高昂的稀缺电价回收固定成本。根据稀缺电价形成机制，可进一步分为单一能量价格机制和价格增量机制。

单一能量价格机制的典型案例是澳大利亚电力市场，其现货市场的发电侧报价为纯电量形式,结算采用节点电价。该机制突出特点是放宽了现货市场的价格管制,设置了较高的价格帽,允许发电机组通过经济持留抬高出清价格,以远高于自身发电边际成本的电价回收固定成本。价格上限根据可靠性要求和估算的失负荷价值进行设定,反映市场用户为了避免停电的支付意愿。

价格增量机制的典型案例是美国得州电力市场,该容量机制同样基于现货市场环境。不同于单一能量价格,该机制下机组在电力市场中的出清价格由三部分构成,即节点电价附加事后计算的实时备用价格增量(Real-time Online Reserve Price Adder)和可靠性部署价格增量(Real-time Online Reliability Deployment Price Adder)。实时备用价格增量由得州电力可靠性委员会(Electric Reliability Council of Texas,ERCOT)根据实时备用容量水平和运行备用需求曲线(Operating Reserve Demand Curve,ORDC)计算得到,其中ORDC是系统运行前根据可靠性要求和失负荷价值确定的,反映备用价值与系统备用水平的关系。不同于单一能量价格机制,该机制下没有实际发电出力的备用机组也会获得备用价格增量补偿。

2. 容量补偿

容量补偿一般由政府主管部门或系统运营商确定补贴对象和补贴电价或额度,计划性较强。我国目前施行的煤电容量电价政策属于容量补偿机制的一种,即由政府主管部门确定实施范围和容量电价水平,直接对符合条件的煤电机组进行补偿性资金支付,并定期对受补机组进行考核,补贴产生的容量电费由当地工商业用户分摊。

容量补偿旨在补偿发电机组在电力市场中未能回收的固定成本,为发电商提供长期稳定收入,激励其投资新建机组或维持现有机组运行。容量补偿机制依赖政府主管部门的评估。当补偿金额未能准确反映市场需求时,则会导致市场效率下降,出现"过度补偿"或"投资不足"的问题,因此容量补偿一般适用于现货市场起步初期。

3. 容量市场

容量市场是电力市场体系的重要组成部分,指在中长期市场、现货市场和辅助服务市场之外,以远期的发电容量为交易标的物组织市场。通过建立容量市场,发电机组的总成本可划分为能量和容量两部分,前者主要是运行维护和发电的变动成本,在电能量交易中回收,后者主要是前期投资建设的固定成本,在容量市场中回收。容量市场独立运行,不直接影响电能量市场组织和运行。

系统运营商根据系统可靠性要求、负荷峰值预测等因素确定系统的容量需求曲线，反映系统容量需求价格随系统容量充裕度的变化。英国、美国等容量市场的容量需求曲线一般采用若干关键点连接形成，即通过计算具有明确物理意义的关键转折点的容量水平和价格确定整体曲线形状。有意向参与容量拍卖的经营主体需要参与资格预审，申报自身的相关参数，如机组的装机容量、等效强迫停运率等，同时核算其可信容量作为参与容量市场申报的依据。由系统运营商组织集中的市场拍卖，可采用密封式拍卖、降价拍卖等不同形式，按照容量需求曲线和供给曲线的相交情况进行市场出清。对于中标主体授予容量合约，明确其在合约期应当履行的容量义务、相应的支付价格以及其他关键信息。容量资源需要在合约规定的交付年内履行容量义务并获得容量收益，实际调用会按照现货市场规则进行支付。未能履行容量义务的主体会受到相应惩罚。

4. 战略备用

战略备用一般由系统运营商与即将退役停运或边际成本较高的老旧机组签订合约，在合约期内根据特定触发条件调用这些机组发电以保障系统可靠运行，并根据合约进行结算支付。系统运营商综合考虑系统可靠性目标、发电容量缺额、存量机组退役预期等，确定所需战略备用的规模，进而面向特定主体招标。一般情况下招标面向即将退役停用或边际成本较高的老旧机组，根据招投标出清结果确定战略备用对机组的支付额度，并授予中标机组相应的协议合约。参与战略备用的机组不得参与电能量市场，其唯一收入来源是备用合约给予的支付，以此减少该机制对于正常市场运行的影响。

系统调用战略备用机组的情况分为两种，一种是当系统备用水平不足、失负荷概率超过阈值时，为保障系统安全可靠运行而进行的技术型调用；另一种是当日前市场价格超过阈值时，为了降低系统运行成本而进行的经济型调用。当备用机组被实际调用时，除获得基本容量费用，一般还会按照能量市场价格结算其实际发电量从而获得能量收益。此外，为了激励备用机组保障自身容量切实可用，系统运营商一般会根据调用时的出力情况进行考核，并对无法履行合同义务的机组进行惩罚。

5. 分散容量义务

分散容量义务是指将容量责任分散到负荷服务商或大用户，以确保容量充裕性的机制。与集中式容量市场不同，分散容量义务机制不通过系统运营商统一采购，而是要求负荷服务商或大用户根据其负荷预测和容量义务比例，自行签订容量合同或投资可靠性资源，从而分担系统的容量保障责任。

在分散容量义务框架下，每个负荷服务商需根据其预期的最大负荷需求加上一定的可靠性裕度（通常由系统运营商设定，如 15%～20%的容量冗余），确保其所服务的负荷能够在任何情况下获得充足的发电能力支持。为履行这一义务，负荷服务商可以通过多种方式获取容量资源，包括签订长期容量合同、直接投资发电设施、利用需求响应资源，或者购买其他市场主体的闲置容量。市场交易标的物为可交易容量证书。

分散容量义务的显著优势在于其能够激励市场主体优化资源配置。与集中式容量拍卖相比，它有效抑制了大份额主体的市场力。此外，分散容量义务还可以有效促进需求侧资源参与，例如需求响应、可控负荷和分布式能源，这些资源通常具有较强的灵活性和经济性，是传统集中式容量市场难以充分激励的部分。但是，分散容量市场对负荷服务商的市场参与能力提出了较高要求，同时它的市场均衡结果未必能最为有效地配置资源，且市场中并没有统一的容量价格信号。

6. 可靠性期权

可靠性期权是通过金融工具的方式激励发电机组或其他灵活性资源在电力系统高峰负荷或紧急情况下提供可靠电力供应的容量充裕性机制。作为一种金融工具，它为负荷服务商提供了一种价格风险对冲的手段。

在可靠性期权机制下，发电机组或其他容量资源提供方与系统运营商或负荷服务商签订期权合约。根据合约规定，期权购买者向容量资源提供方支付期权费用，并同时获得按照行权价格[1]执行合同的权利。当现货市场高于行权价格时，期权购买者仍在现货市场上按现货价格结算购电，但期权卖方需向期权买方返还现货市场与行权价格之间的正差值。而当买方要求行权时，若期权卖方无法提供相应的发电容量，则除了价格差以外还会受到额外的惩罚。

可靠性期权的核心优势在于其双重激励机制。一方面，期权费用为发电机提供了稳定的收入来源，降低了其面临的市场风险，特别是在新能源高比例接入导致现

---

[1] 行权价格（Strike Price）又称执行价格（Exercise Price），是指期权合约中约定在执行期权时买入、卖出的价格。

货市场价格波动性加剧的情况下。另一方面，发电机组必须在现货价格较高时提供电力，否则将面临高额罚款，从而激励其保持高水平的可用性和性能。

1.3.4　输电权市场与阻塞管理

电力系统核心在于供需平衡，而输电网络则是连接发电端与用电端的"桥梁"。但是输电网容量总是有限的，尤其在电力需求高涨或资源分布不均的情况下，输电网络的瓶颈问题显得格外突出。如何在有限输电资源下实现高效配置，让电力能够以最低的成本从资源丰富的地方流向需求旺盛的地方，成为电力市场设计中不可回避的问题。

类似于高速公路通行证，输电权是指允许某个市场主体在特定输电线路上传输一定容量电力的权利。但是与高速公路不同的是，输电线路的使用不仅受到物理容量的限制，还受到复杂的电力潮流规律约束。电力传输需要遵循电力网络的物理规律（基尔霍夫定律），根据不同路径的阻抗大小自动分配电力潮流的流向。输电权并不总是与实际的电力传输行为挂钩。在一些市场中，输电权持有者并不一定需要实际使用输电线路，而是可以通过金融结算的方式参与市场。输电权买卖双方既可以实际参与电力生产消费，也可以仅做金融化的操作，用于管理市场风险。因此，根据是否需要物理执行并进一步影响电力调度安排，输电权可分为物理输电权和金融输电权。

1. 物理输电权

物理输电权（Physical Transmission Rights，PTRs）赋予持有者在特定时间内通过特定输电线路输送电力的排他性权利，是基于输电路径定义的，单位是容量，包括千瓦、兆瓦等。物理输电权卖方是系统运营商或持有长期输电容量的发电商或大用户，买方是有输电需求的发电商或有从低价区购电需求的售电公司和大用户。在交易过程中，买方通过拍卖或长期合约直接或间接地向系统运营商支付费用，这部分费用用于后续线路的维护、扩建、投资等。

由于受到基尔霍夫定律约束，物理输电权很难适用于交流团状电网，通常适用于具有明确输电路径（如点对点输电）的情况，在欧洲电力市场的跨国交易中有具体应用。但是由于物理输电权是对输电线路的确定性占用，因此物理输电权通常与实际的电力调度挂钩,持有者需要在市场中提交相应的交易计划,并通过输电网络完成电力交付。而对于电力调度机构而言,物理输电权对应的线路容量被提前占用,剩余可调度容量减少,不利于系统的灵活调度,无法实现系统全局优化。

2. 金融输电权

金融输电权(Financial Transmission Rights,FTRs)是基于节点定义的输电权,对于电网中任意两个节点,均可以定义金融输电权,单位为容量,如千瓦、兆瓦等。与物理输电权的确定性路径不同,金融输电权只关注电能送出节点和电能接收节点,和具体传输路径无关。因此金融输电权更像一类金融衍生品,不具有物理限制。金融输电权持有者并不需要实际传输电力,而是根据输电线路两端的价格差异获得经济补偿。金融输电权的卖方既可以是系统运营商,也可以是持有金融输电权合约的金融机构。参与电力生产消费的物理主体或其他金融机构都可以购买金融输电权。在流通过程中,买方向系统运营商支付竞拍金融输电权的初始费用。当输电线路拥堵时,若线路两端节点电价存在差异,持有金融输电权的主体则可从系统运营商处获得经济补偿。由此可以看出,在线路不发生阻塞时,金融输电权持有者并不能获得经济补偿;一旦发生阻塞,则可以从系统运营商获得经济补偿。金融输电权本质是规避电网阻塞引起的节点电价差异风险的一种金融工具。

在发生阻塞时,金融输电权经济补偿量等于节点电价差与所持有金融输电权的容量乘积。以两节点系统说明金融输电权的作用,如图 1—10 所示,当两节点系统中线路发生阻塞时,节点 B 的节点电价从 400 元/兆瓦时增加到 600 元/兆瓦时。用户 L_{B1} 一小时的电费增加了 80000 元。若用户 L_{B1} 事先花费 10000 元购买了与其负荷相匹配的从节点 A 到节点 B 的金融输电权 400 兆瓦,则它可以通过金融输电权获得经济补偿 $400 \times (600 - 400) = 80000$(元/时),此时用户 L_{B1} 由于阻塞的电费上涨和金融输电权的经济补偿恰好抵消,则发生阻塞时用户的净成本仅有购买金融输电权的成本。

在输电资源稀缺情况下,某些市场主体可能通过囤积金融输电权来操纵市场价格,从而行使市场力获得超额收益。此外,新能源接入也对金融输电权交易提出了新的挑战。风电、光伏等新能源发电具有间歇性和波动性的特点,这使得输电网络的利用模式更加复杂。传统基于中长期交易的输电权分配机制可能难以适应,需要引入短时序拍卖、分时交易等更加灵活和动态的金融输电权交易机制,从而促进新能源发展并保证输电通道的可用性。

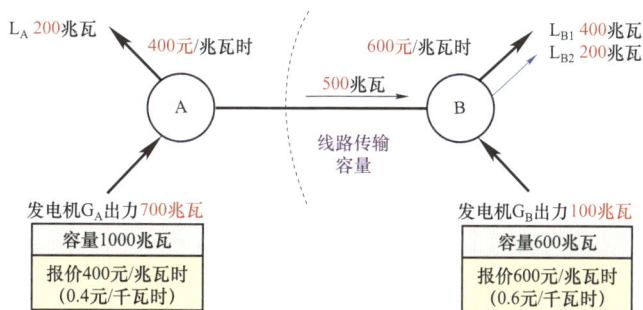

图 1-10　金融输电权的作用分析

1.3.5　绿证市场与绿电市场

　　能源转型和低碳经济背景下，电力市场逐渐发展形成绿色电力交易市场（简称绿电市场）和绿色电力证书交易市场（简称绿证市场），其本质在于体现可再生能源电力商品的环境属性，如图 1-11 所示。在目前我国电力市场的实践中，绿证市场衔接了可再生能源的绿色属性和对可再生能源的政策激励；绿电市场则在电力市场交易中将可再生能源的绿色属性商品化，并同时具备政策激励的性质。在我国目前的电力市场发展路线中，二者相辅相成，共同促进电力消费的低碳转型。

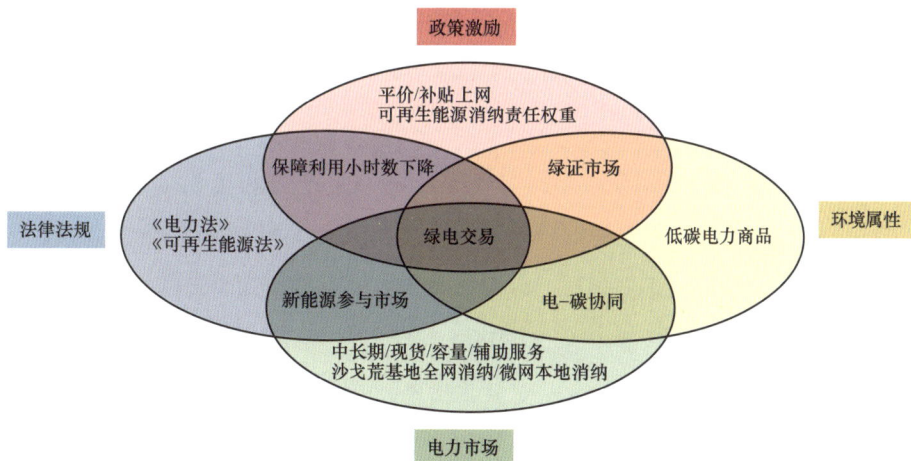

图 1-11　绿证市场与绿电市场和可再生能源发展的关联关系

1. 绿证市场

绿证市场基于可再生能源环境属性分离原则，通过独立的绿色证书交易实现对低碳电力商品的政策激励。绿证交易中卖方为已建档立卡的可再生能源发电商或项目业主，买方则为需要承担新能源消纳的市场主体，交易标的物为绿色电力证书。目前国际上绿证市场通常是基于配额制实现的。配额制是由行政（监管）机构对市场主体最低使用的可再生能源电量或比例进行强制约束的制度。市场主体需要在配额核算周期内完成配额指标，否则将受到惩罚。配额制的目的是将可再生能源从政府补贴转化为市场补贴，以市场代替计划确定可再生能源的真实价值。而我国则采用可再生能源电力消纳责任权重的机制来支撑绿证市场的运行，其与配额制类似，均以消纳可再生能源为最终目标。二者的区别在于配额制绿证通常覆盖生产侧，其责任主体为发电商，绿证用于代表其发电的环境权益。而可再生能源电力消纳责任权重则覆盖消纳侧，其责任主体为消纳方，消纳方可通过购买绿证来补充应满足的可再生能源消纳标准。

绿证是市场主体消纳可再生能源电量的凭证，承载着可再生能源正外部性的经济价值。在绿证交易过程中，可再生能源发电商通过出售绿证获得绿色属性对应的额外经济收入，可再生能源电力消纳履责主体通过购买绿证完成消纳指标。不同于电量交易受实时平衡和线路容量等各种约束的限制，绿证流通既可随可再生能源电力一同交易，也可单独交易，而不受任何物理约束的影响。在我国绿证交易目前依托中国绿色电力证书交易平台以及北京、广州电力交易中心开展，主要交易方式包括挂牌交易、双边协商交易和集中竞价交易。

2. 绿电市场

绿电交易是一种以市场化方式实现绿色电力生产方和消费方直接交易的机制，其核心在于通过市场手段将绿色电力的物理属性与环境属性结合起来，促进低碳电力商品的消纳。绿证交易可以证电分离，证书可独立于可再生能源发电进行交易，而绿电交易则是证电合一的形式。绿电交易不仅关注电力的环境属性，更强调电力的实际物理交付。绿电交易本质是将可再生能源发电商所生产的电力直接输送给有绿色用电需求的用户。交易通常通过双边协商或挂牌交易实现，鼓励双方签订多年期绿色电力购买协议（PPA），明确交易电量、价格以及交付周期等内容。

与传统电力交易相比，绿电交易的一个显著特点是价格机制不同，一般包含电能量价格和绿色环境溢价。绿色电力的价格通常由供需关系决定，在许多情况下会高于燃煤火电基准价，这种差价被称为"绿色环境溢价"。绿色环境溢价的存在反映了绿色电力的环境价值，同时也为可再生能源发电商提供了额外的经济激励。它不仅满足了用户对绿色电力的需求，也为可再生能源发电商提供稳定的收入来源，减少了对可再生能源政府补贴的依赖。

1.3.6　电力零售市场

电力零售市场是电力系统市场化改革的核心环节之一，指电力零售商向终端用户销售电力的市场。零售市场直接面向消费者，其核心目标是通过竞争降低用电成本、提升服务质量。零售市场的运行依赖于批发市场的价格信号。电力零售市场的交易标的物通常是电能量，终端用户向售电公司支付电费，并通过配电网获得相应的电力供应。

零售市场开放是电力市场化改革的重要组成部分，其目标是通过优化竞争机制为终端用户提供多样化的服务。在我国新一轮电改的诸多关键任务中，稳步推进售电侧改革是一项亮点，但同时也是一项难点。在"管住中间、放开两头"的电力体制架构中，售电侧改革作为"两头"之一，在整个电力体制改革中占据着举足轻重的地位。零售市场放开后，涌现出多种新型售电主体，包括独立售电公司、配售电一体化企业、新能源发电企业聚合商、综合能源服务公司等。他们具有商业模式灵活、技术创新能力强、用户服务精准等特点。新型售电主体的加入有助于适应能源结构转型需求、响应电力用户多元化服务诉求、提升市场资源配置效率。

1.3.7　电力金融衍生品市场

电力金融衍生品是现代电力市场中不可或缺的工具，它们通过标准化合约设计和灵活的交易机制，帮助市场参与者套期保值，并为市场提供价格发现功能，是电力市场风险管理的有效手段。在电力市场中，最常见的金融衍生品是电力期货和电力期权，它们能够满足不同的风险管理需求。

1. 电力期货

电力期货是一种标准化金融合约,它约定交易双方在未来某一特定时间以预先确定的价格买卖一定数量的电力。其核心功能在于为发电商、电力用户以及其他市场参与者提供价格风险对冲工具。通过期货交易,发电商可以锁定未来的售电价格,从而规避现货市场价格波动带来的收益不确定性。而电力用户则可以提前锁定购电成本,确保预算的稳定性。电力期货合约设计具有高度标准化的特性,通常包括交易标的物、交易数量和单位、最小变动单位、每日价格最大波动限制、合约月份、交割时间以及交割方式等属性。

期货合约与中长期合约的区别在于,期货合约在交易所内交易而非双边交易,同时期货合约具有标准化的特性,双方无须商定具体条款。期货合约的有效性由交易所负责,而非基于双边的诚信原则。期货交易可以每日结算,在到期日前平仓。而中长期合约则通常在合约到期时结算。由于期货交易的每日结算特性,期货价格变动与现货市场也有一定关系。当接近期货合约交割时间时,期货价格收敛于现货价格,而在到达交割期限时,期货价格等于或非常接近现货价格。

从发展趋势看,电力商品环境属性的金融化衍生也可形成一系列以期货为基础的交易商品。德国 EEX 市场有基于新能源发电量标的物的期货产品交易。

2. 电力期权

与电力期货不同,电力期权是一种更加灵活的金融工具。期货合约所规定的交割是无条件的,若卖方无法在交割时间到达时履约,则需要在现货市场购买缺额的部分,反之买家若无法履约,则应出售多余的部分。而期权则是一种有条件的合约,它只赋予持有者在未来某一特定时间以特定价格买入或卖出电力的权利,但并不规定强制性义务。期权分为买入期权和卖出期权,前者赋予持有者以一定行权价格购入一定量电能的权利,后者则赋予持有者卖出的权力。但期权持有人可以根据现货价格自行决定是否行权。期权的独特之处在于其非对称性:期权的买方享有权利但无履约义务,而期权的卖方则承担履约义务,因此是由卖方代替期权持有人承担市场价格波动风险,而作为补偿,买方在购买期权时应向卖方支付一定权利金,相当于买方购买了一个保险来锁定未来的电力价格。

期权的价值主要体现在其对极端市场波动的保护能力上。例如,在电力价格可能出现剧烈波动的情况下，期权买方可以通过支付权利金锁定最大损失，从而避免价格大幅上涨或下跌带来的风险。期权的定价受到多种因素影响，包括标的资产价格、行权价格、到期时间以及市场波动率等，这使得期权的交易策略更加多样化。

1.4　电力市场出清和价格机制

电力市场出清和价格机制是确保电力资源高效、公平分配的核心环节。这一机制基于市场交易规则、价格机制以及市场主体量价申报来完成。本节将系统阐述电力市场主体的交易行为、市场出清原理及其价格机制，为理解市场价格信号的形成提供理论支撑。

1.4.1　市场交易行为

在电力市场中，市场交易行为涉及发电商、系统运营商、大用户、电网公司、售电公司等多元主体。上述主体基于对电力供需情况的预测，通过双边交易、集中竞价等多种方式开展电力交易。发电商是电力产品和服务的提供者，其综合考虑生产成本、燃料价格及市场供需情况进行报价。大用户及售电公司则根据自身或代理用户的用电需求进行电力购入。系统运营商通过收集供需双方信息组织交易，根据电力系统的传输能力、安全约束等条件进行优化计算，决定经营主体的中标电量，并形成市场价格，以上过程称为电力市场出清。

不同的市场交易方式下，市场价格形成的机制也有所区别。在双边交易和挂牌交易模式下，电力商品价格一般由发用双方线下或线上协商形成。在集中竞价模式下，发电商向系统运营商提交发电报价曲线，用户或售电公司向系统运营商提交需求报价曲线，以上行为统称为报价行为。投标截止后，系统运营商将整合对应时段的供需曲线，进行市场集中出清。本节内容将主要围绕集中模式下的现货市场出清及定价机制展开介绍。

以发电侧报价曲线为例,在现行电力市场中报价基本格式为阶梯状的分段报价曲线，每段报价曲线显示了机组在不同出力水平下的对应价格，一般采用上升型的分段报价曲线。发电商报价原则上是基于成本进行报价，即机组在发电成本基础上增加合理利润，作为报价提交。从系统运营商角度，基于成本报价的形式能够客观体现发电成本，更真实地反映发电侧供应情况。从发电商角度，发电边际成本报价也有助于机组在现有市场规则下获取利润。当然，基于成本的报价方式未能考虑到市场的供需情况，因此无法做到最大化收益。因此，部分发电商在报价时也会采用基于市场价格预测或基于博弈论的方法，在报价中考虑其他市场主体的行为以及影响市场的其他客观因素。发电商除了需要申报电量及价格信息，还需要根据系统运营商要求提交机组物理参数，例如爬坡速率、最大最小出力、连续开停机时间等技术参数，用于建立更稳定可靠的市场出清物理模型。

发电机组的报价是市场价格形成的主要因素，也是市场力操纵的主要来源。发电商通过持留行为能够制造供应紧张假象，从而大幅抬高市场价格以谋取利益，扰乱市场正常稳定运行。持留行为可分为物理持留和经济持留，其基本情况示例如图1-12所示。其中，物理持留指发电商在申报时保留部分容量不参与市场，此时发电商通常会以故障或检修为理由进行持留，但由于系统运营商可以收集到机组检修计划和故障情况，物理持留行为能够较好识别和判定。经济持留行为是指发电商提交报价时，故意抬高靠后几段的容量报价，促使市场供应情况趋于紧张，相对而言，由于不同发电商之间的报价策略存在差异，较难直接判别机组是否存在经济持留行为。

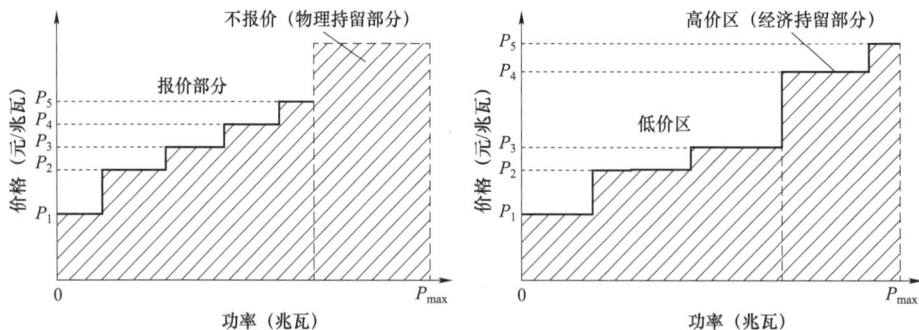

图1-12 物理持留和经济持留的报价曲线示例

在市场主体投标结束后，系统运营商将分别收集发用两侧报价信息，基于供需曲线进行市场出清。通常有两种定价机制：① 报价出清机制（Pay as Bid，PAB），即按照中标机组和用户报价价格分别进行定价；② 边际出清机制，又称统一价格结算机制（Uniform-Pricing，UP），即所有的交易均按最后一笔交易出清价格定价，也称边际出清价格。本书主要介绍边际出清机制。

1.4.2　边际出清机制

边际出清机制是电力市场定价的主要方法。根据经济学理论，市场将在供给曲线与需求曲线交点处达到均衡，在均衡点前的购售双方能够成交，边际电价即为在市场达到均衡状态时，增加单位需求对应产生的成本增量。

1. 无网络约束的出清

如果不考虑系统约束情况，系统运营商将发电商的报价由低到高排列、依次中标，最后一个中标的机组称为边际机组，其报价价格即为本时段边际出清电价。图1-13 展示了无系统约束条件下边际出清电价的形成方式，根据本时段各发电机组报价情况，最后一个中标的煤电机组即为本时段边界机组，其报价 300 元/兆瓦时则为本时段市场边际出清价格。

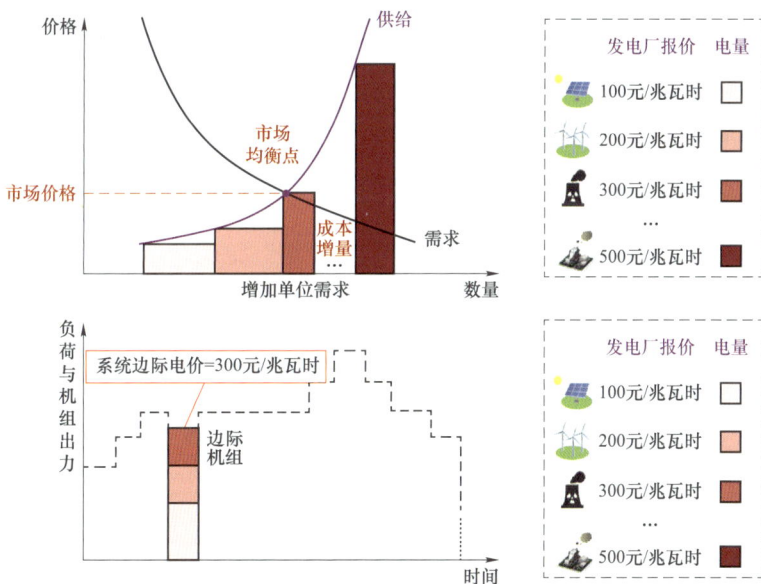

图 1-13　无系统约束条件下边际出清电价的形成方式

在无网络约束的市场出清的优化问题中，目标函数一般为购电成本最小化或社会福利最大化。二者主要区别在于，前者假设需求侧为刚性负荷，后者认为需求侧具有弹性，即用户可能根据供需情况改变用能策略。本书以购电成本最小化为市场运营目标构建市场出清模型。

目标函数见式（1–3）：

$$\min \sum_{i=1}^{N} c_i G_i \tag{1-3}$$

约束条件见式（1–4）、式（1–5）：

$$\sum_{i=1}^{N} G_i = \sum_{i=1}^{N} D_i \tag{1-4}$$

$$G_i^{\min} \leqslant G_i \leqslant G_i^{\max}, \quad i = 1, 2 \cdots N \tag{1-5}$$

式（1–4）代表发电–负荷平衡约束，式（1–5）代表发电机功率上下限约束。式中：N 为节点总数；G_i 为节点 i 机组总出力；$G_i^{\min}$ 和 $G_i^{\max}$ 为节点 i 机组的出力上下限；D_i 为节点 i 总负荷；c_i 为节点 i 机组的报价。

通过上述模型求解，可获得机组中标结果，再通过发电–负荷平衡约束的对偶乘子处理，可获得出清电价。在此条件下，全电网所有节点的电价均相同，称为系统边际电价（System Marginal Price，SMP）。

在边际出清模式下，若发电商报价低于其发电成本，则将导致无法回收成本；若发电商报价高于其发电成本，则其报价越高，出清概率越低。因此，最终发电商的报价应略高于其真实的发电成本，但与成本接近。

2. 考虑网络约束的出清

在实际电力系统中，发电机与电力负荷之间通过输配电线路相连，这些线路可传输的功率具有上限，当线路传输功率达到线路容量上限时，便会发生阻塞现象。如图 1–14 所示，当相邻的节点 A 和节点 B 分别处于发电资源稀缺、发电资源富裕的状态时，由于连接的线路已经出现阻塞，节点 B 的发电资源无法向节点 A 侧传输，线路两侧的供需状态差异将分别导致电价的下降和上调，采用系统边际电价模式时，将无法体现这一差异性。

以系统边际电价机制形成全电网同一电价的方式忽略了阻塞情况对电力系统的影响，无法反映真实的系统供需情况，需要对网络约束及线路参数进行更精确的建模，才能得到更准确的价格信号。节点边际电价的概念也由此衍生。

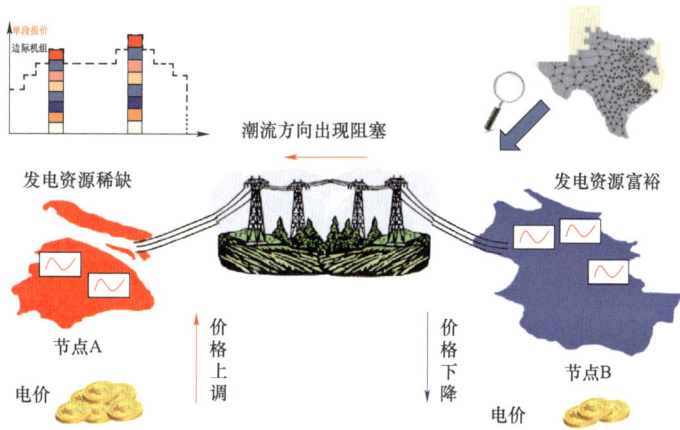

图 1-14　出现线路阻塞时市场供需情况发生变化

1.4.3　节点电价

节点边际电价（Locational Marginal Price，LMP）理论由 MIT 教授 Schweppe 提出，指在满足发电机功率上下限约束和输电网络约束条件的情况下，在给定节点增加单位负荷时的成本增量。边际节点电价机制下，每个节点电力价格都是独立的，并能够反映该节点所连接的所有主体及相邻节点的供需状况和传输成本。

1. 节点电价形成原理

电力市场运行及出清过程，是在考虑电网安全约束以及物理运行特性的前提下，优先调用系统中报价最低的发电机组。最常用的两个算法工具是安全约束机组组合和安全约束经济调度。前者用于确定未来一段时间内机组的开停机计划，后者则根据确定的开停机计划及实时需求和系统运行条件，确定各机组的出力分配。

进行市场出清时，首先求解安全约束机组组合模型，得到机组的启停状态。其目标函数为最小化发电成本（包括运行成本、空载成本、启动成本、线路约束罚函数、断面约束罚函数），约束条件包括：① 机组约束：出力上下限约束、爬坡速率约束、最小连续开停时间约束、最大启停次数约束；② 系统约束：负荷平衡约束、系统正备用约束、系统负备用约束、系统旋转备用约束；③ 网络约束：线路潮流约束、断面传输极限约束。

然后，求解安全约束经济调度模型，输出中标电力及节点电价。其目标函数为最小化发电成本（包括运行成本、线路约束罚函数、断面约束罚函数，不考虑空载成本和启动成本），约束条件包括：① 机组约束：出力上下限约束、爬坡速率约束；② 系统约束：负荷平衡约束、系统旋转备用约束；③ 网络约束：线路潮流约束、断面传输极限约束。

2. 网络模型基础

在构建以上优化问题的过程中，最复杂的是网络约束建模。在电力市场中，针对高压输电网，通常采用简化的直流潮流模型刻画功率传输，见式（1-6）：

$$P_{ij} = \frac{\theta_i - \theta_j}{x_{ij}} \tag{1-6}$$

式中：P_{ij} 为连接节点 i 和节点 j 的线路的传输功率，正值代表功率由节点 i 流向节点 j，负值代表反向；θ_i 和 θ_j 为节点 i 和节点 j 的电压相角；x_{ij} 为连接节点 i 和节点 j 的线路的电抗。

此外，也可以用发电转移分布因子（Generation Shift Distribution Factor，GSDF）描述功率传输。发电转移分布因子 T_{l-k} 指线路 l 功率传输对于节点 k 注入功率的灵敏度，即节点 k 注入单位功率且由参考节点流出时，连接节点 i 和节点 j 的线路 l 传输功率的增加值。其计算公式见式（1-7）：

$$T_{l-k} = \frac{\partial P_{ij}}{\partial P_k^N} = \frac{x'_{ik} - x'_{jk}}{x_{ij}} \tag{1-7}$$

式中：T_{l-k} 为线路 l 功率传输对于节点 k 注入功率的灵敏度；P_k^N 为节点 k 处的注入功率；x'_{jk} 为节点导纳矩阵逆矩阵中位置第 j 行第 k 列上的元素（含有参考节点则为 0）。

在引入了 GSDF 的概念后，模型中即消去了节点相角 θ，对于线路 l 而言，其线路潮流约束条件可进一步简化，见式（1-8）：

$$T_{l-1}P_1^N + T_{l-2}P_2^N + \cdots + T_{l-n}P_n^N \leqslant \overline{P_l} \tag{1-8}$$

式中：$\overline{P_l}$ 为线路 l 的功率传输极限。

对于复杂大电网而言，线路规模庞大，但在进行市场出清时，对出清结果具有重大影响的往往只有部分关键线路。因此，可以建立仅考虑关键线路的线路潮流约束集，见式（1-9）：

$$-\overline{P}_l + \sum_{k=1}^{N} T_{l-k} P_{k,t}^{\mathrm{Load}} \leqslant \sum_{g=1}^{N_{\mathrm{G}}} T_{l-g} P_{g,t}^{\mathrm{G}} + \sum_{c=1}^{N_{\mathrm{T}}} T_{l-c} P_{c,t}^{\mathrm{Tie}} \leqslant \overline{P}_l + \sum_{k=1}^{N} T_{l-k} P_{k,t}^{\mathrm{Load}} \qquad (1-9)$$

式中：$P_{g,t}^{\mathrm{G}}$ 为发电机节点 g 在时段 t 的出力变量；$P_{c,t}^{\mathrm{Tie}}$ 为电网区域联络线 c 在时段 t 的注入功率；$P_{k,t}^{\mathrm{Load}}$ 为节点 k 在时段 t 的负荷量。

通过引入 GSDF 的概念，可以消去中间变量，有效削减了模型的决策变量和约束条件数目，并可在只添加少量关键约束的情况下，确保电力市场交易结果的执行不影响电力系统安全运行。

3. 节点电价数学模型

完成线路功率约束条件的建模后，进一步构建基于节点边际电价的市场出清模型。

目标函数：购电成本最小化见式（1-10）：

$$\min \sum_{i}^{N} \sum_{t=1}^{T} c_{i,t}(P_{i,t}) \qquad (1-10)$$

约束条件，见式（1-11）～式（1-15）：

$$\sum_{i=1}^{N} P_{i,t} = D_t : \lambda \qquad (1-11)$$

$$P_{i,t}^{\min} \leqslant P_{i,t} \leqslant P_{i,t}^{\max} \qquad (1-12)$$

$$P_{l,t}^{\min} \leqslant \sum_{i=1}^{N} G_{l-i} P_{i,t} - \sum_{k=1}^{K} G_{l-k} D_{k,t} \leqslant P_{l,t}^{\max} : \mu_{l,t}^{\max}, \mu_{l,t}^{\min} \qquad (1-13)$$

$$P_{i,t} = \sum_{m=1}^{NM} P_{i,t,m} \qquad (1-14)$$

$$P_{i,m}^{\min} \leqslant P_{i,t,m} \leqslant P_{i,m}^{\max} \qquad (1-15)$$

六式中：N 为机组总数；T 为总时段数；NM 为机组报价总段数；K 为系统的节点数量；L 为系统的线路数量；$c_{i,t}(P_{i,t})$ 为机组 i 在时段 t 的运行费；$P_{i,t}$ 为机组 i 在时段 t 的出力；$P_{i,t}^{\max}$ 和 $P_{i,t}^{\min}$ 分别为机组 i 在时段 t 的出力上下限；D_t 为时段 t 的系统负荷；G_{l-i} 和 G_{l-k} 分别为机组 i 所在节点和节点 k 对线路 l 的发电机输出功率转移分布因子；$P_{i,t,m}$ 为机组 i 在时段 t 的第 m 个出力区间中的中标电力；$P_{i,m}^{\max}$ 和 $P_{i,m}^{\min}$ 分别为机组 i 申报的第 m 个出力区间上下界。

式（1-11）代表发电-负荷平衡约束，式（1-12）代表发电机功率上下限约束，式（1-13）代表线路功率传输极限约束，式（1-14）和式（1-15）为机组出力表达式。

进行优化问题求解后，最终可得到节点 k 在时段 t 的节点边际电价 $\pi_{k,t}$ 表达式，见式（1-16）：

$$\pi_{k,t} = \lambda_t - \sum_{l=1}^{L}(\mu_{l,t}^{\max} - \mu_{l,t}^{\min}) \times G_{l-k} \qquad (1-16)$$

式中：λ_t 为时段 t 系统负荷平衡约束的拉格朗日乘子；$\mu_{l,t}^{\max}$ 为时段 t 线路 l 最大正向潮流约束的拉格朗日乘子；$\mu_{l,t}^{\min}$ 为时段 t 线路 l 最大反向潮流约束的拉格朗日乘子。

λ_t 对应节点电价的系统分量，$\sum_{l=1}^{M}(\mu_{l,t}^{\max} - \mu_{l,t}^{\min}) \times T_{l-k}$ 对应节点电价的阻塞分量。由此可以看出，同一节点的电力价格由该节点能量供需情况和所连接线路的阻塞情况共同决定，能够更加真实地体现价格信号的作用。目前，美国各区域电力市场已普遍采用节点边际电价机制，它可以更好地反映电力商品在不同时间、不同地点的稀缺性，释放出具有引导意义的价格信号。需要进一步说明的是，节点电价的表达式发展至今尚未形成统一标准，例如美国得州电力市场、中国电力市场节点电价仅含有系统分量和阻塞分量两个部分，而美国 PJM 电力市场除了上述两个部分，还加入了网损分量。

1.4.4 分区定价

分区边际电价（Zonal Marginal Price，ZMP）是介于系统边际电价和节点边际电价之间的概念，与节点边际电价类似，其基本思想是在系统边际电价基础上划分价区，如图 1-15 所示。区域划分的常用标准是以阻塞断面为边界，也有部分电力市场通过地理位置、节点电价分布或基于灵敏度的方法进行了价区划分。

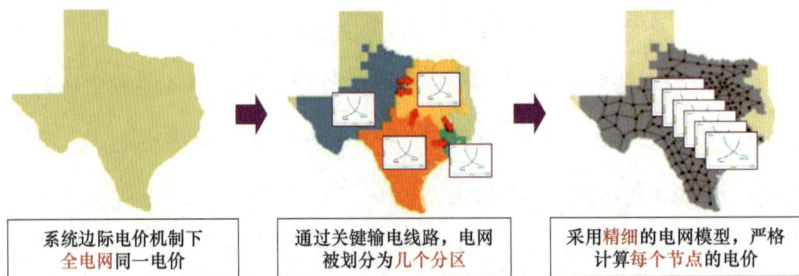

图 1-15 系统边际电价、分区边际电价、节点边际电价模式对比

相比于其他两种定价方式，分区边际电价模式适用于阻塞频繁发生在部分输电断面的地区，目前，该定价方法在北欧四国电力市场、美国得州电力市场中均得到了应用。

在市场实际运行中具体采用哪一种定价模式，则往往取决于电网阻塞的严重程度与阻塞出现的确定性。当电网阻塞程度较轻时，阻塞成本较小，节点间的边际价格差异也较小，往往可以用全网边际价格进行替换；当电网阻塞可预测、确定性强时，则可以以阻塞断面为边界划分价区，实施分区边际电价机制。当电网阻塞程度较严重时，则必须以节点电价的形式，才能够更加精确地反映各节点的真实电力成本。

1.4.5 输配电价

输配电价是电网企业向电力用户或售电公司收取的输电、配电环节费用，涵盖电网投资、运维和合理收益。该电价一般由政府主管部门核准，接受政府部门监管，以确保电网可持续运营并促进市场公平竞争。

1. 输配电价管制理论

由于输配电网具有自然垄断特性，需要监管机构对其进行管制以提高效率和社会福利水平。对输配电价的管制主要包括两方面内容：一是对输配电企业的电价总收入加以管制，主要涉及如何有效构建管制模式，以削减企业运行总成本投入；二是对输配电企业成本投入进行合理的分配及定价，主要是在保证电价设置合理公正基础上，实现企业合理收益。目前有两种主流的价格管制方式，投资回报率管制方式和价格上限管制方式。我国采用更接近投资回报率管制的"准许成本+合理收益"管制方式，建立了电价调整机制和激励约束机制，既保证了输配成本回收，又有利于改革平稳推进。

2. 输配电价基本分摊方法

输配电价基本分摊方法有合同路径法、邮票法、兆瓦—公里法以及潮流追踪法等，见表 1–1。

表1-1 输配电价基本分摊方法

名称	简介	优缺点
合同路径法	合同路径指在电能转运过程中，从功率注入点到功率流出点确定一条连续路径，电能按合同规定的路径流过，并假定此时该路径应有足够的可用容量。转运的成本只限该指定路径的设备，对合同路径以外的部分没有影响	只适合网络结构简单清晰，且与其他线路耦合不紧密的线路采用
邮票法	邮票法认为转运潮流的注入和流出与节点位置及转运的距离无关。在计算转运费时，先计算整个输电网的总成本，然后在所有转运交易中，按实际转运功率的大小分摊整个输电网的转运成本。各项转运业务不管转运的远近，只按转运电能大小计费	操作简单易行，但无法真实地反映输电线路资源的利用率，也无法反映地理位置信息
兆瓦-公里法	兆瓦-公里法首先计算电网所有线路和设备的每兆瓦-公里的成本，并根据转运交易实际注入节点和流出节点确定电网潮流，从而计算该项转运业务应分摊的成本，即为转运费。其根据转运交易产生的潮流利用各输电线路的程度，分摊相应线路输电费用的比例	一定程度上考虑了线路的利用程度和地理位置信息，但是计算较为复杂，不能反映电网资源的紧缺状况程度
潮流追踪法	潮流追踪法基于给定的电力网络中的潮流信息，计算从一个特定的发电厂流向特定的电力用户的功率大小。潮流追踪法的成本分摊过程体现公平性，考虑距离和输电路径差异，相较于其他方法具有较大的优势	一定程度上考虑了线路的利用程度和地理位置信息，但计算较为复杂且无法考虑反向潮流

　　欧美等成熟电力市场通常将上述几种方法组合使用，这与其市场发展进程和市场模式密切相关。美国电力现货市场构建了精细的数学模型，在提高系统可靠性的同时达到经济性最优的目标，电能量市场应用节点边际电价机制充分反映地理位置信息，因此输电价格机制方面采用相对简便易行的基于峰荷责任的邮票法，按照对线路的使用程度进行分摊。相较而言，欧洲各国内部输电阻塞并不严重，电能量市场采用分区定价机制，并通常以国家行政边界进行价区划分，但这也导致价区面积过大，无法反映区域内部的电能空间价值差异，降低了资源优化配置效率。因此以英国为代表的欧洲国家在输电价格机制方面提供了较充分的地理位置信息，并按一定比例向电源侧和负荷侧分摊，通过电源、负荷不同位置的输电价格引导资源优化配置。

　　我国由国家发展改革委核定省级电网和区域电网的输配电价水平，省级电网实行"一省一价"，跨区跨省输电线路实行"一线一价"。现行机制主要特点包括：① 按电压等级分档定价，一般分为 500、220、110、35、10 千伏及以下等多档；② 采用"两部制"电价结构，包含电量电价和容量电价；③ 建立成本监审制度，每三年进行一次定价周期监管；④ 逐步规范交叉补贴，推动工商业用户承担合理成本。

2 国外典型电力市场实践

本章聚焦于国外典型电力市场的实践与经验，通过对美国、澳大利亚和欧洲电力市场的深入探讨，系统梳理了各国电力市场的基本情况与市场体系的特点。在此基础上，结合实际案例对电力市场的发展趋势展开分析，揭示其市场设计理念与运行机制的核心要素。本章旨在提供国际视角下的电力市场建设情况及经验借鉴，为我国电力市场建设与运营提供理论参考与实践支持。

2.1 美国电力市场

本节对美国电力市场的基本情况进行了概述，并介绍了美国电力市场体系，最后结合电力市场实际案例对美国电力市场的发展趋势进行了分析。

2.1.1 基本情况

美国电力系统划分为东部电网（Eastern Interconnection）、西部电网（Western Interconnection）和得州电力可靠性委员会（Electric Reliability Council of Texas，ERCOT）电网三个主要电网，每个电网内部进一步细分为多个市场。

美国是全球电力市场化改革的先驱之一，目前已经形成了七个区域竞争性电力市场，这些市场的运作主体为区域输电组织（Regional Transmission Organization，RTO）和独立系统运营商（Independent System Operator，ISO）。各市场由 RTO 或 ISO 负责管理和运营，确保电力市场竞争的公正性。七个区域竞争性电力市场分别由以下 RTO 或 ISO 运营：新英格兰 ISO（ISO－New England，ISO－NE）、纽约 ISO（New York Independent System Operator，NYISO）、宾夕法尼亚－新泽西－马里兰联合系统运营商（Pennsylvania－New Jersey－Maryland Interconnection，PJM）、西南部电力池（Southwest Power Pool，SPP）、得克萨斯州的电力可靠性委员会 ERCOT、加利福尼亚 ISO（California Independent System Operator，CAISO）以及中西部 ISO（Midcontinent Independent System Operator，MISO）。除此之外，美国仍有部分地区保持电力管制的状态。

美国电力市场结构如图 2－1 所示。

2.1.2 市场体系

美国七大区域电力市场均采纳了集中式电力市场模式，这些市场在交易标的物方面进行了细致的划分，涵盖了电能、辅助服务、金融输电权以及容量等多个方面。本节以 CAISO 为例展开具体介绍。

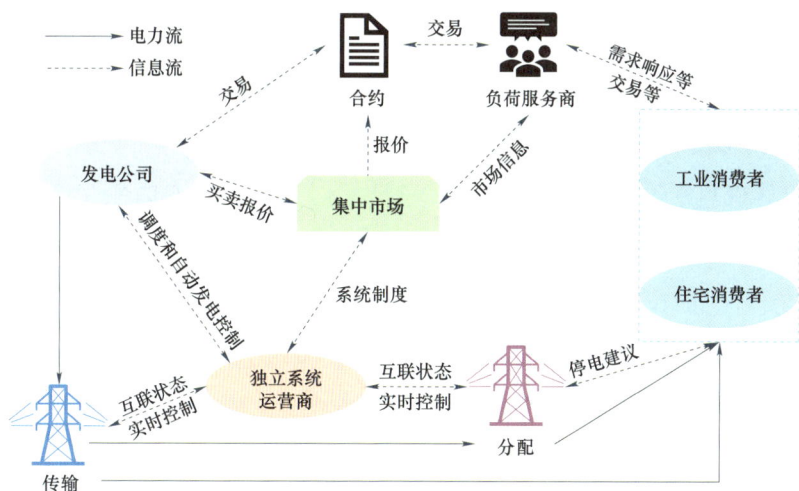

图 2-1　美国电力市场结构

2.1.2.1　电能量市场

在电力市场中,各参与方可以在电量交割之前签订中长期不同期限的双边交易合同,旨在规避市场价格波动所带来的风险。这些合同的签订并不依赖 RTO 或 ISO 的集中组织和安全校核,约定的电量和电价仅用于金融结算,不涉及实际的电力调度执行。

RTO 或 ISO 的核心职能在于监管现货市场的集中交易,主要是日前市场和实时市场。日前市场依托于对未来一日负荷需求的预测,通过市场发、用电主体的双向报价以及节点边际定价机制,满足市场约 95%的交易需求。而实时市场的主要职能是调整和平衡日前市场制定的发电计划与实际负荷需求之间的差异。具体而言,加州的日前市场针对虚拟和实物投标,其截止时间为交易日前一天上午 10:00。日前市场涵盖一系列流程,旨在确定每小时的能源和辅助服务的节点电价,以及剩余可调度机组的额外采购需求。此外,日前交易还涉及确定可靠性必须运行的机组调度水平,并对可能超出本地市场力缓解限制的投标进行调整。实时市场则在每个交易小时起始前 75 分钟截止,通过一系列规范化流程计算确定每个交易小时的节点电价。此外,CAISO 还负责运营能量不平衡市场,该市场目前涵盖 CAISO 及美国西部其他调度范围。2022 年 10 月 31 日,CAISO 对外宣布了日前市场扩围提案(Extended Day-Ahead Market,EDAM),该提案旨在将加州的日前市场扩展至西部能量平衡市场（Western Energy Imbalance Market，WEIM）。WEIM 为自愿参与的实时市场，通过集中调度和协调不同平衡机构之间的电力供需关系，有效降低成本，解决由高比例可再生能源引入的系统平衡问题。

在价格机制方面，CAISO 构建了一套以动态调价为核心的弹性定价框架，以应对电网的高波动性特性。该框架通过分时电价和备用容量响应等机制，灵活调整价格以适应不同时段的电网需求。在现货市场中，CAISO 采用节点边际电价体系，常规时段的价格上限设定为 1000 美元/兆瓦时。然而，在光伏出力骤降、净负荷陡升的晚高峰时段（16:00—21:00），价格上限被允许较基准价上浮 20%，达到 1200 美元/兆瓦时。这一价格调整机制旨在激励燃气机组快速响应，填补 2023 年夏季日均 4.5 吉瓦的供需缺口，从而保障电力系统的稳定运行和供需平衡。

针对备用容量短缺问题，CAISO 市场创新实施"备用容量稀缺响应机制"，当备用容量低于 3% 阈值时，按每兆瓦时附加 500 美元溢价，通过价格信号引导资源优化配置。为平抑价格波动，加州推行覆盖 85% 居民用户的分时电价政策，高峰时段电价达 450 美元/兆瓦时（谷段 3 倍溢价），引导用户侧需求响应削减 180 万千瓦尖峰负荷。此外，CAISO 市场开展了电力市场改革重要举措：一是赋予响应速度超 80% 的储能设施 2500 美元/兆瓦时的紧急溢价权限，激活灵活性资源潜力；二是与西南各州签订 3 吉瓦跨区输电期权协议，当实时电价突破 1500 美元时自动调用外部备用容量，形成跨区资源协同机制。

2.1.2.2 辅助服务市场

辅助服务市场致力于确保电力系统的稳定运行和提供必要的可靠性保障，涉及的服务类型包括电压控制与支持、无功功率供应、频率调节以及备用电源等。CAISO 新能源发电量占比较高，辅助服务的成本大约为每兆瓦时 1 美元，这一费用在 2020 至 2022 年间占总电力交易费用的 1% 以上。2023 年，辅助服务的总支出约为 1.5 亿美元。CAISO 提供四种类型的辅助服务，具体为上调频率、下调频率、旋转备用和非旋转备用，而不包括无功功率和黑启动等服务类别。

在辅助服务的价格机制方面，加州的调频辅助服务区分调频方向，在日前市场（每小时）和实时市场（每 15 分钟）出清，按照"容量+里程"的模式定价。中标设备的容量补偿由中标容量和边际容量价格确定，里程补偿由实际里程、准确度调整系数和里程倍增系数确定。其中准确度调整系数由 15 分钟内调度指令之和、响应与调度指令的偏差计算得到。运行日某一小时的里程倍增系数由前一周相应小时的实际运行数据计算得到。

近年来，随着可再生能源比例不断增多，电力系统对灵活性资源的需求增多，美国联邦能源监管委员会（Federal Energy Regulatory Commission，FERC）颁布 719 号令，要求美国电力市场的 RTO 或 ISO 在日前和实时市场中引入备用稀缺定价机制，并推荐了基于备用运行曲线的方式。当系统备用不足时，电力市场结算价格不再仅仅是能量出清价格，而是能量出清价格与稀缺需求曲线价格之和。719 号令旨在短期内激励需求侧响应等灵活性资源进入市场，提高现有资源的性能，长期来看能够通过提供价格信号促进长期有效的电源投资。

此外，CAISO 还引入了灵活爬坡产品。CAISO 的灵活爬坡产品应用在 15 分钟市场（Fifteen-Minute Market，FMM）和实时调度（Real-Time Dispatch，RTD）中以解决由于系统净负荷变化及其预测误差造成的电力不平衡问题。CAISO 将电能量、灵活爬坡产品和其他辅助服务联合优化出清，出清后可以得到灵活爬坡产品的 15 分钟市场出清价格及数量和实时调度出清价格及数量。CAISO 对灵活爬坡产品进行偏差结算的方式为：在每个 5 分钟时段对 15 分钟市场出清数量的三分之一以 15 分钟市场出清价格进行结算，对实时调度出清数量与 15 分钟市场出清数量的三分之一的偏差以实时调度出清价格进行结算。

2.1.2.3 容量充裕性机制

容量市场指为确保满足电力资源充裕性和电网可靠性标准，采购发电容量以满足未来 3～5 年电力需求的市场机制。美国采用容量市场的运营机构包括 MISO、NYISO、PJM 和 ISO-NE。CAISO 目前并没有建立集中的容量市场交易。为了保证系统中灵活性调节资源的充裕度，CAISO 实行了分散容量义务制度（Forward Flexible Capacity Requirements，FFCR）。FFCR 要求每年根据系统负荷预测、新能源装机情况等预测第二年系统中所需要的灵活性资源，并按一定规则将灵活性资源的需求分配给负荷服务商（Load-Serving Entity，LSE）。LSE 需要通过双边合约的方式购买灵活性资源（包括发电、储能、需求侧响应等）以满足相应的配额需要。

具体来说，加州能源管理部门与 CAISO 合作制定电力系统资源充裕性规划和要求，并为各平衡区的所有 LSE 制定资源充足性采购义务。资源充裕性规划包括发电容量需求和灵活性容量需求规划。灵活性容量需求研究基于：历史运行数据，LSE 提供合同承诺的新能源出力数据，加州能源委员会（California Energy Commission，CEC）提供每小时的负荷预测、新能源的预期出力和装机信息。CAISO 据此预测：下一年每分钟净负荷曲线、每月三小时爬坡净负荷斜率、应急储备需求等，计算总灵活性容量需求及 LSE 对该需求的相对贡献，并将灵活性容量需求分配给各地方监管机构（Local Regulatory Agency，LRA）。各平衡区都要接受资源充足性评估，LRA 负责平衡所在地区的负荷。资源充裕性规划职责分工和基本流程如图 2-2 所示。

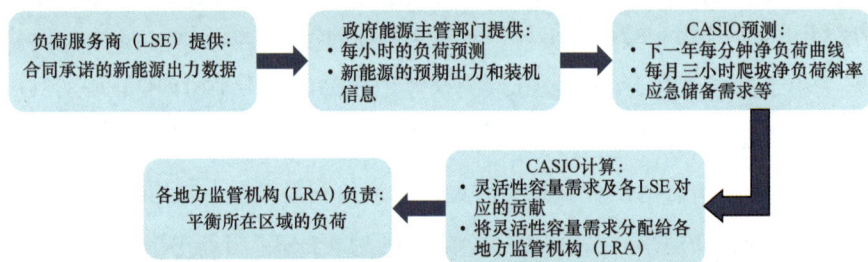

图 2-2 资源充裕性规划职责分工和基本流程

2.1.2.4 阻塞管理

在阻塞管理方面，金融输电权和阻塞收益权等工具被广泛应用于规避市场价格波动的风险。以 CAISO 为例，阻塞收益权作为一种金融工具，其核心目标是补偿市场参与者因输电网络阻塞而产生的额外成本。这一机制通过年度分配的拍卖收益权和金融输电权拍卖来实现，其价值基于现货市场中节点价格的差异，每小时进行结算。这种设计不仅有效保证了电力市场的效率，还促进了输电网络的优化利用，确保了电力系统的经济性和可靠性。CAISO 通过将全州划分为 20 多个地区，精细化地推进输电阻塞管理、分区定价以及阻塞费用的制定。在阻塞管理策略上，市场被划分为区内和区间两个层面，区间阻塞管理采取动态报价调整，通过循环迭代的协调流程来实现。

在日前市场的运行环节，CAISO 于每日 10:00—11:00，同步开展辅助服务市场的运作与系统间阻塞管理。该阶段，CAISO 将精确计算调整后的能量计划、辅助服务计划及中标电量，并据此确定各时段的辅助服务市场价格和输电阻塞价格，同时预估各计划可调度机组应承担的输电阻塞费用。实时市场阶段，CAISO 继续执行输电阻塞管理，以确定最终的能量和辅助服务计划、市场结算价格及输电阻塞费用。

在系统间阻塞管理中，CAISO 遵循"市场分离"原则。具体而言，若需调整任何可调度机组的能量计划以解决阻塞，该调整不得破坏原有的供需平衡。即 ISO 需同时调用平衡能量的增加和减少投标，确保最终能量计划中的发电量与用电量保持均衡。在调整过程中，优先考虑报价较低的平衡能量投标，直至阻塞问题得到解决。最终，由最后调整的计划协调公司的平衡能量投标确定输电阻塞的价格。此外，ISO 将根据既定规则，将收取的阻塞费用合理分配给持有金融输电权的计划协调实体或输电公司，确保费用分配的公平性与合理性。

阻塞收益权的结算每小时进行一次，其价值取决于现货市场中各节点的小时平均节点价格。具体计算方法为：申请的阻塞收益权价值等于获得的容量乘以流出节点与注入节点之间的价格差。

2.1.2.5 输配电价

美国的输配电价通常采用体现峰值负荷责任的邮票法，无法反映明确的输电线路容量利用程度和地理位置信息。PJM 对输配电价分摊规则做出了进一步完善和修改，在一定程度上兼顾了输电线路容量利用率和地理位置信息，因此本小节以具有代表性的 PJM 为例，分别介绍美国 ISO 之间及 ISO 内部输电线路成本分摊方法。

1. ISO 之间输电线路成本分摊方法

ISO 间输电线路的建设通常也纳入所相连 ISO 的各自规划之中，以便于进行成本分摊。ISO 间输电线路一般会对 ISO 内部输电线路的建设起到替代作用，ISO 间输电线路分摊至相连两 ISO 的成本份额，默认根据各 ISO 内部被替代的输电升级方案的成本现值比例确定。

当然，在输电资产相关方自愿原则的基础上，可以建议提出其他的 ISO 间输电线路的成本分摊方法,例如按照 ISO 内部输电阻塞缓解程度比例或者可靠性指标提升比例等。

2. ISO 内部输电线路成本分摊方法

PJM 输电网络项目通常分为发电机接入项目、可靠性项目以及市场效率项目三类。其中发电机接入项目综合专用接入线路成本和上级电网的扩容成本后一并分摊至发电机组。可靠性项目和市场效率项目分摊方法如表 2-1 所示。

表 2-1   可靠性项目和市场效率项目分摊方法

类别	级别	分摊方法
可靠性项目	电压等级≥500 千伏或者双回 345 千伏,造价≥500 万美元	50%线路成本通过分布因子法分摊至各子区域;50%线路成本通过负荷比例分摊至各子区域
	电压等级为单回 345 千伏或 345 千伏以下,造价≥500 万美元	100%线路成本通过分布因子法分摊至各子区域
	电压等级 200 千伏以下,造价<500 万美元	100%线路成本由所在子区域分摊
市场效率项目	电压等级≥500 千伏或者双回 345 千伏,造价≥500 万美元	50%线路成本通过负荷比例分摊至各子区域;50%线路成本由各子区域净负荷购电成本下降比例分摊
	电压等级为单回 345 千伏或 345 千伏以下,造价≥500 万美元	100%线路成本由各子区域净负荷购电成本下降比例分摊
	造价<500 万美元	100%线路成本由各子区域净负荷购电成本下降比例分摊

值得一提的是,PJM 将无功设备和作为输电资产进行成本回收的储能系统（Storage As Transmission Asset,SATA）通过等效替代的方式进行处理,即将无功设备和储能系统以等效线路或变压器加以替代,再结合分布因子和负荷比例进行分摊。分布因子分摊方法示例如表 2-2 所示。

表 2-2   分布因子分摊方法示例

步骤	区域 1	区域 2	区域 3	区域 4	区域 5	计算方式
1. 尖峰负荷（兆瓦）	10000	6000	4000	3000	2000	根据最近 1 年历史数据获得
2. 计算分布因子	0.050	−0.100	0.009	−0.030	0.100	
2.1 更新分布因子	0.050	−0.100	0	−0.030	0.100	将绝对值小于 0.01 的分布因子置零
3. 区域对线路的使用值（兆瓦）	500	(600)	—	(90)	200	尖峰负荷×分布因子

步骤	区域 1	区域 2	区域 3	区域 4	区域 5	计算方式
3.1 正向潮流（兆瓦）	500	—	—	—	200	
3.1 负向潮流（兆瓦）	—	（600）	—	（90）	—	
3.2 正向潮流使用率	71.43%	—	—	—	28.57%	
3.2 负向潮流使用率	—	86.96%	—	13.04%	—	
4. 线路正向潮流权重	80%	—	—	—	80%	根据全年 8760 小时统计
4. 线路负向潮流权重	—	20%	—	20%	20%	根据全年 8760 小时统计
5. 计算成本分摊比例	57.14%	17.39%	—	2.61%	22.86%	步骤 3.2 × 步骤 4

2.1.3 发展趋势

2.1.3.1 系统结构性变革

1. 新能源渗透率逐步提高

根据美国能源信息署（Energy Information Association，EIA）统计，2010 年煤电占比仍高达 45%，但至 2023 年已锐减至 16%，为 1950 年以来的最低水平，这一降幅在《通胀削减法案》（Inflation Reduction Act，IRA）实施后显著提速，2022—2023 年煤电退役容量达 21.3 吉瓦。可再生能源的崛起与之形成鲜明对比，2023 年风光发电量占比达 23%，较 2015 年的 7%实现跨越式增长，其中得州风电单日渗透率在 2023 年 5 月创下 72%的历史峰值。

美国年度净发电量如图 2-3 所示。发电量整体较为稳定，大体维持在 4.1 万亿千瓦时左右。煤炭发电的产量呈现出逐年递减的趋势，与此同时，天然气发电作为替代能源，其产量呈现出逐年上升的态势。但是依赖化石燃料（即天然气和煤炭）的发电占比显著下降，从接近 70%的高位减少到不足 60%。此外，风力和太阳能发电的产量呈现出稳步增长的趋势，然而，相较于天然气发电的增长幅度，风电和太阳能发电的增长则显得较为温和。根据 EIA 2024 年 6 月发布的《月度能源统计评论》报告，2023 年美国电力消耗总量达 4 万亿千瓦时，同比 2022 年减少了 670

亿千瓦时，降幅为 1.67%。2022 年美国的电力消费总量达到了 4.067 万亿千瓦时，创下历史最高纪录。此外，2023 年美国总发电量为 4.178 万亿千瓦时。同年，美国电力进口总量为 390 亿千瓦时，出口总量为 200 亿千瓦时，净进口量 190 亿千瓦时。美国与加拿大和墨西哥之间的电网互联，使三国在电力供应方面保持着活跃的跨境交易。

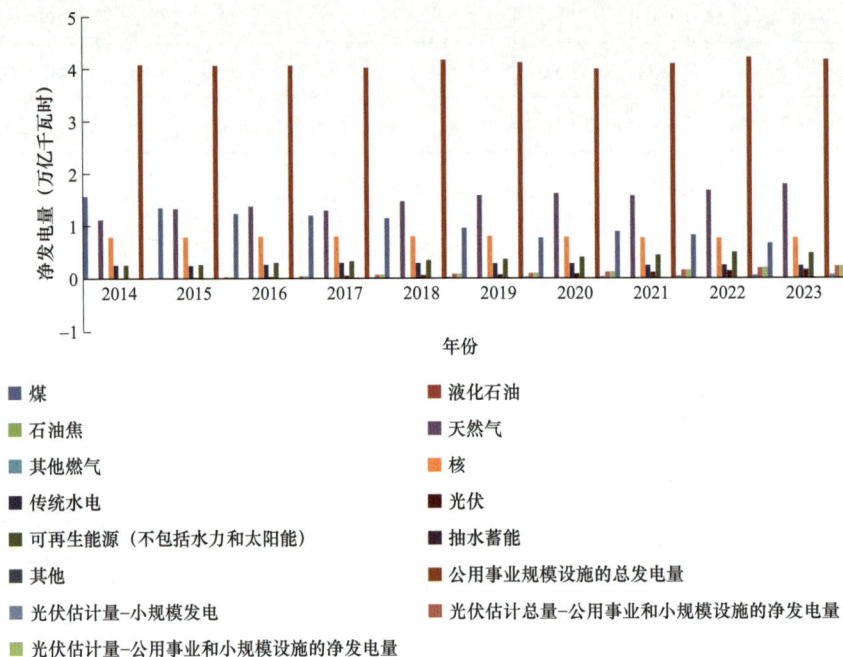

图 2-3　美国年度净发电量情况

数据来源：EIA

图 2-4 展示了 2023 年美国各类型电源的装机情况。可以看出，天然气仍是美国电力系统的主要能源，装机容量占比最高。纵观历年装机变化趋势，煤炭的占比持续下降，而可再生能源则迅猛增长，特别是风能和光伏表现尤为突出。其中，集中式的风电和光伏，以及小型分布式光伏容量显著提升，逐渐成为可再生能源的重要支柱。同时，抽水蓄能等储能技术在电网调节与稳定运行中发挥了关键作用。核能凭借其高稳定性，为基荷电力提供了可靠支持。整体来看，美国电力结构正加速向清洁能源转型，风能、光伏和储能技术将成为未来能源发展的核心驱动力。

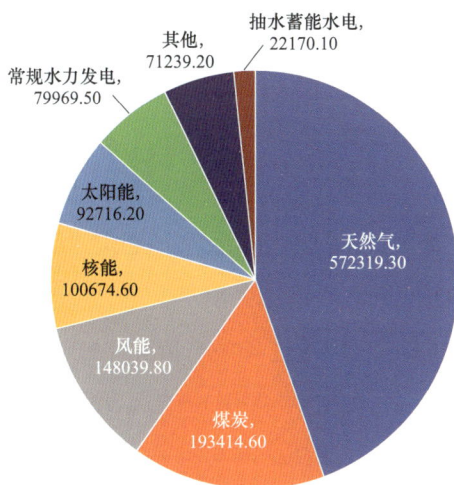

图 2-4　2023 年美国电力装机情况（单位：兆瓦）

数据来源：EIA

2. 灵活性资源规模增长

IRA 法案自 2022 年 8 月生效以来，带动电池储能装机量从 2021 年的 4.2 吉瓦跃升至 2023 年的 30 吉瓦，仅 2023 年新增装机便达 15.4 吉瓦，同比增长 52%，其中加州、得州分别贡献 34% 和 40%。分布式光伏发展更迅猛，2023 年户用光伏新增装机 14.2 吉瓦，较 2019 年的 6.5 吉瓦增长 118%，配套储能比例从 2018 年的 12% 提升至 2023 年的 34%。

2.1.3.2　极端天气下系统韧性不足

1. 2021 年得州停电事件

2021 年 2 月得州发生大停电事件。得州电力可靠性委员会 ERCOT 基于美国国家海洋和大气管理局气象模型，提前 28 天预警了极寒天气，并在 2020 年资源规划中将冬季峰值负荷预测为 67 吉瓦。然而实际负荷受北极涡旋南移速度较预期提前 48 小时的影响，于 2 月 14 日飙升至 69.87 吉瓦，较规划值超载 4.3%。EIA 统计数据显示，极寒天气下气井冻结导致天然气供应量骤降 45%，引发 8 吉瓦燃气机组燃料短缺停运，同时 15 吉瓦风电机组因叶片结冰停运，占当时风电总装机的 83%。系统频率在 2 月 15 日凌晨跌破 59.95 赫兹安全阈值，最低触及 59.4 赫兹，触发保护性机组脱网。ERCOT 被迫启动三级能源紧急警报，累计削减 20 吉瓦负荷，影响超过 430 万用户，断电持续 76 小时后恢复。FERC 与北美电力可靠性协会的联合调查报告指出，容量补偿机制缺失导致系统备用容量仅 2 吉瓦，且 85%燃气电厂依赖实时供气链，双重缺陷加剧了危机。此次事件成为美国电力系统气候韧性与跨能源协同能力缺失的典型例证。

此次停电事件具有多重原因：电力与天然气的深度耦合加剧了危机连锁反应，事故中 27%的燃气机组因气井冻结和管道故障无法运行，天然气供应量骤降 45%，同时电力中断导致 42.8%的天然气设施停摆，能源结构双向依赖暴露；得州电网孤岛化运行缺陷显著，ERCOT 仅能通过 4 条直流联络线受入 1 吉瓦外部电力，而毗邻的 SPP 和 MISO 依托东部互联电网调取 13 吉瓦功率成功避免崩溃，系统间协同能力差距立现；未强制执行的可靠性标准与滞后的市场机制进一步放大风险，尽管 ERCOT 提前预警极寒天气并预测冬季负荷峰值，实际负荷却因天气原因远超防御阈值，低温引发的机组故障中 44%归因于未强制防冻措施，而稀缺性定价机制下 40%发电企业放弃防冻改造，最终触发全州 20 吉瓦负荷削减及 76 小时断电。FERC 与北美电力可靠性协会的联合报告指出，薄弱的电网互联能力、电–气协同缺失及市场激励失效构成此次停电事件的三大系统性原因。

2. 2020 年加州限电事件

2020 年 8 月 14 日晚，受持续高温天气影响，美国加州用电负荷骤增，州政府宣布全州进入 3 级紧急状态，并命令公用事业部门采取轮流停电措施以维持电网稳定。这是自 2001 年电力危机以来，加州政府首次强制执行轮流停电命令。加州三大电力公司（PG&E、SCE 和 SDG&E）在所辖地区轮流停电 1 小时，导致超 41 万用户受到影响。

加州限电事故揭示出高比例可再生能源系统的协同困境。以 2020 年 8 月 14 日和 15 日为例，风力和光伏出力的剧烈波动直接催生净负荷曲线的陡峭爬坡——对比同期非限电日，可再生能源发电量在限电时段骤降 25%，导致 16—18 时系统净负荷形成独特的"鸭形"凹谷，风电出力在 15 分钟内波动超过 1.2 吉瓦的极端纪录更是加剧调度压力。限电启动时刻系统净负荷仍在攀升，8 月 14 日 18 时 38 分断电令下达时，系统净负荷于 13 分钟后触及 42.24 吉瓦峰值，次日事故中净负荷曲线提前 0.8 小时达到 44.96 吉瓦的极值，印证了净负荷动态相较于总负荷对电网稳定性的决定性影响。与此同时，外受电量的响应失灵放大了系统脆弱性。尽管外受电量曲线在非限电日呈现典型的类"鸭形"特征，事故时段却暴露出跨区协同机制失效——8月14日供电紧缺时外受电量反较对照日下降8%，15日危机深化阶段更出现每小时0.5吉瓦的持续衰减。这种反常源于日前市场机制的扭曲：用户侧实际用电需求被虚拟投标掩盖，导致日前市场错误出清过量外送合约，而实时运行时系统间互济通道的调节余量已无法填补3.4吉瓦的功率缺口。可再生能源的峰谷情况与外受电量的刚性约束形成双重夹击，最终迫使系统在净负荷曲线斜率突破4吉瓦/小时警戒值时启动负荷削减。

2.1.3.3 需求侧资源参与市场

加州作为需求响应市场的先行者，其多样化项目可划分为电价驱动型与政策激励型两大体系：价格型机制由CAISO监管，允许需求响应服务商、分布式能源聚合商及储能运营商根据电力现货市场或辅助服务市场的实时价格信号，通过投标方式调整负荷或发电出力；激励型机制则由政府机构主导，包括加州能源委员会推行的需求侧电网支持项目（每削减1千瓦时负荷可获2美元奖励，适用于供电紧张时段），以及加州公用事业委员会通过 PG&E、SCE 和 SDG&E 电力公司实施紧急负荷削减项目（每年 5—10 月用电高峰期执行），两项目实行互斥参与原则，如表 2−3 所示。此外三大公用事业公司还开展容量竞标计划、基本可中断计划等配套措施，而第三方聚合商负责整合居民、商业、农业及工业用户资源，用户可自由选择通过公用事业公司、社区选择聚合商或专业服务商参与各类项目，在获得经济补偿的同时降低能源支出成本。

表 2−3 公用事业公司两种需求响应机制比较

特性	容量竞标计划	基本可中断计划
运行时间	5—10 月	全年无休
触发条件	高需求、极端天气、电网紧急情况	能源供应短缺
通知时间	事件前一天	30 分钟
支付依据	承诺减少容量和实际能源减少量	相对于其指定的基准服务水平的能源使用减少量
性能要求	至少达到承诺减量目标的 75%	成功减少到基准服务水平或以下
支付周期	按月计算和分配	按季度支付
公用事业公司	PG&E、SCE、SDG&E	PG&E、SCE

注 需求侧资源只能选择其一参与需求响应项目。

美国其他地区亦建立了功能互补的需求响应机制体系：新英格兰 ISO 通过主动需求容量资源（Active Demand Capacity Resource，ADCR）与被动需求响应（Passive Demand Response，PDR）双重项目构建市场参与框架。ADCR 项目要求参与主体在夏季或冬季用电高峰期，根据提前 30 分钟发布的调度指令执行预设负荷削减方案，其收益由年度容量拍卖价格［按申报容量以美元/（千瓦·月）计］和实时能源市场价格（按实际削减电量以美元/千瓦时计）双重机制构成；PDR 项目着眼长期负荷形态优化，基于远期容量市场定价对通过能效改造或分布式可再生能源实现的永久性负荷下降量进行专项补偿。

在标准化监管范式推动下，全美需求响应资源呈现显著增长：ERCOT 统计显示，得州注册需求响应容量从 2010 年的 2000 兆瓦增至 2020 年的 4000 兆瓦；佛罗里达州公共服务委员会数据表明，该州商业与工业用户主导的需求响应资源已突破 1800 兆瓦，占全州可调度负荷资源的 12.3%。

2.2 澳大利亚电力市场

本节对澳大利亚电力市场的基本情况进行了概述，进一步对澳大利亚电力市场体系进行介绍，最后针对澳大利亚电力市场的发展趋势进行了分析。

2.2.1 基本情况

澳大利亚拥有两个主要的电力市场体系，分别为国家电力市场（National Electricity Market，NEM）和西澳大利亚电力市场（Western Electricity Market，WEM）。NEM 覆盖的地区包括昆士兰州、新南威尔士州（包括首都直辖区）、南澳大利亚州、维多利亚州以及塔斯马尼亚州。澳大利亚电力市场结构如图 2-5 所示。

图 2-6 为 2024 年澳大利亚 NEM 市场的电力装机情况。可以看出，NEM 市场总装机达 85000 兆瓦，其中可再生能源装机占比 60%，远超煤电和气电装机。

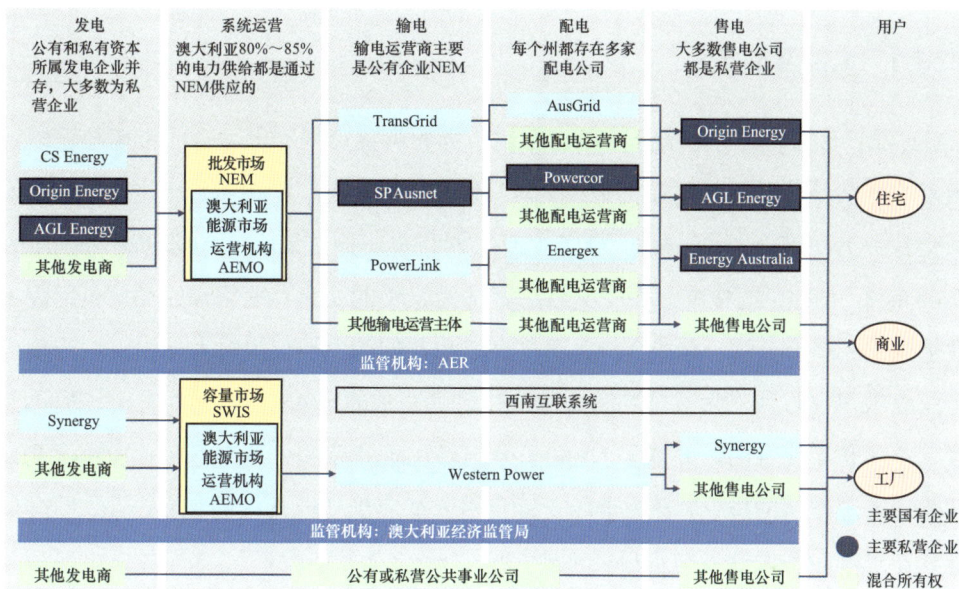

图 2-5 澳大利亚电力市场结构

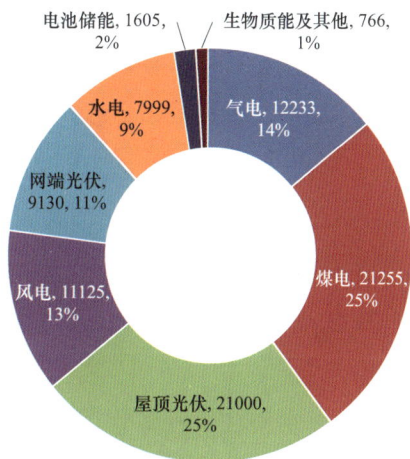

图 2-6 2024 年澳大利亚 NEM 市场电力装机情况（单位：兆瓦）

2.2.2 市场体系

在 NEM 的市场体系内，市场运作机制融合了中长期金融合约、单边强制性电力库以及辅助服务市场三个核心组成部分。电力调度与市场交易职能均由澳大利亚能源市场运营公司（Australian Energy Market Operator，AEMO）集中承担。

2.2.2.1 电能量市场

NEM 电能量交易市场分为电力合约市场和现货市场。电力合约市场是管理现货市场价格波动风险的重要机制，参与者包括发电企业、零售商和大用户，通过场外交易（Over-The-Counter，OTC）或澳大利亚证券交易所（Australian Securities Exchange，ASX）的标准化期货交易进行电力合约的买卖。常见合约类型包括固定数量合约、差价合约、容量合约、期权合约和长期购电协议。电力合约市场为发电企业提供稳定收入，为零售商和大用户控制购电成本。ASX 电力期货市场提供月度、季度和年度合约，并基于 NEM 五个区域的现货价格，为市场提供价格参考。随着新能源比例的提升，合约市场正逐步引入适应新能源特性的交易产品，同时储能和需求响应资源的参与也日益重要。

NEM 是强制性的电力库，是由交易调度机构代负荷招标采购的批发市场模式，NEM 现货市场仅在发电侧单边竞价，用户侧不参与报价。NEM 市场实施稀缺电价机制，价格限制每年调整。此外，当 7 日内分区加权平均电价超过累积价格阈值（cumulative price threshold，CPT）时，执行管制价格上限（Administered Price Cap，APC）。在实时市场运行之前，AEMO 根据发电企业报价、负荷预测以 24 小时为周期滚动开展预出清，但结果仅为市场主体提供价格预测信息，不参与结算。实时市场中，电能量市场和调频辅助服务市场联合出清，每 5 分钟优化调度出清一次。2021年 10 月正式改为 5 分钟结算，以更准确地反映实时电力供需动态，提高市场效率。发电企业在出清之前均可投标和对投标进行修改。投标内容除了机组发电成本量价对、爬坡速率外，还包括每个交易时段的机组最大可用容量以及当日最大发电量。

在市场申报方面，发电报价单元因电源不同而不同。火电厂按机组报价，水电一般按水电站报价，燃气联合循环机组多为单一发电调度单元，风力发电按风场报价，太阳能发电以电站为单位报价。规模过大的水电站会分成多个发电报价单元，也有几个规模小的水电站组成一个报价单元情况。报价基本要求：一是最多只能申报 10 个报价段；二是最小申报增量必须是整兆瓦；三是申报价格必须在最高和最低限价之间。

在优化出清方面，基于发电报价、负荷预测和电网运行状态，考虑输电约束条件，按照经济调度原则优化安排发电机组出力。电能量市场和调频辅助服务市场每 5 分钟联合出清和结算，有效引导市场主体参与调峰调频，减少线路阻塞，提升系统运行效率和安全性。价格机制以州为价区划分，通过分区定价结算，考虑跨区输电通道阻塞对市场出清的影响，价格反映位置信号，促进电源和电网建设，优化用户行为。交易结算以输电网接入点来计量电量，并结合静态网损因子调整电价。同一价区内不同位置的发电厂结算价格有所差异。网损因子由 AEMO 定期修订，结算剩余返还电网公司，用于降低用户电网费用。

在价格机制方面，NEM 的限价机制以灵活性为核心，通过上限 17500 澳元/兆瓦时和下限 −1000 澳元/兆瓦时（2024 年价格帽数据）的极宽价格应对可再生能源高渗透率与极端事件风险。节点电价（Locational Marginal Pricing，LMP）机制中，各州以 5 分钟为颗粒度动态生成各州独立电价。2022 年昆士兰与新南威尔士因输电阻塞导致两地实时电价差达 120 澳元/兆瓦时，凸显区域供需的割裂情况。此外，负电价机制推动了可再生能源主动消纳，同期储能通过峰谷价差套利和辅助服务实现了商业化突破。

居民和小型工商业零售电价除包含批发电价外，还包括输配成本、环境成本、零售成本和零售商利润，AER 每年发布零售侧默认市场报价（Default Market Offer，DMO），旨在为电力零售商向使用标准报价的客户提供服务时设定一个年度价格上限，防止消费者因未参与市场而支付过高费用，且便于消费者比较不同供应商的报价，这个价格根据特定的用电量来设定，并且根据客户类型而有所不同，且反映各项成本每年的变动及占比。由于批发电价回落，DMO 整体下移。图 2−7 和图 2−8 分别展示了澳大利亚居民和小型工商业 DMO。

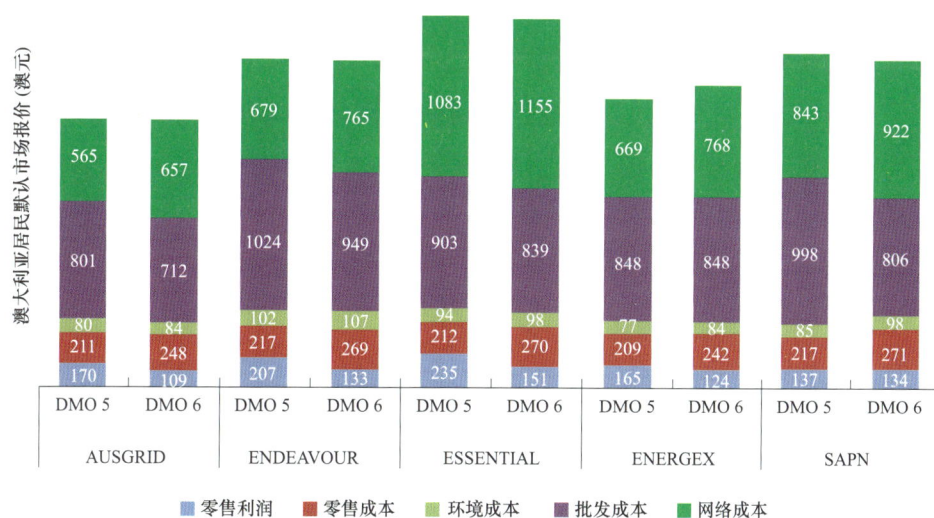

图 2−7 澳大利亚居民默认市场报价

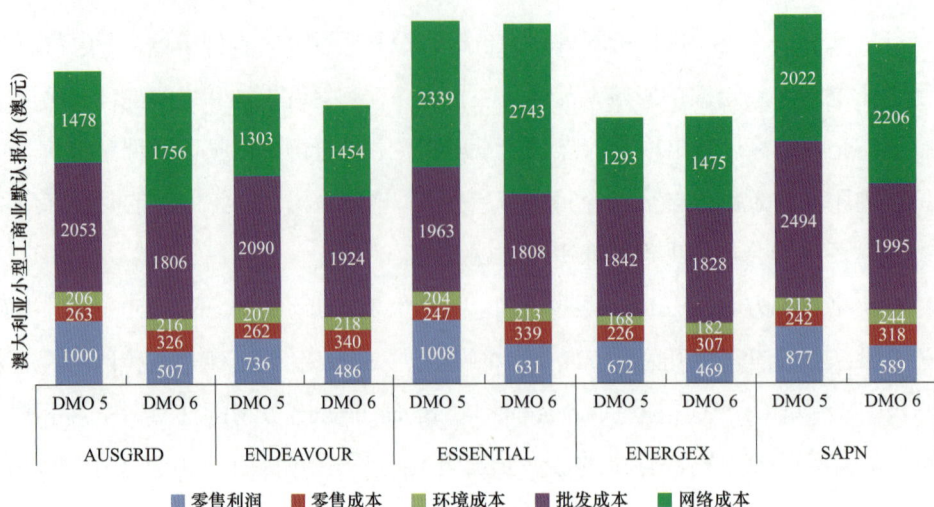

图 2-8 澳大利亚小型工商业默认市场报价

2.2.2.2 辅助服务市场

NEM 辅助服务市场的交易品种包括三大类：市场化的频率控制辅助服务、非市场化的网络支持控制辅助服务以及黑启动辅助服务。

频率控制辅助服务（Frequency Control Ancillary Services，FCAS）是指 AEMO 通过调用调频服务提供者调节出力或改变用电量使系统频率维持在接近 50 赫兹的标准上。随着大量新能源并入电网，传统燃煤机组大量退役，澳大利亚国家电网的转动惯量不断下降。为防止输电线路或者大容量机组故障后频率急速下降，引发大停电事故，NEM 市场新增了快速频率响应辅助服务（Fast Frequency Response，FFR），包括快速上调辅助服务和快速下调辅助服务，于 2023 年 12 月 9 日开始正式执行。提供该类辅助服务的市场主体包括基于逆变器技术的风电、光伏、储能电池、需求侧响应资源，要求在 6 秒内能够响应系统的频率调节需求。2023 年 10 月，NEM 引入极快（1 秒）服务后目前共有 10 小类调频辅助服务市场，包括调节调频和应急调频，如图 2-9 所示。

其中，调节调频通过响应负载或发电的微小偏差来维持供需平衡，保证频率在49.85～50.15 赫兹的正常运行范围内，反应时间不超过 4 秒。应急调频是指针对主要应急事件（如发电机组/主要工业负载的损失）或大型输电元件故障引起频率超出正常运行范围，在事发地启动，对发电或负荷偏差进行校正。

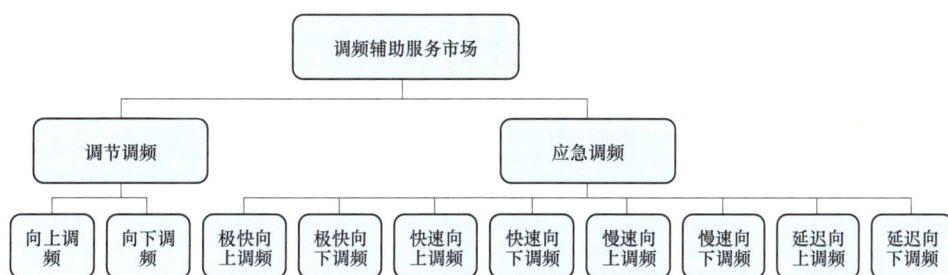

图 2-9　澳大利亚 NEM 调频辅助服务市场

网络支持控制辅助服务分为 3 个种类：电压控制辅助服务（Voltage Control Ancillary Services，VCAS）、网络潮流控制辅助服务（Network Load Control Ancillary Services，NLCAS）、暂态和振荡稳定性辅助服务（Transient and Oscillatory Stability Ancillary Services，TOSAS）。其中，VCAS 是指 AEMO 通过同步调相机或者静止无功电厂从电网吸收或发出无功来维持各节点电压，满足电网可靠性的标准。NLCAS 是指 AEMO 通过 AGC 控制发电机的出力来调整传输线路上的潮流，保证其工作在短期热稳定极限值内。TOSAS 是指当系统因短路或设备故障导致功率流中出现瞬态"尖峰"时，通过电力系统稳定器、静止无功补偿器、转动惯量支撑服务等控制和快速调节网络电压、增加电力系统转动惯量或迅速增加或减少连接在电网的负荷以保障电网安全稳定运行。

黑启动辅助服务是指保障电力系统能够从大停电事故或者局部停电事故中恢复供电的服务。

NEM 电能量市场与辅助服务市场联合出清，由 AEMO 统一调度，通过资源共享优化分配，在最低成本下满足系统需求，同时维持频率稳定。此机制提高了资源利用效率，支持储能与需求响应等灵活资源的参与，推动市场高效、稳定和可持续发展。

调频辅助服务成本在发电侧与用户侧分摊，由 AEMO 根据频率偏移时市场主体的责任因子计算。向上恢复调频成本由发电侧按发电量比例分摊，向下恢复调频成本由用户侧按用电量比例分摊。网络支持控制辅助服务和黑启动服务通过双边合约采购，前者成本由用户承担，后者成本按 1:1 在发电侧与用户侧分摊。

2.2.2.3　容量充裕性机制

澳大利亚容量机制以稀缺电价机制为核心，通过设置可靠性标准、稀缺价格上限和累计价格门槛,利用市场价格信号引导发电投资和电源结构优化。澳大利亚能源市场委员会每四年会对可靠性标准进行审查,对标准的表达形式及设置值进行评估,并设置相应的市场稀缺价格上限和累计价格门槛,以避免对发电侧过度激励。

发电企业通过参与电能量与辅助服务的联合出清,发电报价为不区分启停、空载和变动成本的纯电量形式,利用高峰时期的稀缺收益回收固定成本,并在现货价格波动中获得投资激励。这一机制无须政府规划目标,直接反映电力供需关系,设计简单但效果显著。然而,短期内剧烈的电价波动对社会承受力和发电企业的风险管理能力提出挑战,同时监管机构需有效防范尖峰电价期间市场力滥用。当出现电力稀缺情况时,发电企业往往会抬高实时报价,实时出清价格急剧上升,远超变动成本的结算电费将作为稀缺收益来帮助回收机组固定成本。当发电容量出现长期短缺时,现货价格将频频高幅震荡并影响中长期价格,提高机组投资预期回报率,鼓励新建电源;反之亦然。此外,不同震荡周期和幅度的现货价格分量,还能够激励和引导电源结构优化。该机制原理清晰且设计简单,通过电能量市场价格信号,能够反映长期发电容量供需形势,科学引导电源投资,保障长期发电充裕,无须政府制定电源规划目标。但短期供需关系将导致现货电价剧烈波动与飙升,要求社会对电价大幅波动有强承受力,也要求发电企业对电价风险有强管理能力。为此,澳大利亚引入价格上限动态调整和信息披露机制,确保市场运行公平透明。

2.2.2.4 输配电价

澳大利亚对电网企业采取价格上限管制,电网企业的最大准许收益由监管机构进行核定。澳大利亚电网企业通过向其用户收取输电费来回收准许收入。首先,电网企业核算其输电业务的准许收入,并将准许收入归结到不同类型的输电网络设备,得到归结后的每个网络设备的成本。然后,根据不同用户对网络设备的使用程度,电网企业将每个输电网络设备的成本分摊给不同的用户,得到每个用户该交的输电费用。

输电费用根据输电业务类型的不同分为四个部分,如图 2-10 所示,包括规定的接入服务、规定的接出服务、规定的输电使用服务和公共输电服务。规定的接入服务和接出服务分别指的是为发电机和负荷接入输电网所提供的服务,用于回收专用网络成本;规定的输电使用服务用于回收公用网络成本,根据是否考虑节点位置,输电网使用费又可以分为与位置相关的费用和与位置无关的费用;公共输电服务是为了维持电网安全稳定所需要的服务，受益者是电网内的所有成员，因此按照邮票法进行均摊。澳大利亚输电费用计算见图2-10。

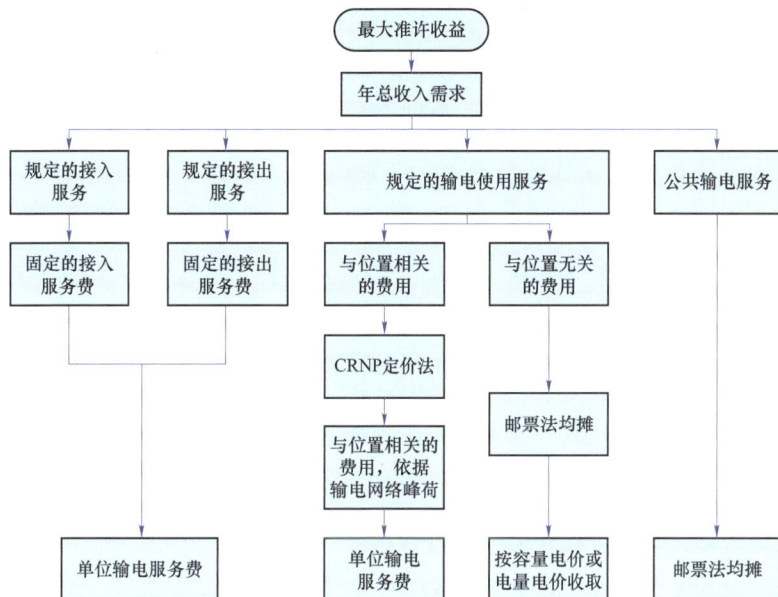

图2-10 澳大利亚输电费用计算

1. 准许收入的核算与归结

在准许收入的核算方面，澳大利亚输电定价方法的特点主要是考虑设备的最优重购成本。电网企业的准许收入一般包括折旧、准许利润、运行维护费等，核算的关键是有效资产及其成本的核定。对认定为可在电网准许收入中计算的电网企业的有效资产，其成本核定有两大类方法：一类是根据实际的成本核算，即考虑实际发生的成本；另一类是采用重估的方法，在核算中对实际成本根据价格指数、技术水平的变化等进行重估。第一种方法下电网企业的收益比较确定，但缺乏激励；第二种方法下，电网企业具体的收益情况与投资的有效性、技术的发展情况等有关。澳大利亚的输电定价采用第二种方法，即重估的方法，基于当前最优重购成本进行重估。

有效资产及其成本核算后，将与输电业务有关的各项成本归结到不同的网络设备。其中，与发电机接入和负荷接出有关的成本归算到与接入和接出工程相关的网络设备；与公用网络相关的成本归算到公用网络设备。

2. 位置相关部分收费的比例

电网总的准许收入通过位置相关部分和位置无关部分两种方式获取。其中，位置相关部分考虑用户的位置及实际的潮流情况进行分摊；位置无关部分按邮票法分摊给所有用户。

总准许收入主要考虑电网的两个功能：基本的传输和保证电力系统的安全可靠性。一方面，也是最主要的方面，电网需要保证正常状态下电力在电网中的传送；另一方面，电网需要有一定的裕度，保证在一些异常情况下的安全可靠。第一个方面对电网的使用程度可以直接根据潮流结果计算，而第二个方面的计算则比较复杂，一般通过邮票法分摊。

在澳大利亚早期的输电定价方法中，位置相关部分的比例采用固定值的方法，即总准许收入中的 50%通过位置相关部分分摊，另外的 50%部分通过位置无关部分分摊。在新的监管周期内进行了改进，结合网络设施的具体使用程度确定通过位置相关部分回收的成本比例。比如，某条线路的总容量为 100 兆瓦，如果正常情况下线路上的潮流是 60 兆瓦，则总成本中的 60%应由位置相关部分回收，剩余部分通过位置无关部分回收。随着电网负荷的加重，更多比例的输电成本通过位置相关部分回收，因此会产生更强的经济信号。

3. 源流分析法

澳大利亚输电网使用费中位置相关部分全部由负荷承担，采用反映网络成本的定价方法（Cost Reflective Network Pricing，CRNP）。该方法中的源流分析采用基于直流潮流的电气距离方法，认为发电机发出的电力更多地供给与其电气距离近的负荷，其中电气距离采用在电力系统短路计算中经常用到的等值阻抗的概念。

2.2.3 发展趋势

2.2.3.1 脱碳加速与常态化的负电价

1. 脱碳加速与灵活性重塑

澳大利亚电力系统正经历深度脱碳转型，传统煤电主导格局被快速瓦解。AEMO 报告指出，2010 年煤电占比高达 76%，至 2023 年已锐减至 47%，创 20 世纪 60 年代以来新低，仅 2022—2023 年便有 4.2 吉瓦煤电机组退役。与此同时，可再生能源实现跨越式替代，风光发电量占比从 2015 年的 14%跃升至 39%，其中南澳州更以单日风光渗透率 146%的纪录刷新全球标杆。灵活性资源规模化部署成为系统稳定的核心支柱。数据显示，电池储能装机从 2020 年的 0.3 吉瓦爆发式增长至 2023 年的 2.8 吉瓦，年均增速超 90%，维多利亚州的 300 兆瓦大型电池项目成为关键节点。户用光伏与储能协同提速，AEMO 统计显示 2023 年屋顶光伏新增装机达 3.1 吉瓦，较 2019 年增长 343%，昆士兰州以 35%的户储配套率引领全国。

2. 常态化负电价

图 2-11 展示了 NEM 市场 2024 年一整年的电价情况。可以看出，负电价和极端高价频发。这意味着，NEM 市场的电价极端情况表现较明显，充分反映了价格对于供需的匹配程度。表 2-4 为 NEM 运营各区域负电价发生频次。根据 AEMO 5 分钟的参考价格数据可以看出，9 月全区负电价的比例高达 32.29%，6 月的负电价比例最低。负电价的爆发覆盖范围极大，NEM 全部 5 个电价地区的负电价出现次数均创各州历史最高值，其中 VIC、SA 负电价频次最高。

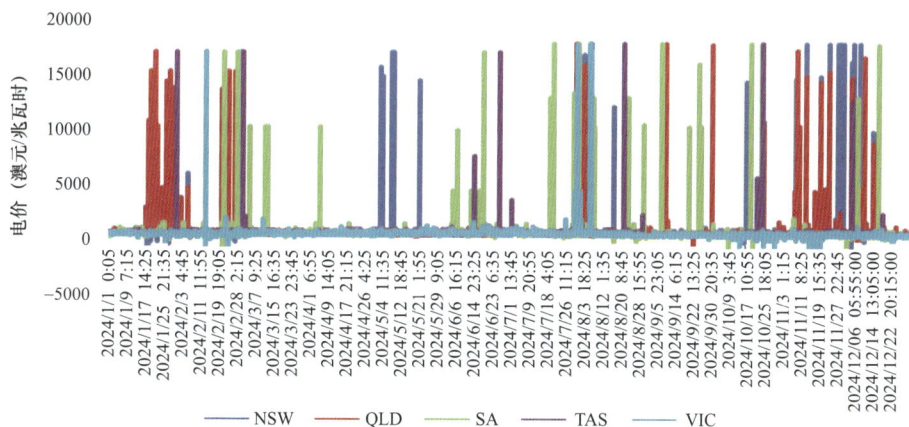

图 2-11　2024 年 NEM 市场分区电价

表 2-4　　　　　2024 年 NEM 运营各区域负电价发生频次

月份	NSW	QLD	VIC	SA	TAS	总计	平均负电价占比
1 月	323	346	2337	2532	488	6026	13.50%
2 月	264	394	2026	2529	288	5501	13.17%

月份	NSW	QLD	VIC	SA	TAS	总计	平均负电价占比
3 月	433	661	1492	1566	120	4272	9.57%
4 月	510	985	921	1116	36	3568	8.26%
5 月	109	1391	571	846	104	3021	6.77%
6 月	154	1209	293	578	163	2397	5.55%
7 月	298	1009	420	1028	53	2808	6.29%
8 月	959	1578	2212	2805	409	7963	17.84%
9 月	1836	2685	3235	3651	2541	13948	32.29%
10 月	1265	2730	3415	3742	863	12015	26.92%
11 月	698	1297	2398	2739	389	7521	17.41%
12 月	1333	1301	2945	3270	1097	9946	22.28%

　　NEM 负电价现象是多层次市场机制与参与者策略交互作用的结果。根本原因源于结构性供需失衡：可再生能源装机占比突破 60%，叠加南半球光照周期强化光伏午间出力集中，导致电力供应过剩常态化；突发性事件（如 2020 年输电中断）进一步加剧供需错配。直接驱动则在于燃煤机组的策略性负报价：尽管其边际成本高于风光电源，但为避免启停损耗及潜在收益流失，燃煤电厂以负价维持并网运行，陷入"降价保运行"的囚徒困境——当一台 600 兆瓦机组停运需 26 小时重启时，牺牲短期电价换取持续并网成为理性选择。其他市场机制亦推波助澜：辅助服务市场中，火电机组需保持在线状态以竞标频率控制辅助服务 FCAS，促使发电企业压低电量报价锁定辅助市场竞价资格；电力衍生品市场则通过差价合约 CfD 激励发电企业主动压低现货价格，以对冲合约风险。这一现象揭示了高比例可再生能源系统中，传统基荷电源的生存策略与市场规则间的深刻张力——负电价既是技术经济性矛盾的产物，也是多维市场博弈的必然结果。

2.2.3.2　现货市场暂停紧急事件

　　2022 年 6 月，NEM 遭遇历史性危机。俄乌冲突推升国际能源价格，纽卡斯尔动力煤和天然气半年内分别暴涨 101% 和 126%，叠加南半球初冬风光发电低谷与寒潮取暖需求激增，NEM 现货电价在半年内飙升 488%。6 月 12 日昆士兰地区电价飙至 9500 澳元/兆瓦时，触发 300 澳元限价管制，随后新南威尔士、维多利亚及南澳相继实施限价。然而，价格管制反致发电企业大幅削减可用容量——三天内 NEM 最大可用容量骤降 19%至 37 吉瓦，相当于全澳化石能源装机的 26%。AEMO 连续三日启动最高级别备用预警（Lack of Reserve 3，LOR3），强制调度 5 吉瓦机组并呼吁增发，但市场响应乏力。6 月 15 日，AEMO 宣布暂停 NEM 现货市场运行，改为政府指导价结算，为该市场自 1998 年运营以来首次停摆。

澳大利亚电力现货市场暂停引起了各方关注，特别是引起了对于 NEM 管制价格机制的质疑。管制价格帽是指政府或相关监管机构通过法律或行政手段对某些商品或服务的价格设定最高限制水平。NEM 管制价格帽的数值在 2008 年 5 月由原先的 100 美元/兆瓦时（峰时）修改为 300 美元/兆瓦时后，于 2015 年写入国家电力规则（National Electricity Rules，NER）条例中。相比之下，累积高电价阈值已随市场形势变化而翻了几番，其在 2015 年为 18.75 万美元，2022 年 6 月则为 135.91 万美元，增长了 624.9%。当诸多因素导致 NEM 现货市场触发管制价格帽时，300 美元/兆瓦时相对此时的发电成本已经过低。为了减少损失，发电机组大量退出市场，反而导致电力更加短缺，市场无法正常运行。因此，管制价格机制的价格帽过低是导致 NEM 无法正常运行的主要原因。尽管如此，本次 AEMO 对电力市场紧急状态的应对可以说是有效的。值得注意的是，本次 NEM 暂停运行的整个过程均按照 NER 条例进行，暂停现货市场本身就是 AEMO 可选的应对手段。电力现货市场暂停后，NEM 电力供应短缺情况已经改善，避免了大规模停电等更大的损失。6 月 24 日，NEM 已经正式恢复电力现货市场运行。

实际上，有关价格管制和暂停现货市场（条例 3.14）与紧急状态应对（条例 4.8），NER 中的规定相对独立。但在本次现货市场暂停事件中，两者存在较强关联。各种原因导致的电力供应不足推高了电价，持续高电价触发管制价格帽后，过低的管制价格帽又加剧了电力供应不足的情况，使得电力市场进入紧急状态。AEMO 无法临时改变价格管制机制，为了保障电力供应，AEMO 可以采取的手段包括：市场手段、指令发电、暂停现货市场等。NEM 暂停前，AEMO 采取市场手段但无果，采取指令发电导致对市场过多干预。在 AEMO 为了应对紧急状态而采取的大量干预下，现货市场难以正常运行，因此 AEMO 决定暂停现货市场。

2.3 欧洲统一电力市场

本节对欧洲电力市场的基本组织情况进行了概述,简要介绍了欧洲电力市场体系,并针对欧洲电力市场的发展趋势进行了分析。

2.3.1 基本情况

欧洲的电力市场化起步于 20 世纪 90 年代,当时欧洲电网主要分为欧洲大陆、北欧、波罗的海、英国和爱尔兰五大区域。为达成地区间交易的融合统一,欧洲七大电力交易所共同提出区域价格耦合(Price Coupling of Regions,PCR)项目,促进不同国家和地区之间无障碍电力交易。欧洲统一电力市场发展阶段如图 2－12 所示。

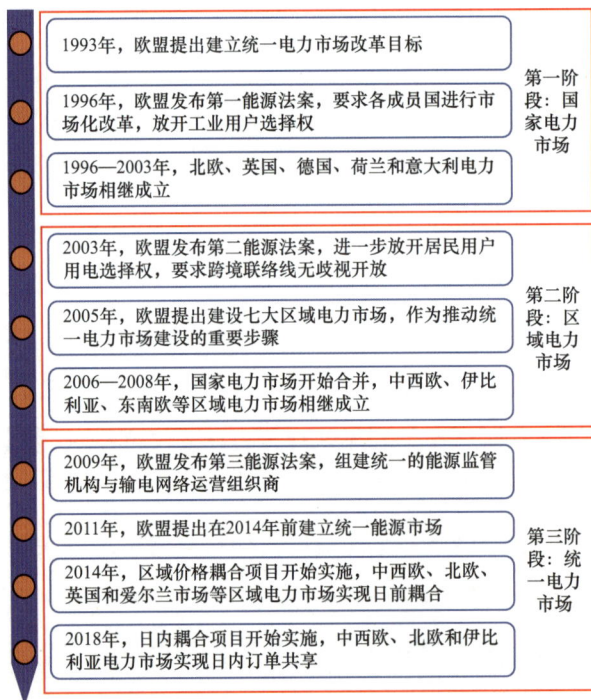

图 2－12 欧洲统一电力市场发展阶段

　　欧洲拥有超 20 家电力交易所和多个地区性交易中心，包括北欧电力交易所（Nord Pool）、欧洲电力交易所（EPEX SPOT）、意大利电力交易所（GME）等。交易所一般采用多国联合的方式运营，向用户提供中长期和现货电力衍生品和实时平衡服务的交易。欧洲电力市场设立了三类运营机构，分别满足输电、配电、调电的需求。输电系统运营商拥有输电资产的所有权，向电网输送电能量的同时维护和运营输电网络。输电系统运营商可以独立运营或从属于电力企业，但必须独立于企业的发、配、售电业务。输电系统运营商的股权分散，既可以是国有资产，也可以归私营资本所有或混合所有，甚至允许国外资本参股或控股。

　　欧洲于 2023 年加快向可再生能源的转型，煤炭、天然气和碳排放量均创纪录下降，如图 2－13 所示。化石燃料发电量下降 19% 创历史新低，在欧盟电力生产中占比不到 1/3。可再生能源占比升至 44%，首次超过 40%。风能与太阳能仍是可再生能源增长驱动，2023 年其发电量占欧盟电力总量的比例达到创纪录的 27%，年度装机容量增量也达到历史最高水平。此外，风力发电达到重要里程碑，首次超过天然气发电。随着水电的反弹以及核电在 2022 年低谷之后的部分恢复，加之风电与太阳能的增加，清洁能源发电在欧盟电力中的占比超过 2/3，是化石能源占比的 2 倍。

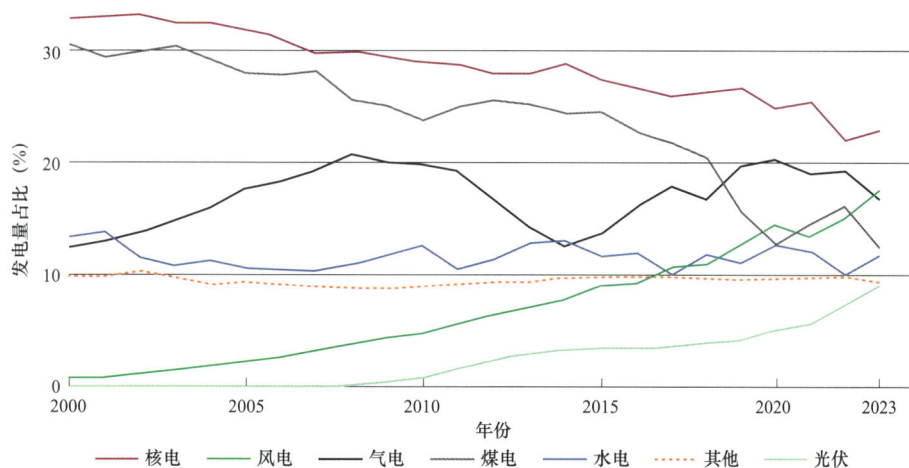

图 2－13　2000—2023 年欧洲各种类资源发电量占比

（来源：https://ember-energy.org/app/uploads/2024/10/European-Electricity-Review-2024.pdf）

2.3.2　市场体系

欧洲统一电力市场框架从时间尺度上看主要包括四个维度，如图 2-14 所示。同时，为更好支撑跨国电力交易开展，促进跨国输电通道的充分、高效利用，欧盟建立跨国输电通道的阻塞管理与容量分配机制。

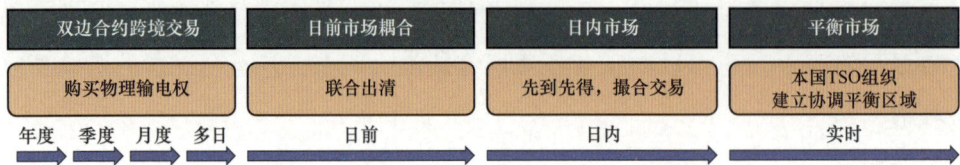

双边合约跨境交易	日前市场耦合	日内市场	平衡市场
购买物理输电权	联合出清	先到先得，撮合交易	本国TSO组织建立协调平衡区域

年度　季度　月度　多日　→　日前　→　日内　→　实时　→

图 2-14　欧洲统一电力市场框架示意图

2.3.2.1　电能量市场

1. 双边物理合约

中长期合约市场主要包括物理合约和金融合约两类交易品种，通过市场主体在场外自主双边协商或在场内交易平台达成。中长期市场的交易持续至电力交割的前一天。

物理合约是由市场主体通过场外双边协商自行签订的合约，属于场外交易（Over-The-Counter，OTC）。物理合约可以提前多年签订，但必须以实际电力交割为前提。为确保物理交割的顺利执行，合约签订后，市场主体需向相关地区的系统运营商（TSO）申请购买物理输电权。物理输电权的获取需通过公开的容量显式拍卖实现。此类拍卖独立于电能量交易，单独进行，通常分为年度、月度和每日等不同时间尺度。市场成员通过交易平台提交所需输电容量及报价，系统根据报价从高到低依次成交。获得物理输电权后，交易双方需在规定时间内向电力送出国和受入国的 TSO 提交分解后的跨境输电计划，以确保合约履行。

金融合约可以通过场外 OTC 交易签订，也可在交易所内购买，其主要目的在于帮助市场主体实现套期保值，规避实时市场中的各类价格波动风险。可交易的金融产品包括期货、期权等衍生工具，覆盖基荷、峰荷的期货与远期合约、期权合约以及差价合约等类型。通过这些工具，市场主体能够有效管理风险并优化资产配置。

2. 日前市场

欧洲日前市场采用统一出清的方式，在潮流上可完成跨区传输，在定价上可实现跨价区耦合。日前市场的统一出清模型内嵌了跨区输电权的隐式拍卖，实现了能量和输电权的联合优化，通过将跨区容量分配给社会福利最大的交易来提高市场效率。

欧洲日前市场耦合的基本原理是：由输电系统运营商向电力交易机构发布跨境传输通道的可用传输容量（available transmission capacity，ATC），市场 A 和市场 B 的市场成员各自提交报价，使用该传输容量作为约束进行统一优化出清，得到各自市场的成交电量及价格。由于 ATC 作为出清模型的约束条件，因此实际通道传输电力一定不大于通道的 ATC。如图 2-15 所示，当连接市场 A 与市场 B 的输电通道未发生阻塞时，两市场的成交价格相等。

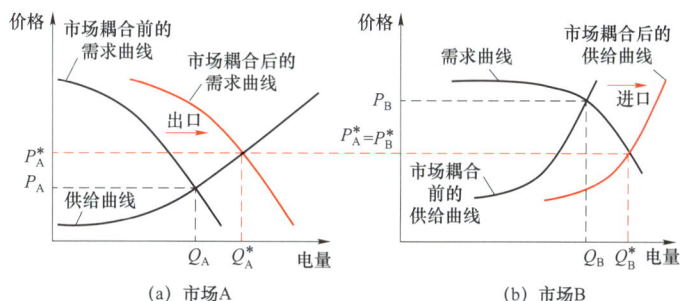

图 2-15　通道无阻塞时市场耦合示意图

当输电通道发生阻塞时，市场 A 与市场 B 的成交价格不相等，电力由价格较低的价区流向价格较高的价区，如图 2-16 所示。此时，所形成的价格差反映了市场 A 与市场 B 之间的阻塞程度，由此产生了一定的阻塞收益（Congestion Revenue），由输电系统运营商获取，在监管机构的监督下用于投资建设跨境输电通道或对已有通道进行扩容。

欧洲日前市场耦合目前由包括欧洲电力交易所（EPEX）、北欧电力交易所（Nord Pool）在内的 7 个电力交易机构轮值进行出清，每两周轮换一次。根据通道传输容量上限和之前显式拍卖的结果（以市场成员通报的跨境输电计划为准），各国输电系统运营商计算各价区间通道的 ATC，提交至市场耦合系统。各市场成员在统一规定的时间内向各自的电力交易机构提交报价订单，由各电力交易机构将汇总后的订单提交至市场耦合系统。由轮值电力交易机构运行市场耦合系统，根据 ATC 和所提交的订单，进行统一优化出清，计算得到所有订单的成交情况、各价区的出清价格，以及各价区间的联络线潮流。各市场成员需根据出清结果制定跨境交易计划，提交至相关输电系统运营商，由电力交易机构统计并发布市场交易信息。

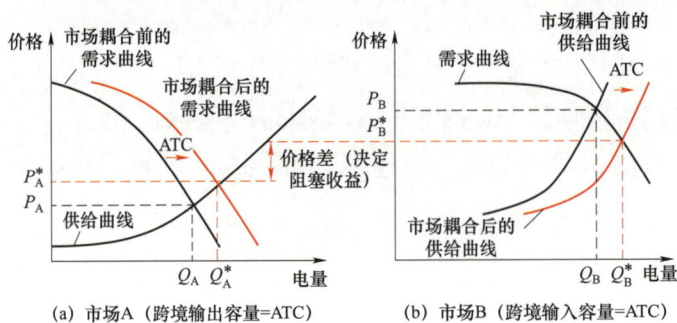

图 2-16　通道有阻塞时跨境电力交易示意图

3. 日内电力市场

欧洲日内市场的成交量较小，建设初期主要采用"连续撮合、先到先得"的交易方式。交易流程如下。

（1）在开市时间内，市场成员可自行在日内交易系统中进行申报，订单内容包括订单方向（买入/卖出）、电量、价格及所在价区信息。

（2）系统自动进行订单匹配，匹配原则为：若新进入系统的买方订单价格高于系统中最低价卖方订单，或新进入系统的卖方订单价格低于系统中最高价买方订单，则自动匹配成交。否则，订单将进入系统待匹配。

欧洲目前正在积极进行日内统一市场的建设，其目标模型是：通过搭建统一的信息系统实现订单共享，跨境输电容量由隐式拍卖法进行分配。2018 年启动的跨境日内市场耦合项目，截至 2024 年已覆盖 30 个国家（含非欧盟国家瑞士、挪威等），占欧洲总电力消费的 95%。

在价格机制方面，欧洲电力市场以天然气机组边际定价为核心，2022 年俄乌冲突引发气价飙涨，推动德国日前电价冲至 700 欧元/兆瓦时，迫使欧盟启动多维度限价改革：设定天然气基准价上限为 180 欧元/兆瓦时，触发后强制气价回落至 50~80 欧元；西班牙、葡萄牙对燃气电厂实施差价合约管制，售电价锁定 70 欧元/兆瓦时并由政府补贴超支成本。为限制相对极端高价对用电侧的影响，欧盟要求风、光等低成本电源将超 180 欧元部分的收益 90%上缴，德国、法国等同步推出居民电价涨幅上限。此外，结构性改革同步推进，欧盟强化跨境输电网络投资，并推广差价合约（Contract For Difference，CfD）绑定绿电价格，削减市场波动传导。平衡市场由于和辅助服务市场紧密耦合，因此在辅助服务市场合并介绍。

2.3.2.2　辅助服务市场

欧洲绝大部分国家通过同步交流电网互联，包括 5 个频率同步电网（欧洲大陆、北欧、波罗的海、英国、爱尔兰）以及 2 个孤立系统（塞浦路斯、冰岛）。通过系统间互济迅速恢复系统频率和维护安全稳定运行，避免大规模连锁停电事故的发生。除此以外，互联电力系统促使各国间的辅助服务市场进行融合，使各国发电企业拥有更多的市场资源，而各输电系统运营商也可以在更大的范围内购买更加实惠的平衡或辅助服务。

由于辅助服务及实时平衡市场与各国电力系统运行方式紧密结合，因此长期以来欧洲各国的辅助服务市场与实时平衡市场均由各国输电系统运营商自行组织。目前，欧洲各国采用的平衡市场模式主要有两种：一是建立平衡机制（Balancing Mechanism），由市场成员提交调整出力的报价，调度机构按照报价和机组情况进行调用，如英国、北欧、法国等；二是通过三次调频采购和调用实现系统平衡，如德国。这两种方式的本质都是通过市场化手段，根据机组报价，实现机组出力的上调或下调。

近年来，随着欧洲统一电力市场建设的推进，在欧洲输电运营机构（European Network of Transmission System Operators of Electricity，ENTSO–E）协调组织下，各国正积极探索建立跨国平衡和辅助服务采购机制。目前共有 7 个试点项目，试点内容主要包括跨国平衡和调频备用共享等。跨国电网控制合作（International Grid Control Cooperation，IGCC）是基于跨国平衡的试点项目。其基本原理是将不同控制区的相反方向的区域控制偏差（Area Control Error，ACE）相互抵消，从而减少调频辅助服务的调用量，提高系统运行的经济性。目前，IGCC 已涵盖了大多数欧洲的输电系统运营商，包括德国、法国、荷兰、比利时、奥地利、瑞士、丹麦、瑞典、芬兰、挪威等国的运营商。新的输电系统运营商也在不断加入，以进一步扩大合作范围。

调频备用共享机制的主要原理是建立调频备用的统一采购平台,由各国辅助服务提供商在平台上进行报价,采用统一出清方式,从而满足各国的调频备用需求。截至 2024 年,ENTSO-E 核定的欧洲大陆电力系统中一次调频备用的总需求为 4200 兆瓦,但针对各国的一次调频备用要求是每年根据电力供需形势动态调整的,允许各国进行备用容量的交换。因此,欧洲大陆主要开展一次调频备用跨国共享,其范围已覆盖德国、荷兰、瑞士、奥地利等多个国家。

2.3.2.3 阻塞管理

欧洲电力市场中的阻塞管理一般分为两种情况:一是各成员国(输电系统运营商)内的输电阻塞;二是跨国输电通道的输电阻塞。前者一般由各国输电系统运营商进行调整或组织相应的交易,主要通过再调度的平衡机制进行发电出力的调整。跨国输电通道的阻塞管理包括显式拍卖和隐式拍卖两种方式。

1. 显式拍卖

显式拍卖是指输电容量通过独立于电能量市场的方式单独拍卖。由图 2-17 显式拍卖时序可见,所有进行跨境物理双边交易的市场成员需要根据成交电量购买相应的输电容量。该拍卖通常在年度、月度和每日的时间尺度上进行,由市场成员在平台上提交输电容量的购买意向和报价,按照报价从高到低的顺序依次成交,通常在能量市场成交前完成出清。

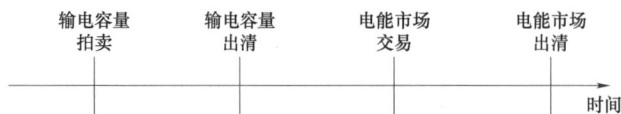

图 2-17 显式拍卖时序示意图

跨境电力交易物理输电权的拍卖由输电容量联合分配办公室(Joint Allocation Office,JAO)负责组织。显式拍卖的主要优点在于与能量市场独立,简单明了、易于操作,适用于电力市场起步初期、跨境电力交易不频繁的情况。主要缺点在于往往由于预测不准或个别投机行为,实际潮流方向与输电容量购买方向不一致或通道容量未能充分利用,因此难以达到跨境输电通道容量的最优配置。

2. 隐式拍卖

隐式拍卖即不单独开设输电容量拍卖市场，而是将输电通道容量作为约束条件，纳入电量优化出清中统一考虑，不需要由统一的拍卖机构进行容量拍卖。在日前市场开始以前，各国 TSO 需要向电力交易机构提交跨境通道可用容量信息。参与交易的市场成员仅需向电力交易机构提交电能报价订单，而不用额外向 TSO 购买传输容量。日前市场耦合系统将根据所有市场成员的订单，考虑跨境通道容量限制的优化出清，形成成交结果（包括跨境交易电量）。与显式拍卖相比，隐式拍卖的优点在于能够使通道容量分配更加优化，实现了输电容量与电能量的统一出清，效率更高；主要的缺点在于算法较显式拍卖更复杂，实现起来难度较大，因此适用于电力市场成熟阶段。

2.3.2.4　输配电价

欧洲电力市场由于其天然的多国家耦合特点，在输电层面最显著的便是其多层级电网的特性。欧洲输电网整体可分为两层，分别为上层定价区与下层定价区。欧洲输电定价的上层定价区是整个欧洲范围。欧洲电力市场范围内的每个国家都是一个下层定价区，由本国电网运营商 TSO 来运营并设计内部输电定价机制。

ENTSO–E 设计与管理跨国输电定价方案，提出了跨国输电补偿机制（Inter–Transmission System Operator Compensation Mechanism，ITC）。ITC 机制下各 TSO 相互支付跨国输电服务的相关电网设备成本与跨国输电网损，总体范围上达到收取与补偿总金额平衡。这部分费用被 TSO 纳入总准许收入，与内部输电网成本一起分摊给价格区内用户。主要收支项目的关系为：

TSO 总成本＝TSO 向 ITC 支付费用＋输电网建设成本；

TSO 总允许收入＝TSO 总成本－TSO 从 ITC 获得补偿－出售输电权获得收入＝用户缴纳输电费。

欧洲跨国输电线路运营商先将中长期跨国市场的输电权费用和现货市场阻塞盈余费用回收，剩余成本根据各国对跨国潮流的利用程度进行分摊。相比之下，美国输电定价机制不回收阻塞盈余，而是通过金融输电权拍卖返还给用户。

2.3.3 发展趋势

2.3.3.1 能源危机下的应急管理措施

自 2021 年秋季起,欧洲能源体系遭遇系统性冲击。可再生能源出力波动性加剧与俄罗斯天然气供应骤减形成叠加效应,推动能源价格进入螺旋式上涨通道。英国天然气期货价格自 2021 年 4 月起持续攀升,通过边际定价机制传导至电力市场,导致发电成本激增。2022 年 8 月数据显示,德国批发电价同比飙升 459.5%,法国、意大利、英国分别上涨 70.6%、64.0% 和 53.8%,凸显欧洲电力市场结构脆弱性。2022 年 2 月俄乌冲突爆发成为危机转折点。西方对俄制裁导致俄罗斯输欧天然气量断崖式下降,布伦特原油价格从 95 美元/桶涨至 139 美元/桶,英国天然气价格从 211 便士/色姆飙升至 501 便士/色姆。意大利等国能源进口成本激增,叠加夏季北半球极端高温天气,欧洲天然气库存加速消耗。6 月起,俄罗斯管道气供应紧张与炎热天气形成共振,荷兰 TTF 天然气期货价格从 80 欧元/兆瓦时暴涨至 339.2 欧元/兆瓦时,创历史新高。极端气候进一步加剧危机连锁反应。2022 年夏季,欧洲遭遇 50 年一遇干旱,莱茵河水位降至 1 米以下,导致煤炭运输能力下降 30%,德国能源供应链承压;西班牙水力发电量跌至 30 年最低值,意大利、德国核电冷却系统因缺水被迫降载,欧洲电力缺口达 18 太瓦时这种"气候-能源-经济"的负向循环,使欧盟工业电价较冲突前上涨 250%,德国百年工业企业因成本压力被迫停产。

面对多重危机,欧盟于 2022 年 9 月 14 日发布《应对能源高价的紧急干预方案》,通过三重机制实施干预:一是需求侧管理,强制削减 15% 非必要用电;二是价格管制,对批发市场电价设置 180 欧元/兆瓦时上限;三是征收暴利税,针对发电企业超额利润征收 33% 特别税。该方案短期缓解了 8500 万居民的能源贫困问题,但未能解决能源结构失衡等根本矛盾。

1. 需求侧限电空间逼近极限

欧盟为应对能源危机,将需求侧管理作为核心干预手段。根据 2023 年 3 月生效的《紧急干预方案》,要求成员国在 2023 年 3 月底前实现整体用电量削减 10%,

并在尖峰负荷时段（早 8 点至下午 1 点、晚 6 点至 8 点）强制减少 5%电力负荷，旨在缓解电力市场供需失衡与价格失控风险。为实现目标，欧盟允许成员国通过财政补贴、需求响应激励等市场化工具推动节能，据测算，尖峰负荷削减 1%可减少约 2.4 亿立方米天然气消耗，整体目标对应冬季天然气需求降幅达 4%。此次干预方案的出台，直接原因是俄乌冲突后天然气价格大幅上涨，推动气电价格飙升，进而抬高整个电力市场的电价。同时，水电和核电供应的下降也加剧了这一困境。欧洲多国水电发电量因极端天气减少，核电则因维修及老旧机组退役显著下滑。数据显示，2022 年 1—8 月，欧盟核电发电量同比减少 700 亿千瓦时，水电减少 620 亿千瓦时。电力供应的多重压力使得市场难以满足需求，导致价格失控。

为缓解供需紧张，欧盟提出削减高峰时段用电的具体措施，例如 8—13 时及 18—20 时的用电限制。然而，高企的能源价格已经对欧洲基础工业造成沉重打击。水泥、钢铁、化工等行业因成本高涨而大规模减产停产，进一步削减工业用电的空间极为有限。数据显示，德国 8 月电力需求同比下降 22%，既体现了需求的减少，也反映出工业生产的萎缩。在工业减量空间受限的背景下，一些国家已开始限制居民和公共用电。例如，巴黎缩短了埃菲尔铁塔的夜间照明时间，芬兰关闭部分公共设施。尽管如此，冬季的取暖需求几乎无法大幅削减，而目前设定的整体电量减少 10%、峰值负荷减少 5%的目标已接近极限。如果电力供应进一步恶化，欧盟可能不得不采取更加严苛的措施，例如拉闸限电。

2. 复杂的限价机制

电价限制是此次欧盟干预方案的核心举措之一，旨在缓解能源危机中的电价飙升问题。欧盟针对水电、核电、可再生能源等低成本"非边际机组"设定了 180 欧元/兆瓦时的价格上限。这一措施预计将为欧洲用户节省约 1170 亿欧元的能源费用，但可能对部分新能源企业的投资信心造成一定冲击。

欧洲电力市场采用边际出清机制，高成本的边际机组（如气电机组）直接决定市场电价。由于天然气价格居高不下，气电机组成为主导边际机组，电价大幅上涨。限价措施的目标是限制低成本机组（如水电、核电、新能源等）的超额利润，同时保留边际机组传导燃料成本的能力，以维持市场运行的基本逻辑。硬煤机组因边际成本较高（约 200 欧元/兆瓦时），未被列为"非边际机组"，仍按市场价格结算，其利润因此显著提升。而对于低成本机组，超出限价部分的利润需上缴，用于补贴

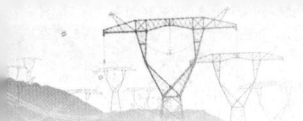

用户或支持新能源投资。限价措施适用于集中交易和场外交易，各成员国可自主选择直接限价结算或先按市场价结算后再返还。经过多方讨论，限价标准最终从初稿的 200 欧元/兆瓦时调整为 180 欧元/兆瓦时。根据欧盟委员会测算，这一水平足以保障非边际机组的投资与运营成本，不会对新机组投资产生阻碍。

尽管限价方案整体保持了边际成本出清的市场机制，并通过结算限制实现超额利润的二次分配，但其实施仍面临诸多挑战。特别是在跨国电力交易中，利润返还机制可能引发争议。为此，欧盟委员会建议成员国本着"团结精神"签订协议，确保出口国与进口国合理分享超额利润。此外，收入上限可能对日内和平衡市场的交易量产生负面影响，并增加长期电力投资的不确定性，导致市场信号出现一定扭曲。尽管存在这些问题，限价措施与欧洲电力市场现有设计总体兼容。通过各国电网运营商和市场监管机构的实施，该方案在短期内有望有效缓解能源危机对市场和用户的冲击，同时为调整市场机制和推动能源转型争取时间。

3. 征收暴利税

为应对俄乌冲突引发的能源价格飙升，欧盟委员会通过《能源市场紧急干预条例》，要求成员国对化石燃料企业及可再生能源发电企业的"超额利润"征收临时暴利税，政策周期为 2022 年 12 月—2023 年 12 月。具体而言，此政策针对油气、煤炭等行业的超额利润进行征收，超额利润定义为 2022 年财年超过过去三年平均利润 20% 的部分，征收比例至少为 33%。欧盟预计，此举将筹集约 250 亿欧元，用于补贴受能源价格冲击最严重的消费者和企业，同时支持新能源投资和节能项目。在政策实施层面，德国于 2022 年 12 月通过《能源暴利税法案》，对石油、天然气、煤炭公司超额利润征收 33% 的暴利税，并针对风光发电企业设定 130 欧元/兆瓦时的征税门槛。意大利实施 50% 的超额利润税（利润增幅超 10% 即触发），2023 年征收额达 110 亿欧元，其中 40% 用于家庭能源补贴。欧盟认为，这一措施不仅是对能源市场高利润企业的合理调节，也体现了社会责任和危机中的"团结精神"，在短期内能够有效缓解高能源价格对市场和用户的冲击，同时为绿色转型提供资金支持。

4. 金融干预

欧盟在此次干预方案中还提出了一系列金融领域的应对措施，旨在缓解能源企业因天然气和电力期货市场异常波动而面临的流动性危机。欧盟计划与欧洲证券市场管理局和欧洲银行业管理局合作，通过修改衍生品交易的抵押和保证金规则，降低能源企业的资金压力。能源企业的流动性危机主要源于期货市场的价格暴涨。许多电力公司为规避价格波动风险，会在期货市场持有电力空头头寸，通过对冲机制实现盈利或降低风险。然而，在俄气断供消息的影响下，德国和法国电力年度期货价格于 2022 年 8 月 26 日一度突破 1000 欧元/兆瓦时，导致期货市场短期暴涨。大量持有金融衍生品的电力公司因此面临追加保证金的巨大压力。尽管企业未来可以通过高价售电获利，但当前的资金缺口迫在眉睫，迫使部分企业向政府寻求信贷支持。此外，欧盟还计划与欧洲中央银行和欧洲风险系统委员会共同评估措施，以帮助能源企业渡过流动性危机。

欧盟委员会认为，当前欧洲天然气市场的基准价格（主要基于欧洲交易中心价格）显著高于国际市场水平，无法准确反映全球天然气供需状况，特别是液化天然气的实际价格。因此，欧盟委员会提议在掌握更全面的天然气进口数据后，建立一个更贴合国际天然气市场动态的新基准价格，以缓解欧洲因价格不合理而面临的额外成本。针对市场异常波动，欧盟指出，目前的能源交易所缺乏有效的熔断机制，无法在天然气和电力市场剧烈波动时进行干预。

尽管这些金融干预措施旨在缓解能源企业面临的紧迫资金压力，但仍伴随不少争议和挑战。跨国电力交易中超额利润的分配问题，需要成员国在"团结精神"下展开协商，但这一过程可能导致复杂且漫长的谈判，甚至被欧洲议会预算委员会主席形容为"政治噩梦"。同时，新能源行业担忧限价政策可能抑制投资信心，影响绿色转型。欧洲电力行业协会也警告，针对低碳能源的限价可能削弱长期投资的吸引力，为能源市场的未来发展带来更多不确定性。

整体来看，欧盟在金融领域的干预措施涵盖流动性危机应对、价格基准调整以及熔断机制改革，旨在缓解能源危机对市场和企业的短期冲击，同时为市场提供更稳定的运行机制。然而，这些措施的实施仍需协调各方利益，并应避免对绿色转型和长期投资造成负面影响。

2.3.3.2 极端天气下的现货市场高价

2019 年 6 月，欧洲遭遇极端高温，多国气温破纪录，电力需求激增。法国电力需求 6 月 27 日达 59.5 吉瓦，接近历史新高，高温使核电冷却用水受影响，威胁核电安全。2022 年夏季，高温干旱持续，河流湖泊水位下降，导致欧洲水力发电量大幅减少，核电冷却用水短缺，燃煤运输受阻。莱茵河部分河段水深不足 1 米，煤炭运输大幅削减，能源危机加剧。高温还降低光伏发电效率，西班牙、意大利水电量创 30 年新低，欧洲电价飙升，法国与德国电价首破 1000 欧元/兆瓦时。2024 年 11 月，寒冷天气导致用电激增，风光出力稀缺。11 月 11 日，德国日前电价达 18 年新高 936.28 欧元/兆瓦时，多国现货电价同步上涨，法国、西班牙现货电价创 21 个月新高。

下面以德国为例，分析欧洲地区现货电价大幅度上涨背后的深层次原因。德国能源转型的核心目标是推动新能源的广泛应用，而新能源的一大特点便是高度依赖天气条件。在"风光稀缺期"，风电和光伏发电往往会出现短缺，并对现货市场价格带来短暂的波动性影响。除了欧洲各国每年可能面临的极端天气等类似情况外，电价飙升的程度及市场反应的突出表现背后还有更深层次的原因。2024 年 12 月风光稀缺期，德国风电趋零、光伏不足，火电因 33%停运导致供应缺口，燃气厂半数未响应，进口依赖度激增，北欧高价输电推动现货电价飙至 936 欧元/兆瓦时，达平日十倍。结构性矛盾集中体现于灵活性资源短缺：储能装机仅 2 吉瓦且缺口 1 吉瓦，难补火电调节滞后；户储 11 吉瓦因智能电表覆盖率不足 1%无法调用。现货市场波动冲击由工业用户直接承担，停产事件频发，而居民因长期合同暂避风险。其核心原因在于储能、需求响应等灵活性资源与跨境协同、实时调度等市场机制滞后于风光渗透率速度，唯有加速强制智能电表覆盖，2025 年推行并激活分布式储能，方能破解供、需、储三端割裂困局。

2.3.3.3　分散决策下的电力平衡机制

随全球能源系统向低碳化转型，可再生能源在电力系统中渗透率不断提高，其不确定性增大了电力市场的出清压力与电力系统的调度压力，为电力的平衡带来挑战。德国的平衡结算单元机制将维持计划和运行之间平衡的责任，从输电系统运营商分摊到各个平衡结算单元，通过约束每个平衡结算单元维持实际净发电量（发电量减用电量）与在市场中承诺的净发电量尽可能一致，保障通过市场交易的电量平衡，从而减少输电系统运营商针对实际发用电与市场交易结果之间偏差的调度工作量，保障更高比例的可再生能源接入。

德国电网运行水平相对较高、电源分布合理且充盈、位于欧洲中部具有欧盟大电网的充分备用支持等,均是德国最终采用平衡结算单元作为市场化平衡机制的重要原因。德国共有四个输电系统运营商,负责控制区内高压、超高压电网的建设与运维工作,需要根据市场参与者发电计划、市场出清结果与实时发用电情况,下达调度指令,维持区域内市场化电力平衡,保证电力系统安全稳定。每个输电系统运营商下属数百个配电网运营商,负责对应配电网建设运营,提供配电网连接服务。

根据只包含发电企业、只包含售电商或用户以及两者均包含三种情况,平衡结算单元可分为发电平衡结算单元、用电平衡结算单元和混合型平衡结算单元,上述三类平衡结算单元均需要真实接入电网,有物理意义上的发电端与用电端。每个平衡结算单元均设置一位平衡结算单元负责人(Balancing Group Manager,BGM)与对应输电系统运营商联系,实现平衡结算单元内发用电平衡预测以及机组与用户的调度控制。德国平衡结算单元机制的参与者结构如图 2-18 所示。其中的参与者分为三个层级,第一层是发电企业、售电商等参与主体,第二层是由这些参与主体组成的平衡结算单元,第三层是由平衡结算单元构成的控制区域,由输电系统运营商进行管理,每个输电系统运营商下有平衡结算单元 2000~3000 个。平衡结算单元是参与电力市场交易的最小单元。对内,其依据各参与主体发用电预测制定总体发用电计划,完成"自调度";对外,平衡结算单元之间开展交易,保证发用电量与交易电量实现"自平衡";向上,平衡结算单元接受 TSO 的调度指令、承担不平衡经济责任,保证系统平衡稳定。平衡结算单元内部的自平衡与自调度由 BGM 牵头负责,是德国市场化电力平衡机制的核心。

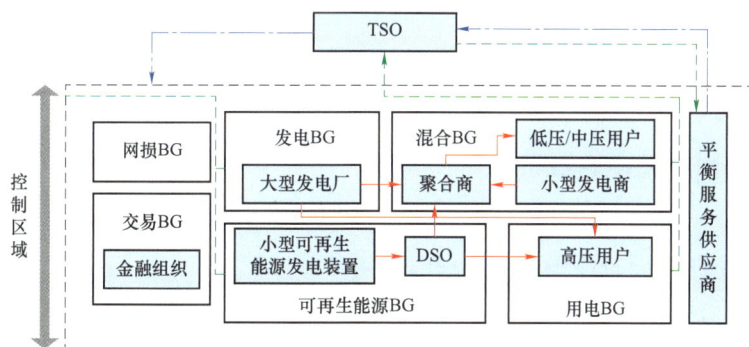

图 2-18 德国平衡结算单元机制参与者

2.4 对我国电力市场建设的启示

尽管国外电力市场的模式不同、建设基础不同，但都面临着相似的需求，包括扩大电力市场边界、推进多市场融合、引入新主体参与市场，以及消纳高比例可再生能源等问题，都对电力市场的不断建设完善提出了新要求。

2.4.1 容量充裕性机制方面

可再生能源降低了边际电价，使其他发电机组面临成本回收困难的问题，因此容量充裕性机制对激励投资和保障系统可靠性至关重要。建立容量充裕性机制前，应评估其必要性，部分专家认为容量机制可能扭曲现货市场价格信号，需谨慎对待。ACER 要求各市场完成供需和机组利润评估后，再决定引入容量机制。我国发展改革委已发布容量成本补偿测算方法，并要求试点通过全年仿真评估机组盈利能力。实现容量机制有多种技术路线，固定容量补偿提供稳定激励，但缺乏市场化价格；战略备用应对紧急缺电，但需额外容量；分散式容量义务让用电主体自行承担义务，但无法形成统一价格信号；容量市场则传递有效价格信号，为美国多数 ISO 采用，但仍需优化。制定容量机制应结合市场实际情况充分评估后决定。容量市场设计需要解决四大问题：一是正确评估间歇性电源和能量有限资源的容量价值，正视新旧资源的差异；二是准确预测负荷需求，确定容量需求曲线；三是设计可靠的结算机制，激励资源提供支撑；四是合理核定容量成本和补偿标准，并动态调整市场参数。

2.4.2 新能源入市方面

新能源全面入市是新型电力系统建设的必然选择，通过市场化机制可优化资源配置、发现环境价值并激励技术创新。然而，新能源入市面临着市场化交易中的收益不确定性与市场机制冲突，叠加政策协同不足与临时性补贴依赖，可能抑制投资积极性并威胁系统稳定性。在价格机制上，需构建差价结算机制，对纳入机制的电量，市场交易均价低于或高于机制电价的部分，由电网企业按规定开展差价结算，结算费用纳入当地系统运行费用；在市场参与层面，应建立分时电价与中长期合约协同机制，利用现货市场优先消纳新能源低边际成本优势，同时通过虚拟电厂聚合分布式资源提升灵活性；在政策保障方面，需完善容量补偿与辅助服务市场，针对新能源出力波动完善调频、备用等细分市场，并推动绿证和碳交易实现环境价值变现。同时完善跨区协同调度与分布式交易规则，破除省间壁垒并释放用户侧调节潜力，从而在市场化框架下兼顾新能源高渗透率并网与电力系统安全经济性，推动我国电力市场从"计划适配"向"市场驱动"转型。

2.4.3 新型主体参与市场方面

新型市场主体，如分布式电源、产消者、储能和电动汽车，可以为市场提供新的灵活性资源，将市场边界条件转变为柔性可调，扩大优化空间。引入新型主体需设计合适的参与模式。例如，美国 FERC 841 法案赋予储能参与批发市场的权利，但要求最低容量 100 千瓦，适用于大型储能；小型储能可通过聚合商间接参与。配电网侧市场也需加强竞争，激励新型主体参与。目前，美国仅少数州建立了零售市场竞争机制。通过引入售电公司和聚合商竞争，可将现货价格传递到配电网侧，赋予用户和分布式资源选择权，增强用户参加需求侧响应的意愿。同时，需要考虑新型主体的物理特性。储能和分布式资源聚合商功率流双向，需定义正负区间的新出力范围。储能作为能量有限型资源，其容量价值应综合考虑最大放电功率、容量和持续放电时间，而非仅依赖最大功率。

2.4.4 市场融合方面

在高比例可再生能源发展背景下，电力市场通过融合扩展可实现电力互济，减少备用需求，提高可靠性与经济性。市场融合需解决协同机制、交易主体及跨区潮流决定方式等问题。美国的能量不平衡市场现阶段无传输容量分配问题，但向日前耦合扩展时需解决容量计算及阻塞收益分配等问题，尤其是 CAISO 的金融输电权市场下的收益分配。协调交易机制因跨区潮流简单，容量计算与分配相对容易，但为提高社会福利，需要增强市场成员的投标能力及价差预测精度。澳大利亚市场融合面临实时潮流计算精度和阻塞管理优化的双重挑战。高可再生能源渗透下，复杂电力流动和数据实时性不足使潮流计算难度增加，而传输容量不足与阻塞成本分配问题则限制市场效率和公平性。在欧洲统一市场中，跨区交易先于区内交易，涉及集中拍卖和连续交易两种形式，如何分配和计算跨区传输容量是难点。潮流耦合模型虽能提高社会福利，但复杂性和求解难度较高；价区重构需平衡经济效益与政治诉求。我国市场融合仍在探索中，省间现货交易与省内现货市场的协调运行是未来的关键挑战之一。

2.4.5　市场运营水平提升方面

提升市场运营水平有助于提高系统可靠性、灵活性和经济性，特别是在消纳波动性可再生能源方面。目前，美国 ISO 普遍采用电能量和辅助服务联合出清模式，并设置不同响应速度的调频、备用和 FRP。需要持续跟踪辅助服务市场，评估产品是否达标、价格信号是否有效，并通过改进出清和结算模型解决问题。例如，加州在发现可再生能源弃电风险后，将上备用调整为双向备用。此外，出清模型改进对市场也至关重要。一方面，细化出清粒度和提高预见性对计算软件提出更高要求，需在短时间内完成复杂计算；另一方面，修正传输容量上限等参数时需基于合理物理模型和精确环境数据，在保证经济性的同时维护系统可靠性。

3 我国统一电力市场的发展沿革及展望

我国电力体制改革历经集资办电、政企分开、厂网分开、深化电改及新一轮电改等阶段，目前已基本建成全国统一电力市场的总体框架，形成了空间上覆盖省间、省内，时间上覆盖中长期、现货，交易标的上覆盖电能量、辅助服务、绿色权益等的电力市场体系结构。面向"双碳"战略目标，下一阶段电力市场建设将重点推进清洁、低碳转型。本章系统梳理我国电力市场发展历程，深入总结当前建设成效，客观研判统一电力市场建设面临的挑战，并对未来深化建设的路径进行前瞻性展望。

3.1 我国电力市场建设历程

3.1.1 厂网分开与市场化改革探索（2002—2015年）

20世纪80年代之前，我国电力工业一直实行垂直一体化的计划管理体制。20世纪80年代至21世纪初，我国电力体制改革先后经历了集资办电、政企分开和厂网分开等不同阶段。1998年，国务院办公厅印发了《国务院办公厅转发国家经贸委关于深化电力工业体制改革有关问题意见的通知》（国办发〔1998〕146号），决定在上海、浙江、山东、辽宁、吉林和黑龙江6省（市）进行"竞价上网"试点工作，对省电力市场建设进行了初步的摸索。

2002年，以国务院《关于印发电力体制改革方案的通知》（国发〔2002〕5号）的发布为重要标志，我国开始实施以"厂网分开、竞价上网、打破垄断、引入竞争"为主要内容的电力体制改革，从根本上破除了电力市场建设的体制障碍，并开展了区域电力市场建设、电力用户与发电企业直接交易等实践探索。其中，东北电力市场2004年1月开始采用部分电量、单一制电价的月度竞价模式进行模拟运行，2004年6月改为全电量竞争、两部制电价模式并进入年度、月度竞价模拟，2005年完成了两轮年度竞价交易和8个月的月度竞价。由于受到电力市场竞争规则不完善、销售电价联动和输配电价机制不健全、容量定价方式不合理、电网阻塞造成部分发电企业行使市场力等多重因素影响，2006年东北电力市场年度竞价结果平衡账户出现大幅资金亏损而暂停运营。华东电力市场建设方案于2003年正式获批，2004年5月开始进入模拟运行阶段，2006年进行了两次调电试运行之后，进入调整总结阶段，市场模式采用单一制电价、全电量报价、部分电量按竞价结果结算的方式。南方区域电力市场2005年11月进入模拟运行阶段，市场模式采用单一制电价、部分电量竞争的形式。上述电力市场和区域电力市场的实践探索，虽然结果不尽如人意，但是检验了不同市场模式在我国的适用性，为电力市场的深化建设积累了经验。

3.1.2　新一轮电力体制改革（2015 年至今）

2015 年 3 月，中发 9 号文的发布实施，拉开了我国新一轮电力体制改革的帷幕，我国电力市场建设进入了实质性发展阶段并取得了丰硕的成果。中发 9 号文要求在进一步完善政企分开、厂网分开、主辅分开的基础上，按照"管住中间、放开两头"的体制架构，在发电侧和售电侧开展有效竞争，实施"三放开、一推进、三强化"，即有序放开输配以外的竞争性环节电价、有序向社会资本放开配售电业务、有序放开公益性和调节性以外的发用电计划；推进交易机构相对独立，规范运行；进一步强化政府监管、进一步强化电力统筹规划、进一步强化电力安全高效运行和可靠供应。

2016 年 12 月，为加快推进电力市场建设，规范各地电力中长期交易行为，国家发展改革委、国家能源局发布《电力中长期交易基本规则（暂行）》（发改能源〔2016〕2784 号），这是我国针对电力中长期市场化交易发布的第一部全国性规则，旨在规范电力中长期市场运营，推进统一开放、竞争有序的电力市场体系建设，为电力中长期交易在全国范围内开展奠定重要基础。2020 年 6 月 10 日，国家发展改革委、国家能源局对《电力中长期交易基本规则（暂行）》（发改能源〔2016〕2784 号）进行了修订，发布《电力中长期交易基本规则》（发改能源规〔2020〕889 号），进一步丰富了中长期的交易周期、交易品种和交易方式，优化了交易组织形式，提高了交易的灵活性和流动性，凸显了中长期交易稳定收益、规避风险的"压舱石"作用。

2020 年 9 月，国家发展改革委提出了电力中长期合同"六签"工作要求，即全签、长签、见签、分时段签、规范签、电子签。11 月，国家发展改革委、国家能源局联合印发《关于做好 2021 年电力中长期合同签订工作的通知》（发改运行〔2020〕1784 号），对各地高质量完成"六签"工作进行了具体部署。截至目前，国家电网经营区已有 14 省中长期交易按日分 24 个时段组织，11 省中长期交易按峰（尖峰）、谷、平时段组织。

2021 年 8 月起，我国启动绿色电力交易试点工作，此后国家陆续出台政策文件建立健全绿电交易机制，鼓励绿电消费。2021 年 8 月，国家发展改革委、国家能源局发布《关于绿色电力交易试点工作方案的复函》（发改体改〔2021〕1260号），同意国家电网公司、南方电网公司开展绿色电力交易试点。电力交易中心依据国家有关政策组织开展绿电交易，并实现市场主体间的绿证交易和划转。2022年1月，国家发展改革委、国家能源局印发《关于加快建设全国统一电力市场体系的指导意见》（发改体改〔2022〕118号），明确提出探索开展绿色电力交易。2022年9月，国家发展改革委、国家能源局印发《关于有序推进绿色电力交易有关事项的通知》（发改办体改〔2022〕821号），要求进一步体现绿色电力的环境价值，鼓励各类用户自愿消费绿色电力，要求中央企业和地方国有企业、高耗能企业、地方机关和事业单位承担绿色电力消费社会责任。2023年2月，国家发展改革委、财政部、国家能源局印发《关于享受中央政府补贴的绿电项目参与绿电交易有关事项的通知》（发改体改〔2023〕75号）推动带补贴绿电项目参与绿电交易，从供给侧扩大绿电绿证市场规模。

2021年10月，为加快推进电价市场化改革，完善主要由市场决定电价的机制，保障电力安全稳定供应，国家发展改革委印发《关于进一步深化燃煤发电上网电价市场化改革的通知》（发改价格〔2021〕1439号），提出有序放开全部燃煤发电电量上网电价，扩大市场交易电价上下浮动范围，推动工商业用户全部进入市场，对暂未直接从电力市场购电的用户由电网企业代理购电。该政策真正建立起"能跌能涨"的市场化电价机制，充分发挥市场在电力资源优化配置作用，标志着电力市场化改革又迈出了重要一步。

2021年10月，国家发展改革委印发《关于组织开展电网企业代理购电工作有关事项的通知》（发改办价格〔2021〕809号），提出取消工商业目录销售电价后，对暂未直接参与市场交易的用户，可由电网企业代理购电。2021年12月底前，电网企业通过挂牌交易方式代理购电，2022年1月起，电网企业通过参与场内集中交易方式（不含撮合交易）代理购电，以报量不报价方式、作为价格接受者参与市场出清。同时明确，电网企业保障居民、农业用电价格稳定，所产生的新增损益（含偏差电费），按月由全体工商业用户分摊或分享。该政策建立代理购电机制，一方面不会影响用户的用电方式，确保用户在无能力无条件进入市场的情况下由电网企业代理购电；另一方面代理购电的用户能够通过电网企业实时感受市场价格波动信号，合理调整用电行为。

2021 年 11 月，中央全面深化改革委员会第二十二次会议审议通过了《关于加快建设全国统一电力市场体系的指导意见》，系统规划了今后一个时期我国电力体制改革的使命任务、方向目标和主要举措，为加快推进我国电力市场建设指明了方向。文件提出，要建设多层次统一电力市场体系、完善市场功能、健全交易机制、加强统筹监管、促进低碳转型。同时，文件还明确了全国统一电力市场建设时间规划目标，即 2025 年，全国统一电力市场体系初步建成，国家市场与省（区、市）/区域市场协同运行，跨省跨区资源市场化配置和绿色电力交易规模显著提高，有利于新能源、储能等发展的市场交易和价格机制初步形成；2030 年，全国统一电力市场体系基本建成，国家市场与省（区、市）/区域市场联合运行，新能源全面参与市场交易，电力资源在全国范围内得到进一步优化配置。

2023 年 7 月，中央全面深化改革委员会审议通过《关于深化电力体制改革加快构建新型电力系统的指导意见》，文件主要提出四点要求：一是要深化电力体制改革，加快构建清洁低碳、安全充裕、经济高效、供需协同、灵活智能的新型电力系统，更好推动能源生产和消费革命，保障国家能源安全；二是要科学合理设计新型电力系统建设路径，在新能源安全可靠替代的基础上有计划分步骤逐步降低传统能源比重；三是要健全适应新型电力系统的体制机制，推动加强电力技术创新，市场机制创新，商业模式创新；四是要推动有效市场同有为政府更好结合，不断完善政策体系，做好电力基本公共服务供给。

2023 年 9 月，为加快推进电力现货市场建设，规范电力现货市场的运营和管理，国家发展改革委、国家能源局印发《电力现货市场基本规则（试行）》（发改能源规〔2023〕1217 号），首次在国家层面出台规则指导现货市场设计及运行。规则提出了电力现货市场建设和运营的规范要求，包括明确市场准入条件、交易品种、结算方式等，旨在指导各地因地制宜开展电力现货市场建设，从而推动全国统一电力市场体系构建，提升电力安全保供能力，助力新能源消纳和新型电力系统建设。

2023 年 11 月，国家发展改革委、国家能源局印发《关于建立煤电容量电价机制的通知》（发改价格〔2023〕1501 号），提出建立全国层面煤电容量电价机制，煤电容量电价机制适用于合规在运的公用煤电机组，煤电容量电价按照回收煤电机组一定比例固定成本的方式确定，各地煤电容量电费纳入系统运行费用，每月由工商业用户按当月用电量比例分摊，由电网企业按月发布、滚动清算。

2024 年 2 月，国家发展改革委、国家能源局印发《关于建立健全电力辅助服务市场价格机制的通知》（发改价格〔2024〕196 号），是我国首次在国家层面统一建立健全电力辅助服务市场价格机制的政策文件。文件主要提出优化调峰、调频、备用等辅助服务的交易和价格机制，明确计价规则，规范辅助服务费用传导，推动各类经营主体公平参与市场，充分调动灵活调节资源主动参与系统调节积极性。文件的出台进一步完善了电力市场规则体系，规范了辅助服务费用的公平分摊，有助于进一步提升系统调节能力，促进新能源消纳，助力新型电力系统建设。

2025 年 2 月，国家发展改革委、国家能源局联合印发《关于深化新能源上网电价市场化改革 促进新能源高质量发展的通知》（发改价格〔2025〕136 号）。文件提出，按照价格市场形成、责任公平承担、区分存量增量、政策统筹协调的总体思路，深化新能源上网电价市场化改革，推动风电、太阳能发电等新能源上网电量全部进入电力市场，上网电价通过市场交易形成；同步建立支持新能源可持续发展的价格结算机制，区分存量和增量项目分类施策，促进行业高质量发展。

3.1.3　全国统一电力市场建设现状

（1）全国统一电力市场体系架构基本形成。目前，我国已初步形成"管住中间、放开两头"的电力体制架构，基本建成"统一市场、两级运作"的电力市场总体框架。电力市场体系在空间范围上覆盖省间、省内，在时间周期上覆盖多年、年度、月度、月内（旬、周、多日）和日前、日内现货交易，在交易标的上覆盖电能量、辅助服务等交易品种。市场间的协同运作水平不断提升，有效促进了资源的大范围优化配置和能源清洁低碳转型。

（2）市场规则体系基本完善。国家发展改革委、国家能源局正在加快推动出台以电力市场运行基本规则为基础，以电力中长期、现货等为主干的"1+6"基础规则体系。2024 年 5 月，国家发展改革委印发《电力市场运行基本规则》，作为"1+6"基础规则体系中的"1"，是一系列电力市场基本规则等规范性文件的重要依据。目前，基础规则体系中的《电力中长期交易基本规则》《电力现货市场基本规则（试行）》《电力市场注册基本规则》《电力市场信息披露基本规则》已印发，《电力辅助服务市场基本规则》《电力市场计量与结算基本规则》正在加快研究制定，市场规则体系基本完善。

（3）电力市场功能作用不断增强。中长期市场在省间、省内全覆盖基础上正逐步转入连续运营，大部分省份已实现按工作日连续开市，省间多通道集中优化出清交易转正式运行，跨省跨区交易方式更加灵活。省内中长期市场以年度交易为主、月度交易为辅，月内交易频率逐步提高，部分省份探索开展了 D−3 或 D−2 交易。交易时段划分更加精细，多个省份实现了中长期合同按照 24 时段签约电力曲线，通过分时段的交易机制和价格信号，引导经营主体主动响应系统峰谷变化，提升资源配置效率。

（4）电力现货市场建设节奏加快。《电力现货市场基本规则（试行）》（发改能源规〔2023〕1217 号）、《关于进一步加快电力现货市场建设工作的通知》（发改办体改〔2023〕813 号）等文件印发以来，电力现货市场建设加快推进。省间现货市场于 2024 年 10 月转入正式运行，南方区域市场首次实现整月结算试运行。山西、广东、山东、甘肃、蒙西电力现货市场率先转入正式运行，浙江、湖北、安徽、陕西、辽宁、河北南网等地区进入连续结算试运行。各地区积极探索实践，电力现货市场建设正从试点逐步走向全国。从各地现货市场运行情况来看，现货市场电力价格信号能够充分反映不同时段和不同地点的电力供需水平，发用两侧主体直接参与现货市场交易，主动响应价格信号，发挥了削峰填谷作用。

（5）价格机制初步建立。输配电价方面，我国输配电价机制不断完善，已形成独立输配电价体系，电网企业角色向平台化转型，主要按照"准许成本＋合理收益"原则，配合政府健全输配电价机制。目前，我国已完成三个监管周期（2017—2019 年、2020—2022 年、2023—2025 年）的输配电价核定。第三监管周期输配电价改革进一步优化了输配电价结构，使其更合理地反映不同电压等级的供电成本差异，同时明确了输配电价的功能定位，将上网环节线损和抽水蓄能容量电费单列，强化了电网准许收入监管。此外，还建立了激励约束机制，对负荷率较高的两部制用户需量电价实施打折优惠，引导用户合理报装容量，提升电力系统经济性。

市场化电力价格形成机制方面，从发电侧看，随着 2021 年 10 月起燃煤发电上网电价全部放开，形成"基准电价＋上下浮动"的定价机制，2025 年 1 月，国家发展改革委、国家能源局印发《关于深化新能源上网电价市场化改革 促进新能源高质量发展的通知》（发改价格〔2025〕136 号）出台，要求推动新能源上网电量全面进入电力市场、通过市场交易形成价格。从用户侧看，2021 年 10 月起全面取消工商业电力用户目录销售电价，除居民、农业用户外的工商业用户全部进入电力市场。通过在发、用两侧实现"应放尽放"，以及市场化竞争形成电量市场化价格，初步建立"能涨能跌"的市场化电价机制。

（6）电力市场运营服务基础逐步完备。目前，全国电网已经实现了互联（除台湾地区外），电网网架结构、配置能力全面跨越提升，省间输电能力超过 3 亿千瓦，为能源资源大范围配置提供了有力支撑。全国已组建成立了 35 家电力交易机构，包括北京电力交易中心、广州电力交易中心 2 家国家级交易机构，以及 33 家省级交易机构，并实现独立规范运行，各级电力交易机构依托电力交易平台开展注册服务、交易组织、合同管理、交易结算和信息披露等业务，持续深化电力交易平台建设，不断丰富功能应用。

3.2 我国电力市场建设成效

3.2.1 市场规模不断扩大

（1）各类主体数量快速增长。截至 2024 年，国家电网公司经营区交易平台注册各类经营主体超 65 万家，是 2015 年的 23 余倍。其中发电企业超 3 万家，电力用户超 61 万家，售电公司超 3000 家，分布式电源、充电桩、新型储能、虚拟电厂、负荷聚合商等各类新型主体不断涌现，在电力交易平台注册数量已超 4000 家，如图 3-1 所示。各类经营主体市场参与度和技术能力不断提升，电力市场活跃度进一步提高。

（2）市场化交易规模显著扩大。如图 3-2 所示，2024 年，国家电网公司经营区市场化交易电量 5.02 万亿千瓦时，首次超过 5 万亿千瓦时，同比增长 7.3%，市场化比重约为 75%，市场化电量规模是 2015 年的 7.3 倍，年均增长近 25%；省间交易电量 1.17 万亿千瓦时，同比增长 7.3%；新能源市场化电量比例 51.8%，首次超过一半；除居民、农业外的电力用户实现"应放尽放"，市场促进电力资源更大范围优化配置的作用不断增强，在资源配置中逐步发挥决定性作用。

图 3-1　截至 2024 年底国家电网经营区市场主体注册类型

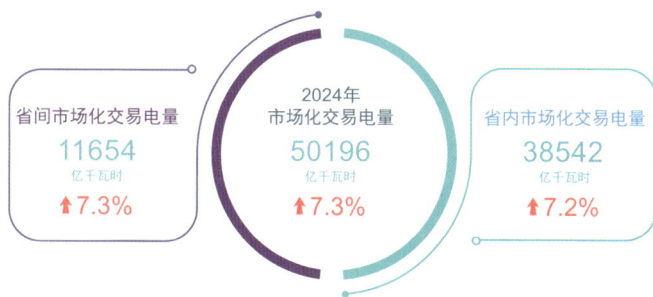

图 3-2　2024 年国家电网经营区市场化交易电量增长情况

3.2.2　电力保供作用凸显

当前，我国已经形成了"中长期为基础、现货余缺互济、应急调度救急"的跨区跨省市场化电力生产组织模式，充分发挥中长期稳定基本盘、现货调节短期供需的市场机制作用，持续提升市场交易灵活性，全力支撑电力安全保供。

（1）通过中长期市场化方式落实国家跨省跨区优先发电计划。省间电力市场通过中长期高比例签约，以市场化方式落实国家跨省跨区优先发电计划，充分落实国家能源战略,筑牢了省间送电和电力保供基本盘,保障电力供应平稳有序。2024年度夏期间,国家电网公司经营区跨区中长期市场达成最大电力1.54亿千瓦、同比增长15%,创历史新高,高峰时段中长期交易电力占比96%,有力保障了"南三区"等重点地区电力可靠供应。

(2)完善省间现货市场,保障电力安全可靠供应。省间现货市场以市场化手段引导电能从平衡富余地区流向平衡紧张地区,不仅提升了电力系统的灵活性和稳定性,还为电力安全可靠供应提供了有力保障。在用电高峰时段,省间现货市场通过高峰高价激励火电企业积极顶峰发电,充分发挥大电网平台优势和大市场资源配置作用,保障电力供应平稳有序。例如,在2022年度夏期间,长江流域遭遇罕见高温干旱灾害,川渝、华中、华东地区电力负荷攀升,省间电力现货市场发挥了重要作用,日均成交电量1.5亿千瓦时,连续29天成交电力超1000万千瓦,最大成交电力达1905万千瓦。

此外,省间现货市场还通过形成"能涨能跌"的市场化价格机制,动态反映市场供需形势及一次能源价格变化趋势,激励经营主体优化用电行为。在新能源大发时段,省间现货市场引导火电企业压降出力,为新能源腾出消纳空间,促进新能源的消纳。截至2024年底,省间电力现货市场累计消纳可再生能源电量超400亿千瓦时。

(3)创新省间交易方式,持续助力资源灵活优化配置。着力打破省间市场壁垒,实现电力资源在更大范围内优化配置,通过跨省跨区交易,将电力从资源富余地区输送到资源紧张地区,有效缓解了局部地区电力供应压力。同时,通过拓展省间交易品种及创新出清方式,持续提升省间交易灵活性,以实现更灵活有效的资源大范围优化配置、保障电力平稳供应。2024年,国家电网经营区省间交易电量首次突破1.5万亿千瓦时,占总交易电量的四分之一,全部27个省份均参与了省间交易,其中,12个省份外购电量占本省售电量比例、12个省份外送电量占本省发电量比例超过20%,各省电力保供与新能源消纳都离不开全国统一电力市场的坚强保障。

其中,省间多通道集中出清、省间输电权、跨经营区交易、配套电源富余能力交易等市场机制创新,为资源大范围灵活高效配置提供了有力支撑。在推广应用多通道集中优化出清方面,实现交易规模超60亿千瓦时。浙江通过多通道集中交易

最大购入高峰电力达 306 万千瓦，有力支持电力保供；在省间输电权机制方面，通过创新提出基于交易优先级的省间输电权机制，在年度、月度试点开展跨区跨省协同出清，进一步提升交易效率和通道利用率；在跨经营区交易机制方面，已初步探索覆盖国网、南网、蒙西电网的跨经营区交易机制，首次实现国网－南网背靠背云霄直流 200 万千瓦双向满送，组织蒙西电网通过省间市场从京津唐电网购电，实现京津唐与蒙西电网双向市场交易；在开展配套电源富余能力市场化交易方面，实现省间通道短周期交易反向送电，2024 年度夏期间打通青豫直流外送火电支援保供途径，通道能力得到充分利用。

（4）负荷侧资源参与市场交易持续推进。积极推进虚拟电厂、源网荷储一体化项目和微电网等新型主体参与电力市场交易的机制建设。通过系统研究，提出了聚合主体分类管理的概念和市场机制设计，明确了虚拟电厂、源网荷储一体化项目等新型主体的市场准入条件、交易品种和价格机制。这些机制设计旨在深入挖掘负荷侧的调节能力，扩大负荷侧市场化调节规模，提升电力系统的灵活性和稳定性。

在实际应用方面，四川建立了负荷侧市场化调节体系，通过市场化手段锁定 610 万千瓦的调节资源，并在度夏期间实际调用了超过 400 万千瓦的资源，有效保障了电力供应稳定；浙江组织可调节资源参与辅助服务市场，实现了削峰 107 万千瓦，显著提升了电网调峰能力。这些实践不仅提高了电力系统运行效率，还为新型主体参与市场交易积累了宝贵经验，加快推进全国统一电力市场发展。

（5）服务保障地方经济社会发展作用充分发挥。贯彻落实区域经济发展战略，建立长三角、京津冀等区内省间电力互济交易模式，在全国统一电力市场框架下，提高区内省间市场协同程度，推动省间市场一体化运营，助力打破省间壁垒，促进绿电、调节资源等在区内省间优化配置，保障重点地区经济社会高质量发展。落实国家援疆援藏工作部署，统筹清洁能源消纳与电力保供需求，通过市场化交易扩大疆电藏电外送规模，2024 年实现疆电外送 1270 亿千瓦时、藏电外送 19 亿千瓦时，全力支撑服务新疆、西藏等少数民族地区经济社会发展。

3.2.3 能源转型成效显著

当前，我国适应新型电力系统建设需要，系统推进新能源参与市场化交易，完善绿电绿证交易机制，服务能源清洁低碳转型。

（1）系统推进新能源入市交易。建设适应高比例新能源接入的电力市场机制，推动电力市场在时间维度"向更长、更短周期"双向延伸，以更好消纳新能源，推动我国绿色能源转型。其中，向更长周期延伸旨在稳定电能供需和价格预期，有效防范市场风险，保障长期容量充裕度；向更短周期延伸旨在更好适应新能源随机性和波动性，保持系统平衡。

市场机制向更长周期延伸方面，一是设计推广适用于我国国情的多年期购电协议（PPA）机制，鼓励电力用户与在建、已建发电企业签订 5 年以上的 PPA 协议，稳定电能供需和价格预期，有效防范市场风险，为市场主体投资决策和优化运行提供依据，促进可持续发展；二是在现有容量补偿机制的基础上，为进一步充分体现各类电源对电力系统的支撑调节价值，探索建立容量市场，通过提供长期容量价格信号，引导激励发电容量投资建设，保障系统长期容量充裕度。

市场机制向更短周期延伸方面，一是深化中长期连续运营。中长期市场交易进一步向精细化、灵活化转变，深化开展分时段连续运营，为新能源主体提供更多交易窗口，以调整其电力电量曲线，减少因出力偏差带来的经济损失。同时推动新能源主体承担偏差责任，提升自身出力曲线预测、管理能力。截至2024 年底，国家电网经营区省间中长期市场实现连续运营，多个省级市场实现按工作日连续开市；二是完善现货市场建设，加快省级现货市场建设进展，推动现货市场全覆盖。推动新能源、用户侧参与现货市场，充分发挥现货市场短期灵活调节及平衡作用，助力新能源优化消纳。截至 2024 年底，国家电网经营区省间现货已实现全年连续稳定运行，23 个省现货市场已开展试运行，山西、山东、甘肃现货市场转入正式运行；三是完善辅助服务交易机制，创新快速爬坡、转动惯量等辅助服务新品种，提高补偿标准，保障高比例新能源接入下的系统稳定运行。

（2）以联营方式推进沙戈荒大型风光基地参与市场交易。"联营"指沙戈荒大基地与配套火储等发电主体间签订协议，明确相互之间调节的权利义务与价格机制，通过交易、结算机制创新，充分利用配套外送通道，以市场化方式引导火电、储能等发挥调节作用，实现新能源最大化消纳。通过推动大型风光基地联营参与交易，旨在进一步明确配套火电之间、配套风光储之间以及火风光储之间各类电源的

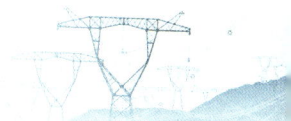

互保责任，完善配套电源、配建储能等为风光基地项目调节，以及交流电网与联营主体间相互调节的市场机制，明确量化系统调节成本，充分调动各联营主体参与调节的积极性，促进风光基地项目足额消纳。同时，鼓励联营主体加强运行管理，优化参与多周期、多层次市场策略，获得合理收益，促进各方互惠共赢，形成可推广的市场机制。

沙戈荒大型风光基地参与市场主要遵循三方面原则。一是风光基地项目与配套火电"联营不联运"参与中长期市场。联营主体在中长期交易中充分发挥自主协商权利，通过优化内部运行方式，满足电网安全运行与规划消纳省份交易需要。鼓励风光基地项目签署长期绿电交易合同（PPA），体现环境价值。"不联运"是指调度机构对各联营发电场站调管模式保持不变。二是充分发挥联营主体调节能力。联营主体对外以市场化方式与购电方达成交易总曲线，内部签订协议明确各主体间的曲线优化调节机制，配套常规电源根据风光基地出力进行调节，富余能力参与送端电网调节；在联营主体调节资源用尽且送端电网调节能力富余时，联营主体运行偏差由送端电网调节，联营主体承担相关调节成本。三是做好与现货及辅助服务市场有效衔接。联营主体通过中长期交易形成整体及分场站合同曲线，通过安全校核后移交调度机构，作为现货市场与辅助服务市场的基础与边界，相关联营主体按规则参与现货及辅助服务交易并接受"两个细则"考核。

通过创新提出沙戈荒大型风光基地联营交易工作方案，完善风光火"打捆"交易方式，在灵绍直流 2025 年年度交易中试点应用，达成交易规模超 400 亿千瓦时，形成良好示范。

（3）分布式光伏参与市场交易取得突破。我国分布式光伏发展遵循四项原则。一是坚持政策先行。贯彻落实国家关于新能源参与市场有关工作要求，积极配合地方政府主管部门研究相关支持政策，统筹做好分布式新能源入市工作；二是坚持市场导向。坚持市场思维、凝聚市场共识，充分发挥电力市场的引导和激励作用；三是坚持有序衔接。完善市场规则，在经营主体注册管理、中长期和现货市场、绿电交易机制等方面与现有市场机制做好衔接；四是坚持优质服务。规范市场注册、交易组织、交易结算、电能计量采集、电费结算等业务实施，健全交易、营销业务平台功能，为分布式光伏入市交易提供便捷、优质服务。

为落实国家新能源入市总体要求，统筹考虑存量分布式光伏项目保障性收购等政策延续性、各地可再生能源电力消纳责任权重完成情况、用户承受能力等因素，通过深入一线开展分布式光伏调研，因地制宜研究制定分布式光伏参与市场整体方案，坚持试点先行，分类别、分阶段推动分布式光伏参与市场，服务电网运行和新能源消纳。2024年，河北率先推动政府出台政策，明确分布式光伏入市步骤、参与中长期分时交易和现货市场，服务分布式光伏平稳有序入市；安徽等8个省份积极推进分布式光伏通过聚合、接受市场价格等方式参与市场，交易规模24亿千瓦时。

（4）绿电绿证市场逐步完善。绿电交易规模大幅提升。通过省间、省内绿电交易常态化开市，绿电交易规模持续扩大。2024年，国家电网经营区共组织开展绿电交易1358亿千瓦时，同比增长122%，其中冀北、辽宁绿电交易规模位居前列。江西探索了绿电交易小时级溯源。北京电力交易中心创新推出多年期绿电协议（PPA），并在2025年年度市场中试点应用，达成交易电量超300亿千瓦时，其中陕西、上海、安徽多年期绿电交易规模较大。多年期绿电交易可以稳定绿电供需预期，响应出口型企业绿电消费需求，形成全社会绿电消费的良好氛围。

绿证体系发展迅速。2024年，绿证交易1.76亿张，同比增长6倍多。绿证全覆盖工作持续推进，全面归集可再生能源项目和电量信息，有力支撑国家能源局核发绿证。

电–碳市场协同稳步推进。截至2024年底，北京、天津、上海、湖北、重庆等5省市出台绿电抵碳政策，湖北电–碳–金融体系创新获得各方认可，IEEE绿电标识、ITU绿电溯源等国际标准完成研制并发布，有效促进绿电市场"中国方案"国际互认。

3.3 全国统一电力市场建设面临的形势与挑战

当前，新型电力系统建设加速推进，电力系统安全机理和平衡模式发生深刻变化，传统计划手段已难以完成多元资源配置和多方利益协调，各方普遍认为，电力市场将成为应对"安全、绿色、经济"三元挑战的重要机制，对电力市场寄予厚望。同时，在全国统一电力市场深化建设的过程中，各类经营主体将在电力市场中进行

更自由的交易，不可避免地为电力系统运营带来更大不确定性，在电力市场供应安全、电力清洁能源转型、市场风险防控方面面临更加严峻的形势与挑战。

3.3.1　新型电力系统特征变化

随着新型电力系统建设持续深化，电力系统特征也将发生重大、根本性变化，主要体现在供给结构、电网形态、市场经营主体、平衡模式、成本特性五个方面。这些变化将给电力系统发展、运行和电力市场建设带来重大影响，传统的电力规划、投资、生产运行模式都将发生变革。

1. 能源供给结构变化

为实现"碳达峰、碳中和"目标，综合考虑我国经济社会发展对电力的需求和各类能源资源开发潜力，预计在 2035 年前后，新能源将成为电源装机主体，装机占比超过 50%；2050 年前后，新能源将接替燃煤发电成为电量供应主体，发电量占比超过 50%；到 2060 年，碳中和背景下，预计我国新能源装机将达到 50 亿千瓦左右，占比 64%；发电量 8.8 万亿千瓦时，占比 56%。根据国网能源院测算，图 3-3、图 3-4 显示了 2020—2060 年我国电源结构及发电量结构的变化趋势。

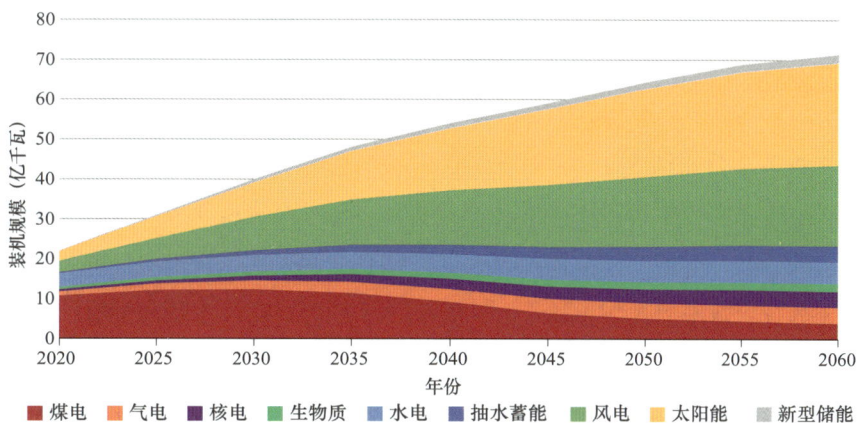

图 3-3　2020—2060 年我国电源装机结构变化

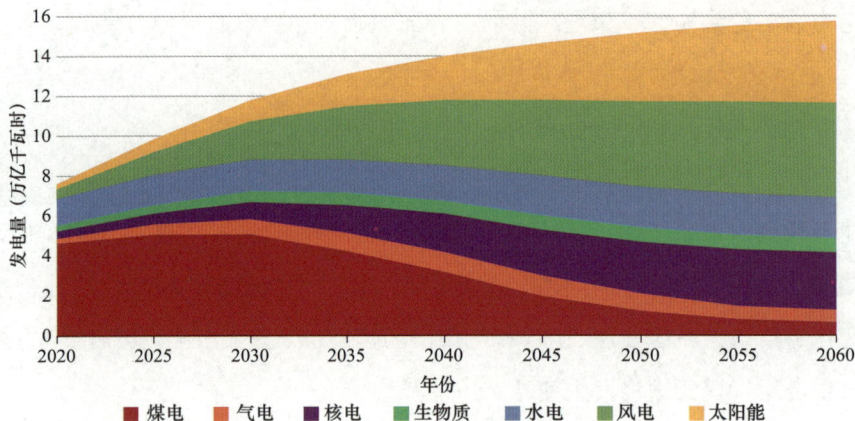

图 3-4 2020—2060 年我国发电量结构变化

2. 电网形态变化

新能源将逐步演变为主体电源，需坚持集中式与分布式开发并举，分阶段优化布局。未来电网形态将是大电网与微电网、直流组网等多种形态融合发展。从新能源的开发布局看，由于我国 80%的风能和 90%的太阳能资源分布在西部、北部地区，东中部相对匮乏，因此，未来大电网仍将作为能源资源大范围优化配置的平台。从新能源的高效利用看，我国东中部地区作为负荷中心，分布式电源技术可开发潜力 9 亿千瓦，每年可提供约 1 万亿～1.2 万亿千瓦时电量；近海、远海风电技术可开发潜力 5 亿千瓦，每年可提供约 1.5 万亿千瓦时电量。因此，为持续开发我国东中部分布式电源，以就地满足中东部电力负荷需求，需要发展微电网，促进东中部地区新能源就地平衡，更高效实现新能源消纳。

3. 电力市场主体多元化变化

随着海量主体积极入市，市场主体种类更多元。虚拟电厂、储能、源网荷储一体化项目、微电网等新型主体将广泛参与市场，并进一步形成电、热、气等多能源耦合与协同优化。市场主体个体规模小，总体数量庞大且越发多样，需求也将呈现明显的差异化。对于需求侧主体，由于用电成本只占其总成本的一部分，传统的调控模式存在一定局限性，需要结合需求侧资源调节意愿、调节能力、技术特性进行机制创新。关键是通过市场建设，以反映供求关系的价格信号引导市场主体主动调节自身用电行为，在支撑系统调节的同时获得一定收益。

4. 系统平衡模式变化

与传统能源可靠性较强不同，新能源出力具有不确定性、随机性、波动性，这使得新型电力系统运行方式更加多样，电力平衡保障面临更大挑战，日内潮流大范围波动、省间联络线潮流变化等情况将更加频繁发生，负荷高峰特别是光伏出力为0的晚高峰平衡保障难度更大。同时，负荷侧越来越多新型主体参与系统平衡调节，发用两侧共同保障系统平衡的方式越来越常见。

5. 系统成本特性变化

目前，新能源基本实现了平价上网，但平价上网不等于平价利用，除新能源场站建设成本外，新能源利用成本还包括灵活性电源投资、系统调节成本、电网补强、接网及配网投资等系统成本。新能源对系统发展、运行的影响从量变走向质变，低边际成本、高系统成本特性不断凸显。目前，我国新能源渗透率已经超过 20%，下一步新能源系统成本将快速增长。根据国网能源院测算，新能源渗透率每提高 1个百分点，系统成本将增加 1 分/千瓦时左右。

3.3.2 电力市场建设与运营面临的形势与挑战

1. 电力保供形势日益复杂

近年来，我国扎实推动高质量发展，加快新旧动能转换，电力需求平稳增长的基本趋势没有改变，但受国际贸易政策以及极端天气、自然灾害等因素影响，短期波动风险较大。与此同时，电力供给侧新能源电量占比已接近 20%并持续增长，波动性大大加剧。因此，电力保供总体平稳有序，但不确定性显著增强。

首先，不确定性来自发用双侧。从负荷侧看，未来负荷季节性、时段性波动将显著加剧。根据预测，2025 年夏季最高负荷将达到 12.6 亿千瓦，降温负荷继续攀升，增长至 4.1 亿千瓦，占最大负荷的比例达到32%，负荷侧尖峰化、波动性特征将日益显著；从发电侧看，随着新能源装机的不断上升，发电出力的不确定性、波动性大幅增长。供需两侧特性变化对系统调节能力和大范围灵活互济能力提出了更高要求，但形势不容乐观。2025 年，仅国家电网公司经营区内，新增新能源装机容量就将达到 3.2 亿千瓦，最大出力波动将达到 4.5 亿千瓦，已基本与系统的可靠调节能力水平相当。

其次，系统调节能力也面临较大挑战。随着新能源渗透率持续提升，系统调节容量需求快速增长，但传统调节能力增长有限，难以充分满足系统需要。此外，随着集中式和分布式光伏快速增长，送受端电网出力同质化、峰谷同时化特征愈发明显，"同缺同余"将常态化出现，跨省跨区余缺互济的难度也逐步加大。

最后，远期系统容量充裕度不确定性较大。一方面，虽然新能源装机规模大，但顶峰能力不足，在晚高峰、极端天气等条件下，系统充裕度难以得到保障。青海、宁夏等西部地区新能源渗透率已超过 50%，但西北区域晚高峰期间，新能源出力曲线与负荷曲线匹配度较低，有时新能源晚高峰贡献不足其装机的 3%；另一方面，随着新能源电量占比提升，部分地区煤电利用小时和市场价格"双降"，收益下行可能影响投资积极性。国家电网经营区相关数据显示，2025 年最高负荷将增长超8000 万千瓦，但新增煤电仅 7000 余万千瓦，可靠电源装机增长已低于负荷增长。

2. 能源绿色转型难度加大

随着"双碳"目标的提出，构建新型电力系统，建设适应高比例新能源的电力市场机制，对于持续推动能源绿色转型的意义重大。

随着新能源的持续快速发展，维持新能源的全量消纳和高水平利用率的难度将逐日增加，亟须细化完善能够承接新能源全面入市的电力市场机制，通过发挥市场资源优化配置能力，促进新能源的消纳和合理发展。随着新能源全面进入市场，预计短期内，新能源的发展及消纳呈现"三升一降"的趋势，即新能源装机容量、新能源发电量、新能源发电量占比将持续提升，但新能源利用率将出现下降。实际上，2025 年春节期间，部分地区新能源利用率已经出现下降。

新能源入市后，主体间的利益将重新分配调整，在推动新能源参与电力市场的同时，保障新能源主体长期健康发展将面临较大挑战。2025 年初，国家发展改革委、国家能源局联合印发了《关于深化新能源上网电价市场化改革 促进新能源高质量发展的通知》（发改价格〔2025〕136 号），推动新能源上网电量全部进入电力市场，同步建立支持新能源可持续发展的价格结算机制。该政策对新能源发展和电力市场建设意义重大、影响深远。需要充分发挥"政策＋市场"的作用，在实现新能源平稳有序入市的同时，防止利益大幅调整，服务新能源行业健康发展。未来，充分考虑新型电力系统发展要求，逐步以市场化手段推动新能源等各类主体公平承担系统平衡责任，合理疏导能源清洁低碳转型成本。

新型储能、虚拟电厂、源网荷储一体化项目等各类新型主体快速涌现，亟须市场机制引导科学有序发展，激发调节潜能。以新型储能为例，截至 2024 年底，国家电网公司经营区装机容量 5800 万千瓦，新型储能综合利用小时不足 1000 小时，调节作用尚未充分发挥。再如源网荷储一体化项目，投产项目已达 266 个，装机容量超过 7600 万千瓦，在促进新能源开发和消纳、降低用电成本等因素驱动下，未来仍将保持快速发展态势，但目前一体化项目相关政策机制尚不健全，其发展过程中未能充分考虑系统安全、社会公平等因素，长此以往可能增加系统综合成本，影响整个行业健康可持续发展。

3. 市场风险防控难度大幅提升

目前，全国统一电力市场体系已基本建立，交易品种日益多样，市场规则日趋健全。2025 年，大部分省份将实现中长期市场带曲线连续运营和现货连续结算试运行，新能源也即将全面参与市场。市场运营情况更加复杂，市场风险防控难度提升。同时，各方主体利益诉求多元交织，市场价格风险、系统平衡风险、新能源消纳风险不断积聚，市场风险防控难度大幅提升，市场经营主体对于加强市场风险监测、营造公开透明市场环境的诉求也日益加强。随着全国统一电力市场建设进入"深水区""无人区"，市场监管部门要求愈加严格，市场运营环境日趋复杂，对市场风险防控提出更高要求。2019 年，《国家能源局印发<关于加强电力中长期交易监管的意见>的通知》（国能发监管〔2019〕70 号），明确对电力中长期交易相关交易规则执行和交易行为监管的具体要求，提出要"加强运营监控和风险防控，规范市场干预行为，落实相应主体责任"；2022 年，国家发展改革委、国家能源局发布《关于加快建设全国统一电力市场体系的指导意见》（发改体改〔2022〕118 号），提出要"提升对电力市场科学监管能力，加强监测预警，强化电力交易机构和调度机构的运营监控和风险防控责任"；2024 年 10 月，国家能源局印发《关于推进电力市场数字化监管工作的通知》（国能发监管〔2024〕84 号），提出要"实现 2025 年底前电力市场数字化监管全面覆盖的目标，切实推动电力市场监管向常态化、数字化监管转变"，要求定期分析各项指标数据并形成报告，进一步指导完善市场规则、市场运营等工作，以数字化手段促进电力市场高质量发展，并以此作为初步建成全国统一电力市场的重要标志。从国际经验来看，欧美等成熟电力市场国家，在电力市场逐步健全的过程中均同步建立了电力市场运营监测与风险防控体系，以有效防控市场风险。如美国建立了联邦、州两级电力市场监管体系，并引入独立市场运营监测机构开展市场风险防控工作，有效防范市场力滥用、市场操纵等行为。因此，我国电力市场亟须建立健全市场风险防控工作机制，进一步完善市场运营监测规则与业务流程，有效防控日益增加的市场风险，保障市场安全高效运营。

3.4 全国统一电力市场建设关键问题

3.4.1 全国统一电力市场建设路径选择

全国统一电力市场需要以"统一市场、两级运作"起步，即省间市场定位于资源配置型市场，按照国家能源战略做好能源资源在全国范围内的优化配置；省级市场定位于电力平衡型市场，主要满足省内平衡调剂需要。

建立全国统一电力市场的必要性。一是我国能源电力资源禀赋存在显著不均衡，客观上需要省间市场进行电力余缺互济。随着新能源的快速发展和平衡格局的变化，需要在更大范围内配置资源。我国 80%的风能和 90%的太阳能资源分布在西部、北部地区，东中部相对匮乏。从新能源开发的空间布局看，我国远距离大规模输电需求将长期存在，未来大电网仍将作为能源资源大范围优化配置的主要平台。二是电力市场建设要保障国家能源战略落实。我国长期以来形成"西电东送、北电南送"的格局，省级电网的平衡安排与省间电网耦合程度不断提高。当前，外来电对各省平衡影响日益增大，2024 年，国家电网经营区省间交易电量首次突破1.5 万亿千瓦时，约占总交易电量的1/4，全部 27 个省区均参与了省间交易，其中，12 个省份外购电量占本省售电量比例、12 个省份外送电量占本省发电量比例超过20%，各省电力保供与新能源消纳都离不开全国统一电力市场的坚强保障，全网统一平衡格局进一步深化。

我国统一电力市场以"两级运作"起步的必要性。一是在平衡责任方面，我国以省为实体的财政、税收、能源电力管理体系架构决定了电力市场建设以省级市场为主要方式起步。其中，各省电力平衡、电源规划、市场发展均是以省为单位进行设计，形成以省市场为电力平衡型市场，通过灵活的省间交易，实现资源余缺互济的模式。二是在电力价格方面，我国不同地区经济发展水平显著不同，东西部省份上网电价、输配电价水平和用户电价承受能力也存在较大差异。比如，浙江、山东上网基准价分别为 0.415、0.395 元/千瓦时，宁夏仅为 0.260 元/千瓦时。深化电力市场建设，既要促进新疆、青海、宁夏、内蒙古、山西等地增加电力外送规模，将资源优势转化为经济效益；又要切实保障本地电力供应，防止推高西部、北部经济欠发达地区用电价格，提高其经济社会发展成本。

因此，"统一市场、两级运作"是全国统一电力市场体系建设的路径选择。省间外送交易组织阶段，由电网企业配合政府分析研判省内电力电量平衡情况，统筹外送、外购需求参与交易，交易结果作为省内市场边界。配套电源通过省间中长期交易与购电省达成稳定的送电合同，优先分配输电通道、优先保障合同执行，满足受端需求。随着市场进一步发展，逐步实现用户侧等经营主体在省间市场统一进行交易申报，由省间、省内分别出清逐步过渡到统一出清，实现省间、省内市场融合。

3.4.2　计划与市场衔接问题

电力市场建设是电力资源由计划配置向市场配置动态演进的过程，如何界定计划、市场的作用范围，是市场建设的关键问题。当前，计划配置主要集中在优发优购计划，随着市场建设逐步深化，计划和市场衔接不足的问题日益突出。

一是省间优发计划与市场衔接需要加强。省间优先发电计划稳定跨区跨省送电基本盘，对保障电力可靠供应发挥了重要作用。然而，随着市场的发展，优发计划与市场衔接不足的问题日益凸显。省间优发计划在制定时主要体现为电量规模计划，在落实交易曲线时协商较困难。此外，优发计划执行过程中调整手段不够灵活，年度制定的优发计划难以适应短期新能源和负荷波动，进一步增加实际执行难度。

二是省内优发优购难以匹配。部分省份优发规模过大，市场化发电规模不足，造成市场化用户中长期签约难、价格高，与市场协调衔接难度大。此外，部分省份优发优购规模和曲线差异较大，产生大量双轨制不平衡资金。

三是部分省份代理购电均价低于直接交易均价。受地方政府优先发电分配政策影响，部分省份富余优发低价电优先匹配代理购电用户，客观上导致代理购电均价低于直接交易购电均价。此外，中小用户无能力直接参与市场交易，而售电公司更倾向签约大用户。以上因素导致代理购电用户入市积极性受到影响，甚至部分市场化用户希望退市转为代理购电，不利于市场良性发展。

3.4.3　省间与省内衔接问题

省间和省内衔接是全国统一电力市场运作的核心问题。随着各层级市场交易机制不断完善，省间和省内衔接不足的问题亟待解决。

（1）全网优化与分省平衡关系需要进一步明晰。近年来，新能源成为新增装机主体，全网各地供需形势同质化严重，年度、月度、月内等不同时序下新能源纳入平衡比例、本地留取保供消纳裕度标准不清晰，影响省间交易组织。对于送端，若晚峰新能源纳入比例过低、留取保供裕度过高，将出现"紧张不送"现象；对于受端，若午间留取消纳裕度过高，将出现"宽松不买"现象。送受端省在中长期交易电量、曲线、价格方面协商困难，中长期交易组织难度逐步增大，可能对保供和消纳产生不利影响。

（2）不同层级市场品种设置存在重叠。不同层级市场存在对同一标的定价的情况，如区域内省间调峰辅助服务与省间现货均对富余新能源送出定价，经营主体在不同市场中选择性参与，不利于统一价格信号的形成和资源在更大范围内优化配置，也不利于市场高效运营。

（3）各省市场规则缺乏统一。目前各省市场在注册准入、交易品种、交易时序、交易方式、结算方式等方面存在较大差异，缺乏统一规范和标准，造成各省市场与省间市场在市场空间、时序配合、费用疏导等方面存在衔接不足现象，制约全国统一电力市场向纵深融合发展。

3.4.4　不同交易品种之间衔接问题

交易品种是市场功能发挥的基础，不同交易品种之间的衔接是电力市场功能有效发挥的关键问题。目前各类交易品种独立设计并结算运行，中长期与现货、现货与辅助服务衔接不足的问题逐步显现。

在中长期与现货两市场间主要存在四方面不衔接。一是两市场间时序衔接存在空档区间,部分省内中长期交易按旬、周开市,与日前现货之间存在交易空档期。二是两市场交易衔接存在标的差异,目前部分省份中长期采用电量交易模式,对不分时的电量进行统一定价,而现货市场设计采用分时段电力交易,增加了下一步现货市场建设难度。三是价格衔接存在投机空间。中长期和现货限价区间存在差异,供需紧张时,现货价格往往高于中长期价格,市场主体在中长期市场成交意愿不足;中长期价格限制和现货价格限制不同,经营主体存在中长期和现货套利的可能性。四是现货与中长期市场模式不衔接,部分省份市场化用户不参与现货,中长期不与现货偏差结算,仍然采用中长期偏差考核,限制了现货分时价格引导供需双侧灵活互动、促进资源优化配置的作用。

在现货与辅助服务两市场主要存在两方面不衔接。一是功能衔接存在重叠范围。调峰辅助服务与现货市场功能存在重叠。现货市场新能源大发期价格较低,火电机组为减少低价亏损或避免停机,会主动降低运行下限深度调峰。但若调峰辅助服务与现货市场并存,多个优化目标同时存在,可能提高发电总成本,降低资源优化配置效率。二是安全调节价值有待充分体现。随着新型电力系统建设加速,系统灵活性调节需求上升,惯量、无功支撑能力下降,迫切需要建设调频、备用等辅助服务市场,并探索爬坡、惯量、无功支撑等新型辅助服务品种。

3.4.5 批发与零售市场之间衔接问题

批发与零售市场之间的不衔接主要是由于批零两侧价格信号并未有效传导,阻碍价格信号传导的原因主要有两个。一是零售分时套餐设计不健全,导致批发侧价格难以传导。较多省份售电公司仍以不分时套餐为主,部分省份零售市场尚未建立完善的分时套餐机制,目前国家电网区域内零售市场不分时套餐用户占比约67%,批发侧分时电价难以传导,影响批发侧分时电价引导用户响应作用充分发挥。二是零售市场竞争水平有待提升。由于零售市场采用场外协商方式,市场透明度不高,批零两级市场价格传导不畅,售电公司赚取差价空间较大,发电侧市场降价未有效传导至实体用户企业,推高了零售用户购电成本,在一定程度上影响实体企业竞争力。

3.5　全国统一电力市场深化建设展望

未来全国统一电力市场主要以发挥市场机制作用促进保供应、促转型、稳价格为目标，体现其电能量价值、安全价值、绿色价值，如图 3-5 所示。要以完善市场体系和市场功能为主要抓手，以加强计划和市场、省间和省内、不同交易品种之间、政策和市场的统筹衔接为关键，加快推动中长期、现货、辅助服务市场一体化设计、联合运营，实现电力现货市场基本全覆盖，持续开展适应新型电力系统的电力市场机制研究探索，积极稳妥推进电力市场建设向纵深发展，实现资源配置效率最优化和效益最大化。

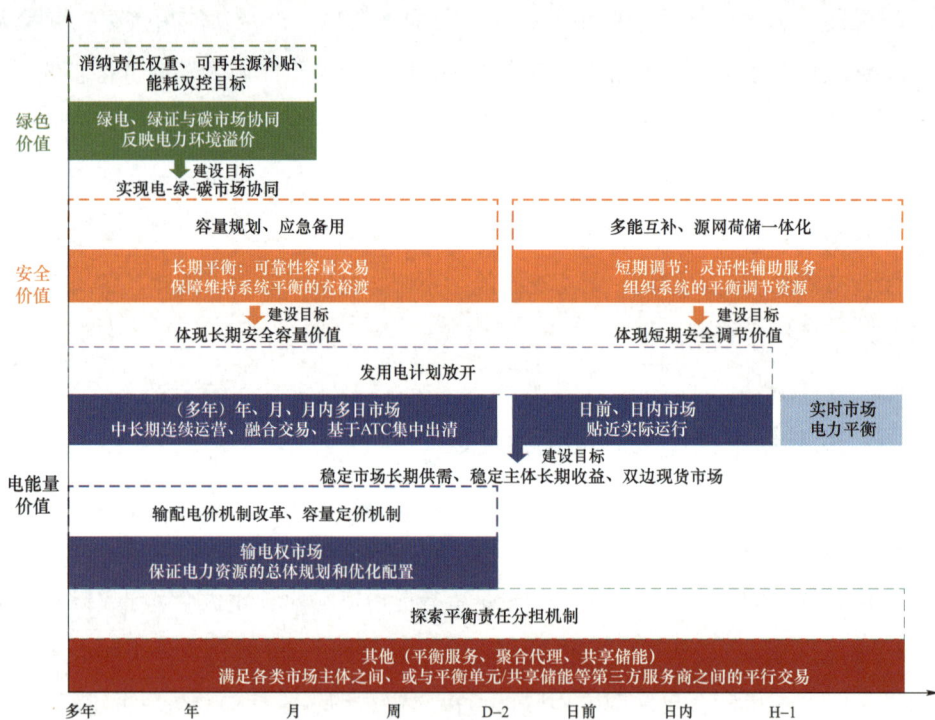

图 3-5　未来全国统一电力市场价值体系

3.5.1　全国统一电力市场建设路径

全国统一电力市场深化建设需要统筹考虑我国资源禀赋、电网结构、负荷特性及经济制度等多方面因素，分三个阶段逐步推进。

1. 初步建成期（2025 年）

2025 年，全国统一电力市场初步建成，电力市场顶层设计基本完善，实现全国基础性交易规则和技术标准基本规范统一；跨省跨区市场与省（区、市）/区域市场"两级申报、两级出清"，实现有序衔接、协同运行，如图 3-6 所示；电力市场化交易规模显著提高，促进新能源、储能等绿色低碳产业发展的市场交易和价格机制初步形成。监管法规和政策逐步完善，监管效能不断提升。形成以下五项标志性成果。

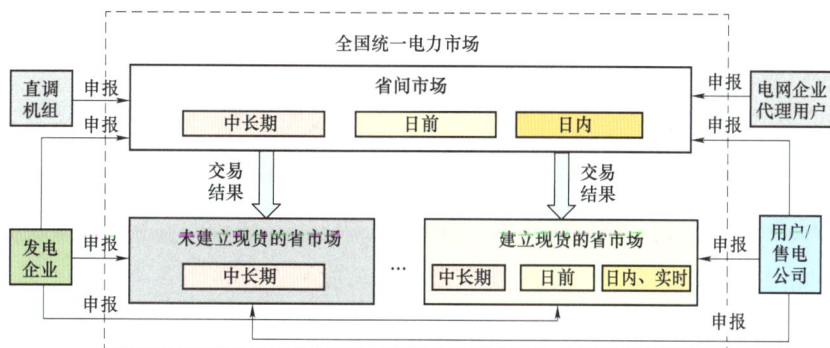

图 3-6 "两级申报、两级出清"模式

（1）建立统一核心规则和运营评价体系，制定完成电力市场"1+N"规则体系（"1"为电力市场运行基本规则，"N"包括电力中长期市场、现货市场、辅助服务市场、市场注册、计量结算、信息披露等基本规则等），编制相应实施细则；建立电力市场建设运营评价和数字化监管机制，实现市场合规一致性常态化监测。

（2）建立跨经营区常态化交易机制。实现中长期市场跨国网、南网、蒙西电网经营区常态化运行，省间现货市场实现全国范围资源优化配置，实现绿电资源在全国范围交易溯源，实现交易平台互联互通，实现市场经营主体"一地注册、全国共享"。

（3）建立长三角等区内省间电力互济交易模式。在全国统一电力市场框架下，提高区内省间市场协同程度，推动省间市场一体化运营，打破省间壁垒，促进绿电、调节资源等在区内省间优化配置。

（4）中长期市场、现货市场机制更加完善。全国大部分省份实现现货市场长周期结算试运行、中长期市场带曲线连续运行。市场经营主体数量、市场化交易电量规模保持较快增长。

（5）建立新能源和新型主体常态化入市机制。落实新能源全面入市要求，形成"差价合约＋市场交易"的新能源入市机制，在沙戈荒大基地联营、分布式光伏聚合参与交易等方面取得新突破，新能源全面参与市场；坚持安全底线和市场化方向，引导新型储能、虚拟电厂、需求侧资源、源网荷储一体化项目等新型主体规模化入市、公平承担责任。

2. 全面建成期（2026—2029 年）

2029 年，全面建成全国统一电力市场，推动市场基础制度规则统一、市场监管公平统一、市场设施高标准联通。完善国家层面"1＋N"基础规则体系和全国统一的技术标准，实现全国统一准入注册、统一服务规范、统一计量结算。实现省级现货市场全覆盖，进一步完善新能源全面参与市场交易机制，促进跨省跨区市场与省（区、市）/区域市场有机融合、协同运行，实现"统一申报、两级出清"，如图 3-7 所示。全国统一电力市场功能基本完善，各类经营主体平等竞争、自主选择，电力资源在全国更大范围内得到优化配置。

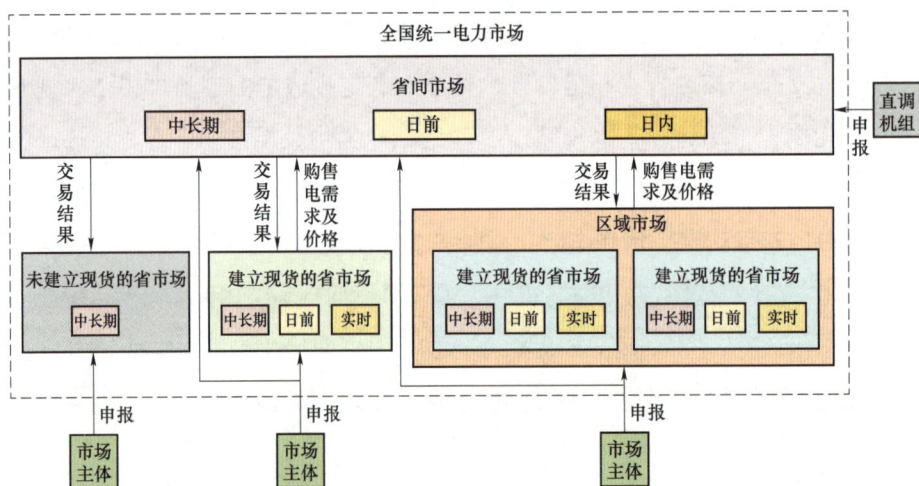

图 3-7 "统一申报、两级出清"模式

3. 完善提升期（2030—2035 年）

2035 年，完善全国统一电力市场，实现"统一申报、统一出清"，如图 3-8 所示，支撑高水平社会主义市场经济体制的全面建成，激发全社会内生动力和创新活力。实现全国统一基本规则、统一技术标准、统一运营平台、统一市场监管。多层次市场全面融合,市场环境更加公平、更有活力,电价机制能够充分反映各类资源价值,全面实现电力资源在全国范围内的优化配置和高效利用。

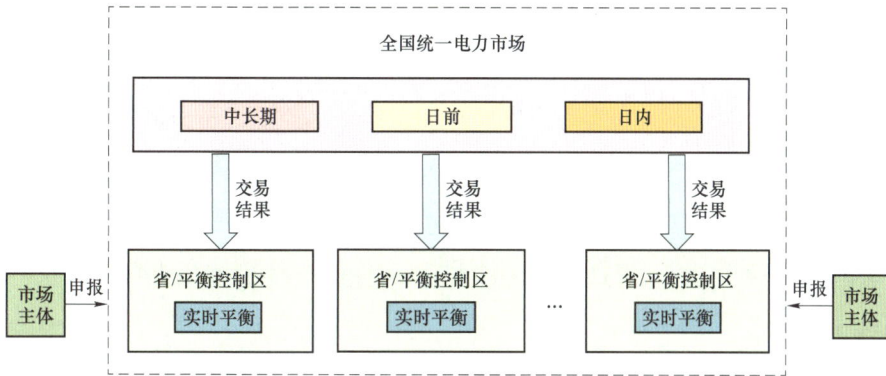

图 3-8 "统一申报、统一出清"模式

3.5.2 全国统一电力市场深化建设工作举措

在综合研判形势和挑战的基础上,立足 2025 年初步建成全国统一电力市场目标,着眼未来三年市场发展要求,全国统一电力市场深化建设应加快推进以下六个方面重点工作。

1. 理顺计划与市场的关系

(1)研究优发计划放开路径。在确保电力安全可靠供应的前提下,按照先省内后省间的原则,细化研究优先发电计划放开路径。其中,省内方面,应结合本省电源结构,按照控制双轨制不平衡资金规模的原则,配合细化制定优先发电计划分类别、分步骤放开路径;省间应按照先增量、后存量原则,分类有序放开跨区跨省优先发电计划的具体路径,推动将国家送电计划、地方政府送电协议转化为政府授权的中长期合同。

(2)完善计划市场衔接机制,针对放开过程中优发优购不匹配的问题,建立差额优发优购电量和曲线向市场化发用电主体合理分配的机制,按照"谁产生、谁负责,谁受益、谁承担"原则,细化完善不平衡资金疏导机制。

(3)有序推动代理购电入市。明确代理购电偏差结算和考核机制,进一步提高售电公司承接中小用户能力，服务代理购电用户直接参与市场。

2. 推动中长期、现货、辅助服务市场一体化设计、联合运营

（1）完善不同交易品种一体化设计。从市场体系有机统一、市场作用有效发挥角度，优化各市场运营机构在联合运营中的职责和衔接配合流程。

（2）全面推进中长期交易带曲线连续运营按日开市。推动中长期交易向曲线交易转变，推动中长期交易向更短周期延伸，推动中长期交易提高集中交易比例，实现中长期限价与现货有序衔接，推动中长期交易向更强流动性发展。

（3）提升现货市场全面覆盖质效。在电力现货市场基本全覆盖的基础上，推动用户参与双边现货交易，通过响应现货市场分时电价，主动优化自身用电行为、降低系统调节需求。

（4）推动辅助服务作用有效发挥。明确辅助服务定位，推动调峰、存在电能量交换的备用等辅助服务交易与现货市场融合。丰富辅助服务品种，更好地服务新型电力系统运行需求。探索区域备用共享辅助服务等辅助服务品种，提升区域电网运行质效。

（5）深化零售市场机制建设。完善批发、零售两级市场价格传导机制，推动电力用户和售电公司建立激励相容、风险共担的合作关系，引导用户主动参与系统调节。同时，鼓励不同特性用户分类开展差异化的套餐签约，丰富零售套餐品种，推动零售市场有效融入电力市场体系。

3. 深入推进省间与省内市场协同融合

（1）明确全网优化与分省平衡界面。有效发挥全网优化作用。设计提高省间互济灵活性的市场机制，给予各省灵活调整送受电曲线的市场化手段。

（2）设计提出省间省内市场标准化衔接方案，推动省间省内市场标准化衔接。持续完善电力市场"1+6"基础规则体系，引导未来市场发展方向。

（3）探索省间省内联合出清。在保障安全的前提下，研究分层出清向联合出清过渡的具体路径和模式，提高资源优化配置效率，逐步实现省间省内量价耦合。

（4）完善适应全国统一电力市场的输电价格机制。推动跨区跨省专项输电工程价格机制向单一制容量电价发展。研究建立省间输电权机制，优化省间输电通道利用效率。

（5）完善峰谷分时电价机制。强化市场化分时价格执行，有效发挥价格机制引导作用。

4. 有序推动新能源全面参与市场

（1）落实新能源全面参与市场。推动新能源从"政策保障＋市场消纳"转向"市场消纳"，加快推动大部分省级电力市场实现中长期连续运营、现货市场连续结算运行，以承接新能源全面入市，鼓励新能源主要以绿电交易方式参与市场交易，进一步扩大多年期绿电交易（PPA）规模。进一步健全可再生能源电力消纳责任制度和绿电、绿证交易机制，引导各方合理承担新能源消纳责任及成本。

（2）推动沙戈荒大基地参与市场。开展沙戈荒大基地试点工作，组织试点基地"联营不联运"参与市场，建立富余调节能力全网共享机制，积极服务新投产大型风光基地参与市场交易。

（3）服务分布式电源参与市场。完善分布式电源入市机制，推动分布式电源以直接、聚合或接受市场价格等模式参与市场，落实新能源全面入市工作要求。

（4）完善转型成本疏导机制。配合完善新型电力系统分类成本分摊和价格传导机制。建立绿色电力消费核算机制，支撑绿色价值有效向用户侧疏导。

5. 积极培育新型主体有序入市

（1）设计新型主体入市方案。建立完善新型储能、负荷聚合商、虚拟电厂等新型主体入市及注册规范，研究形成新型主体参与市场交易模式，并公平承担系统安全平衡责任和消纳成本。

（2）引导源网荷储一体化项目公平参与市场。以市场价格引导源网荷储一体化项目理性投资、健康发展。

6. 完善电力市场风险防控机制

（1）建立电力市场运营监测分析机制。构建反映市场成员、市场结构、市场行为、市场绩效等不同维度的电力市场运营监测分析指标体系，常态化开展市场运营监测分析，为市场规则完善提供有效支撑。

（2）建立健全市场风险监控机制。建立完善电力市场风险立体监测指标体系，并形成市场运营指标常态化预警、监测、评估机制。丰富市场风险管控手段，研究提出应对各类市场风险的管控工具箱，充分发挥"有为政府与有效市场"的作用。

4 电力市场注册

　　电力市场注册是经营主体参与电力交易的前提条件。通过市场注册，经营主体在电力交易平台取得"合法身份"，注册信息中的部分经济参数和物理参数，为市场交易和结算提供了关键数据支撑，同时注册信息作为信息披露的来源数据，为公开、透明的市场运行提供了保障。本章主要介绍发电企业、电力用户、售电公司、新型经营主体 4 类主体的市场注册基本条件及相关流程。

4.1 概　　述

电力市场经营主体，一般来说需要具备财务独立核算能力，并能独立承担民事责任，具体包括发电企业、售电公司、电力用户和新型经营主体（含储能企业、虚拟电厂、负荷聚合商、智能微电网等）。各类经营主体在参与市场前，需要登录电力交易平台进行市场注册，提交注册信息和材料。具有多重主体身份的经营主体，应当按经营主体类别分别进行注册。电力交易机构负责提供电力市场注册服务，依法依规披露市场注册业务的相关信息。电力市场注册包含各类经营主体的注册、变更及注销业务。

电力市场注册应遵循以下原则：

（1）规范入市。拟参与电力市场交易的经营主体必须在电力交易机构办理市场注册，并对注册业务信息以及相关支撑性材料的真实性、准确性、完整性负责。

（2）公开透明。电力交易机构公平公开受理各类市场注册业务，不能设置不合理和歧视性的条件以限制商品服务、要素资源自由流动，实现服务无差别，信息规范披露。

（3）全国统一。严格落实"全国一张清单"管理模式，相关部门单位不能自行发布具有市场准入性质的负面清单，不能单独设置附加条件。经营主体市场注册业务流程、审验标准、受理期限、公示要求，目前已经实现全国统一规范。

（4）信息共享。经营主体可以自主选择电力交易机构进行注册获取交易资格，不需要在多家电力交易机构重复注册。电力交易平台通过互联互通,共享注册信息,实现"一地注册、各方共享"。

近年来，电力交易机构不断创新市场注册服务举措，联动国家市场监督管理总局等政务部门，推广"一零三免"智能注册业务，依托电子营业执照、信息共享验证等技术，实现企业信息自动抓取、在线身份认证、电子签章等功能，使市场主体享受注册"零费用、免材料、免审核、免等待"的高效服务。注册全流程线上化，涵盖申请提交、进度查询、结果获取等环节，真正实现"只跑一次"，甚至"零跑腿"，大幅提升市场准入便利度。

4.2 发电企业注册

4.2.1 注册基本条件

（1）依法取得发电项目核准或者备案文件，依法取得、按规定时限正在办理或者豁免电力业务许可证（发电类）。

（2）已与电网企业签订并网调度协议，接入电力调度自动化系统。

（3）具备相应的计量能力或者替代技术手段，满足电力市场计量和结算的要求。

（4）并网自备电厂取得电力业务许可证（发电类），达到能效、环保要求，可作为经营主体直接参与电力市场交易。

4.2.2 注册流程

发电企业参与电力市场交易，应当符合注册基本条件，在电力交易机构办理市场注册。电力交易机构收到发电企业提交的市场注册申请和注册材料后，在5个工作日内对其注册资料进行完整性形式审查，审查通过后，无须公示注册手续直接生效。发电企业的注册信息是其后续参与市场交易、市场结算的数据基础。

发电企业需提供的主体信息如表4-1所示，机组信息如表4-2所示。

表4-1　　　　　　　　　　　发电企业主体信息

信息类别	信息名称
企业信息	企业全称、统一社会信用代码、税务登记证号、注册地址、营业范围、法人名称（或负责人名称）、法人身份证号、联系方式、开户行信息等
基本信息	入市状态（入市准备/入市/退市）、资产管理关系、购电类型等
联系信息	第一联系人姓名、手机号码、电子邮件、通信地址等

表 4 – 2   发电企业机组信息

机组类别	信息名称
水电机组	机组名称（和许可证、核准文件保持一致）、调度名称（统一采用调度简称）、调度层级（国调/网调/省调/地调/县调）、调度单位（选择具体的调度单位）、机组类型（水电机组/火电机组/核电机组/风电机组/太阳能机组/其他）、状态（基建/试运/商运/停运/退市）、电力业务许可相关信息、接入电压等级（千伏）、机组子类型（① 径流② 坝式③ 抽水蓄能）、地理区域（省、市、县/区）、机组出力、缺省参数、发用电户号信息、计量信息等
火电机组	机组名称（和许可证、核准文件保持一致）、调度名称（统一采用调度简称）、调度层级（国调/网调/省调/地调/县调）、调度单位（选择具体的调度单位）、机组类型（水电机组/火电机组/核电机组/风电机组/太阳能机组/其他）、电力业务许可相关信息、接入电压等级（千伏）、机组子类型（① 燃煤② 燃油③ 燃气④ 其他）、机组三级类型（① 燃煤包含常规燃煤发电、煤矸石发电，③ 燃气包含常规燃气发电、煤层气发电、沼气发电，④ 其他包含余热余压余气发电、垃圾发电、农林生物质发电、其他）、地理区域（省、市、县/区）、机组出力、缺省参数、发用电户号信息、计量信息等
核电机组	机组名称（和许可证、核准文件保持一致）、调度名称（统一采用调度简称）、调度层级（国调/网调/省调/地调/县调）、调度单位（选择具体的调度单位）、机组类型（水电机组/火电机组/核电机组/风电机组/太阳能机组/其他）、电力业务许可相关信息、接入电压等级（千伏）、地理区域（省、市、县/区）、机组出力、缺省参数、发用电户号信息、计量信息等
风电机组	机组名称（和许可证、核准文件保持一致）、调度名称（统一采用调度简称）、调度层级（国调/网调/省调/地调/县调）、调度单位（选择具体的调度单位）、机组类型（水电机组/火电机组/核电机组/风电机组/太阳能机组/其他）、电力业务许可证编号、电力业务许可相关信息、接入电压等级（千伏）、机组子类型（① 陆上② 海上）、是否分布式电源、是否平价上网项目、可再生能源项目代码、地理区域（省、市、县/区）、机组出力、缺省参数、发用电户号信息、计量信息等
太阳能机组	机组名称（和许可证、核准文件保持一致）、调度名称（统一采用调度简称）、调度层级（国调/网调/省调/地调/县调）、调度单位（选择具体的调度单位）、机组类型（水电机组/火电机组/核电机组/风电机组/太阳能机组/其他）、电力业务许可证编号、接入电压等级（千伏）机组子类型（① 光伏② 光热）、是否分布式电源、是否平价上网项目、可再生能源项目代码、地理区域（省、市、县/区）、机组出力、缺省参数等

发电企业市场注册按照申请、承诺、审查、生效的流程办理，具体流程如图 4-1 所示。

4.2.3 变更流程

发电企业信息变更是指已在电力交易平台注册的发电企业及其机组信息发生变化时，需要在 5 个工作日内向首次注册的电力交易机构提交信息变更申请，修改企业或机组信息，变更信息经电力交易机构审核通过后生效。发电企业在注册信息变更期间可正常参与市场交易。

发电企业信息变更主要包括以下内容：

（1）经营主体身份名称变更、法人代表（或负责人）更换。

（2）公司股东、股权机构的重大变化，因公司股权转让导致控制权或者实际控制人发生变化等。

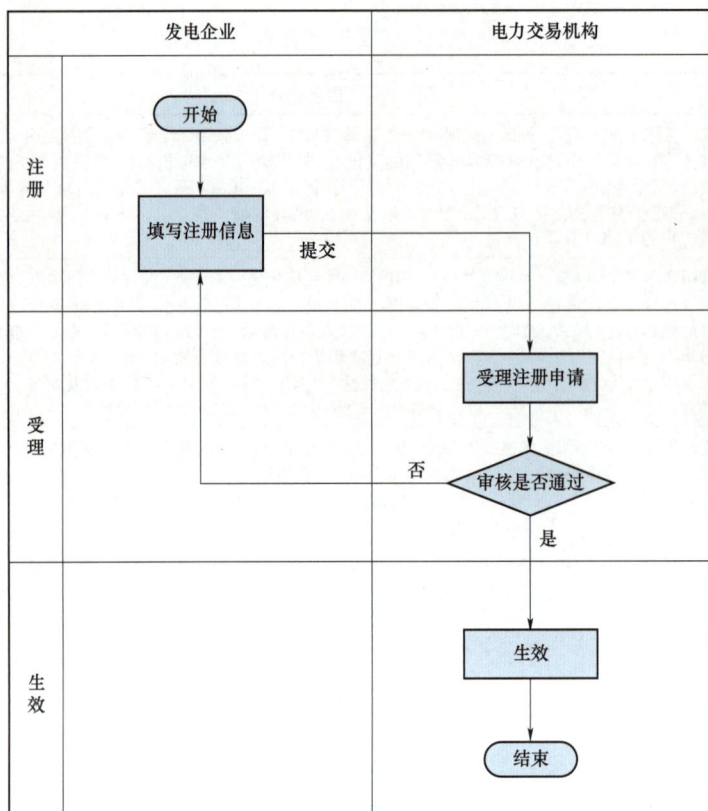

图 4-1 发电企业注册流程

（3）电力业务许可证变更、延续等。

（4）发电机组转让、机组关停退役、机组调度关系调整、机组自备公用性质转换、机组进入及退出商业运营、机组容量调整、其他营销交易组织的关键技术参数变更等。

发电企业应提交变更信息及相关支撑性材料，若办理信息变更时其他注册信息的支持材料已过期，需同步更新。如果发电企业市场注册信息发生变化但未按规定时间进行变更，并造成不良影响或经济损失的，由发电企业承担相应责任。发电企业市场注册信息变更流程如图 4-2 所示。

4.2.4 注销流程

发电企业退出电力市场交易有两种方式，申请注销和自动注销。申请注销应当符合正当理由，向首次注册的电力交易机构提出市场注销申请，电力交易机构收到注销申请和注销材料后，在 5 个工作日内进行审查。符合申请注销理由但未发起申请注销的，可以由电力交易机构发起自动注销，按照公示、生效的流程办理。

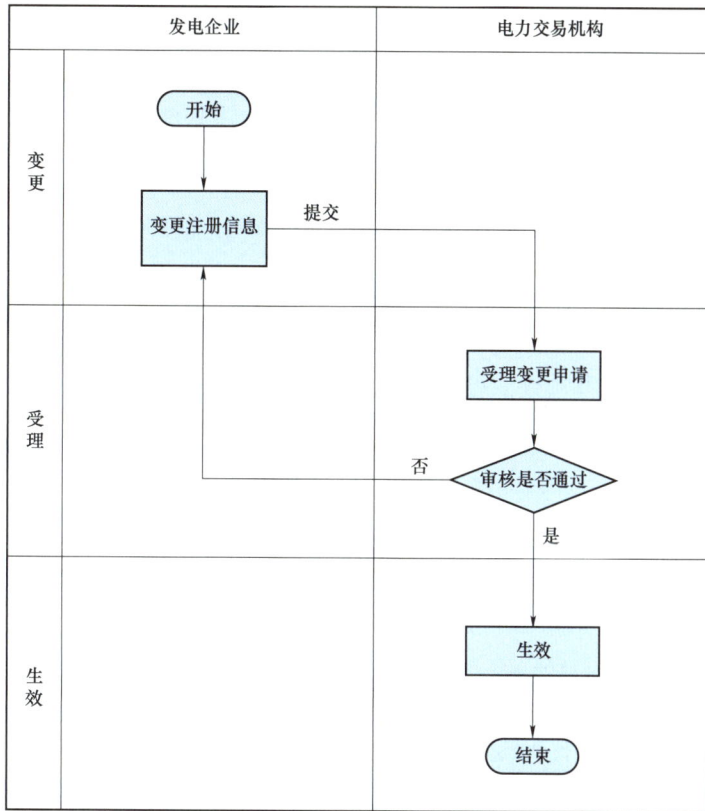

图 4-2　发电企业市场注册信息变更流程

申请注销的正当理由包括：

（1）发电企业宣告破产，或虽未破产但被地方政府主管部门关停或主动拆除，不再发电。

（2）因国家政策、电力市场规则发生重大调整，导致原有发电企业非自身原因无法继续参加市场的情况。

（3）因电网网架结构调整，导致发电企业的发电物理属性无法满足所在地区的市场进入条件。

（4）发电企业所有机组关停退役的。

退出市场的发电企业应缴清市场化费用及欠费，并对尚未交割的成交电量进行妥善处理。发电企业应当提交注销申请、合同处理声明以及相关支持材料，包括但不限于以下内容：

（1）注销申请书中明确注销原因和计划的终止交易月。

（2）自愿退出市场声明中明确已履行的市场交易合同的结算清算、电费清算等情况。

（3）转让/解除协议中明确尚未履行的批发侧、零售侧市场交易合同转让/解除处理方案和合同执行月。

对于即将进行市场注销的发电企业，其所有已签订但未履行的市场交易合同，原则上通过自主协商等方式在下一个合同履行月之前 10 个工作日内完成处理。因市场交易合同各方造成的损失由退市的经营主体承担，或自行通过司法程序解决。电力交易机构通过电力交易平台向社会公示发电企业市场注销信息，公示期为 10 个工作日。公示期满无异议，在电力交易平台中予以注销，保留其历史信息 5 年。公示期间如果存在异议，则注销不能生效，待异议处理完成后，发电企业再次申请注销。发电企业注销流程如图 4-3 所示。

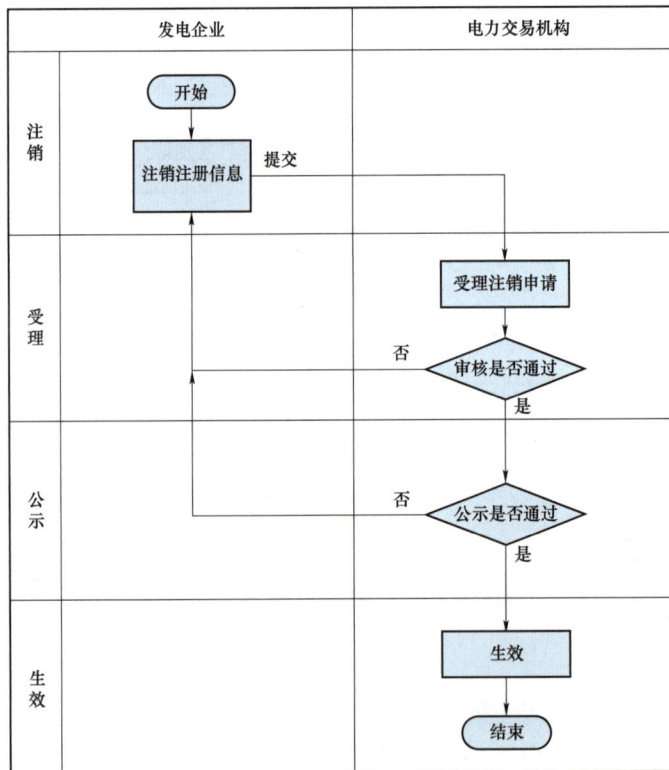

图 4-3　发电企业注销流程

4.3 电力用户注册

4.3.1 注册基本条件

（1）工商业用户原则上全部直接参与电力市场交易，暂未直接参与市场交易的工商业用户按规定由电网企业代理购电。

（2）具备相应的计量能力或者替代技术手段，满足电力市场计量和结算的要求。

4.3.2 注册流程

电力用户参与电力市场交易，应当符合注册基本条件，在电力交易机构办理市场注册。电力交易机构收到电力用户提交的市场注册申请和注册材料后，在 5 个工作日内对其注册资料进行完整性形式审查，审查无问题后，无须公示注册手续直接生效。电力用户注册信息是其后续参与市场交易、结算业务的数据基础。

电力用户注册需提供的主体信息、用电单元信息如表 4–3 所示，其中用电单元信息通过线上交互方式从电网企业获取。

表 4–3　　　　　　　　电力用户主体信息、用电单元信息

信息类别	信息名称
企业信息	企业全称、统一社会信用代码、税务登记证号、注册地址、营业范围、法人名称（或负责人名称）、法人身份证号、联系方式等 执行工商业电价的自然人需提供产权所有人的姓名、身份证号、联系方式等
联系信息	第一联系人姓名、手机号码、电子邮件、通信地址等
用电单元	单元名称、用电户号信息、用电地址、用电电压等级、用电类别、计量点信息、高耗能行业类别、尖峰平谷标识、变压器容量、电价行业类别等

电力用户注册流程如图 4-4 所示。

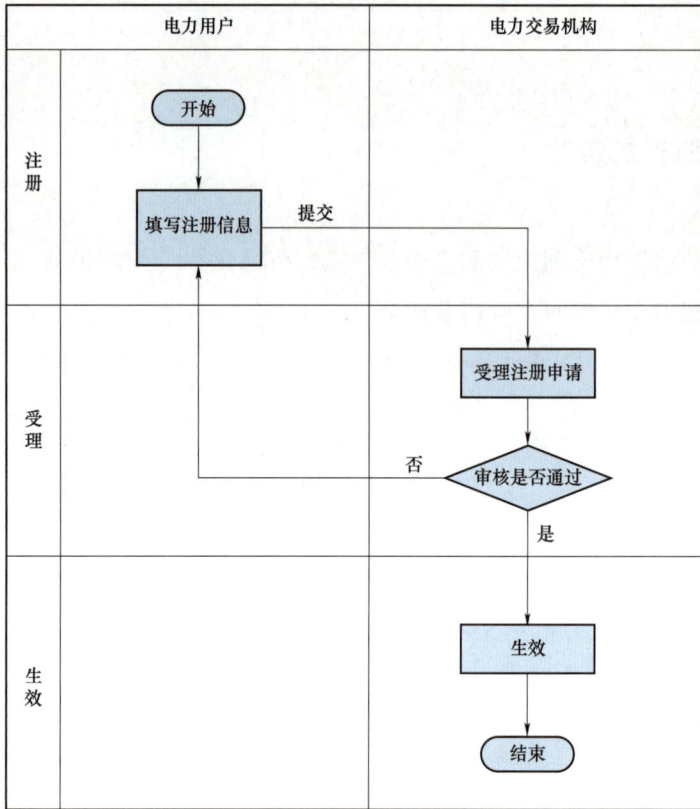

图 4-4　电力用户注册流程

4.3.3　变更流程

电力用户市场变更包括注册信息变更与用电单元变更。电力用户市场注册信息发生变化后，应在 5 个工作日内向电力交易机构提出信息变更申请，提交变更信息以及相关支撑材料。若办理信息变更时其他注册信息或支撑材料已过有效期，需要同步进行更新。支撑材料要求如下：

（1）主体名称变更，应提交变更后的营业执照扫描件。

（2）法定代表人变更，应提交变更后的营业执照和法定代表人身份证明证件扫描件。

（3）授权联系人变更，应提交变更后的第一联系人授权委托书扫描件。

电力用户市场注册信息变更流程如图 4−5 所示。电力用户市场注册信息如果发生变化但未按规定时间进行变更，并造成不良影响或经济损失的，由电力用户承担相应责任。

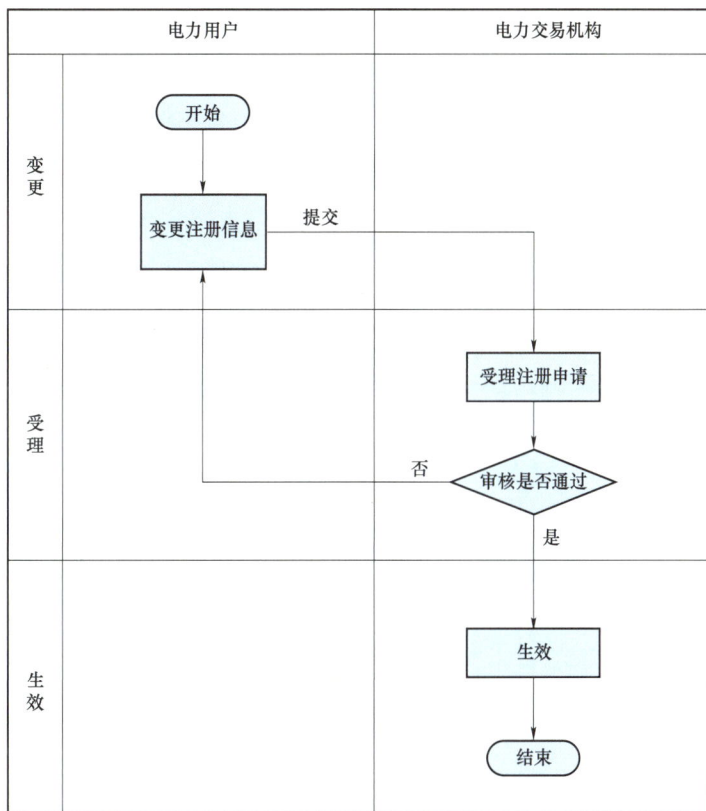

图 4−5　电力用户市场注册信息变更流程

4.3.4　注销流程

电力用户退出电力市场交易有两种方式，申请注销和自动注销。电力用户有下列正当理由之一的，可申请注销，通过交易平台提交市场注销申请。

（1）电力用户宣告破产，或虽未破产但被地方政府主管部门关停或主动拆除，不再用电。

（2）因国家政策、电力市场规则发生重大调整，导致原有电力用户非自身原因无法继续参加市场的情况。

（3）因电网网架调整，导致电力用户的用电物理属性无法满足所在地区的电力市场进入条件。

（4）电力用户全部电量不再属于工商业用电性质的。

电力用户符合申请注销条件但未发起申请注销的，可由电力交易机构发起自动注销，按照公示、生效的流程办理。电力交易机构通过电力交易平台，将电力用户市场注销信息向社会公示，公示期为 10 个工作日，公示期满无异议在电力交易平台中予以注销。公示期间如果存在异议，则注销不能生效，待异议处理完成后，再次申请注销。

已办理市场注销的电力用户再次参与电力市场交易应在电力交易机构重新办理市场注册。电力用户注销流程如图 4-6 所示。

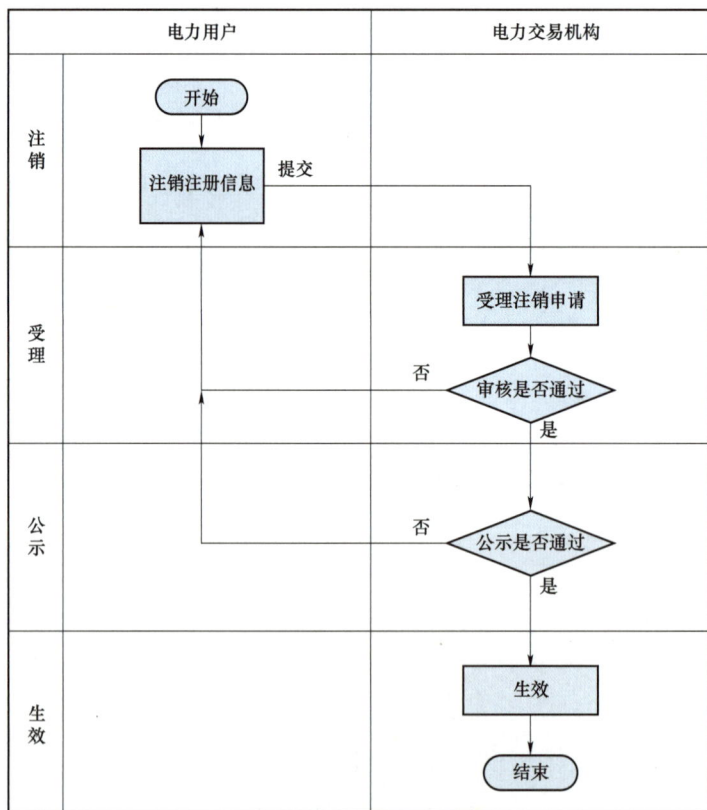

图 4-6 电力用户注销流程

4.4 售电公司注册

4.4.1 注册基本条件

（1）依照《中华人民共和国公司法》登记注册的企业法人。

（2）资产要求。

1）资产总额不得低于 2 千万元人民币。

2）资产总额在 2 千万元至 1 亿元（不含）人民币的，可以从事年售电量不超过 30 亿千瓦时的售电业务。

3）资产总额在 1 亿元至 2 亿元（不含）人民币的，可以从事年售电量不超过 60 亿千瓦时的售电业务。

4）资产总额在 2 亿元人民币及以上的，不限制其售电量。

（3）从业人员。售电公司应拥有 10 名及以上具有劳动关系的全职专业人员。专业人员应掌握电力系统基本技术、经济专业知识，具备风险管理、电能管理、节能管理、需求侧管理等能力，有电力、能源、经济、金融等行业 3 年及以上工作经验。其中，至少拥有 1 名高级职称和 3 名中级职称的专业管理人员，技术职称包括电力、经济、会计等相关专业。

（4）经营场所和技术支持系统。售电公司应具有固定经营场所及能够满足参加市场交易的报价、信息报送、合同签订、客户服务等功能的电力市场技术支持系统和客户服务平台，参与电力批发市场的售电公司技术支持系统应能接入电力交易平台。

（5）信用要求。售电公司法定代表人及主要股东具有良好的财务状况和信用记录，并按照规定要求做出信用承诺，确保诚实守信经营。董事、监事、高级管理人员、从业人员无失信被执行记录。

（6）法律、行政法规和地方性法规规定的其他条件。

4.4.2　注册流程

售电公司参与电力市场交易，应当符合注册基本条件，在电力交易机构办理市场注册。电力交易机构收到售电公司提交的市场注册申请和注册材料后，须在 7 个工作日内对其注册资料进行完整性审查，审查无问题后，通过电力交易平台、"信用中国" 网站等政府指定网站，将售电公司的注册信息、材料和信用承诺书向社会公示，公示期为 1 个月。公示期满无异议的售电公司，注册手续自动生效。电力交易机构将公示期满无异议的售电公司纳入自主交易市场主体目录，实行动态管理并向社会公布。

售电公司可根据有无配电网分为独立售电公司、配售电公司。符合注册条件的售电公司自主选择电力交易机构办理注册，获取交易资格，无须重复注册。已完成注册售电公司按相关交易规则公平参与交易。售电公司在售电业务所在行政区域开展业务，需要具备相应的经营场所、技术支持系统，方能平等参与当地电力市场化交易。

售电公司办理注册时，应按固定格式签署信用承诺书并通过电力交易平台向电力交易机构提交以下资料：工商注册信息法定代表人信息、统一社会信用代码、资产和从业人员信息、开户信息、营业执照、资产证明、经营场所和技术支持系统证明等材料。

（1）营业执照经营范围必须明确具备电力销售、售电或电力供应等业务事项。

（2）资产证明包括，具备资质、无不良信用记录的会计事务所出具的该售电公司近 3 个月的资产评估报告，或近 1 年的审计报告，或近 6 个月的验资报告、银行流水，或开户银行出具的实收资本证明。对于成立时间不满 6 个月的售电公司，需提供自市场监督管理部门注册以后到申请市场注册时的资产评估报告，或审计报告，或验资报告、银行流水，或开户银行出具的实收资本证明。

（3）从业人员需提供能够证明售电公司全职在职员工身份的近 3 个月的社保缴费记录、职称证书。从业人员不能同时在两个及以上售电公司重复任职。

（4）经营场所证明需提供商业地产的产权证明或 1 年及以上的房屋出租合同、经营场所照片等。

（5）接入电力交易平台的售电公司技术支持系统，需提供安全等级报告和软件著作权证书以及平台功能截图，对于购买或租赁平台的还需提供购买或租赁合同。

拥有配电网运营权的售电公司还需提供配电网电压等级、供电范围、电力业务许可证（供电类）等相关资料。除电网企业存量资产外，现有符合条件的高新产业园区、经济技术开发区和其他企业建设、运营配电网的，履行相应的注册程序后，可自愿转为拥有配电业务的售电公司。

售电公司注册流程如图 4-7 所示。

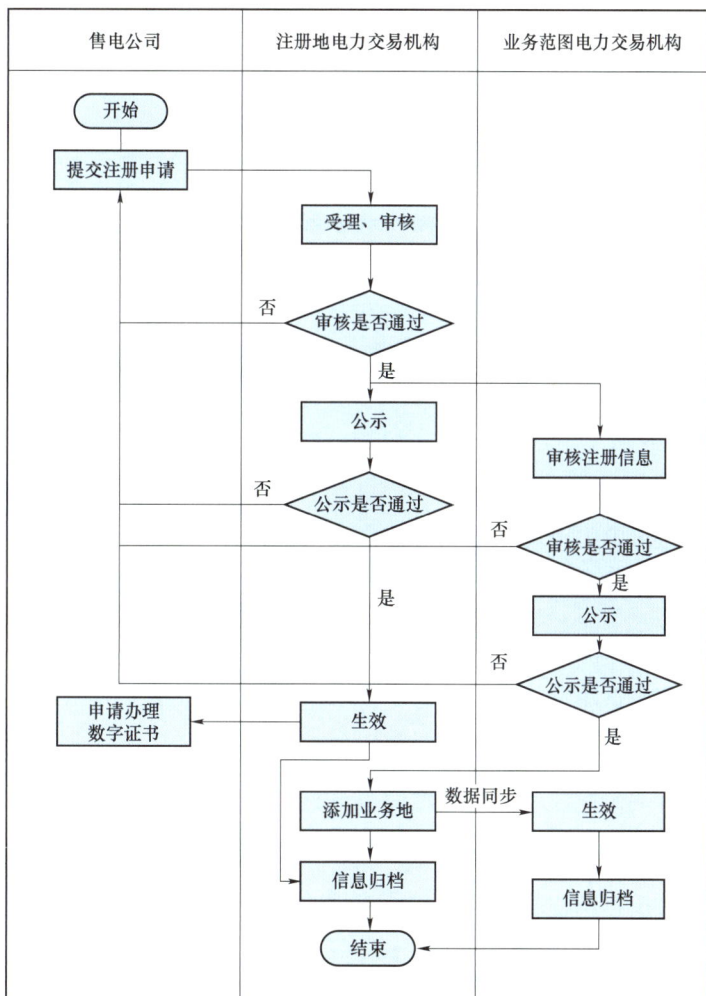

图 4-7 售电公司注册流程

4.4.3 变更流程

售电公司注册信息发生变化时，需要在 5 个工作日内向首次注册的电力交易机构申请信息变更。如果法人信息、公司股东、股权结构、从业人员、配电网资质等发生如下变化的，售电公司需重新签署信用承诺书并予以公示，公示期为 7 天。

（1）企业更名或法定代表人变更。

（2）企业控制权转移，因公司股权转让导致公司控股股东或者实际控制人发生变化。

（3）资产总额发生超出注册条件所规定范围的变更。

（4）企业高级或中级职称的专业人员变更。

（5）配电网运营资质变化。

售电公司市场注册信息发生变化但未按规定时间进行变更，并造成不良影响或经济损失的，由售电公司承担相应责任。售电公司市场注册信息变更流程如图 4-8 所示。

4.4.4 注销流程

售电公司退出电力市场交易有两种方式，强制注销和自愿注销。售电公司有下列情形之一的，经地方主管部门和能源监管机构调查确认后，启动强制注销程序。在地方主管部门确认售电公司符合强制注销条件后，应通过电力交易平台、"信用中国"网站等政府指定网站向社会公示 10 个工作日。公示期满无异议的，地方主管部门通知电力交易机构对该售电公司实施强制注销。

（1）隐瞒有关情况或者以提供虚假申请材料等方式违法违规进入市场，且拒不整改的。

（2）严重违反市场交易规则，且拒不整改的。

（3）依法被撤销、解散，依法宣告破产、歇业的。

（4）企业违反信用承诺且拒不整改的。

（5）被有关部门和社会组织依法依规对其他领域失信行为做出处理的。

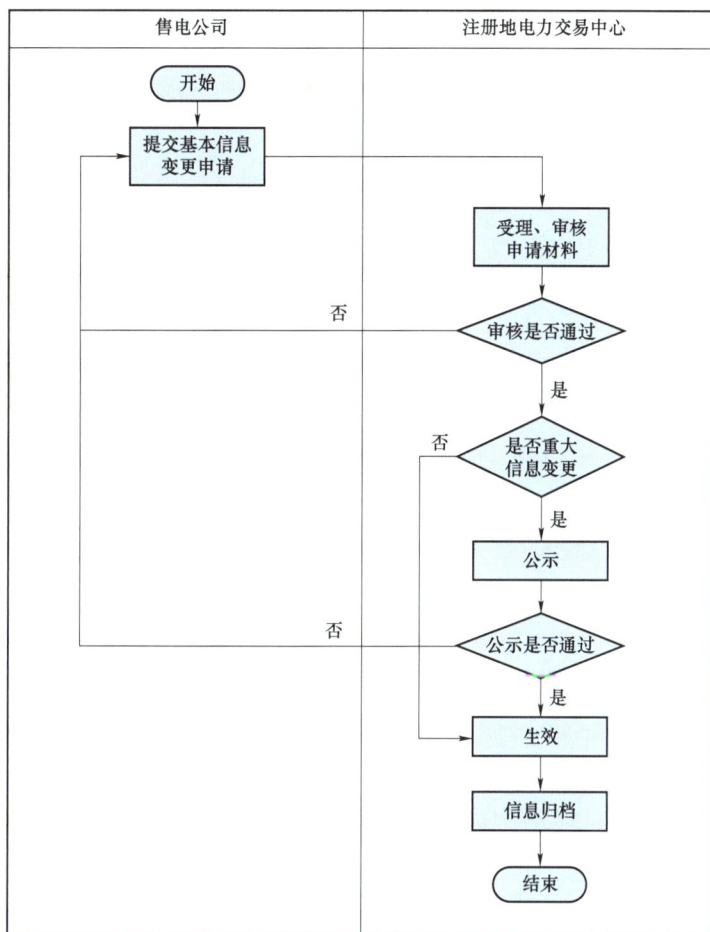

图 4-8　售电公司市场注册信息变更流程

（6）连续 3 年未在任一行政区域开展售电业务的。

（7）出现市场串谋、提供虚假材料误导调查、散布不实市场信息等严重扰乱市场秩序的。

（8）与其他市场主体发生购售电合同纠纷，经法院裁定为售电公司存在诈骗等行为的，或经司法机构或司法鉴定机构裁定伪造公章等行为的。

（9）未持续满足注册条件，且未在规定时间内整改到位的。

（10）法律、法规规定的其他情形。

售电公司被强制注销，其所有已签订但尚未履行的购售电合同优先通过自主协商的方式，在 10 个工作日内完成处理。自主协商期满，待注销的售电公司尚未与合同购售电各方就合同解除事宜协商一致的，由地方主管部门征求合同购售电各方意愿,通过电力市场交易平台以转让、挂摘牌等方式转给其他售电公司;如果仍未完成处理的,已签订尚未履行的购售电合同终止履行,零售用户可以与其他售电公司签订新的零售合同,否则由保底售电公司代理该部分零售用户,并按照保底售电公司的相关条款与其签订零售合同。

售电公司可自愿申请注销,退出售电市场。售电公司应提前 45 个工作日向电力交易机构提交注销申请,明确注销原因和计划的终止交易月。终止交易月之前(含当月),购售电合同由该售电公司继续履行。对于自愿注销的售电公司,电力交易机构将注销申请及相关材料通过电力交易平台、"信用中国"等政府指定网站向社会公示 10 个工作日。公示期满无异议的,方可办理注销手续。公示期间如果存在异议,则注销不能生效,待异议处理完成后,售电公司再次申请注销。

售电公司注销流程如图 4-9 所示。

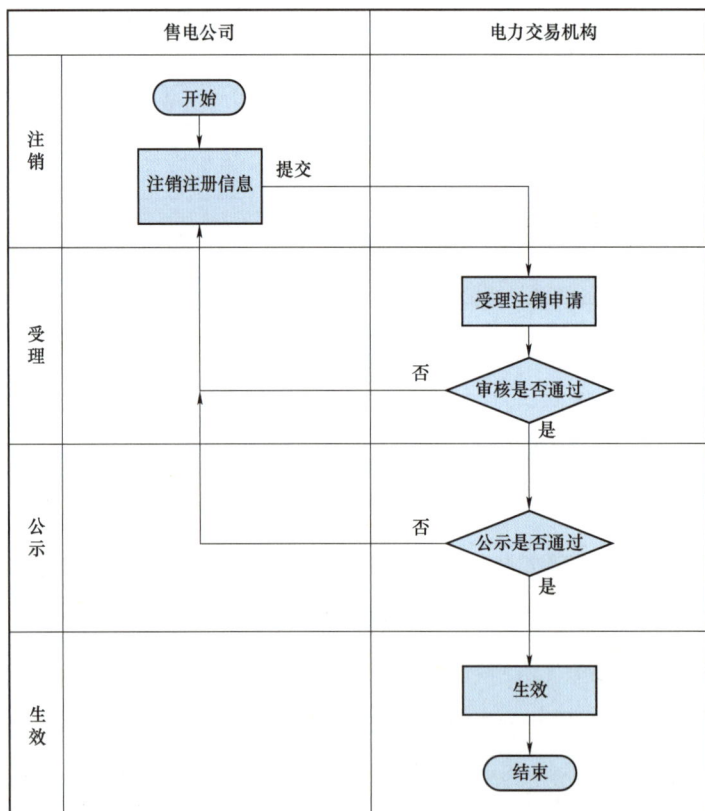

图 4-9 售电公司注销流程

4.5 新型经营主体注册

4.5.1 注册基本条件

新型经营主体主要包括新型储能企业、虚拟电厂（含负荷聚合商）经营主体、分布式电源经营主体、电动企业充电设施经营主体、智能微电网经营主体等。其注册基本条件如下：

1. 新型储能企业注册基本条件

（1）与电网企业签订并网调度协议，接入电力调度自动化系统。

（2）具备电力、电量数据分时计量与传输条件，数据准确性与可靠性满足结算要求。

（3）满足最大充放电功率、最大调节容量及持续充放电时间等对应的技术条件，具体数值以相关标准或国家、地方有关部门规定为准。

（4）配建新型储能与所属经营主体视为一体，具备独立计量、控制等技术条件，接入电力调度自动化系统可被电网监控和调度，具有法人资格时可选择转为独立新型储能项目，作为经营主体直接参与电力市场交易。

2. 虚拟电厂（含负荷聚合商）注册基本条件

（1）与电网企业签订负荷确认协议或并网调度协议，接入新型电力负荷管理系统或电力调度自动化系统。

（2）具备电力、电量数据分时计量与传输条件，数据准确性与可靠性满足结算要求。

（3）具备聚合可调节负荷以及分布式电源、新型储能等资源的能力。

（4）具备对聚合资源的调节或控制能力，拥有具备信息处理运行监控、业务管理、计量监管、控制执行等功能的软硬件系统。

（5）聚合范围、调节性能等条件应满足相应市场的相关规则规定。

3. 分布式电源经营主体注册基本条件

（1）依法取得发电项目核准或者备案文件。

（2）与电网企业签订负荷确认协议或并网调度协议，根据电压等级标准接入新型电力负荷管理系统或电力调度自动化系统。

（3）具备相应的计量能力或者替代技术手段，满足电力市场计量和结算的要求。

4. 电动汽车充电设施经营主体注册基本条件

（1）具备相应的计量能力或者替代技术手段，满足电力市场计量和结算的要求。

（2）有放电能力的电动汽车充电设施，与电网企业签订负荷确认协议，接入新型电力负荷管理系统。

5. 智能微电网经营主体注册基本条件

初期参照电力用户基本条件执行；后期视国家有关规定进行调整。

4.5.2　注册流程

虚拟电厂（含负荷聚合商）的市场注册除满足注册基本条件外，其他注册条件及注册、变更、注销流程初期参照售电公司执行。电动汽车充电设施经营主体、智能微电网经营主体市场注册除满足注册基本条件外，其他注册条件及注册、变更、注销流程初期参照电力用户执行。

新型储能、分布式电源参与电力市场交易，应当符合注册基本条件，在电力交易机构办理市场注册。电力交易机构收到新型储能、分布式电源提交的市场注册申请和注册材料后，在5个工作日内对其注册资料进行完整性形式审查，审查通过后，无须公示直接生效。

新型储能注册所需提供信息见表 4-4，分布式电源注册所需提供信息见表 4-5。

表 4-4　　　　　　　　　　新型储能注册信息

信息类别	信息名称
企业信息	企业全称、统一社会信用代码、税务登记证号、注册地址、营业范围、法人名称（或负责人名称）、法人身份证号、联系方式、开户行信息等
基本信息	入市状态（入市准备/入市/退市）、资产管理关系、购电类型等
联系信息	第一联系人姓名、手机号码、电子邮件、通信地址等
项目（单元）信息	场站名称、调度简称、场站容量、储能类型、接入电压等级、额定充电功率、最大持续放电时间、并网时间（整套）、转商运时间、额定放电功率、充放电数据、发用电户号信息、计量点编号信息等

表4-5   分布式电源注册信息

信息类别	信息名称
企业信息	企业全称、统一社会信用代码、税务登记证号、注册地址、营业范围、法人名称（或负责人名称）、法人身份证号、联系方式等 自然人分布式电源需提供产权所有人的姓名、身份证号、联系方式等
基本信息	入市状态（入市准备/入市/退市）、资产管理关系、购电类型等
联系信息	第一联系人姓名、手机号码、电子邮件、通信地址等
项目（单元）信息	项目立项批复信息（项目实际投产时间、项目批复容量等）、接入方式、接入电压等级、发电量消纳方式、项目发电类型 并网类型、可再生能源项目代码、发用电户号信息、计量点信息等

新型储能、分布式电源市场注册、变更、注销流程相同，按照申请、承诺、审查、生效的流程办理。新型储能注册流程如图4-10所示。

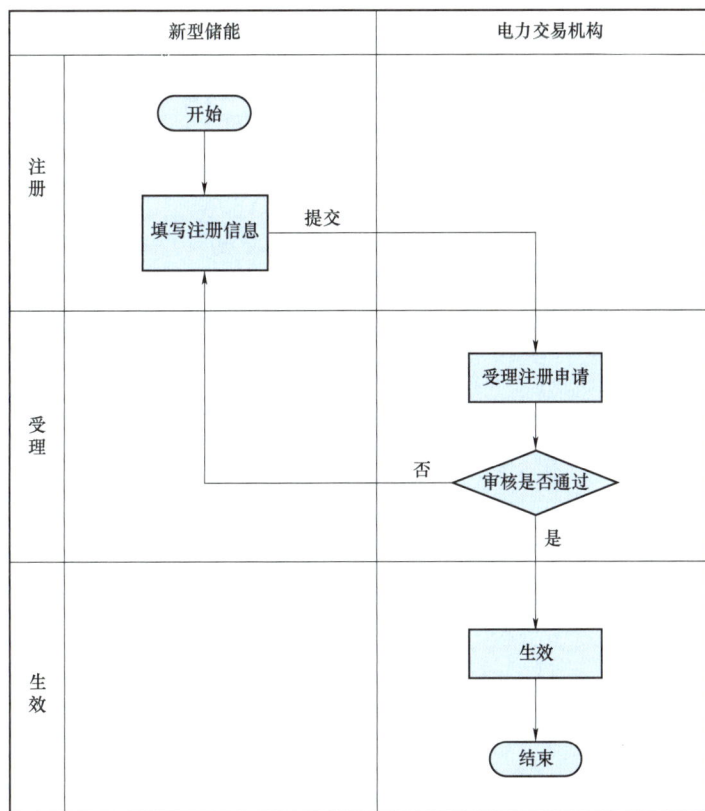

图4-10 新型储能注册流程

4.5.3 变更流程

新型储能、分布式电源注册信息变更类型分为企业信息变更和项目（单元）信息变更。新型储能、分布式电源信息发生变更（统一社会信用代码除外），应在变更之日起 5 个工作日内在交易平台提交注册信息变更申请，经电力交易机构核验通过后变更生效。

（1）工商信息发生变更，须提交变更后的营业执照扫描件。

（2）法定代表人变更，须提交变更后的营业执照和法定代表人身份证明证件扫描件。

新型储能、分布式电源项目（单元）发生更名、过户、单元（机组）增容信息变更的，需要首先在电网企业完成变更，变更完成后 5 个工作日内在交易平台提交变更申请，电力交易机构核验通过后变更生效。涉及项目物理运行参数信息变更的，由电力调度机构向电力交易机构提供相关信息。

新型储能变更流程如图 4-11 所示。

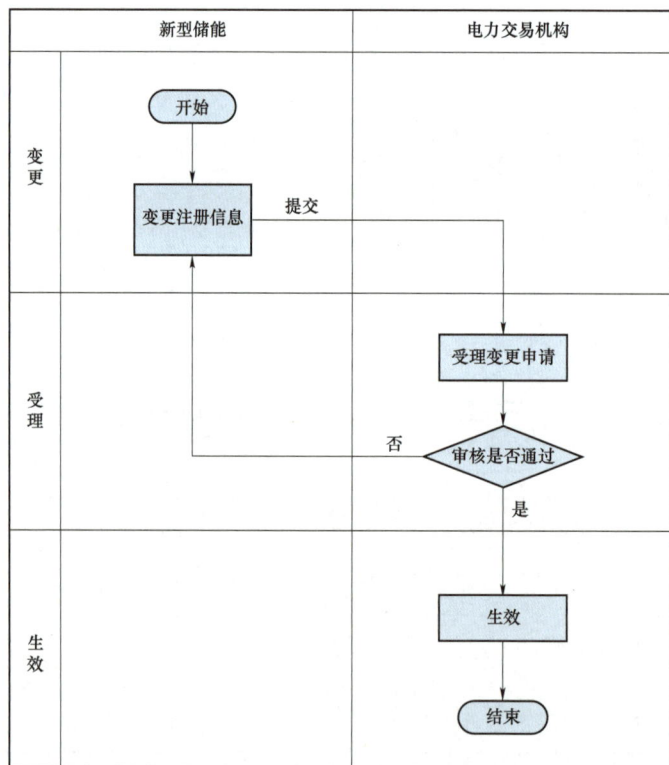

图 4-11 新型储能变更流程

4.5.4 注销流程

新型储能退出电力市场交易有两种方式，申请注销和自动注销。申请注销应当符合正当理由，向首次注册的电力交易机构提出市场注销申请，电力交易机构收到注销申请和注销材料后，在 5 个工作日内进行审查。符合申请注销理由但未发起申请注销的，可以由电力交易机构发起自动注销，按照公示、生效的流程办理。

申请注销的正当理由包括：

（1）企业宣告破产，新型储能主体（项目）不再运行。

（2）因国家政策、电力市场规则发生重大调整，导致原有新型储能主体（项目）非自身原因无法继续参加市场的情况。

（3）因电网网架调整，导致新型储能主体（项目）的充放电物理属性无法满足所在地区的市场进入条件。

退出市场的新型储能应缴清市场化费用及欠费，并对尚未交割的成交电量进行妥善处理。新型储能应当提交注销申请、合同处理声明以及相关支持材料，包括但不限于以下内容：

（1）注销申请书中明确注销原因和计划的终止交易月。

（2）自愿退出市场声明中明确已履行的市场交易合同的结算清算、电费清算等情况。

（3）转让/解除协议中明确尚未履行的市场交易合同转让/解除处理方案和合同执行月。

对于即将进行市场注销的新型储能，其所有已签订但未履行的市场交易合同，原则上通过自主协商等方式在下一个合同履行月之前 10 个工作日内完成处理。因市场交易合同各方造成的损失由退市的经营主体承担，或自行通过司法程序解决。电力交易机构通过电力交易平台向社会公示新型储能市场注销信息，公示期为 10 个工作日。公示期满无异议，在电力交易平台中予以注销，保留其历史信息 5 年。公示期间如果存在异议，则注销不能生效，待异议处理完成后，新型储能再次申请注销。

新型储能注销流程如图 4-12 所示。

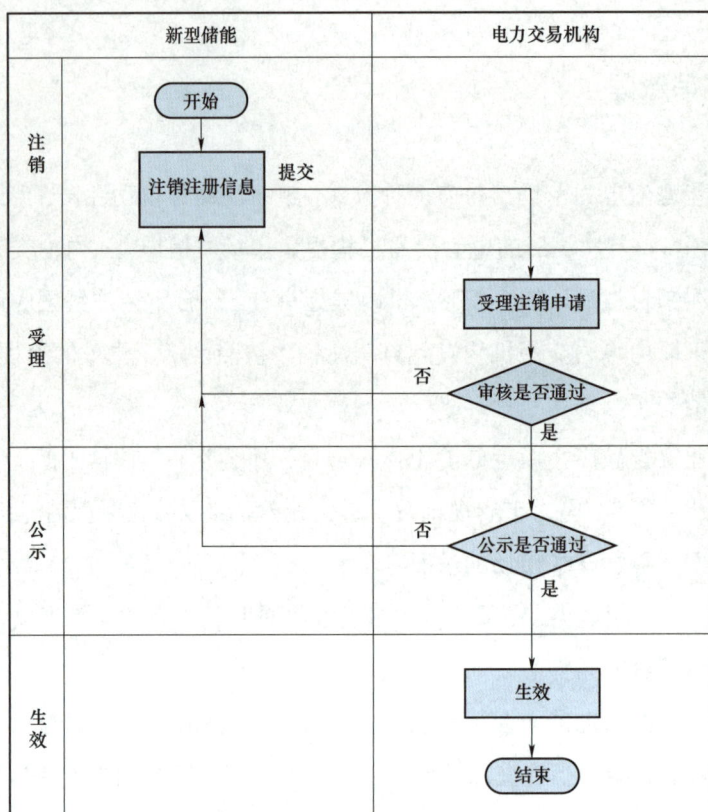

图 4-12 新型储能注销流程

5 电力市场交易

电力交易是电力市场的核心环节，是价格形成机制的具体体现。我国电力市场主要商品包括电能量、辅助服务、容量，以及考虑环境权益的绿电和绿证等，交易方式包括双边协商、集中竞价、挂牌和滚动撮合等，交易时序覆盖年度、月度、月内、日前、实时等。本章将重点介绍省间、省内的中长期、现货电能量交易，以及辅助服务交易的组织流程及实施案例。

5.1 概　　述

我国电力市场已形成多层次、多品种的交易体系，涵盖了电能量、辅助服务、容量、绿色电力等多种交易品种，为经营主体提供了中长期、日前、实时等不同时间尺度，以及省间、省内等不同空间维度的交易机会。交易品种的设计充分考虑了市场运行需求和电力系统物理特性，通过价格信号引导资源优化配置，有效提升了电力系统安全经济运行水平和可再生能源消纳能力。

5.1.1　交易品种

电力市场通过组合多类型的交易品种，满足发电企业、售电公司、电力用户等经营主体多样化的供需要求。其中，电能量交易实现基础电能价值，辅助服务交易为系统安全稳定运行提供保障。下面将重点介绍主要交易品种的功能定位和运行机制。

5.1.1.1　电能量交易

电能量是电力市场的核心交易品种，按交易周期可分为中长期交易与现货交易两大类。

1. 中长期交易

中长期交易在 D−2（D 日为运行日）及以上的多日、周、月度、多月、年度等多个时间维度组织。经营主体可以根据发电、用电的预测需求的变化，随着交割时间的逼近不断调整自身的持仓量。中长期交易又可细分为电力直接交易、厂网双边交易、合同交易，以及预挂牌交易。

（1）电力直接交易。电力直接交易是指发电侧经营主体和用电侧经营主体之间开展的电力交易。其中用电侧主体可选择直接和发电企业开展交易，也可以选择通过零售市场向售电公司购电，或者通过电网企业代理购电。电力直接交易的价格采用市场定价的机制。

（2）厂网双边交易。厂网双边交易是指发电企业和电网企业之间的电力交易行为。《电力中长期交易基本规则》（发改能源规〔2020〕889号）中明确，执行政府定价的优先发电电量视为厂网间的双边交易电量，签署厂网间购售电合同，纳入中长期交易的范畴。

优先发电是为了实现清洁能源保障性收购，确保核电、大型水电等清洁能源按基荷满发和安全运行，促进调峰调频等调节性电源稳定运行等目的而制定的计划性发电量。随着风电、光伏等新能源进入市场交易，优先发电计划的规模不断缩小。优先发电计划的执行分为"保量保价"和"保量竞价"两种方式，"保量保价"是指优先发电电量按照政府核定的价格和电量由电网公司全额收购，"保量竞价"是指仅保障优先发电电量，价格通过市场化交易形成。

（3）合同交易。合同交易是电能量交易的二级交易，通过合同转让、合同变更等形式对原有交易结果进行调整。合同转让是指合同的一方将合同电量的一部分或全部，转让给合同之外的第三方的交易。合同变更指原合同各方协商一致，针对交易量、价进行调整。变更交易电量、电力时，仅可进行调减。

随着电力市场发展，合同交易和电能量交易的融合将成为未来电力市场的发展趋势。目前我国一些省份正在积极探索开展融合交易，如山西、宁夏、江西等。在融合交易中，经营主体可以灵活进行购电和售电，不再固化发电或者用电的角色。

（4）预挂牌交易。在现货市场运行前，为解决发用电双方实际执行电量与中长期交易不一致产生的偏差问题，设计了预挂牌交易品种。电力交易机构组织发电企业提前申报上下调的报价，采用报价不报量的方式，具有调节能力的机组均应提交报价。上调报价由低到高排序形成上调机组调用排序列表，下调报价由高到低排序形成下调机组调用排序列表。实际运行时，电力调度机构根据电力电量平衡情况，考虑电网安全约束，调用机组增加或减少发电出力，实现供需平衡。此类交易称之为预挂牌交易。现货市场运行后，不再开展预挂牌交易。

2. 现货交易

电力现货交易在 D−1（D 日为运行日）至实时交割的时间范围内组织，包括日前、日内和实时交易。各省可根据实际情况设定，比如我国省间现货市场主要开展日前和日内交易，省级现货市场大多开展日前和实时交易，也有个别省级市场仅开展实时交易。现货交易主要采用集中交易的方式。

（1）日前交易。市场运营机构按日组织日前交易，一般情况下 D−1 日组织 D 日的交易，遇节假日可提前组织多日的日前交易。根据经营主体日前申报数据，在考虑电网运行约束和物理约束的前提下，满足日前市场负荷需求和备用需求，以社会福利最大为目标进行集中优化出清，形成日前出清结果，并向市场经营主体披露。如果没有运行日前市场，那么日前也需要进行预出清，但预出清结果不作为结算依据，仅仅作为发电机组开机组合的依据，并向市场经营主体披露。

（2）日内交易。市场运营机构在运行日根据系统运行状态和最新预测数据，滚动优化机组启停和出力，以满足系统平衡需求。日内交易可沿用日前交易的报价，具备条件的地区，经营主体可在规定时间前调整报价。

目前省间现货市场的日内交易会形成增量成交结果并明确交易价格。而省级现货市场的日内交易主要用于优化机组组合，通常不单独形成价格信号，因此一般不纳入市场交易范畴。

（3）实时交易。市场运营机构在交割前 15 分钟或更长时间，基于市场主体申报价格，在既定机组组合的框架下，综合考虑电网实时运行状态、物理约束条件、超短期负荷预测及备用需求，以社会福利最大化为目标，滚动开展实时市场出清。出清结果将作为调度指令直接指导市场主体执行。

5.1.1.2 辅助服务交易

我国当前开展的辅助服务交易主要包括调峰、调频、备用和灵活爬坡等品种，而惯量、无功、黑启动等辅助服务尚未纳入市场化交易范畴，仍依据《发电厂并网运行管理实施细则》和《并网发电厂辅助服务管理实施细则》（即"两个细则"）进行管理。辅助服务交易主要在日前和实时市场组织，具备条件的地区也可探索中长期交易模式。省间与省级市场的辅助服务交易品种有所不同，省间市场以调峰和备用为主，而省级市场则涵盖调峰、备用、调频及灵活爬坡等更多品种。

辅助服务交易与电能量交易存在显著差异，其需求主要由电力调度机构基于系统运行需求测算确定。目前，电网企业通常作为单一购买方，采用集中交易模式组织市场。辅助服务提供方获得相应补偿，相关费用则按规则分摊至辅助服务的需求方。调频、备用等辅助服务交易可采用独立出清模式，或与电能量交易联合出清，具体方式由各地区根据实际运行需求自主选择。

1. 调峰辅助服务

在省级电力市场尚未建立现货交易机制时，调峰服务是核心辅助服务品种之一。电力调度机构负责核定系统调峰需求，具备调峰能力的经营主体通过申报调峰容量及对应价格参与市场。交易主要采用集中竞价方式出清，定价机制包括边际定价和报价定价两种模式。随着省级电力现货市场投入运行，系统调峰需求可通过现货价格信号得到自发响应，因此调峰辅助服务作为独立交易品种将逐步退出市场。

在省间市场，特别是区域内的省间市场，调峰辅助服务交易仍在持续运作。该机制通过调整跨省联络线输送计划，有效缓解区域内省份负备用容量短缺的问题。具体而言，卖方省份可通过发电机组减出力、储能设施充电等方式，为买方省份提供负荷平衡和新能源消纳的支持。此类交易通常采用集中竞价、边际定价的市场机制。

2. 调频辅助服务

调频辅助服务交易的标的主要是二次调频服务（AGC），通过自动发电控制功能跟踪电力调度指令，按照一定速率实时调整发电出力，以跟踪系统频率的变化。调频辅助服务出清主要两种模式，一种是调频辅助服务与电能量联合出清，考虑调频容量价格、里程价格、调频性能等进行统一出清；另一种是调频辅助服务独立出清，考虑单一里程价格、调频性能等集中出清。

调频辅助服务交易目前主要在省级电力市场开展，全国绝大多数开展现货交易的省份均已建立调频辅助服务市场机制。在省间市场方面，南网区域探索建立了区域调频市场，采用"日前集中竞价＋预安排、日内统一出清"的交易模式，有效促进了调频资源在区域的优化配置。

3. 备用辅助服务

备用辅助服务交易以系统备用容量为标的，指为应对发电机组故障、联络线中断或负荷波动等突发情况而预留的可调用容量。备用服务有多维分类特征，按照调节方向可分为正备用、负备用，按照存在形式可分为旋转备用和非旋转备用，按照响应时效可分为10分钟备用、30分钟备用等。备用辅助服务一般采用集中竞价、统一边际出清的方式，在现货市场中组织。

4. 爬坡辅助服务

爬坡辅助服务是一种新型的辅助服务品种，主要应对高比例新能源带来的对电网灵活爬坡能力的需求，其标的是预留的爬坡能力。爬坡辅助服务交易采用日前申报、与实时电能量联合出清的方式。供应商只需要申报爬坡服务速率，不需要申报价格。目前我国山东电力现货市场开展了灵活爬坡辅助服务的实践。

未来随着新型电力系统的发展，供需曲线呈快速变化的趋势，需要更多灵活可调节的资源发挥调节作用。辅助服务对于电网运行的重要性将进一步提高，辅助服务的交易品种也将进一步丰富。

5.1.2　交易主体

电力市场的交易主体，主要包括发电企业、电力用户、售电公司、电网企业等传统的经营主体，以及新型储能、虚拟电厂（含负荷聚合商）等新型经营主体。电力市场实施准入管理，根据经营主体的技术特性，不同类别的主体可参与不同的交易品种，具体准入条件以市场规则为准。

1. 发电企业

我国发电主体按能源类型可划分为燃煤发电、燃气发电、水电、核电等传统电源，以及风电、光伏等新能源发电。基于技术特性和调节能力差异，各类发电主体参与电力市场的机制存在显著区别。

（1）燃煤发电主体，根据国家发展改革委《关于进一步深化燃煤发电上网电价市场化改革的通知》（发改价格〔2021〕1439 号），2021 年之后开始全电量进入电力市场。

（2）燃气、水电、核电等发电主体进入市场的要求，各省的规定不尽相同。部分省份采用政府授权合约与市场化交易相结合的机制，通过授权合约保障固定比例的电量；另有省份将其纳入优先发电计划，暂不参与市场竞争。

（3）新能源发电主体，根据国家发展改革委、国家能源局《关于深化新能源上网电价市场化改革　促进新能源高质量发展的通知》（发改价格〔2025〕136 号）要求，新能源项目（风电、太阳能发电）上网电量原则上全部进入电力市场，上网电价通过市场交易形成，可报量报价参与交易，也可接受市场形成的价格。

2. 电力用户

《关于进一步深化燃煤发电上网电价市场化改革的通知》（发改价格〔2021〕1439号）发布之后，工商业用户要求全部进入电力市场，其全部电量均通过批发或者零售交易购买，且不能同时参加批发交易和零售交易。考虑政策过渡期，对暂未直接从电力市场购电的用户，可由电网企业代理购电，代理购电价格主要通过场内集中竞价或竞争性招标方式形成。已参与市场交易，后又改回电网企业代理购电的用户，其价格按电网企业代理其他用户购电价格的 1.5 倍执行。居民、农业用电仍由电网企业保障供应，执行目录销售电价政策。

3. 售电公司

售电公司是电力市场的重要参与主体。售电公司代理用户购电并优化用电成本，帮助中小用户进入市场；售电公司开发多样化的电力零售产品（如绿电套餐、分时电价套餐等），促进批发市场和零售市场的价格传导；售电公司还可以提供综合能源服务，包括能效管理、需求响应等增值业务。随着电力现货市场建设的深化，售电公司的角色正从简单的购售电代理商向综合能源服务商转型。

4. 新型经营主体

新型储能、虚拟电厂（含负荷聚合商）、分布式电源、电动企业充电设施、智能微电网等新型经营主体，原则上可以参与电能量交易和辅助服务交易。部分省份已经出台了储能、虚拟电厂参与电能量市场与辅助服务市场的相关细则。新型主体参与市场需要首先解决计量、执行结果认定等方面的技术问题。

5. 电网企业

电网企业作为保底供电主体，负责保障居民、农业等非市场化用户及暂未参与市场的工商业用户的用电需求。在电力供应方面，电网企业优先采购优先发电电量，若仍有缺口，则通过市场化交易进行补充。

5.1.3 交易周期

1. 电能量交易

电能量交易包括年度（多年）交易、月度（多月）交易、月内（多日）交易、日前交易、日内交易和实时交易。

（1）中长期交易。年度（多年）交易，以次年或者未来多个年度的电量作为交易标的，并分解到月电量和分时电量。年度（多年）交易，原则上应在上一年度12月底前完成。年度（多年）交易公告应提前至少3个工作日发布，发布内容应包括：交易标的、申报起止时间、交易出清方式、价格形成机制、关键输电通道可用输电容量等。多年交易可以按年、分月进行电量、电价、曲线申报，年度交易可以按照分月进行电量、电价、曲线申报。

月度（多月）交易，以未来一个或多个月度电量（或者月度分时电量）为标的，原则上应在上一月完成。多月交易一般按需开市，公告应提前至少3个工作日发布。月度交易一般定期开市，公告应提前至少1个工作日发布。多月交易可以按照分月进行电量、电价、曲线申报。

月内（多日）交易、日交易，原则上应至少提前2天完成，月内（多日）交易、日交易的公告应提前至少1个工作日发布。

经营主体可根据自身需要，在不同周期的中长期交易中调整电量持仓，满足各时段电量或电力曲线需求。以图5-1为例说明某个主体的电量组合情况。该主体在年度交易中成交年度基荷、年度峰荷电量，在月度交易中成交总用电需求曲线差额的大部分，在月内和日交易中成交短期预测需求与总用电需求曲线的偏差部分，从而使得累计持仓量逐渐逼近实际需求曲线。

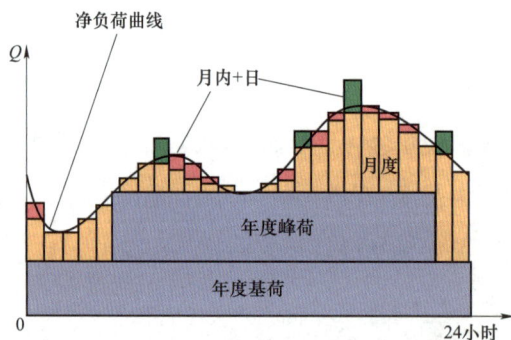

图5-1 电力中长期交易不同周期组合关系图

（2）现货交易。日前交易，以次日的分时电力作为交易标的，定期开市，一般不发布交易公告。开展日前交易之前市场运营机构需要按照规则对市场边界条件等内容进行披露。

日内交易，以当日未来一段时间的分时电力作为交易标的，一般提前 2～4 小时进行，日内交易滚动开展。

实时交易，以当日未来一段时间的分时电力作为交易标的，一般至少提前 15 分钟进行，实时交易滚动开展。

2. 辅助服务交易

目前主要开展的辅助服务交易，如调峰、调频、备用、爬坡等一般在日前市场和实时市场开展。

5.1.4　交易方式

交易组织方式包括双边协商、集中交易。其中集中交易又分为集中竞价交易、滚动撮合交易和挂牌交易三种具体形式。

1. 双边协商交易

经营主体自主协商交易电量、价格、曲线及合约执行起止时间（在交易周期允许范围内），并通过电力交易平台进行提交和确认，形成双边协商交易意向。电力交易机构根据双方确认的电量、价格及曲线进行出清，生成最终交易结果。双边协商交易价格按双方约定执行。双边协商的交易形式一般用于中长期交易。

双边协商交易步骤如下：

（1）交易公告发布。电力交易机构在电力交易平台发布双边协商交易公告，包括但不限于：交易规模、交易方式、交易时间安排、出清方式、交易主要参数等信息。省间交易还需发布跨区跨省主要断面、各输电通道的输电限额。

（2）交易申报。交易一方登录电力交易平台进行申报，主要包括交易对象、交易电量及分月电量、交易曲线、交易电价、合约起止时间等。另一方登录电力交易平台查询并进行确认或驳回。其中，交易曲线可自行约定，也可选择电力交易平台提供的典型交易曲线。

（3）交易出清。电力交易机构对确认状态的交易意向进行出清。省间交易需要考虑同一周期其他场次的交易对输电容量的占用，进行多场交易协同出清。

（4）安全校核。在现货市场运行前，省级中长期交易出清结果需要提交电力调度机构进行安全校核；现货运行后，省级中长期交易转为金融差价合约，原则上可不开展调度安全校核，具体以各省规则为准。省间电力中长期交易属于物理执行，因此必须提交电力调度机构进行安全校核。

（5）结果发布。经校核后的结果即为有约束交易结果，电力交易机构通过电力交易平台向相关经营主体发布。以电量形式成交的，电力交易机构按照事前约定的曲线分解方式，将电量分解至各时段，形成带分时电量的交易合同。

2. 集中竞价交易

经营主体针对已明确时段、数量、单位、执行周期等要素的电力产品或服务进行报价，按照价格优先、时间优先等原则，统一出清形成市场出清结果。出清方法包括边际出清法和高低匹配出清法。边际出清时，由电力交易机构作为中央对手方，购售双方不匹配，以统一边际电价作为出清价格。高低匹配出清时，首先将购售方按规则进行匹配，以匹配对的报价考虑一定系数确定出清价格，比如购售双方的均价。目前集中竞价交易以边际出清法为主。

集中竞价交易可用于中长期交易和现货交易。其中中长期交易主要考虑经营主体的报价意愿、交易规模、限价机制等进行出清。现货交易则需要考虑报价、电网运行约束、机组物理约束、限价、节点等因素，进行集中优化出清。

集中竞价交易步骤如下：

（1）交易公告发布。对于较长周期的交易，交易前一般会发布交易公告，明确交易方式、交易时间安排、交易交割起止时间、出清方式、交易时段、交易规模、限价、交易参数等信息。对于短周期的交易，如现货交易等，则相对固化交易要素，通过定时的信息披露，向经营主体提供相关信息。

（2）交易申报。各经营主体根据交易公告，提交报价。在交易申报时间内，以申报时间截止前的最后一次有效报价作为最终申报。

（3）交易出清。报价结束后，市场运营机构按照出清规则进行出清。

（4）安全校核和结果发布。与双边协商交易流程一致，不再赘述。

3. 挂牌交易

经营主体在规定时间内通过电力交易平台，发布需求电量、价格、电力曲线、交割时间等要约信息，进行挂牌，由交易意向方按规则接受该要约（摘牌）的交易方式。电力交易机构可以指定一方（卖方或买方）挂牌，另一方（买方或卖方）摘牌，即单挂单摘；也可以不指定，由买卖双方在自身发用电能力范围内同步挂牌、摘牌，即双挂双摘。其中交易曲线可自行确定，也可使用交易公告约定的统一标准曲线。交易电量即为摘牌电量，交易价格即为挂牌价格，交易曲线为挂牌曲线或标准曲线。挂牌交易一般用于中长期交易。

挂牌交易步骤如下：

（1）交易公告发布。电力交易机构在电力交易平台发布挂牌交易公告，包括但不限于：交易方式、交易时段、交易时间安排等信息。

（2）挂牌。经营主体根据交易公告进行挂牌，可以按总电量挂牌，也可以按时段分别挂牌，申报信息包括交易电量、交易曲线、交易电价、交易交割起止时间等。其中，交易起始时间不能早于挂牌截止时间；交易曲线可自行填报，也可选择公告预定的标准曲线。

（3）摘牌。经营主体按照规则约定的顺序进行摘牌，经交易校核后发布交易结果，电力交易平台即时滚动更新剩余挂牌电量。若无经营主体摘牌，到达挂牌交易截止时间后该挂牌自动失效。

（4）交易截止时间后，电力交易机构按照挂摘牌情况进行出清。

安全校核和结果发布的流程与协商交易一致，不再赘述。

4. 滚动撮合交易

经营主体在规定的时间内，滚动提交购电或者售电信息。如果采用统一标准曲线，则申报电量和电价，若采用分时交易形式，则申报每个时段的电量和电价。电力交易平台按照时间优先、价格优先的原则进行滚动撮合成交。成交价格可以采用先申报一方的价格，或者成交对的申报均价等。区别于挂牌交易，滚动撮合交易中，经营主体只需要提交报价，由平台自动撮合价格最合适的对手方，从而形成交易对。滚动撮合交易采用滚动报价、撮合成交的出清机制。滚动撮合的交易形式一般用于中长期交易。

滚动撮合交易流程如下：

（1）交易公告发布。电力交易机构在电力交易平台发布滚动撮合交易公告，包括但不限于：交易方式、交易时段、交易时间安排等信息。

（2）交易申报。买卖双方主体根据交易公告，提交电量、电价等报价信息。

（3）撮合出清。按照时间优先、价格优先原则，根据买卖双方申报量价信息，即时滚动成交。

安全校核和结果发布的流程与协商交易一致，不再赘述。

5.2 省间中长期交易

我国省间电力市场是落实国家能源战略的关键载体,其核心定位在于推动清洁能源高效消纳与能源资源大范围优化配置。近年来通过省间电力市场的运营实践,进一步夯实了我国跨区跨省的送电格局,有效落实了跨区跨省优先发电计划,并在促进区域电力互济、提升跨区跨省输电通道利用率等方面发挥了关键作用。省间电力市场包括省间中长期交易和省间现货交易。其中省间中长期交易在年度(含多年)、月度(含多月)、月内(含多日)等时间维度开展,主要采用双边协商、挂牌、集中竞价的方式。

5.2.1 省间中长期交易优先级

省间中长期交易涉及输电通道的占用和锁定,需要物理执行,其交易结果作为省级市场组织交易的边界,因此输电通道的容量限制是开展省间交易的一个重要影响因素。为了保障交易的有序执行,需要针对交易品种和组织时序,约定优先级。交易的优先级和交易协同出清、安全校核调减、交易结算密切相关。

省间中长期交易按时间周期的优先级排序依次为年度(含多年)交易、月度(含多月)交易、月内(含多日)交易。在同一交易周期下,不同类型交易优先级由高至低排序如下:

(1)售方为输电通道配套的清洁能源及以沙漠、戈壁、荒漠地区为重点的大型风光基地,送电方向为国家明确的消纳省份。其中又以绿电交易优先。

(2)售方为输电通道的配套火电,送电方向为国家明确的消纳省份,交易规模不超过优先发电计划电量。配套火电的优先发电电量和消纳省份,每年由相关部门发文确定。

(3)售方不是输电通道配套电源和大型风光基地,但送电方向与优先发电计划一致,交易规模不超过优先发电计划电量,其中又以绿电交易优先。

(4)以绿电交易方式开展,售方非输电通道配套新能源、大型风光基地,非优先发电计划，或交易规模超出优先发电计划的电量。在送电方向上，送受端均为直流落点省份或国家明确外送、消纳省份，优先于送受端一侧为直流落点省份或国家明确外送、消纳省份，优先于其他方向交易。

（5）售方为输电通道配套火电，送电方向为国家明确的消纳省份，交易规模超出优先发电计划的电量。

（6）除上述交易外的其他交易视为优先级相同。其中，在送电方向上，送受端均为直流落点省份或国家明确外送、消纳省份，优先于送受端一侧为直流落点省份或国家明确外送、消纳省份，优先于其他方向交易。

同一优先级下，已发布成交结果的交易优先。在此基础上，按能源类型，优先顺序依次为全清洁能源交易、部分清洁能源交易、全火电交易。

5.2.2　省间中长期交易价格机制

省间中长期交易价格有两种形成方式。一是保量保价优先发电计划电量，通过市场化方式落实，但价格执行政府定价。二是经营主体通过市场化交易方式形成交易价格。

省间交易购方落地价格由交易上网价格、各环节输电价格、输电损耗折价等构成。省间交易价格含税，包括脱硫、脱硝、除尘和超低排放电价。跨区跨省输电通道的输电价格、输电损耗折价按照政府主管部门核定或报备文件执行。

输电损耗折价公式如式（5-1）所示，落地侧价格公式如式（5-2）所示：

$$P_{\text{loss}} = P_{\text{out}} \times \frac{R_{\text{loss}}}{1 - R_{\text{loss}}} \tag{5-1}$$

$$P_{\text{in}} = P_{\text{out}} + P_{\text{loss}} + P_{\text{ts}} \tag{5-2}$$

两式中：P_{loss} 为输电损耗折价，元/兆瓦时；P_{out} 为送出侧价格，元/兆瓦时；R_{loss} 为输电损耗率，%；P_{in} 为落地侧价格，元/兆瓦时；P_{ts} 为输电价格，元/兆瓦时。

以一个单通道为例进行说明，如图5-2所示。送出侧价格为300元/兆瓦时，假设联络线输电损耗率为5%，输电费为30元/兆瓦时。则计算输电损耗折价为15.79元/兆瓦时，落地侧电价为345.79元/兆瓦时。

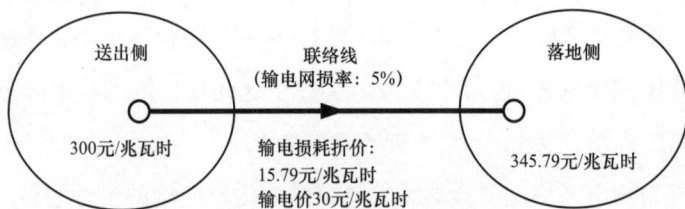

图 5-2 输电损耗折价计算示意图

其他的价格规定如下：

（1）集中竞价交易中，可对报价或者出清价格设置上、下限，由市场管理委员会确定，经国家发展改革委、国家能源局审定后执行。

（2）发电机组调试期间的上网电量，按照政府调试电价相关政策执行。

（3）省间交易有关可再生能源电价附加补助资金、参与省间送电的燃煤机组容量电价，按照政府有关政策执行。

（4）参与省间交易的两部制电价经营主体，基本电价按现行标准执行。

5.2.3 省间中长期交易组织流程

省间中长期交易主要分年度、月度、月内三个时间维度进行组织。年度市场开展周期为多年、年、多月的交易，月度市场开展周期为多月、月、多日的交易，月内市场结合申报要约按需开市，其中周交易定期开市。

1. 省间年度交易组织流程

省间年度交易，执行时间为自次年起多年、次年全部月份、次年部分月份的交易，每年开展一次。年度交易主要采用双边协商和挂牌的组织方式。双边协商交易方式适用于送端电源已确定的交易场景，如大型水电、输电通道配套电源与受电省份电网企业的直接交易。挂牌交易方式适用于仅明确送电省份但未确定具体电源的交易，需通过市场化挂摘牌机制匹配执行电厂。

省间年度交易，主要落实国家战略、可再生能源消纳和政府间协议。首先考虑各省全年可再生能源消纳需求，组织开展可再生能源交易，鼓励水电、风电、太阳能、核电等清洁能源与购电省签订多年合同，形成较稳定的送电安排。其次，安排国家计划或地方政府间协议的可再生能源之外的优先发电计划。优先发电计划中保量竞价部分由经营主体双方协商确定价格。在此基础上，根据输电通道剩余可用容量组织经营主体开展市场化交易，形成全年的送电安排。各类型年度交易电量分解到月，并形成交易曲线。

年度交易之前，首先需要进行信息披露和交易参数的确定，以国家电网公司经营区为例进行说明。

（1）信息披露。电力调度机构向相关经营主体披露约束信息。国家电力调度中心（简称"国调"）向北京电力交易中心提供并披露省间主要断面、各输电通道的输电限额。电网企业在电力交易平台发布次年专项工程、区域电网、省级电网外送输电价格标准等。

（2）交易参数确定。市场管理委员会审议确定集中竞价交易价差系数、波动偏差结算系数等参数。

（3）交易组织。电力交易机构组织开展年度交易，一般在每年 11 月开始，直至 12 月结束。年度交易一般采用双边协商或者挂牌的交易方式。

下文以双边协商交易为例通过具体算例进行说明。

（1）要约申报。在要约申报截止时间之前，由购电省 D 电网公司在电力交易平台提报双边交易要约，交易的对方为某直流通道的配套火电 S。要约基本信息见表 5−1。

表 5−1　　　　　　　　　　　　　　　　要约基本信息

要约填报项	填报内容
交易名称	2025 年 1—12 月直流 L 配套电源 S 送 D 年度省间外送交易
交易市场	年度市场
交易周期	年度
送出节点	配套电源 S
受入节点	购电省 D
交易通道	直流通道 L
执行开始时间	2025 年 1 月 1 日
执行结束时间	2025 年 12 月 31 日
是否为电价浮动交易	否
出清过程保持电力曲线形状不变	否
申报联系人	D 联系人
申报联系方式	1300100×××××

继续填报要约时段信息，见表 5-2。

表 5-2   要约时段信息

段号	开始时间	结束时间
1	2025/1/1	2025/1/31
2	2025/2/1	2025/2/28
3	2025/3/1	2025/3/31
4	2025/4/1	2025/4/30
5	2025/5/1	2025/5/31
6	2025/6/1	2025/6/30
7	2025/7/1	2025/7/31
8	2025/8/1	2025/8/31
9	2025/9/1	2025/9/30
10	2025/10/1	2025/10/31
11	2025/11/1	2025/11/30
12	2025/12/1	2025/12/31

然后填报每个时段的 24 点电力和电价数据，其中电力为首个跨区通道送出侧的值，电价为电厂上网侧价格。以 1 月为例，双边协商交易的电力和电价明细信息见表 5-3。

表 5-3   双边协商交易的电力和电价明细信息

开始/结束时间	2025/1/1—2025/1/15		2025/1/16—2025/1/31	
类型	电力 （兆瓦时）	电价 （元/兆瓦时）	电力 （兆瓦时）	电价 （元/兆瓦时）
0 点	800	320	500	320
1 点	800	320	500	320
2 点	800	320	500	320
3 点	800	320	500	320
4 点	800	320	500	320
5 点	800	320	500	320
6 点	800	320	500	320
7 点	800	320	500	320
8 点	1000	320	800	320
9 点	1000	320	800	320
10 点	1000	320	800	320

开始/结束时间	2025/1/1—2025/1/15		2025/1/16—2025/1/31	
类型	电力 （兆瓦时）	电价 （元/兆瓦时）	电力 （兆瓦时）	电价 （元/兆瓦时）
11 点	1000	320	800	320
12 点	1000	320	800	320
13 点	1000	320	800	320
14 点	1000	320	800	320
15 点	1000	320	800	320
16 点	1200	320	800	320
17 点	1200	320	1000	320
18 点	1200	320	1000	320
19 点	1200	320	1000	320
20 点	1200	320	1000	320
21 点	1200	320	1000	320
22 点	800	320	500	320
23 点	800	320	500	320

信息填报完成后，电力交易平台会根据填报信息自动检索对应路径，给出输电价格和网损率，供申报人确认。确认后提交要约至电力交易机构。

（2）要约受理及发布。电力交易机构收到要约后进行审核，检查要约完整性，审核通过后发布要约。

（3）交易申报。交易申报窗口开放，配套电源 S 登录电力交易平台，选择"2025年 1—12 月直流 L 配套电源送 D 年度省间外送交易"，查看购电省 D 填报的所有要约信息，核对无误后进行确认。

（4）交易预出清。申报窗口关闭，要约信息自动生成预出清交易结果。双边协商交易 1 月预出清主要信息见表 5－4，其他明细信息和要约类似。

表 5－4   双边协商交易 1 月预出清主要信息

售电方	购电方	预出清电量（兆瓦时）	预出清价格（元/兆瓦时）
S	D	623200	320

本笔交易预出清之后与相同周期的其他交易开展协同出清、安全校核，这里不再详细介绍。

2. 省间月度交易组织流程

省间月度交易以次月全部或部分自然日为执行周期，按月定期组织。月度也可开展执行周期覆盖 2 个月及以上的多月交易。月度交易主要采用双边协商、挂牌、集中竞价的组织方式。月度交易可以同步开展年度交易的合同变更、合同转让交易。北京电力交易中心一般在每月第二个工作日发布次月月度交易公告，其中也包括多通道集中竞价交易的日期、次月月内市场运营的相关安排。

（1）信息披露。月度市场开市前，电力调度机构按信息披露有关要求向相关经营主体披露约束信息和预测信息。国调向北京电力交易中心提供最新的通道限额，并根据电网运行方式及检修安排更新。集中竞价的规模上限由相关电网企业（含电力调度机构）根据本省区最大外送、受入能力和剩余通道能力确定。

（2）年度交易调整。相关经营主体根据需要参与合同交易，包括合同变更和合同转让。通过合同变更，经营主体可对年度交易的月度分解电量及电力曲线进行调整。通过合同转让，可对次月及后续月份的年（季）度交易合同分解电量及电力曲线进行转让。以年度交易调整之后的月度分解电量及电力曲线作为月度交易边界，开展月度双边协商和集中交易。

（3）月度交易组织。单通道交易一般采用双边协商、挂牌的交易方式，多通道交易一般采用集中竞价的方式。

下面以挂牌交易为例通过具体算例进行说明。省间中长期挂牌交易一般由购方省发起挂牌要约，售电省发电企业进行摘牌操作。

（1）挂牌。在要约申报时间窗口内，购电省 D 电网公司在交易平台提报挂牌要约，交易的对方为 S 省的发电企业，经由 L 直流输电通道。挂牌交易要约信息见表 5-5。

表 5-5 挂牌交易要约信息

要约填报项	填报内容
交易名称	2025 年 3 月 S 送 D 月度省间外送交易
交易市场	月度市场
交易周期	月度
送出节点	S 省
交易意向方范围	2025 年 S 省发电企业
受入节点	D
交易通道	直流通道 L

续表

要约填报项	填报内容
执行开始时间	2025 年 3 月 1 日
执行结束时间	2025 年 3 月 31 日
是否多价格挂牌	是
是否为电价浮动交易	否
出清过程保持电力曲线形状不变	否
曲线类型	分时段曲线
分时段数量	3
申报联系人	D 联系人
申报联系方式	1300200××××

继续填报挂牌交易要约时段信息，见表 5-6。

表 5-6 挂牌交易要约时段信息

序号	开始时间	结束时间	段号	分时段信息
1	2025/3/1	2025/3/31	段 1	0—8 时，22—23 时
			段 2	9—16 时
			段 3	17—21 时

填报 24 时段的挂牌电力和挂牌电价曲线。其中电力为首个跨区通道送出侧的值，电价为电厂上网侧价格。挂牌交易的电力和电价明细信息见表 5-7。

表 5-7 挂牌交易的电力和电价明细信息

开始时间—结束时间		2025/3/31—2025/3/31	
段号	类型	挂牌电力 （兆瓦时）	挂牌电价 （元/兆瓦时）
段 1	0 点	400	360
	1 点	400	360
	2 点	400	360
	3 点	400	360
	4 点	400	360
	5 点	400	360

续表

开始时间—结束时间		2025/3/31—2025/3/31	
段号	类型	挂牌电力（兆瓦时）	挂牌电价（元/兆瓦时）
段1	6点	400	360
	7点	400	360
	8点	400	360
段2	9点	300	350
	10点	300	350
	11点	300	350
	12点	300	350
	13点	300	350
	14点	300	350
	15点	300	350
	16点	300	350
段3	17点	500	380
	18点	500	380
	19点	500	380
	20点	500	380
	21点	500	380
段1	22点	400	360
	23点	400	360

　　信息填报完成后，电力交易平台会根据填报信息自动检索对应路径，申报者选择适配的路径并检查路径对应的输电价格和网损率。确认后提交要约至电力交易机构。

　　（2）挂牌要约受理及发布。电力交易机构收到要约后，进行审核，检查要约完整性。审核通过后向 S 省准入的发电企业、购电省 D 发布要约。

　　（3）摘牌申报。假设摘牌申报时间为 8:30－10:30，该时段内交易申报窗口打开。S 省发电企业登录电力交易平台，选择"2025 年 3 月 S 送 D 月度省间外送交易"，查看购电省 D 的挂牌信息。发电企业根据挂牌价格决策是否摘牌，可选择任意一段或多段申报摘牌意向。摘牌只需填报该段总电量，无须填报小时电力，接受挂牌价格。摘牌信息（以段 1 为例）见表 5－8。

表 5－8   摘牌信息（以段 1 为例）

售电方	摘牌时段	摘牌电量（兆瓦时）	报价时间
S 省发电企业 C1	段 1	1000	8:35
S 省发电企业 C2	段 1	800	8:32
S 省发电企业 C3	段 1	1600	8:50
S 省发电企业 C4	段 1	1400	8:52
S 省发电企业 C5	段 1	600	9:04

（4）交易预出清。假设交易出清以 15 分钟为一个轮次，共分为 8 个出清轮次。首先出清第一个 15 分钟的摘牌信息，不能满足需求的话，继续出清第 2 个 15 分钟的摘牌信息，以此类推。电力交易机构根据出清结果生成预成交信息。

1）第一轮出清，获取 8:30－8:45 的报价。以段 1 为例，C1 和 C2 的摘牌申报电量，低于总挂牌电量 4400 兆瓦时，C1 和 C2 全量摘牌，出清结果 C1 为 1000 兆瓦时，C2 为 800 兆瓦时。第一轮出清后剩余挂牌电量 2600 兆瓦时。

2）第二轮出清，获取 8:45－9:00 的报价。C3 和 C4 摘牌申报总电量，高于剩余挂牌电量 2600 兆瓦时，只能部分成交。由 C3 和 C4 按照摘牌申报电量进行等比例分摊，出清结果为 C3 为 1387 兆瓦时、C4 为 1213 兆瓦时。第二轮出清后将挂牌电量全部摘牌，不再开展后续轮次的出清，C5 无成交。

预出清结果主要信息见表 5－9，其他明细信息和要约类似。

表 5－9   预出清结果

售电方	购电方	中标时段	预出清电量（兆瓦时）	预出清价格（元/兆瓦时）
S 省火电企业 C1		段 1	1000	360
S 省火电企业 C2	D	段 1	800	360
S 省火电企业 C3		段 1	1387	360
S 省火电企业 C4		段 1	1213	360

3. 省间月内交易组织流程

月内交易在月度交易闭市后开展，针对次月（或当月）月内剩余自然日的需求组织开展，包括合同转让交易、合同变更交易、增量交易。当经营主体无法履行合同时，可以开展合同转让交易、合同变更交易。当通道存在富余容量时，根据可再生能源新增消纳需求和各省新增购电需求，电力交易机构可以组织开展月内增量交易。月内交易可以采用双边协商、挂牌、集中竞价的组织方式。其中多通道集中竞价周交易已经实现定期开市。

（1）单通道月内交易。单通道月内交易按需开展，每个工作日均可受理要约申报。电力调度机构提供关键通道的剩余输电能力。单通道月内交易以双边协商和挂牌交易方式为主，具体流程不再赘述。

（2）多通道周交易。月内多通道集中竞价交易，按周定期开市。每周三开展下下周的周交易（标的期为下下周的周一到周日）。为方便结算，周交易不跨月，月初或月末的不足一周的天数灵活处理，单独组织交易或者并入其他周交易，例如2024年12月第四周多通道竞价交易执行日期为12月23—31日。多通道集中竞价交易的具体流程和出清技术，不同于协商和挂牌交易，将在下一小节中详细介绍。

5.2.4 省间多通道集中竞价交易

跨区跨省双边协商和挂牌交易均基于通道组织，交易前需指定输电通道，仅由通道两侧的购售方主体进行交易。因此针对不同的通道需要组织大量的交易场次，交易组织效率相对较低。

为满足省间中长期市场连续运营的要求，提高交易组织效率，多通道集中竞价交易技术应运而生，并已在国家电网公司经营区获得实际应用。在多通道集中竞价交易中，多条交直流特高压输电通道被放入一场交易中，所有的购售方经营主体同时被准入交易，同场申报量价信息。申报结束后电力交易机构考虑通道可用输电能力（Available Transfer Capability，ATC）约束进行集中优化出清，形成交易结果。目前多通道集中竞价交易已经实现按月、按周连续开市。本节详细介绍多通道集中竞价交易的申报、出清和校核调减的具体流程。

1. 交易参数

市场管理委员会在交易前确认集中竞价交易价差系数，并随交易公告披露。集中竞价交易价差系数 K_1 用于在发、用两侧进行社会福利的分配，结合购、售方边际价格确定出清价格。集中竞价交易价差系数计算原理如下。

（1）售电方有效申报电量总和计算公式见式（5-3）：

$$Q_{Ssum} = \sum_{1}^{n} Q_s(n) \qquad (5-3)$$

式中：n 为售电方申报家数；$Q_s(n)$ 为售电方 n 的有效申报量；Q_{Ssum} 为售电方有效申报电量总和。

（2）购电方有效申报电量总和计算公式见式（5-4）：

$$Q_{Dsum} = \sum_{1}^{m} Q_D(m) \qquad (5-4)$$

式中：m 为购电方申报家数；$Q_D(m)$ 为购电方 m 的有效申报量；Q_{Dsum} 为购电方有效申报电量总和。

（3）供需比系数 G 计算公式见式（5-5）：

$$G = Q_{Ssum} / Q_{Dsum} \qquad (5-5)$$

（4）报价差值系数 K_1 计算公式见式（5-6）：

$$K_1 = 1 / (G+1) \qquad (5-6)$$

（5）无火电企业参与的省间交易，$K_1 = 0.5$。有火电企业参与的省间交易，当供需比 $G \leqslant 1$ 时，$K_1 = 0.5$；当供需比 $G > 1$ 时，K_1 按照式（5-6）确定。

（6）交易参数在定价计算中的应用见式（5-7）、式（5-8）：

$$P_{dif} = P_{Dmin} - P_{Smax} \qquad (5-7)$$

$$P_c = P_{Smax} + (1-K_1) \times P_{dif} \qquad (5-8)$$

两式中：P_{Dmin} 为计算后的购方成交电量报价的最小值，即购方边际价格；P_{Smax} 为计算后的售方成交电量报价的最大值，即售方边际价格；P_{dif} 为购方边际价格和售方边际价格的差值；P_c 为统一边际出清价格。

不同供需比状况下 K 系数设定见表 5-10。

表 5-10　　　　　　　　不同供需比状况下 K 系数设定

参数	供需宽松	供需平衡	供需紧张
售方申报电量总和	1000	1000	1000
购方申报电量总和	800	1000	1200
供需比 G	1.25	1	0.83
报价差值系数 K_1	0.444	0.5	0.5

参数	供需宽松	供需平衡	供需紧张
购方边际电价	400	400	400
售方边际电价	380	380	380
出清电价	391.12	390	390

在省间多通道集中竞价交易出清过程中，采用上述方法，根据每个时段上的供需申报电量计算每个时段上的供需比 G 和报价差值系数 K_1。

2. 申报形式

省间多通道集中竞价交易以每天 24 个小时时段电量/电力为交易标的物。售电方以发电企业为单位，申报上网侧电量/电力、电价；购电方申报落地侧电量/电力、电价。售方发电企业可以查阅所在省级电网企业的平衡剩余能力，即外送电力总额限值，确定自己的报价策略。

经营主体分时段、分阶梯申报电力、电价，形成分时"电力–价格"曲线。报价要求如下：

（1）每个交易时段可申报最多 5 段阶梯曲线。

（2）售方主体申报的分段曲线要求为单调非递减曲线。

（3）购方主体申报的分段曲线要求为单调非递增曲线。

（4）申报电量最小精度为 1 兆瓦时。

（5）售方经营主体报价可设置上下限，最低为 0 元/兆瓦时，一般不超过各省燃煤发电基准价 1.2 倍的最高值。国家电网经营区内湖南省燃煤基准价最高,为 450 元/兆瓦时，则各省售方经营主体的报价上限为 $450 \times 1.2 = 540$（元/兆瓦时）。

（6）购方经营主体报价设置上限，最高不超过电厂上网价加输电费后的最高值。2024 年取值为 1000 元/兆瓦时。

（7）各时段售电方经营主体申报电力总和上限不得超过该时段该经营主体的发电能力。

3. 交易出清

省间多通道集中竞价交易采用以社会福利最大为目标的集中优化出清方式。购方出清点为落地省落地侧，售方出清点为电厂上网侧，具体出清如下：

（1）购售双方分别在落地侧、上网侧交易关口申报分时段电力、电价等信息。

（2）购方申报价格按照所有可行交易路径，折算到售方，并计算购售方之间的价格差值，见式（5-9）：

$$S(o,d,r,t) = P_d(t) - C_{d,r}(t) - P_o(t) \qquad (5-9)$$

式中：$S(o,d,r,t)$ 表示售方 o、购方 d 经交易路径 r 在 t 时段达成交易，购售双方申报价格扣减输电费和网损折价后的价格差值；$P_d(t)$、$P_o(t)$ 分别表示购方 d、售方 o 在 t 时段的申报价格；$C_{d,r}(t)$ 表示购方 d 在 t 时段从交易路径 r 购电所需要承担的输电费和网损折价。

（3）价格差值小于零的购售方组合不参与集中优化出清，无成交。

（4）以社会福利最大为目标，根据电力调度机构提供的通道可用输电容量及潮流分布因子等参数，进行多通道集中优化，形成出清结果。优化目标和约束条件如下。

1）优化目标见式（5-10）：

$$\max U = \sum_t \sum_r \sum_o \sum_d F_{od,r}(t) \times [P_d(t) - C_{d,r}(t) - P_o(t)] \qquad (5-10)$$

式中：U 表示价格差值积分和；$F_{od,r}(t)$ 表示每个购售组合（o,d）在可行交易路径 r 上 t 时段的售方侧中标电量或电力。

2）约束条件如下。

交、直流通道受可用输电容量的约束见式（5-11）、式（5-12）：

$$\sum_o \sum_d \sum_r F_{od,r}(t) D_{tie,r} S_{tie,r} f_{tie,r} = TF_{tie}(t) \qquad (5-11)$$

$$TF_{tie}(t) \leqslant ATC_{tie}(t) \qquad (5-12)$$

两式中：$D_{tie,r}$ 为交易路径 r 经过的输电通道 tie 上的潮流方向，1 表示正向，-1 表示反向；$S_{tie,r}$ 为不考虑网损下，交易路径 r 上经由的通道 tie 的潮流分布因子；$f_{tie,r}$ 为交易路径 r 经由输电通道 tie 的网损折算系数；$TF_{tie}(t)$ 为本次交易输电通道 tie 在 t 时段的电量/电力；$ATC_{tie}(t)$ 为交、直流输电通道 tie 在 t 时段的最大可用输电容量。

售方中标分时段电量/电力约束见式（5-13）：

$$\sum_r \sum_d F_{od,r}(t) \leqslant Q_o(t) \qquad (5-13)$$

式中：$Q_o(t)$ 为售方 o 在 t 时段申报的分时段电量/电力售电需求。

购方中标分时段电量/电力约束见式（5-14）：

$$\sum_r \sum_o F_{od,t}(t) \times \prod_{e \in E_r}(1-\delta_e) \leqslant Q_d(t) \qquad (5-14)$$

式中：$Q_d(t)$ 为购方 d 在 t 时段申报的分时段电量/电力购电需求；δ_e 为通道或节点 e 的网损系数；E_r 为交易路径 r 上经由的所有输电通道或节点的集合。

售方省外送能力约束见式（5-15）：

$$\sum_{o \in E_{Pr}} \sum_r \sum_d F_{od,r}(t) \leqslant L_{Pr}(t) \qquad (5-15)$$

式中：E_{Pr} 为售方省 Pr 的售方经营主体的集合；$L_{Pr}(t)$ 为售方省 Pr 在 t 时段设置的外送能力限值。

（5）考虑到对于同一售电省内经营主体，如果经由不同的交易路径外送，出清价格不同，难以被经营主体所接纳。在不改变售方中标电量/电力、通道出清电量/电力的前提下，按以下原则处理出清结果，确保每一售方经营主体在各可行交易路径上出清比例一致。

1）计算交易路径出清电量/电力，见式（5-16）：

$$FT_r(t) = \sum_o \sum_d F_{od,r}(t) \qquad (5-16)$$

式中：$FT_r(t)$ 为路径 r 上 t 时段出清电量/电力。

2）计算售方经营主体出清电量/电力，见式（5-17）：

$$FO_o(t) = \sum \sum F_{od,r}(t) \qquad (5-17)$$

式中：$FO_o(t)$ 为售方 o 在 t 时段的出清电量/电力。

3）按照售方经营主体等比例使用可行外送路径的原则，计算售方在可行路径 r 上的中标值，见式（5-18）：

$$F'_{o,r}(t) = FT_r(t) \times FO_o(t) / \sum_{o \in O_r} FO_o(t) \qquad (5-18)$$

式中：$F'_{o,r}(t)$ 为售方 o 在 t 时段经由可行路径 r 外送调整后电量/电力；O_r 为可以经由路径 r 外送的售方经营主体集合。

4）在不改变购方购电电量/电力、购电路径的前提下，生成购售方组合。

（6）根据购售方组合，按照边际定价法形成交易路径 r 在 t 时段的出清价格，从而形成交易预成交结果。

省间多通道集中竞价交易采用按交易路径边际定价的方式。购售方配对出清后，针对经由同一交易路径的成交主体进行边际定价。将该路径上中标的购方经营主体申报价格折算到交易路径送出侧，采用最低购电折算价和最高售电申报价进行边际定价，确定售电侧出清电价，计算公式如（5–19）所示。购方侧价格则是在此价格基础上，叠加输电费和网损折价计算获得。该定价方式下，售电省经由同一交易路径中标电力的出清电价相同。

$$P = P_{Smax} + (1 - K) \times (P_{Dmin} - P_{Smax}) \tag{5-19}$$

式中：P 为售方节点在该路径上的出清价格；P_{Dmin}、P_{Smax} 为该路径上所有成交对中的最低购电折算价、最高售电申报价；K 为集中竞价交易价差系数，其取值或计算方法在市场开市公告中发布。

4. 交易调减

交易预成交结果发送至电力调度机构进行安全校核。如果校核不通过，电力调度机构需要反馈越限的路径的关口电力限值。电力交易机构根据校核结果循环判断涉及的路径，采用高低匹配的出清方式重新出清形成各经营主体的成交电量、电价。具体步骤如下。

（1）将路径的指定关口限值折算至售方节点。

（2）考虑调减路径的输电费和网损，将购方经营主体申报的分时"电力–价格"曲线折算到售电方节点。

（3）在售方节点，将售方经营主体报价从低到高排序，购电方经营主体折算价从高到低排序。按照购售双方价格差值递减的原则依次出清，价格差值最大的购售对优先成交，直至达到售方节点的电力限值。如果在售方边际价格上存在多个主体的报价，按照新能源优先、剩余等比例出清的原则进行处理。

（4）根据出清结果，按交易路径进行边际定价。

（5）合并 24 点电力、电价，形成调减后的成交对曲线。

5. 实施算例

以西北（新疆、甘肃、青海、陕西、宁夏）送华东（江苏、上海、浙江、安徽）、华中（江西、河南、湖北、湖南）、西南（重庆）为例，进行省间多通道集中优化出清算例的解析。为便于理解，选取其中 3 个时段进行分析。本案例中不考虑售方省外送能力约束。

交易出清前，首先对售电省内发电企业相同时段的多段报价进行聚合，把报价相同的申报电力累加，形成虚拟报价主体，如新疆售电 1、甘肃售电 1 等。购、售方申报的详细信息见表 5−11 和表 5−12。

表 5−11　　　　　　　　　售方经营主体的申报信息

经营主体	售方申报电价（元/兆瓦时）	售方申报总电力（兆瓦）		
		时段 1	时段 2	时段 3
新疆售电 1～8	215～251	695	2085	1390
甘肃售电 1～34	220～266	1038	3114	2076
青海售电 1～3	212/217/221	74	222	148
陕西售电 1～2	234/397	76	228	152
宁夏售电 1	265	322	966	644
合计	—	2205	6615	4410

表 5−11 中"新疆售电 1～8"表示售方省内经营主体报价合并后，形成的售方 8 个报价段。其他类似。

表 5−12　　　　　　　　　购方经营主体的申报信息

经营主体	购方申报电价（元/兆瓦时）	购方申报总电力（兆瓦）		
		时段 1	时段 2	时段 3
上海购电	396	160	480	320
江苏购电	377	227	681	454
浙江购电	377	538	1614	1076
江西购电	374	26	78	52
河南购电	357	276	828	552
安徽购电	355	51	153	102
重庆购电	338	60	180	120
湖北购电	336	57	171	114
湖南购电	328	744	2232	1488
合计	—	2139	6417	4278

该案例中的直流通道输电费、网损、ATC限额见表5-13。

表5-13 直流通道的输电费、网损及ATC限额信息

编号	直流通道名称	输电费（元/兆瓦时）	网损	ATC上限（兆瓦）	ATC下限（兆瓦）
1	德宝直流	33.6	0.03	2900	-2900
2	渝鄂直流	0	0	3000	-2200
3	青豫直流	64.89	0.0583	0	0
4	灵宝直流	40.3	0.01	0	-1100
5	灵绍直流	60	0.065	5890	0
6	吉泉直流	82.9	0.07	1947	0
7	祁韶直流	60.2	0.065	3000	0

采用以总社会福利最大为目标的优化模型进行求解，售方经营主体出清电力见表5-14。从售电侧看，报价低的经营主体优先出清，青海由于其经营主体报价最低，申报电力全部出清；新疆和甘肃的经营主体由于供大于求，根据报价从低到高出清了部分申报电力；而陕西和宁夏的经营主体由于报价过高，相关路径价格差值均小于零，因此未能达成交易。

表5-14 售方经营主体出清电力

经营主体	售方申报电价（元/兆瓦时）	售方申报总电力（兆瓦）			售方出清总电力（兆瓦）		
		时段1	时段2	时段3	时段1	时段2	时段3
新疆售电1~8	215~251	695	2085	1390	514.765	1544.294	1027.53
甘肃售电1~34	220~266	1038	3114	2076	706	2118	1414
青海售电1~3	212/217/221	74	222	148	74	222	148
陕西售电1~2	234/397	76	228	152	0	0	0
宁夏售电1	265	322	966	644	0	0	0
合计	—	2205	6615	4410	1294.765	3884.294	2589.53

购方经营主体出清电力见表5-15。可以看出报价高的经营主体优先出清，上海、江苏、浙江以及河南经营主体全部出清；安徽、重庆、湖北及湖南经营主体由于报价过低，相关路径价格差值均小于零，因此未能达成交易；江西经营主体满足价格差值大于零的可行交易路径中，仅有青海经由青豫直流外送电力，但相应时段中的青豫直流ATC等于0，因此江西未能达成交易。

表 5-15 购方经营主体出清电力

经营主体	购方申报电价（元/兆瓦时）	购方申报总电力（兆瓦）			购方出清总电力（兆瓦）		
		时段 1	时段 2	时段 3	时段 1	时段 2	时段 3
上海购电	396	160	480	320	160	480	320
江苏购电	377	227	681	454	227	681	454
浙江购电	377	538	1614	1076	538	1614	1076
江西购电	374	26	78	52	0	0	0
河南购电	357	276	828	552	276	828	552
安徽购电	355	51	153	102	0	0	0
重庆购电	338	60	180	120	0	0	0
湖北购电	336	57	171	114	0	0	0
湖南购电	328	744	2232	1488	0	0	0
合计	—	2139	6417	4278	1201	3603	2402

特高压直流通道出清电力见表 5-16。华东区域上海、江苏、浙江达成交易。其中，报价高的购方主体优先购电，且吉泉直流输电费、网损均大于灵绍直流，因此，上海、浙江和江苏优先经由灵绍直流从西北区域中报价较低的 3 省购电，吉泉直流的出清潮流为 0；河南经由灵宝直流的价格差值最大，因此经由灵宝直流从报价较低的新疆、甘肃经营主体购电。

表 5-16 特高压直流通道出清电力

特高压通道	ATC 上限（兆瓦）	ATC 下限（兆瓦）	通道出清电力（兆瓦）			购、售对	购、售对在通道上的潮流（兆瓦）		
			时段 1	时段 2	时段 3		时段 1	时段 2	时段 3
灵宝直流	0	−1100	278.79	836.36	557.58	甘肃－河南	67.476	238.428	138.952
						新疆－河南	211.312	597.936	418.624
灵绍直流	5890	0	989.31	2967.91	1978.61	新疆－江苏	236.781	728.342	473.561
						新疆－上海	40	138	84
						青海－浙江	72	216	144
						青海－上海	2	6	4
						甘肃－上海	129.123	369.369	254.246
						甘肃－浙江	503.401	1510.203	1006.802
						甘肃－江苏	6	0	12

按交易路径边际定价后，购、售方的出清电价见表 5-17、表 5-18。

表 5-17   售方出清电价

售方	按交易路径边际定价（元/兆瓦时）
甘肃－灵宝－河南	242.767
新疆－灵宝－河南	245.267
新疆－灵绍－江苏	227.679
新疆－灵绍－上海	237.928
青海－灵绍－浙江	229.197
青海－灵绍－上海	235.428
甘肃－灵绍－上海	236.928
甘肃－灵绍－浙江	235.697
甘肃－灵绍－江苏	229.179

表 5-18   购方出清电价

购方	按交易路径边际定价（元/兆瓦时）
甘肃－灵宝－河南	336.024
新疆－灵宝－河南	338.549
新疆－灵绍－江苏	371.919
新疆－灵绍－上海	383.048
青海－灵绍－浙江	358.607
青海－灵绍－上海	380.334
甘肃－灵绍－上海	381.962
甘肃－灵绍－浙江	365.559
甘肃－灵绍－江苏	373.548

继续计算购售省份的价格，加权平均电价见表 5-19、表 5-20。

表 5-19   售方加权平均出清电价

售方	售方加权平均出清电价（元/兆瓦时）
青海	229.365
新疆	236.133
甘肃	236.543

表 5-20   购方加权平均出清电价

购方	购方加权平均出清电价（元/兆瓦时）
上海	382.197
江苏	371.959
浙江	364.69
河南	337.938

经过上述步骤，最终形成各省不同交易路径不同时段的出清电力和出清电价。其中售方聚合后虚拟报价主体的出清电力，会依据聚合前各发电主体的申报电力比例，将出清电力分解至各个发电主体。

5.2.5 省间中长期交易校核及调减

省间中长期交易预出清之后还需要通过协同出清和安全校核，才能形成最终交易结果，并向经营主体发布。

（1）协同出清。协同出清主要解决同一运营周期内多场次交易的通道使用协同问题，包含跨区跨省交易和区域内省间交易的协同。在相同运营周期的交易全部结束之后，电力交易机构汇总输电通道上的所有预出清结果，根据输电通道的输电限额，按照交易优先级进行协同出清，形成交易预成交结果。如果预成交电量小于预出清电量，针对集中竞价交易，则按规则重新出清，成交电价可能改变；针对非集中竞价交易，则根据预出清曲线等比例调减生成预成交曲线，成交价格不变。

（2）安全校核。由于输电通道的容量受系统运行状况的影响一直在动态变化，因此电力交易机构的出清数据仍然需要提交电力调度机构进行安全校核。

协同出清后的交易结果，经汇总后，形成送出、受入方的电力明细数据，提交至电力调度机构进行安全校核。电力调度机构按有关技术规范进行安全校核，按通道将未通过安全校核的交易、通道能力、越限情况及受限原因等校核意见反馈电力交易机构。电力交易机构按照交易优先级进行交易逆序调减。如果涉及调减的是双边协商、挂牌交易、滚动撮合交易，各经营主体成交电量及曲线按照预成交结果等比例调减即可，价格不变。如果涉及调减的是集中竞价交易，则需要按照出清原则重新出清形成各经营主体的成交电量和价格。由于重新出清因此价格可能会发生变化。调减后的结果再次发送电力调度机构进行安全校核，如此迭代，直至安全校核通过。

电力交易机构将最终的交易结果向参与交易的经营主体发布，包括成交电量、曲线、价格，同步发布安全校核情况。

5.3 省间现货交易

省间现货交易是在省间中长期交易的基础上开展的增量交易，通过日前和日内更短周期的维度，利用通道剩余能力进行清洁能源消纳和省间电能余缺互济。自2022年1月试运行以来，省间电力现货市场范围由点到面、持续扩大，目前已覆盖国家电网和蒙西电网经营区，有力促进了省间电力互济、电力保供和清洁能源消纳。2024年10月15日，国家电网经营区的省间电力现货市场转入正式运行。截至2024年12月，省间电力现货市场参与主体超6000家，覆盖多类型发电主体，累计交易电量超过980亿千瓦时，其中清洁能源电量占比约45%。

5.3.1 省间现货交易参与方式

省间现货电力市场的参与成员包括发电企业、电网企业、售电公司、电力用户及市场运营机构。市场运营机构包括国调、网调、省调和北京电力交易中心、各省级电力交易机构。经营主体以"报量报价"方式参与省间现货交易，卖方申报上网侧电力和价格，买方申报落地侧电力和价格。省内经营主体通过省级电力交易平台申报分时"电力–价格"曲线，国调、网调的直调机组可通过省间电力交易平台申报"电力–价格"曲线。

5.3.2 省间现货交易出清和定价

省间电力现货交易采用集中竞价的出清方式和节点边际电价的定价机制。

1. 交易节点

省间现货交易节点需满足如下规定：

（1）在省间电力现货交易中，一般情况下1个省为1个交易节点。当省内出现严重阻塞，且该阻塞相对频繁发生时，1个省可定义多个交易节点。

（2）国调、网调的直调机组按照批复的电力消纳方式确定其所属交易节点，省内消纳的机组纳入省内交易节点，省间消纳的机组可设为独立交易节点。

（3）同一个节点下的不同经营主体，以及同一省份不同节点下的经营主体之间，不允许开展省间电力现货交易。

2. 交易出清

（1）买方主体在所在节点申报分时"电力–价格"曲线，考虑所有交易路径的输电价格和输电网损后，逐一折算到卖方节点。省间现货申报价格设置限值，比如申报价格下限为 0 元/兆瓦时，申报价格上限为 3000 元/兆瓦时，具体见相关交易参数。

折算到卖方节点的买方市场主体价格=买方市场主体报价–输电价格（含输电网损折价）。

折算到卖方节点的买方市场主体电力=买方市场主体申报电力/（1–线路网损率）。

（2）在卖方节点，卖方市场主体报价按照从低到高排序，买方市场主体折算后价格从高到低排序。

（3）按照买卖双方价差递减的原则依次出清，价差最大的交易对优先成交，直至价差小于零或节点间交易路径可用输电容量等于零。存在价差相同的多个交易对时，按照申报电力比例分配交易对中的卖方节点送出需求和买方节点受入需求。

（4）交易对中卖方节点的送出需求，按照卖方节点在全部价差相同交易对中涉及的各个买方节点申报电力的比例，进行分配，形成该交易节点外送各买方节点的电力。交易对中买方节点的受入需求分配，按照买方节点在全部价差相同交易对中涉及的各个卖方节点申报电力的比例，对该买方节点申报电力进行分配，形成该交易节点受入各卖方节点的电力。

（5）每个交易对中卖方节点送出电力和买方节点受入电力中较小的值为该交易对在卖方节点的成交电力。

（6）考虑跨省区联络线的输电容量，对成交电力进行校验调整。若相关交易对的成交电力超出某一跨省区联络线或输电断面的可用输电容量，则按比例缩减相关交易对的成交电力，形成各交易对在对应跨省区联络线及输电断面上的成交电力。

（7）每成交一笔交易后，扣除该交易路径可用输电容量以及买卖双方对应的申报量。

（8）剩余的买方主体申报量再次折算到卖方节点，与卖方主体剩余申报量进行集中竞价出清。

（9）买卖双方在市场内依次出清，直至买方主体或卖方主体申报电力全部成交，或买卖双方价差为负，或买卖双方可成交节点间交易路径无可用输电容量，交易结束。

3. 边际电价计算

（1）卖方节点最后一笔成交交易对中买方折算后价格与卖方申报价格的平均值为该卖方节点的边际电价。

（2）卖方节点价格叠加交易路径的输电价格（含输电网损折价），作为买方节点对应路径的出清电价。

（3）买卖双方市场主体在竞价出清过程中成交的电力按照上述买卖节点的价格结算。

5.3.3　省间现货交易组织

5.3.3.1　省间日前交易

省间日前现货交易每日开市，由电力调度机构组织次日的省间电力现货交易。

1. 预计划下发

D-2 日 14:00—15:30，国调基于跨区中长期交易结果，考虑电网安全运行需要，编制并下发跨区通道及直调机组 D 日的 96 时段预计划。

D-2 日 15:30—17:00，网调基于跨区通道、直调机组预计划和省间中长期交易结果，考虑电网安全运行需要，编制并下发省间联络线及直调机组 D 日 96 时段预计划。

2. 交易前信息公告

D-1 日 08:45 前，电力交易机构向经营主体披露检修计划、电网安全约束等日前现货交易所需的相关信息。

3. 省内预出清（预计划）

D-1 日 08:45—09:45，经营主体提交省内日前现货市场（电力现货市场运行期间）的"电力－价格"曲线。

D－1 日 9:45—10:30，省内现货市场运行地区，省级电力调度机构开展省内日前现货市场预出清；省内现货市场未运行地区，省级电力调度机构开展省内预计划编制。各省级电力调度机构根据预出清或预计划结果将机组预计划、负荷预测等数据上报至国调、网调。

D－1 日 11:00 前，省级电力调度机构将省内预出清或预计划结果、省内电力平衡裕度和可再生能源富余程度提交至电力交易机构，并向相关经营主体发布。

4. 交易申报

D－1 日 11:00—11:30，经营主体申报省间电力现货交易分时"电力－价格"曲线。

D－1 日 11:30—11:45，省级电力调度机构对省内经营主体申报数据进行合理性校验，保证节点内部电能申报量可送出或受入。省级电力调度机构将省内各经营主体报价曲线上报至国调。

国调、网调对直调发电企业的申报量进行预校核，保证电能申报量可执行。

5. 省间现货交易出清及跨区发输电计划编制

D－1 日 11:45—12:30，国调和网调组织省间日前现货交易集中出清，形成考虑安全约束的省间日前现货交易出清结果，经安全校核后，将包含省间日前现货交易结果的跨区发输电日前计划下发至相关省级电力调度机构和经营主体。

6. 省间联络线计划编制

D－1 日 12:30—14:30，网调组织开展区域内省间辅助服务交易，并将交易结果和省间联络线计划下发至相关省级电力调度机构和发电企业。

7. 省内发电计划编制

D－1 日 14:30—17:30，省级电力调度机构根据上级调度机构下发的联络线计划，编制省内日前发电计划或组织省内日前现货市场及辅助服务市场（省间交易卖方成交结果作为送端关口负荷增量，买方成交结果作为受端关口电源）出清。电力交易机构向市场成员发布市场出清结果。

5.3.3.2 省间日内交易

省间日内现货交易每日开展 12 次，按固定时段开展，每段时长出清未来 2 小时的现货交易电量。

1. 交易前信息公告

T－120 分钟前，根据信息披露相关规范，向经营主体发布省间日内现货交易所需的相关信息。

2. 交易申报

T－120 至 T－110 分钟，经营主体申报日内交易时段内的"电力－价格"曲线。

T－110 至 T－90 分钟，省级电力调度机构对省内市场主体申报数据进行合理性校验，保证节点内部电能申报量可送出或受入。省级电力调度机构将各经营主体报价曲线上报至国调。

国调、网调对直调发电企业的申报量进行预校核，保证电能申报量可执行。

3. 省间现货交易出清及跨区发输电计划编制

T－90 至 T－60 分钟，国调、网调组织省间日内现货交易集中出清，考虑安全约束形成省间日内现货交易出清结果，并将出清结果纳入联络线日内计划，经安全校核后，将包含省间日内现货交易出清结果的跨区发输电计划下发至相关省级电力调度机构及直调发电企业。

4. 省间联络线计划下发

T－60 至 T－30 分钟，网调组织开展区域内辅助服务市场，并将交易结果和省间联络线计划下发至相关省级电力调度机构和发电企业。

5. 结果发布

T－30 至 T－15 分钟，省级电力调度机构根据上级调度机构下发的联络线计划，编制省内实时发电计划，或组织省内实时市场及辅助服务市场出清，出清结束后向市场成员发布市场出清结果。

省间现货市场，在中长期交易的基础上，进一步通过市场化手段实现短期的电力资源优化配置，既提升了系统运行效率，又促进了清洁能源的远距离消纳，是全国统一电力市场的重要组成部分。

5.4 省内中长期交易

我国省级电力市场交易定位于优化省内资源配置，确保电力供需平衡和电网安全稳定运行，作用是保障电力平衡。我国省级市场主要按照电网控制区划分，大部分省（市、自治区）按照行政区域设定市场，个别省（自治区）则划分为两个市场，比如内蒙古自治区设置蒙西、蒙东两个电力市场，河北省设置冀北、河北南网两个省级电力市场。省级电力市场交易包括省内中长期交易和省内现货交易。本节结合省内年度交易、月度交易、月内交易的实例介绍主要流程和出清定价机制。

5.4.1 省内年度交易

省内年度交易主要通过双边协商、集中竞价、挂摘牌等交易方式开展。各省往往根据自身的实际情况，在规则中约定交易方式。双边协商是年度市场最主要的交易方式，本节重点结合协商交易介绍年度市场。

5.4.1.1 年度双边协商交易申报方式及出清原则

年度双边协商交易中，由购售双方中的一方申报次年交易的电量、价格、曲线，另一方进行确认，即完成交易的意向申报。年度交易可采用全年电量交易和分月电量交易模式。

全年电量交易模式下，市场提前约定电量年分月、月分日的分解原则。申报方申报全年电量、价格、典型交易曲线，另一方确认。形成交易结果后，年度成交电量按照分解原则形成分月电量和日电量，日电量按照典型交易曲线比例分解至日内所有时段。

分月电量交易模式下，市场提前约定月分日的分解原则。申报方按月申报电量、价格、交易曲线，各月的电量、价格、曲线可以不同。经营主体可以一次性申报次年 12 个月的电量、价格、曲线，也可以申报次年部分月的电量、价格、曲线。月电量按照分解原则形成日电量，日电量按照交易曲线比例分解至日内所有时段。

年度双边协商交易可以设置交易规模的限制。当申报意向超出规模限制时，可以按照交易确认的时间次序出清，也可按照成交价格优先次序或等比例方式出清。购售双方的申报价格即为双边协商交易的成交价格。

5.4.1.2 年度双边协商交易组织流程

一般每年年末组织开展省内次年年度交易，具体时间以各省交易公告为准。以山西为例，年度双边协商交易组织流程如下：

（1）交易公告发布。电力交易机构在电力交易平台发布年度双边协商交易公告，包括但不限于交易标的、交易规模、交易方式、交易时间安排、出清方式等信息。

（2）交易申报。在申报窗口期内，购售方经营主体登陆电力交易平台，申报交易意向并进行确认（即一方申报、另一方确认）。申报信息包括交易对象、交易电量及分月电量（如有）、交易曲线、交易电价、交易起止时间等。其中，交易曲线可自行约定，也可选择电力交易平台提供的典型交易曲线。

（3）交易出清。交易申报结束后，电力交易机构按照出清规则进行出清，形成无约束交易结果。

（4）校核。交易出清后的无约束结果，需经交易校核和调度安全校核。电力交易机构对申报量、价进行合理性校核，并对无约束出清结果复核。校核后的数据，在非现货运行期间，需要提交至电力调度机构进行安全校核。在现货运行期间可不开展调度安全校核（具体以各省规则为准）。

（5）结果发布。经校核后的结果，形成有约束交易结果，向相关经营主体发布。

（6）电量分解。电力交易机构按照平分原则，将分月电量平均分解至每日，然后按照交易曲线将每日电量分解至各时段，形成带分时电量的中长期交易合同。

5.4.1.3 年度双边协商交易案例

以省内年度双边协商交易为例，说明申报和出清的组织过程。

W省组织开展2025年年度双边协商交易，该省燃煤电厂基准价为330元/兆瓦时。火电厂A1与电力用户B1经双边协商达成2025年意向电量20000兆瓦时，交易价格350元/兆瓦时，交易曲线为全天一条直线［见图5-3（a）］；火电厂A2与售电公司B2经双边协商达成2025年意向电量10000兆瓦时，交易价格500元/兆瓦时，交易曲线为晚高峰一条直线［见图5-3（b）］；光伏电站A3与售电公司B3双边协商达成2025年意向电量5000兆瓦时，交易价格为200元/兆瓦时，交易曲线为白天一条直线［见图5-3（c）］；风电场A4与电力用户B4双边协商达成2025

年意向电量 10000 兆瓦时，交易价格为 320 元/兆瓦时，交易曲线为全天波动性曲线［见图 5-3（d）］。

相关经营主体在 2025 年年度双边协商交易中进行申报确认，申报数据见表 5-21。

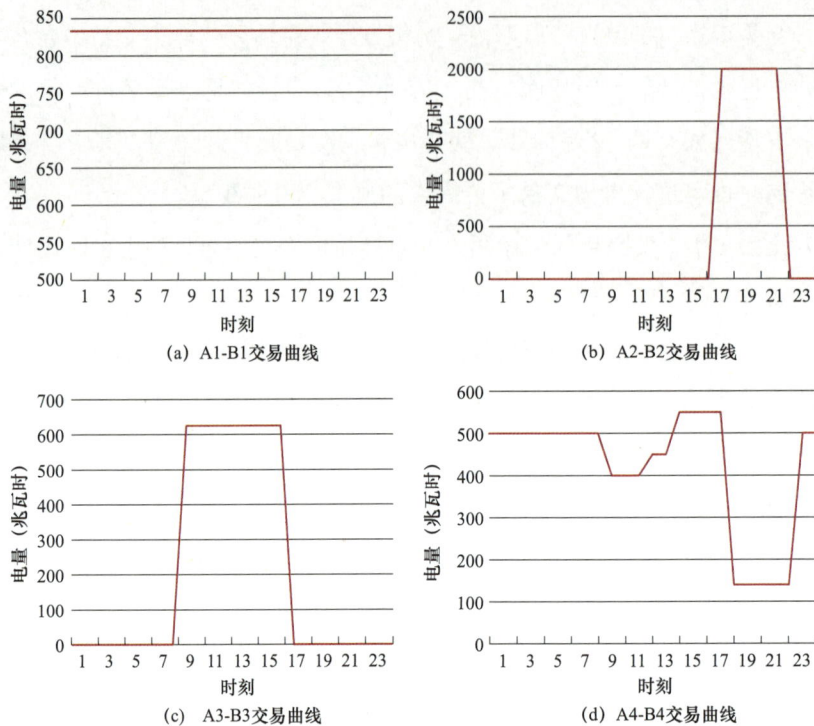

图 5-3　各交易匹配对交易曲线

表 5-21　　　双边协商交易申报确认情况

发电类型	申报主体		交易对象		量价信息		申报时间	确认时间
类型	申报方	确认方	售电方	购电方	电量（兆瓦时）	电价（元/兆瓦时）		
火电厂	A1	B1	A1	B1	20000	350	9:15:01	9:25:00
火电厂	B2	A2	A2	B2	10000	500	9:16:40	9:25:20
光伏电站	A3	B3	A3	B3	5000	200	9:18:20	9:22:05
风电场	B4	A4	A4	B4	10000	320	9:20:30	9:26:30

下面针对交易规模、交易价格等不同约束要求进行分类说明。

场景一：未设置交易规模、交易价格的约束，则所有提交确认的双边申报均视为有效申报，全量出清，成交总量 45000 兆瓦时，成交均价 360 元/兆瓦时，见表 5-22。

表 5－22 无交易规模限制下的双边交易出清结果

交易匹配对		成交结果	
发电侧	用电侧	电量（兆瓦时）	电价（元/兆瓦时）
A1	B1	20000	350
A2	B2	10000	500
A3	B3	5000	200
A4	B4	10000	320
成交总量及均价		45000	360

场景二：未设置交易规模限制，设置交易价格限价区间在"燃煤基准价×（1±20%）"以内。W 省燃煤基准价为 330 元/兆瓦时，其交易价格限制区间应为［基准价×（1－20%），基准价×（1+20%）］，即［264，396］。申报价格在此区间之外的判定为无效申报。A2－B2、A3－B3 匹配对申报价格超出限价区间，认定为无效申报；A1－B1、A4－B4 匹配对认定为有效申报，进入交易出清。因此，该交易出清达成交易 2 笔（A1－B1、A4－B4），成交总量 30000 兆瓦时，成交均价 340 元/兆瓦时，见表 5－23。

表 5－23 考虑交易限价后的双边交易出清结果

交易匹配对		成交结果	
发电侧	用电侧	电量（兆瓦时）	电价（元/兆瓦时）
A1	B1	20000	350
A4	B4	10000	320
成交总量及均价		30000	340

场景三：设定交易规模为 30000 兆瓦时，交易价格无限制。由于交易价格无约束，所有申报均为有效申报。假设按照双边协商交易确认的时间优先次序出清，则交易匹配对的优先顺序依次为 A3－B3（申报电量 5000 兆瓦时）、A1－B1（申报电量 20000 兆瓦时）、A2－B2（申报电量 10000 兆瓦时）、A4－B4（申报电量 10000 兆瓦时）。按照交易规模 30000 兆瓦时约束要求，交易出清的匹配对为 A3－B3、A1－B1、A2－B2。最终成交情况为 A3－B3、A1－B1 全量出清，A2－B2 出清电量仅为 5000 兆瓦时。因此，该交易无约束出清 4 笔，成交电量 45000 兆瓦时，成交均价 360 元/兆瓦时；经校核有约束出清达成 3 笔（A3－B3、A1－B1、A2－B2），

成交总量 30000 兆瓦时，成交均价 350 元/兆瓦时，见表 5-24。

表 5-24 有交易规模限制下的双边交易出清结果

交易匹配对		成交结果	
发电侧	用电侧	电量（兆瓦时）	电价（元/兆瓦时）
A1	B1	20000	350
A2	B2	5000	500
A3	B3	5000	200
成交总量及均价		30000	350

考虑电量规模约束，按照交易价格优先次序或等比例等方式出清的具体处理过程，此处不再一一列举。

场景四：交易规模约束为 30000 兆瓦时，按照新能源优先、时间优先出清。交易匹配对的优先顺序依次为 A3-B3（申报电量 5000 兆瓦时）、A4-B4（申报电量 10000 兆瓦时）、A1-B1（申报电量 20000 兆瓦时）、A2-B2（申报电量 10000 兆瓦时）。最终成交情况为 A3-B3、A4-B4 全量出清，A1-B1 出清电量仅为 15000 兆瓦时。因此，该交易无约束出清 4 笔，成交电量 45000 兆瓦时，成交均价 360 元/兆瓦时；经校核有约束出清达成交易 3 笔（A3-B3、A4-B4、A1-B1），成交总量 30000 兆瓦时，成交均价 315 元/兆瓦时，见表 5-25。

表 5-25 有交易规模限制下的双边交易出清结果

交易匹配对		成交结果	
发电侧	用电侧	电量（兆瓦时）	电价（元/兆瓦时）
A1	B1	15000	350
A3	B3	5000	200
A4	B4	10000	320
成交总量及均价		30000	315

5.4.2 省内月度交易

省内月度交易主要通过双边协商交易、集中交易方式开展，双边协商交易的组织流程与上节类似，仅标的物时间调整为次月电量和曲线。本节主要介绍月度集中竞价的交易方式。

5.4.2.1　月度集中竞价交易申报方式及出清原则

月度集中竞价交易中，经营主体按照交易公告给出的标准交易曲线，在规定时间内通过电力交易平台申报月度交易电量、交易价格，电力交易机构按照规则进行出清，形成交易结果。

月度集中竞价的标的，可以是全月总电量，也可以是分时段电量。市场初期，可按照标准交易曲线开展月度集中竞价交易；市场成熟后，可按照尖、峰、平、谷四段、24 个小时或自由组合时段开展交易，每个时段可以申报多个"电量 – 价格"段。

月度集中竞价交易，采用高低匹配法或统一边际电价法进行定价。

5.4.2.2　月度集中竞价交易组织流程

月度集中竞价交易，可采用所有电源同台竞价方式，也可采用不同电源类型分批竞价方式，不同省级市场有不同的做法。月度集中竞价交易组织流程如下：

（1）交易公告发布。电力交易机构在电力交易平台发布月度集中竞价交易公告，包括但不限于交易方式、交易时间安排、交易起止时间、时段划分、出清方式、交易曲线等信息。

（2）交易申报。各经营主体根据交易公告，开展集中竞价交易申报。发电企业、售电公司、批发用户、储能等新型主体登陆电力交易平台，申报交易电量、交易电价。在交易申报时间内，以申报截止前最后一次有效申报作为最终申报。

（3）交易出清与结果发布。交易申报结束后，电力交易机构按照交易规则进行集中出清。出清结果经校核后，向市场主体发布。

不同的交易时段标的，交易组织流程基本一致，主要的区别在于电量分解方式不同，具体如下：

（1）采用标准曲线交易模式的，电力交易机构按照分解原则，将月电量分解至日电量，然后按照标准曲线将日电量分解到各时段，形成带分时电量的交易合同。

（2）采用尖、峰、平、谷四段交易模式的，电力交易机构按照分解原则，将尖、峰、平、谷四个时段的成交电量，先分解至日，再按照段内交易曲线分解至时段内各个点，形成带分时电量的交易合同。

（3）采用 24 小时分时段交易模式的，每个小时设为一段，全月共 24 个交易时段（即标的月每天 00:00－01:00 的电量之和视为一段的标的电量），电力交易机构按照分解原则，将每个时段的月电量分解为日电量，最终形成带分时电量的交易合同。

5.4.2.3　月度集中竞价交易案例

以省内月度集中竞价交易为例，说明申报和出清的过程。

1. 集中竞价交易案例 1：高低匹配法出清

W 省组织开展 3 月月度集中竞价直接交易，交易曲线为标准曲线，采用高低匹配法出清。该省燃煤电厂基准价为 330 元/兆瓦时，集中竞价交易限价区间为"燃煤基准价×（1±20%）"（即限价区间为 [264，396]），具体申报情况见表 5－26。

表 5－26　　　　　　　　　集中竞价交易案例 1 申报信息

交易主体	交易申报		
类型	交易单元	电量（兆瓦时）	电价（元/兆瓦时）
火电厂	A1	200	280
火电厂	A2	100	300
火电厂	A3	50	300
火电厂	A4	100	350
售电公司	B1	250	380
售电公司	B2	150	360
售电公司	B3	100	320

根据表 5－26 得知，按照发电侧申报电价由低到高排序、用电侧申报电价由高到低排序原则，可得出集中竞价交易购售两侧申报图，如图 5－4 所示。

由图 5－4 可见，B2 与 A4 在横轴交叉线的左边部分均成交，横轴交叉线的右边部分均未成交，即 A1、A2、A3、B1、B2 全量成交，A4 部分电量成交，B3 未成交。

按照高低匹配法出清后，集中竞价交易达成 6 笔，各匹配对的成交价格分别为两者申报电价的平均值，成交总量 400 兆瓦时，成交均价 334.38 元/兆瓦时。具体成交情况见表 5－27。

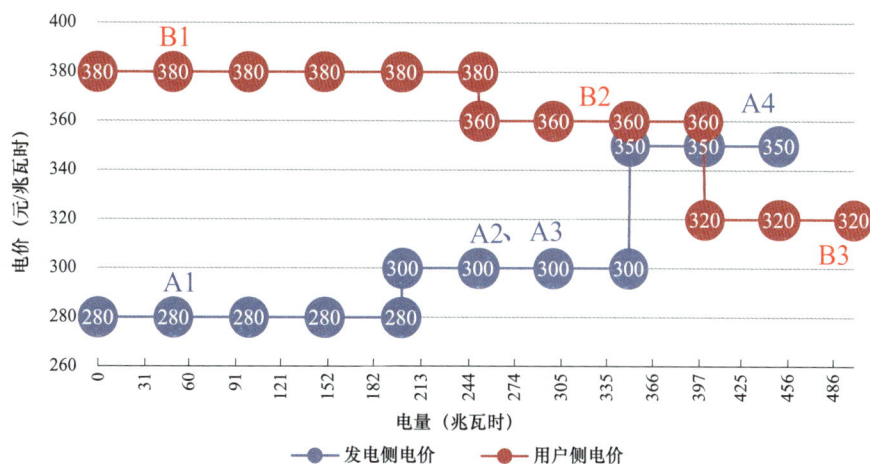

图 5-4 集中竞价交易案例 1 购售两侧申报图

表 5-27 集中竞价交易案例 1 出清信息

交易匹配对		交易申报				成交结果	
		发电侧		用电侧		电量 （兆瓦时）	电价 （元/兆瓦时）
发电侧	用电侧	电量 （兆瓦时）	电价 （元/兆瓦时）	电量 （兆瓦时）	电价 （元/兆瓦时）		
A1	B1	200	280		380	200	330
A2	B1	100	300	250	380	33	340
A3	B1	50	300		380	17	340
A2	B2	100	300		360	67	330
A3	B2	50	300	150	360	33	330
A4	B2	100	350		360	50	355
成交总量及均价						400	334.38

2. 集中竞价交易案例 2：高低匹配法出清，按照优先级排序

W 省组织开展 3 月月度集中竞价直接交易，交易曲线为标准曲线，采用高低匹配法出清。该省燃煤电厂基准价为 330 元/兆瓦时，集中竞价交易限价区间为"燃煤基准价×（1±20%）"（即限价区间为［264，396］）。规则约定若售方申报价格相同时，采用"可再生能源优先、容量等级优先、时间优先"的顺序。购方申报价格相同时，按照时间优先顺序排序。具体申报情况见表 5-28。

表5-28　　　　　　　　　集中竞价交易案例2申报信息

交易主体		交易申报			
类型	装机容量（兆瓦）	交易单元	电量（兆瓦时）	电价（元/兆瓦时）	申报时间
火电厂	600	A1	200	280	9:15:00
火电厂	600	A2	100	300	9:35:00
火电厂	300	A3	150	300	9:20:10
火电厂	300	A4	50	300	9:20:20
风电场	100	A5	100	300	9:40:00
火电厂	300	A6	100	350	9:25:00
火电厂	300	A7	100	380	9:10:00
售电公司		B1	250	380	9:12:00
售电公司		B2	150	360	9:27:20
售电公司		B3	100	360	9:27:10
售电公司		B4	200	350	9:30:00
售电公司		B5	50	350	9:28:00
售电公司		B6	50	300	9:40:00

根据表5-28得知，按照发电侧申报电价由低到高排序、用电侧申报电价由高到低排序原则，可得出集中竞价交易购售两侧申报图，如图5-5所示。

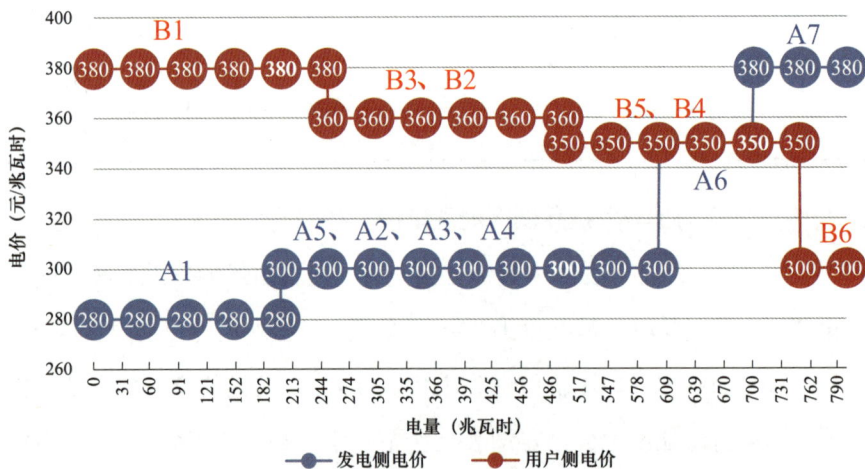

图5-5　集中竞价交易案例2购售两侧申报图

根据排序原则,售方申报价格相同时,按照"可再生能源优先、容量等级优先、时间优先"的出清原则,则发电侧的优先级顺序依次为 A1→A5→A2→A3→A4→A6→A7;购方申报价格相同时,按照时间优先顺序排序,则购电侧的优先级顺序依次为 B1→B3→B2→B5→B4→B6。

由图 5-5 可见,用户 B4、B5 申报电价等于 A6,则最后一组匹配对的成交价格为 350 元/兆瓦时,且该价格的购方申报电量大于售方申报电量,A6 全部成交,购方未全量成交。由于 A7、B6 均在交叉点的右侧,因此均未成交。

按照高低匹配法出清后,集中竞价交易达成 9 笔,形成匹配对 A1-B1、A5-B1、A5-B3、A2-B3、A2-B2、A3-B2、A3-B5、A4-B4、A6-B4,各匹配对的成交价格分别为两者申报电价的平均值,成交总量 700 兆瓦时,成交均价 332.86 元/兆瓦时。具体成交情况见表 5-29。

表 5-29　　　　　　　　　集中竞价交易案例 2 出清信息

交易匹配对		交易申报				成交结果	
		发电侧		用电侧		电量(兆瓦时)	电价(元/兆瓦时)
发电侧	用电侧	电量(兆瓦时)	电价(元/兆瓦时)	电量(兆瓦时)	电价(元/兆瓦时)		
A1	B1	200	280	250	380	200	330
A5	B1	100	300			50	340
A5	B3			100	360	50	330
A2	B3	100	300			50	330
A2	B2			150	360	50	330
A3	B2	150	300			100	330
A3	B5			50	350	50	325
A4	B4	50	300	200	350	50	325
A6	B4	100	350			100	350
成交总量及均价						700	332.86

3. 集中竞价交易案例 3:边际电价法出清

W 省组织开展 3 月月度集中竞价交易,交易曲线为标准曲线,采用边际电价法出清。该省燃煤电厂基准价为 330 元/兆瓦时,集中竞价交易限价区间为"燃煤基准价×(1±20%)"(即限价区间为 [264,396]),具体申报情况见表 5-30。

表 5-30 集中竞价交易案例 3 申报信息

交易主体	交易申报		
类型	交易单元	电量（兆瓦时）	电价（元/兆瓦时）
火电厂	A1	200	280
火电厂	A2	100	300
火电厂	A3	150	300
火电厂	A4	50	300
风电场	A5	100	300
火电厂	A6	100	350
火电厂	A7	100	380
售电公司	B1	250	380
售电公司	B2	150	360
售电公司	B3	100	360
售电公司	B4	200	350
售电公司	B5	50	350
售电公司	B6	50	300

根据表 5-30 得知，按照发电侧申报电价由低到高排序、用电侧申报电价由高到低排序原则，可得出集中竞价交易购售两侧申报图，如图 5-6 所示。

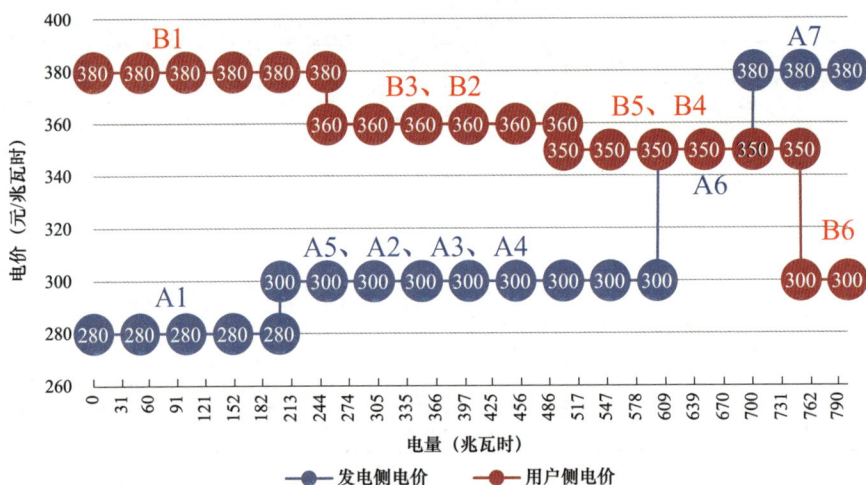

图 5-6 集中竞价交易案例 3 购售两侧申报图

由图 5-6 所知，电厂 A6 与售电公司 B4、B5 价格形成交叉点，交叉点左侧成交，右侧未成交，成交总量 700 兆瓦时，成交价格均 350 元/兆瓦时。其中，A1—A6 均全部成交，B1—B3 全部成交，B4、B5 部分电量成交，具体见表 5-31。

表 5–31 集中竞价交易案例 3 出清信息

交易主体		交易申报			成交结果	
类型	交易单元	电量（兆瓦时）	电价（元/兆瓦时）		电量（兆瓦时）	电价（元/兆瓦时）
火电厂	A1	200	280		200	350
火电厂	A2	100	300		100	350
火电厂	A3	150	300		150	350
火电厂	A4	50	300		50	350
风电场	A5	100	300		100	350
火电厂	A6	100	350		100	350
火电厂	A7	100	380		—	—
售电公司	B1	250	380		250	350
售电公司	B2	150	360		150	350
售电公司	B3	100	360		100	350
售电公司	B4	200	350		160	350
售电公司	B5	50	350		40	350
售电公司	B6	50	300		—	—

5.4.3　省内月内交易

省内月内交易主要通过集中竞价、滚动撮合、挂摘牌等集中交易方式开展，月内交易的标的物为月内剩余天数或者特定天数的分时电量。本节以月内滚动撮合的交易方式为例进行介绍。

5.4.3.1　月内滚动撮合交易申报方式及出清原则

经营主体按照交易公告给出的标准交易曲线、交易执行起止时间，在规定时间内，通过电力交易平台多次申报购电量价、售电量价。电力交易机构按照时间优先、价格优先的原则进行滚动撮合成交。成交价格采用撮合对中申报时间早的一方的价格。若撮合成交的双方同时提交委托，则成交价格为买卖两方委托价格的平均值。

5.4.3.2　月内滚动撮合交易组织流程

省内月内交易，可采用定期开市和按日连续开市两种形式开展。以山西为例，月内滚动撮合交易组织流程如下：

（1）交易公告发布。电力交易机构在电力交易平台发布月内滚动撮合交易公告，包括但不限于交易方式、交易时间安排、交易标的起止时间、交易时段划分、出清方式等信息。

（2）交易申报。买卖双方经营主体根据交易公告，分时段申报买（卖）电量、电价。

（3）交易出清。按照时间优先、价格优先原则，根据买卖双方申报量价信息，即时滚动成交。

（4）电量分解。电力交易机构按照平分原则，将每日各时段电量按照段内交易曲线分解，形成带分时电量的中长期交易结果。

5.4.3.3　月内滚动撮合交易案例

下文以月内日滚动撮合交易为例，说明申报和出清过程。

在某日滚动撮合交易中，买方 B1 提交买入委托电量 50 兆瓦时、电价 330 元/兆瓦时；买方 B2 提交买入委托电量 100 兆瓦时、电价 350 元/兆瓦时；买方 B3 提交买入委托电量 200 兆瓦时、电价 340 元/兆瓦时；卖方 S1 提交卖出委托电量 100 兆瓦时、电价 360 元/兆瓦时；卖方 S2 提交卖出委托电量 200 兆瓦时、电价 365 元/兆瓦时；卖方 S3 提交卖出委托电量 100 兆瓦时、电价 370 元/兆瓦时。

根据价格优先原则，买方由高到低排序依次为 B2、B3、B1，卖方由低到高排序依次为 S1、S2、S3，由于买方第一排序 B2 买入价格低于卖方第一排序 S1 的价格，暂时无法成交。买卖双方申报排序见表 5-32。

表 5-32　　　　　　　滚动撮合交易案例申报排序信息 1

类型		申报价格(元/兆瓦时)	申报电量(兆瓦时)
卖方	S3	370	100
	S2	365	200
	S1	360	100
买方	B2	350	100
	B3	340	200
	B1	330	50

此时，卖方 S4 提交卖出委托电量 40 兆瓦时、电价 350 元/兆瓦时，S4 变为卖方第一序位，见表 5-33。

表 5-33 滚动撮合交易案例申报排序信息 2

类型		申报价格（元/兆瓦时）	申报电量（兆瓦时）
卖方	S3	370	100
	S2	365	200
	S1	360	100
	S4	350	40
买方	B2	350	100
	B3	340	200
	B1	330	50

由于卖方 S4 价格等于买方第一序位价格，则根据滚动撮合规则实时成交，成交电量 40 兆瓦时、成交价格 350 元/兆瓦时（B2 的报价），B2 买入委托订单更新为电量 60 兆瓦时、电价 350 元/兆瓦时。S4 与 B2 成交后，滚动撮合交易申报排序信息见表 5-34。

表 5-34 滚动撮合交易案例申报排序信息 3

类型		申报价格（元/兆瓦时）	申报电量（兆瓦时）
卖方	S3	370	100
	S2	365	200
	S1	360	100
买方	B2	350	60
	B3	340	200
	B1	330	50

5 秒后，买方 B4 提交买入委托电量 100 兆瓦时、电价 362 元/兆瓦时，B4 变为买方第一序位，且价格 362 元/兆瓦时高于卖方第一序位 S1 价格 360 元/兆瓦时，此时的申报排序见表 5-35。

表 5-35 滚动撮合交易案例申报排序信息 4

类型		申报价格（元/兆瓦时）	申报电量（兆瓦时）
卖方	S3	370	100
	S2	365	200
	S1	360	100
买方	B4	362	100
	B2	350	60
	B3	340	200
	B1	330	50

根据滚动撮合规则，B4 与 S1 实时撮合成交，成交电量 100 兆瓦时、成交价格 360 元/兆瓦时（S1 的报价）。此时，买卖双方排序更新，买方第一序位仍为 B2 电量 60 兆瓦时、电价 350 元/兆瓦时，卖方第一序位变为 S2 电量 200 兆瓦时、电价 365 元/兆瓦时。B4 与 S1 成交后，滚动撮合交易申报排序见表 5-36。

表 5-36 滚动撮合交易案例申报排序信息 5

类型		申报价格（元/兆瓦时）	申报电量（兆瓦时）
卖方	S3	370	100
	S2	365	200
买方	B2	350	60
	B3	340	200
	B1	330	50

1 分钟后，买方 B5 与卖方 S5 同时提交委托单，B5 买入委托电量 100 兆瓦时、电价 364 元/兆瓦时，S5 卖出委托电量 100 兆瓦时、电价 358 元/兆瓦时，B5、S5 分别变为买卖方的第一序位，且买方价格高于卖方价格。此时的申报排序见表 5-37。

表 5-37 滚动撮合交易案例申报排序信息 6

类型		申报价格（元/兆瓦时）	申报电量（兆瓦时）
卖方	S3	370	100
	S2	365	200
	S5	358	100

续表

类型		申报价格（元/兆瓦时）	申报电量（兆瓦时）
买方	B5	364	100
	B2	350	60
	B3	340	200
	B1	330	50

根据滚动撮合规则，B5 与 S5 实时撮合成交，全量成交，成交电量 100 兆瓦时、成交价格 361 元/兆瓦时（B5 和 S5 的报价平均值）。B5 与 S1 成交后，滚动撮合交易申报排序见表 5-38。

表 5-38　　　　　　滚动撮合交易案例申报排序信息 7

类型		申报价格（元/兆瓦时）	申报电量（兆瓦时）
卖方	S3	370	100
	S2	365	200
买方	B2	350	60
	B3	340	200
	B1	330	50

在整个报价窗口内，经营主体可不断提交报价，按照上述的成交原则不断撮合成交。相比于集中竞价交易，滚动撮合交易在报价窗口期内，有多次出价和成交的机会，经营主体可以密切关注市场的出价情况，不断调整自己的交易策略，更为灵活。

5.4.4　融合交易

经营主体为了灵活调整自身持仓量，在参加直接交易后，会通过合同交易进行调整，具体形式包括合同转让交易、合同回购交易及合同调整。为提高交易效率，电力市场逐步发展形成融合交易的模式。在融合交易中，电能量直接交易、合同转让交易、合同回购交易等需求融为一体，经营主体可自由选择购电或者售电角色，交易角色与主体类型无关。融合交易由于其较高的交易效率和灵活性，已经成为中长期按日连续开市的主要交易形式。

目前已在多省份运行的能量块交易就是省内融合交易的典型代表。在中长期能量块交易中，每天被分为若干个时段，以每个时段的电量为交易标的，形成"标准能量块"，发电侧与用电侧主体分别按交易标的的申报所需购买或售出的电量、电价。交易采用"中央对手方"的交易机制，根据各个时段的出清结果形成各经营主体的中长期交易合同曲线。在能量块交易中，经营主体通过自主决策不同交易时段的买入或卖出行为，从而满足直接交易、合同转让交易、合同回购交易、合同曲线调整等多个交易诉求。

下面以小时级能量块为例展开详细介绍。小时级能量块，即每小时为一个时段，标准化交易标的的基本单位可定义为 1 小时×1 兆瓦，亦可定义为 1 小时×0.001 兆瓦，价格最小变动价位为 0.01 元/兆瓦时。按照交易申报方式可分为各时段独立申报、多时段组合申报、按曲线申报三类。

（1）各时段独立申报，指各时段独立申报价、量信息，独立出清。时段可以是 24 小时时段、12 小时时段，以及尖、峰、平、谷时段等。图 5-7 展示了 24 小时时段报价的示意，每个小时申报的电量不同，价格可以按小时申报不同的价格，也可以选择部分时段价格相同。

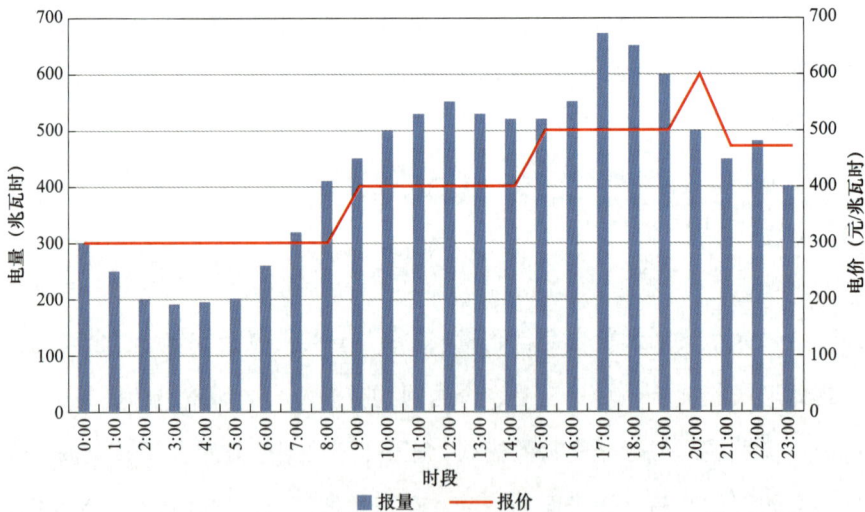

图 5-7 以小时为单位的标准化交易申报示意图

（2）多时段组合申报,是指申报时段功率及持续时间,以及该时段的交易均价。该方式适用于经营主体提报基荷、峰荷的交易诉求,也适用于核电、水电、供热机组等的固定出力的报价。如图 5-8 所示,将 9:00—23:00 时电量列为峰荷电量,申报价格为 400 元/兆瓦时。

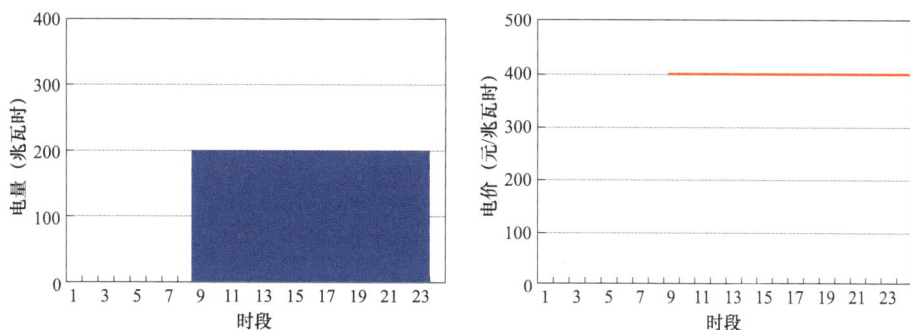

图 5-8　多小时组合的标准化交易申报示意图

（3）按曲线（标准或自定义曲线）申报,是指申报"曲线+均价"模式,适用于电网代理购电交易、用电企业报价、风电和光伏等新能源报价。如图 5-9 所示,左图为白天高峰、其他时间平段直线的交易曲线（如白天生产型企业）,全天价格为 320 元/兆瓦时；右图为全天稳定性直线曲线（如电解铝、数据中心等企业）,全天价格为 300 元/兆瓦时。

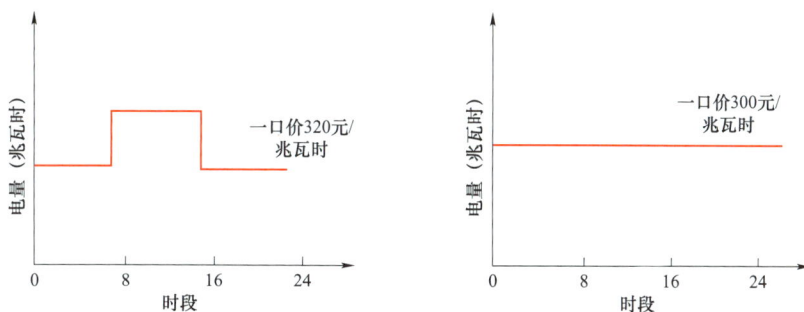

图 5-9　按曲线申报示意图

风电、光伏可以根据预测曲线,申报自定义曲线、交易均价。如图 5-10 所示,左图为光伏企业的出力曲线,意向价格为 250 元/兆瓦时；右图为风电企业出力曲线,意向价格为 300 元/兆瓦时。

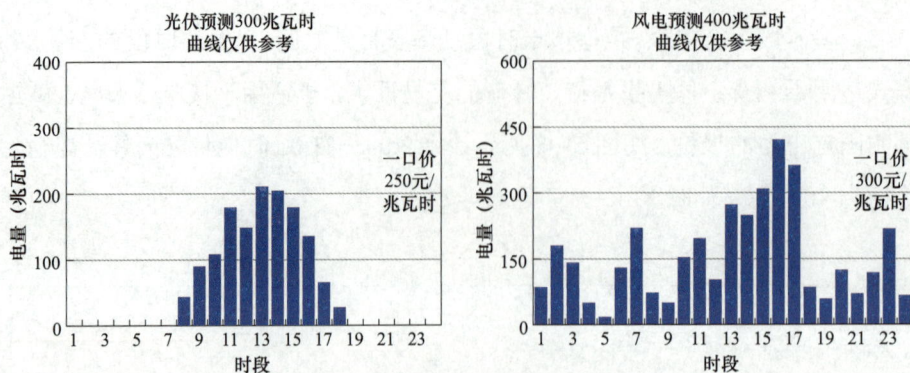

图 5-10　自定义曲线申报示意图

上述三种申报方式的能量块交易特点如表 5-39 所示。

表 5-39　　　　　　　　各类标准化交易申报方式特点

申报方式	各时段独立申报	多时段组合申报	按曲线（标准或自定义曲线）申报
报价内容	某时段的价、量	持续电力、持续小时、价格	申报曲线、均价；或报量不报价（价格按相关规则形成）
出清要求	各时段独立出清	多时段联合出清、整体中标或整体不中标	多时段联合出清、整体中标或整体不中标
交易需求	具备调节能力的火电、水电等	电力生产和消费具有连续性	不可调的刚性负荷、新能源发电（风电、光伏等）、电网代理购电、绿色电力交易
交易场景	分时段中长期	年度基荷、峰荷交易	中长期曲线交易

5.4.5　电网代理购电交易

根据国家发展改革委《关于进一步深化燃煤发电上网电价市场化改革的通知》（发改价格〔2021〕1439 号）文件要求，工商业用户全部进入电力市场，按照市场价格购电，取消工商业目录销售电价，对暂未直接从电力市场购电的用户由电网企业代理购电。代理购电价格主要通过市场交易形成。

电网企业代理购电交易可在年度、月度和月内市场开展，以月度市场为主。电网企业代理购电交易一般采用挂牌交易或集中竞价交易方式。

挂牌交易方式下，电网企业挂牌购电电量和购电电价，其中购电价格按当月月度集中竞价交易加权平均价格确定。挂牌成交电量如果不能满足购电需求，不足部分由市场化机组按剩余容量等比例承担，价格按挂牌价格执行。无挂牌交易价格时，可通过双边协商方式形成购电价格。

集中竞价交易方式下，电网代理购电需求采用报量不报价方式，作为价格接受者参与市场出清。

5.5 省内现货交易

省级现货市场一般包括日前市场、日内市场和实时市场。目前大部分现货省份运行日前市场和实时市场，如山西、山东、甘肃省内现货市场。部分省份仅运行实时市场，如蒙西省内现货市场。

开展日前市场的地区，市场运营机构在日前按日组织，根据经营主体日前交易申报，在考虑电网运行和物理约束的前提下，满足日前市场负荷需求和备用需求，以社会福利最大为目标，进行可靠性机组组合和日前市场集中优化出清，形成日前出清结果。如果不开展日前市场，市场运营机构可依据已发布的送受电曲线、经营主体申报信息和次日负荷预测，进行日前预出清。日前预出清结果不作为结算依据，仅向经营主体披露。

开展日内市场的地区，市场运营机构在运行日根据系统运行情况和最新预测信息，滚动优化快速启停机组等灵活调节资源，进行日内市场集中优化出清，以满足系统平衡要求。

开展实时市场的地区，市场运营机构在运行日根据经营主体申报，在机组组合基本确定的基础上，考虑电网实际运行状态和物理约束，满足超短期负荷预测和备用需求，以社会福利最大为目标，进行实时市场出清，形成实时市场出清结果。

5.5.1 省内现货交易参与方式

省级现货市场每日连续运行，参与现货市场的经营主体需要每日向电力市场运营机构提交报价信息，如果没有申报则默认采用缺省值作为申报信息。经营主体可采用"报量报价"或"报量不报价"等方式参与省内现货市场。

报量报价方式，是指经营主体自主申报量、价信息；报量不报价方式，是指经营主体仅申报电力曲线，不申报价格，接受市场价格。

下面，以山西为例说明各类型经营主体参与省内现货的报价方式。

1. 火电企业

火电企业，按机组申报启动费用（元/次）、空载费用（元/小时）、电能量费用（元/兆瓦时）、分时段运行上下限、分时段爬坡速率、最小运行时间、最小停机时间等。电能量报价是一条递增的"容量-价格"曲线，最多不超过十段，可自由选择段数进行申报；每段需要申报出力区间起点（兆瓦）、出力区间终点（兆瓦）以及该区间的能量价格（元/兆瓦时）。最小稳定技术出力不为零的发电机组，第一段出力区间起点为机组申报分时段运行下限的最小值，最后一段出力区间终点为机组的可调上限出力，每一个报价段的起始出力点必须为上一个报价段的出力终点。

若火电企业未及时申报日前市场电能量报价信息，则默认按照最高限价作为申报信息。有的省级现货市场采用机组的成本曲线作为默认报价信息。

2. 新能源企业

新能源企业，可按照"报量不报价"或"报量报价"的方式参与现货交易。如果采用"报量不报价"方式，新能源场站根据短期出力预测数据，在电力交易平台申报次日96点交易曲线，不申报价格。如果采用"报量报价"方式，新能源场站不仅需要申报出力预测曲线，还需在 0 至装机容量之间自行选择段数进行"容量-价格"曲线申报。

3. 抽水蓄能电站

抽水蓄能电站，以"报量不报价""报量报价"和电力调度机构"应急调用"相结合的方式参与现货市场。

采用"报量不报价"方式的，抽水蓄能电站需按单机申报次日96点的抽水和发电曲线，作为边界条件纳入现货市场出清，接受现货市场价格。

采用"报量报价"方式的，抽水蓄能电站需按单机在0至装机容量之间，自行选择段数进行量价曲线申报。

若抽水蓄能电站的申报曲线与电网运行实际需求差异较大，电力调度机构在现货日前出清时，可根据规则按需应急调整抽水蓄能电站的发电和抽水计划，并及时通知抽水蓄能电站。

抽水蓄能电站的发电电量按照实时市场的节点电价结算，抽水电量按照实时全网统一结算点电价结算。

4. 独立储能

独立储能作为发电和用电的结合体，可选择以"报量报价"或"报量不报价"的方式参与现货市场。

如果采用"报量报价"方式，储能主体需自主申报充电状态的量价曲线（现货价格低于报价时充电）和放电状态的量价曲线（现货价格高于报价时放电），以及充放电运行上下限、存储电量状态（State of Charge，SOC）等。

如果采用"报量不报价"方式，储能主体需申报次日 96 点充放电曲线，作为边界条件纳入现货市场出清，接受现货市场价格。

储能的上网电量按照现货市场的节点电价进行结算，下网电量按照现货市场统一结算点电价进行结算。电网故障情况下（或现货市场的出清结果不满足电网运行实际时），独立储能可作为市场价格接受者，由电力调度机构按需调用，安排充放电，保障电网安全和电力平衡。

5. 虚拟电厂

根据整体对外呈现的发用电特性，虚拟电厂可分为"负荷类"与"源网荷储一体化"。

"负荷类"虚拟电厂，以"报量报价"方式参与现货市场，按照分时段分别申报 D 日用电负荷上、下限，以递减的分段用电"电力-价格"曲线，参与现货市场出清，形成 D 日用电计划曲线。"负荷类"虚拟电厂单组调节时段应不低于 2 小时，可申报多个时段连续或不连续的调节时段。未申报调节的时段，可采取"报量不报价"的方式申报 D 日用电计划曲线，并作为现货市场价格接受者。

"源网荷储一体化"虚拟电厂，作为发电和用电的结合体，以"报量报价"方式参与市场，自主申报负荷状态下分段的量价曲线和发电状态下分段的量价曲线，以及发电出力上限和负荷用电上限。

6. 电力用户

电力现货市场运行初期，负荷侧经营主体一般采用"报量不报价"方式参与市场。市场逐步成熟后，具备条件的地区，负荷侧经营主体可采用"报量报价"方式参与市场。

采用"报量不报价"方式的情况下，参与批发市场的电力用户及售电公司申报其运行日的 96 点用电量需求曲线，作为日前电能量市场出清的边界条件，纳入日前电能量市场出清计算。若其未在规定的时间内完成申报，系统默认采用其运行日所持有的中长期合约分时电量进行缺省申报。

采用"报量报价"方式的情况下，参与批发市场的电力用户及售电公司自主申报分段的用电"电力－价格"曲线。

5.5.2　省内现货交易价格机制

1. 出清定价机制

根据电网结构和阻塞等情况，省级现货市场的价格机制有节点边际电价、分区边际电价和系统边际电价等。

如果电网阻塞程度较为严重、输电能力频繁受限，现货市场一般采用节点边际电价机制，不同节点的价格不同。节点边际电价包含电能量价格分量和阻塞价格分量，其中电能量价格分量在所有节点相同，而阻塞价格分量在不同节点可能不同，反映了阻塞的严重程度。

如果电网存在明显的、固定的输电阻塞时，现货市场一般采用分区边际电价机制，按阻塞断面将市场分成几个不同的价区，价区内电价相同，价区之间电价可能不同。

如果电网阻塞较少发生，现货市场也可以使用系统边际电价，以市场内统一边际价格作为全系统的价格，不区分节点或价区。

2. 限价机制

为防止市场价格剧烈波动，促进市场健康发展，电力市场往往会采用限价机制。市场限价参数应综合考虑边际机组成本、电力供需、失负荷价值、经济社会承受能力、经济发展水平等因素，以有利于市场发现价格、激励投资、引导用户侧削峰填谷、提高电力保供能力、防范市场运行风险为目标，经科学测算后确定，并根据市场运行情况适时调整。原则上随着交易接近交割时间，市场价格上限应依次递增或持平。现货市场可以设定报价限价和出清限价，其中报价限价不应超过出清限价范围。不同市场限价参数设置不同。

为了进一步稳定现货市场价格，当出清价格处于限值的连续时间超过一定时长后，可设置并执行二级价格限值。二级价格限值的上限可参考长期平均电价水平确定，一般低于前述的市场限价。

目前，山西、山东、甘肃、广东、蒙西现货市场已转入正式运行，其价格机制见表 5-40。

表 5-40　　　　　　　　典型地区现货市场价格机制　　　　　　单位：元/兆瓦时

地区	出清价格机制	申报限价	出清限价	二次限价
山西	节点边际电价	[0, 1500]	[0, 1500]	566
山东	节点边际电价	[-80, 1300]	[-100, 1500]	无
甘肃	节点边际电价，分区结算	[0, 1000]	[40, 650]	无
广东	节点边际电价	[0, 1500]	[0, 1500]	无
蒙西	节点边际电价，分区结算	[0, 1500]	[-100, 5106]	无

5.5.3　省内现货交易流程

省内现货交易的主要流程包括市场运营机构发布市场边界信息，经营主体进行报价，电力调度机构开展现货市场出清，进行安全校核，并发布现货结果。以山西为例，现货市场由日前市场和实时市场组成，暂未开展日内市场。本节主要介绍日前现货交易和实时现货交易。

5.5.3.1　省内日前交易

1. 省内日前交易开市前信息发布

日前市场开市前，市场运营机构通过电力交易平台向相关市场成员发布运行日的边界条件信息，主要包括次日96点统调负荷预测曲线，非市场化用电曲线，未来几日的风电、光伏等新能源总加预测曲线；发电机组检修总容量，系统正备用需求、负备用需求、分区备用需求；输变电设备检修计划；电网关键断面约束情况；必开必停机组（群）；市场限价等交易参数。

（1）日前负荷预测。包括次日96点统调负荷曲线预测、96点的220千伏（或330千伏）母线负荷预测，非市场化用电负荷预测。

（2）省间中长期交易外送电（或外购电）曲线。包括省间国家优先发电计划、政府间协议和市场化省间交易。省间联络线外送（或外购）交易合同曲线，作为省内日前现货市场组织的边界条件。

（3）新能源预测出力。根据新能源机组申报的次日96点发电预测曲线确定。在满足系统安全、网络约束和电力平衡的基础上，新能源预测出力作为省内日前现货市场组织的边界条件，保障新能源优先消纳。

（4）不参与现货市场的机组的发电计划。主要是指自备电厂、煤层气电厂、水电厂等不参与市场的发电机组，根据自备电厂余量上网计划、煤层气供气情况、水电机组来水情况等安排的优先发电计划。

（5）输变电设备停电检修计划。电力调度机构基于月度输变电设备检修计划，结合电网实际运行，批复确定运行日的输变电设备检修计划。

（6）输变电设备投产与退役计划。电力调度机构基于月度输变电设备投产与退役计划，结合电网实际运行，批复确定运行日的输变电设备投产与退役计划。

（7）备用约束。电力调度机构根据系统运行需要，制定电网运行正备用、负备用要求和分区旋备要求。其中，分区旋备需要综合考虑各地区装机容量及开停机状态设置。高峰上旋备、低谷下旋备、分区上下旋备均作为日前现货市场出清的约束条件。

（8）电网安全约束。电力调度机构基于所掌握的运行日基础边界条件，提出调管范围内的电网安全约束，作为现货市场优化出清的边界条件。电网安全约束边界条件包括但不限于线路极限功率、断面极限功率、发电机组（群）必开必停约束、发电机组（群）出力上下限约束等。

2. 省内日前交易申报

日前交易一般在 D-1 日的上午完成，市场运营机构提前设定报价时间，经营主体在报价时间内提交报价数据。

3. 省内日前交易出清

现货市场出清计算时，在满足安全约束条件的基础上，按照价格优先原则确定各主体发电出力。当火电和新能源报价相同时，可考虑优先安排新能源出清，也可按照等比例原则出清；新能源出清出力不得超过该时段申报的功率预测出力。

　　电力调度机构基于经营主体申报信息，将次日系统负荷预测曲线、用电侧申报曲线、联络线外送计划、各机组报价、机组运行参数、线路运行参数等作为输入信息，以全网发电成本最小为目标，考虑全网高峰正旋备、低谷负旋备和分区备用要求、断面极限等电网运行约束，以及最大最小出力、爬坡限制等机组运行约束条件，运行长周期安全约束机组组合（SCUC）、安全约束经济调度（SCED）程序进行优化计算，出清得到日前市场交易结果，包括机组开停计划、发用电计划曲线、节点电价。其中，机组开停和发电计划曲线取决于包含启动成本、空载费用、电能量价格在内的综合成本。

4. 省内日前交易安全校核

　　省内日前市场主要开展电力平衡校核和交流安全校核。

　　电力平衡校核，是指分析各时段备用是否满足备用约束，是否存在电力供应风险或调峰安全风险的情况。

　　交流安全校核，是指根据电网模型、检修计划、发电计划、联络线计划、系统有功负荷预测、母线有功负荷预测、结合无功负荷预测或相似日实际潮流得到无功电压信息，校核线路、断面传输功率不超过极限值，系统母线电压水平不越限等，具体包括基态潮流分析、静态安全分析和灵敏度分析。

　　若存在平衡约束或安全约束无法满足要求的时段，电力调度机构可以采取调整运行边界、增加机组和电网约束、组织有序用电以及调度机构认为有效的其他手段，重新出清得到满足安全约束的交易结果。

5. 省内日前交易结果发布

　　竞价日 17:30 前，电力调度机构通过电力交易平台向经营主体发布日前出清结果，包括次日发用电计划、节点电价信息。

6. 省内日前交易与省间日前交易组织时序衔接

　　省间日前市场和省级日前市场组织时序上需要衔接。下面以国家电网省间现货市场和山西省现货市场组织时序为例，说明相关流程及时间节点。

　　D−2 日 17:00 前，国调（含国调分中心）下发省间联络线 D 日 96 时段送受电预计划曲线。

　　D−2 日 24:00 时前，省级电力交易机构下发 D 日经营主体中长期合约曲线。

　　D−1 日 08:00 前，新能源场站申报 D 日 96 时段功率预测曲线。

D-1 日 08:30 前,省级电力调度机构发布省内日前市场边界条件信息。

D-1 日 09:30 前,经营主体进行省内日前市场申报。

D-1 日 10:30 前,省级电力调度机构完成省内日前市场预出清。

D-1 日 11:00 前,省级电力调度机构发布省内日前市场预出清结果、省内电力平衡裕度和可再生能源富裕程度。

D-1 日 11:00-11:30,省内发电企业或电网企业开展省间现货日前市场申报。

D-1 日 11:45 前,省级电力调度机构对省内市场主体申报数据进行合理性校验,保证节点内部电能申报量可送出或受入,并将省内各经营主体报价曲线上报至国调。

D-1 日 12:30 前,国调和网调组织省间现货日前市场集中出清,经安全校核后,将包含省间日前现货交易结果的跨区发、输电日前计划下发至相关电力调度机构和经营主体。

D-1 日 14:30 前,网调组织开展区域内省间辅助服务交易,并将交易结果和省间联络线计划下发至相关省级电力调度机构和发电企业。

D-1 日 17:30 前,省级电力调度机构根据上级调度机构下发的省间联络线计划,组织开展省内日前现货市场及辅助服务市场正式出清,省级电力交易机构向市场成员发布市场出清结果。

5.5.3.2 省内日内交易

在省级市场,日内交易可根据经营主体报价,以及最新的短期负荷预测,进行未来几小时的开机组合增补,一般不会形成市场价格。这里不做详细介绍。

5.5.3.3 省内实时交易

省内实时交易是在日前电能量市场的基础上,根据日内超短期负荷预测、新能源功率预测申报等边界条件变化,滚动出清形成实时发电计划与实时节点电价。发电企业在日前现货市场中申报的信息,将封存用于实时省内现货市场,日内不再进行价格申报。

实时市场出清时,电力调度机构基于日前电能量市场封存的发电机组申报信息，根据实时市场边界条件，在日前发电计划的基础上，以全网发电成本最小化为优化目标，采用安全约束经济调度（SCED）算法进行集中优化计算，实现实时电能量市场出清，得到各发电机组需要实际执行的发电计划和实时节点电价。

1. 省内实时交易边界条件

日前现货形成的机组组合、日内超短期系统负荷与母线负荷预测、日内新能源发电的超短期预测出力、日内省间现货交易结果、日内跨省调峰交易结果，作为省内实时现货市场出清的边界条件。具体描述如下：

（1）超短期负荷预测。电力调度机构预测实时运行时刻开始的未来1～4小时统调负荷需求。

（2）超短期母线负荷预测。电力调度机构预测实时运行时刻开始的未来 1～4 小时 220 千伏（或 330 千伏）母线节点负荷需求。电力调度机构综合气象因素、工作日类型、节假日影响等因素，基于历史相似日预测母线负荷。

（3）日内省间现货交易结果。各省在省间日内现货交易中竞得的外送（或外购）电力。

（4）日内省间辅助服务交易结果。各省在区域内省间辅助服务市场竞得的外送或外购交易结果。

（5）发电机组及输变电设备检修执行结果。电力调度机构基于发电机组及输变电设备日前检修计划，综合考虑电网实时运行要求、不同检修设备停送电顺序衔接、现场设备状态、现场操作准备等，执行发输变电设备停、送电操作。

（6）运行备用。电网实时运行应满足每日下达的运行备用要求，如果发生变化，以更新后的运行备用要求作为边界条件开展日内发电计划滚动计算。当运行备用容量无法满足要求时，需要通过省间现货购电、应急支援、新增开机、有序用电等措施，确保系统备用满足运行要求。

（7）电网安全约束。实时市场出清使用的安全约束条件与日前安全校核的约束条件保持一致。如果发生电网保电需要、恶劣天气预警或其他边界条件变化等情况，经电力调度机构评估影响系统安全运行时，可对电网安全约束条件进行更新，并在事后将相关信息向经营主体进行发布。

2. 省内实时交易出清

当实时系统出现正偏差（用电增量或发电缺额）时，根据发电企业的报价信息，在满足电网运行和机组运行约束条件的基础上，采用全电量优化方式，分时段由低到高依次调增在线机组的发电计划。

当实时系统出现负偏差（用电减少或发电富余）时，根据发电企业的报价信息，在满足电网运行和机组运行约束条件的基础上，采用全电量优化方式，分时段由高到低依次调减在线机组的发电计划。

电力调度机构将上述边界条件作为输入信息，以全网发电成本最小化为目标，考虑备用需求、断面极限等电网运行约束与最大最小出力、爬坡限制等机组运行约束，运行带安全约束的经济调度程序（SCED）进行市场滚动出清计算，形成各机组下一个 15 分钟的发电计划与节点电价。

3. 省内实时交易安全校核

省内实时市场的安全校核与日前市场安全校核方法一致，不再赘述。

4. 省内实时交易结果发布

电力调度机构将省内实时市场每 15 分钟出清的发电计划，通过调度技术支持系统下发至各发电机组。发电企业需严格执行实时发电计划。电力交易平台每小时发布实时市场的出清结果，包括每 15 分钟的出清发电计划以及节点电价，作为结算依据。

5.6 合同管理

合同管理是电力市场交易中的重要环节，涉及各类电力交易合同的签订、履行、变更和解除等。电力交易合同应明确包括电量、电价、支付方式、违约责任等关键条款，电量条款应明确合同约定电量、交易曲线、调整机制，电价条款应明确执行电价、计价方式以及电价调整条件和机制，支付方式条款应明确周期、方式以及账户，违约责任条款应明确违约的具体情形、违约责任承担的方式以及违约责任的追究程序。随着电力交易的高频次开展，电子交易单结合经营主体的入市承诺书，也可视为一种新的合同形式。

5.6.1　市场化交易合同的形成与调整

1. 市场化交易合同的形成

电力交易机构依据中长期交易结果，通过电力交易平台生成市场化交易合同。市场化交易合同具体形成原则如下：

（1）年度交易合同。根据年度交易结果，电力交易机构按照平分原则，将分月电量平均分解至每日，然后按照交易曲线将每日电量分解至各时段，形成带分时电量的中长期交易合同。

（2）月度交易合同。根据月度交易结果，电力交易机构按照分解原则，将月电量分解至日电量，然后按照标准曲线将日电量分解到各时段，形成带分时电量的交易合同。

（3）月内交易合同。根据月内交易结果，电力交易机构按照平分原则，将每日各时段电量按照段内交易曲线分解，形成带分时电量的中长期交易结果。

2. 市场化交易合同的调整

若市场化交易合同的购售方有调整合同的需求时，在不影响本合同交易总量和其他主体交易合同执行的基础上，允许购售双方协商调整分月电量、价格、交易曲线等。若省间中长期交易合同调整分月电量或交易曲线时，须经过电力调度机构安全校核。若省级中长期交易合同调整分月电量或交易曲线时，在现货运行地区（时期），市场化交易合同调整需经过交易校核；在非现货运行地区（时期），市场化交易合同调整需通过电力调度机构安全校核。

5.6.2　合同类型

1. 按照内容分类

按照合同形成方式划分，可分为市场化交易合同、政府授权合同等。

（1）市场化交易合同，是指买卖双方通过电力市场交易，形成的交易合同关系，

明确合同电量、交易曲线、执行价格等。

（2）政府授权合同，是指由政府主导或授权，由电网公司作为对手方与发电企业签订的中长期合同，一般用于保障民生用电、支持特定行业或推动能源转型。政府授权合约的价格一般由政府给定。

2. 按照交易期限分类

市场化交易合同，按照交易期限可分为多年交易合同、年度交易合同、多月交易合同、月度交易合同、月内交易合同等。

（1）多年交易合同，是指合同执行期超过 1 个自然年以上的合同。

（2）年度交易合同，是指合同执行期为一个自然年的市场化合同。

（3）多月交易合同，是指合同执行期为 1 个自然月以上、1 个自然年以下的市场化合同。

（4）月度交易合同，是指合同执行期为 1 个自然月的市场化合同。

（5）月内交易合同，是指合同执行期为小于 1 个自然月的市场化合同，可以是周合同、旬合同、多日合同、日合同。

5.6.3　合同要素

电力市场合同要素主要包括交易单元、合同周期、合同电量、合同曲线、合同价格等。

（1）交易单元，主要是指经营主体参与中长期市场、现货市场交易的基本单位。原则上火电企业以机组为交易单元，新能源企业、独立储能以场站为交易单元，售电公司、电力用户以法人单位为交易单元。

（2）合同周期，是指合同执行的起止时间，合同周期以小时为基本单位。

（3）合同电量，是指合同周期内交易的总电量。

（4）合同曲线，是指合同约定的执行电力（电量）曲线（或各时段曲线比例）或市场运营机构公布的标准曲线。

（5）合同价格，是指合同期限内执行的价格，可以为统一电量价格或分时段价格等。

5.7 辅助服务交易

辅助服务市场与电能量市场紧密相关,根据电能量市场以及电网运行特点的不同而呈现不同的模式。2015年3月《中共中央国务院关于进一步深化电力体制改革若干意见》(中发〔2015〕9号)提出以市场化原则建立辅助服务分担共享新机制,其后各级市场都开展了辅助服务市场化的探索。本节根据市场实践情况介绍主要的市场化辅助服务交易。

5.7.1 调峰辅助服务交易

调峰辅助服务是我国开展最广泛的一种市场化辅助服务品种。省间市场中,国网六个区域全部开展了调峰辅助服务市场,南方区域也开展了跨省调峰互济的交易。省级市场中,现货市场未运行之前,绝大部分省份建立了调峰市场。现货市场运行后,调峰辅助服务的作用逐步通过现货市场实现,一般不再单独组织调峰辅助服务交易。

省间辅助服务主要开展实时深度调峰、启停调峰、跨省跨区调峰以及需求响应调峰等交易。本节以华北区域调峰辅助服务市场为例进行介绍。

1. 参与主体及参与方式

提供方为省级以上直调火电机组,需求方为省级电网企业。费用分摊由需求网省的火电、风电、光伏等发电企业承担。

调峰资源不足的省级电网企业(控制区)根据调峰需求,申报全天96点的调峰需求电力曲线。调峰资源充足的省级电网企业,明确可参与交易的调峰资源,组织经营主体进行分档申报,形成"电力–价格"曲线。

2. 出清和定价机制

考虑电网安全约束,根据需求曲线和"电力–价格"报价曲线,开展市场出清,按照15分钟的时间间隔进行统一边际价格出清。

3. 交易组织

省间调峰辅助服务交易可在日前市场和日内市场开展。日前交易组织步骤如下：

（1）竞价日，各火电主体完成机组调峰技术能力的申报。

（2）华北区域网调、省调，根据负荷预测、新能源发电预测、次日火电机组组合、日前省间现货交易结果等信息，编制网省火电机组日前发电预计划。

（3）下备用不足的省（控制区）申报次日96点调峰需求电力曲线；调峰资源充足的省（控制区），报送通过校核后的各火电机组"电力–价格"曲线。

（4）华北网调开展日前市场统一出清，进行安全校核，发布出清结果；华北网调根据出清结果调整日前省间联络线计划，联合省调完成日前发电计划编制。省间调峰辅助服务交易结束。

日内市场每日分12个时段开展，下备用不足的省（控制区）在每个交易时段提前45分钟确定调峰需求电力曲线。具体出清计算和日前相同。

从实际运行效果来看，华北电网通过区域调峰辅助服务市场，促进了新能源消纳，有效挖掘了火电机组的调峰空间，出清价格体现了调峰服务的价值，实现了华北区域电网的资源优化。

5.7.2 调频辅助服务交易

目前，我国绝大部分省级现货市场开展了省级调频辅助服务交易，部分地区探索建立了区域调频市场。调频辅助服务交易主要针对二次调频需求开展交易。该机制能够激励发电企业提升调节速率、提高响应精度，促进了电网安全经济运行。

1. 参与主体及参与方式

参与调频的经营主体主要是并网火电机组和储能设备，以及其他的独立辅助服务提供商，如需求响应资源等。调频需求由电力调度机构发布，调频服务提供商申报调频容量、调频里程。

2. 出清和定价机制

调频辅助服务采用"集中竞价、边际出清"的方式，出清原则是优先出清报价较低且调频性能较好的发电机组，直至满足调频容量需求。调频辅助服务市场出清方式有两类，一类是与电能量市场独立出清，以单一里程价格，结合调频性能等因素排序出清；一类是与电能量市场联合出清，以调频容量价格、里程价格，结合调频性能等因素综合排序出清。

3. 交易组织

以山东市场为例介绍调频辅助服务独立出清流程。

（1）竞价日，电力调度机构发布次日调频需求，包括次日调频服务调节速率需求、调频其他要求等。

（2）发电主体申报次日调频服务价格，独立辅助服务提供商需要申报调频服务价格、意愿时段和调频出力基值。

（3）在日前机组组合的基础上，进行调频辅助服务出清，确定中标主体。

以浙江市场为例介绍调频辅助服务联合出清流程。

（1）竞价日，电力调度机构发布调频辅助服务市场需求信息。

（2）调频辅助服务提供商，申报调频里程价格、调频容量。

（3）运行日提前 10 分钟，基于实时市场预出清结果，预估调频综合成本，锁定随后的 60 分钟调频服务中标者以及中标容量。然后基于调频市场的出清结果修正经营主体的出力上下限，并运行实时电能市场出清。出清后再计算经营主体的实际的调频机会成本、调频综合成本，并计算确定调频市场出清价格。

5.7.3 备用辅助服务交易

我国部分区域开展了省间备用辅助服务，通过集中竞价，跨省购买次日实时可调用的、备而不用的备用容量。省级市场方面，少数试点省份在设计方案中设计了备用市场，但尚未投入运行实践。

下面以华中区域备用市场为例进行介绍。

1. 参与主体及参与方式

提供方为备用资源富余省的单机容量 300 兆瓦及以上统调燃煤机组、部分具备条件的 100 兆瓦以上的统调水电。提供方在日前市场申报日前备用容量的跨省调用价格、日内备用容量的跨省调用价格、日前备用容量的跨省预留价格。

需求方为备用资源不足的省份，最终传导至该省的相关的发电侧经营主体和用电侧经营主体。需求方在日前市场申报次日备用需求曲线，包括日前备用容量跨省调用需求曲线和日前备用容量跨省预留需求曲线。

2. 出清和定价机制

日前交易按照先备用容量跨省调用、后备用容量跨省预留的顺序开展。日内根据需求省日内备用增量需求，开展备用容量跨省调用。日前和日内采用集中竞价、统一边际电价出清的机制。

3. 交易组织

（1）竞价日，需求方和提供方进行申报。

（2）竞价日，省级现货日前市场完成预出清，然后省间现货日前交易出清，下发跨区发输电日前调度计划。

（3）区域调度机构开展日前省间电力备用辅助服务市场出清，下发跨省输电日前调度计划。

（4）省级电力现货日前市场出清，经安全校核后发布执行。

5.7.4　爬坡辅助服务交易

在新型电力系统建设中，高比例新能源并网显著改变了传统电力电量的平衡模式。风电、光伏的波动性和不确定性，叠加能源结构转型与极端天气频发等因素，对电力系统调节能力提出了更高要求。为应对这些挑战，爬坡服务作为一种新型辅助服务产品应运而生，旨在利用发电机组或其他灵活性资源快速调整出力的能力，满足电力系统平衡的快速跟踪。我国山东电力市场已经开展了爬坡辅助服务的运行实践。

1. 参与主体与参与方式

目前提供爬坡辅助服务的主要是传统发电机组等发电侧主体，也有少部分储能、虚拟电厂等新型主体参与。在实践中根据灵活性稀缺程度和市场规则，参与资源的范围有所差别。爬坡辅助服务提供商需要申报日爬坡服务速率，不需要报价。

2. 出清和定价机制

爬坡辅助服务采用日前申报、实时出清的方式，与实时电能量市场联合出清。与现有电能量出清方式相比，考虑爬坡辅助服务的出清模型，需要在目标函数中增加灵活爬坡产品成本项,在约束条件中增加系统灵活性需求约束和对应资源的电能量、备用和上下爬坡产品容量共享约束。出清算法综合考虑满足灵活性需求的最小化市场成本进行出清,通过机组参与电能量市场的机会成本来分配灵活爬坡产品的中标量。爬坡辅助服务的价格由其机会成本所决定,即机组因提供灵活性爬坡能力而放弃的电能量市场收益。

3. 交易组织

（1）电力调度机构根据系统运行情况,确定运行日各时段系统净负荷上爬坡和下爬坡的能力需求值。

（2）竞价日,准入的发电主体申报日爬坡服务速率,不需要申报价格;独立辅助服务提供商申报爬坡服务速率、意愿时段。

（3）实时市场中,电能量市场考虑灵活爬坡需求进行联合出清,计算形成下一时段的爬坡辅助服务中标容量及爬坡服务价格。

6 市场结算

　　电力交易达成后，交易各方依据交易结果进行电力的生产和消费，随后进入市场结算环节。电力交易机构归集各类市场的交易数据与实际执行结果，按照市场规则进行结算形成结算依据，支撑各类经营主体完成电费收支。本章聚焦批发市场结算。鉴于我国省间电力市场与不同省级电力市场在建设进程和机制设计上的差异性，本章将基于典型的市场架构，介绍电力市场结算的原则、流程和基本方法。

6.1 概 述

电力市场交易结算是指电力交易机构依据电力市场交易规则、合同数据、交易出清数据及计量数据，按照结算周期，进行规范、准确、及时的电量清分和费用计算，编制、出具结算依据，由相应市场经营主体确认结算依据的过程。电力市场交易结算遵循依法、诚信、公平、公正的原则，严格按照市场规则开展。批发市场交易结算包括电能量交易结算、电力辅助服务交易结算、容量费用结算、市场费用分摊及补偿结算等。除国家政策规定外，结算环节不改变市场出清、交易合同量价等关键要素。

6.1.1 结算周期

交易结算一般以自然月为周期开展。现货市场未运行地区，按自然月为周期进行结算。其中，对于开展分时段交易的地区，如果计量条件满足，可按最小交易周期进行量价清分，按月结算。现货市场运行地区，采用"日清分、月结算"的结算方式，按日对交易结果进行量价清分，按自然月为周期进行结算。电力辅助服务市场等依据相关规则确定的周期开展清分，按自然月为周期进行结算。

结算时段是指形成结算依据的最小时段，每个结算时段的费用根据相应时段的计量数据、交易合同、出清结果、执行结果按市场规则计算确定。比如，山西电力市场，发用双侧的电能量费用都按照 15 分钟进行结算；山东电力市场，发电侧电能量费用按照 15 分钟进行结算，用电侧电能量费用按照 1 小时进行结算。

6.1.2 结算权责

我国的电力市场结算主要分为交易结算和电费结算。电力交易机构负责发电企业、电力用户、售电公司等经营主体的交易结算，并向经营主体出具交易结算依据。交易结算依据生效后，发送给电网企业，由电网企业负责电费结算，叠加输配电价、政府性基金及附加、上网环节线损费用、系统运行费等进行资金的收取和支付。

（1）经营主体。签订和履行供用电合同的三方电费结算协议；依法依规披露和提供支撑交易结算、电费结算以及市场服务所需的相关数据；获取并查阅结算依据和电费账单，并在规定时限内完成核对确认工作；向电网企业提供有效银行账户信息，按时完成电费收支。

（2）电力交易机构。负责汇总交易结算基础数据，按照市场规则开展"日清分、月结算"工作，通过电力交易平台向经营主体出具交易结算依据；负责组织协调交易结算的有关问题。

（3）电力调度机构。负责提供支撑结算所需的相关基础数据，按时向电力交易机构提供现货出清结果、辅助服务出清结果、执行结果、"两个细则"考核和分摊结果等数据。

（4）电网企业。负责提供支撑结算所需的相关基础数据，按时向电力交易机构提供输电通道关口、发电上网关口、用电户号的分时计量数据、月度计量数据等；负责向经营主体提供相关电能数据查询服务，处理经营主体关于计量问题的询问及争议；负责向经营主体出具电费账单，根据电费账单按时完成电费收付。

6.1.3 电费构成

交易结算电费由电能量交易费用、辅助服务交易费用、容量费用、权证交易费用、市场运营费用、偏差结算费用等组成。其中售电公司或提供聚合交易服务的新型经营主体的电费为其售电侧与购电侧电费之差。

6.2 结算计量要求

电能计量装置是用来记录电能量使用的度量衡设备，是保证结算准确、规范进行的必要条件。

6.2.1　计量装置

市场经营主体应具备独立的计量条件，安装符合国家标准的计量装置，由计量检测机构检定后投入使用。电网企业根据市场运行需要，为市场经营主体及时配置、安装符合要求的电能表计。

电能量计量装置一般安装在产权分界点。如果产权分界点无法安装，则由电网企业和经营主体协商安装位置，并在购售电合同、供用电合同中约定关口计量点。计量装置的远程采集由电网企业根据国家和行业相关技术标准要求负责实施。

计量点设置需要满足电力市场最小结算单元相关要求，不满足要求的需要在购售电合同、供用电合同中约定结算单元电量的分配方式。

6.2.2　计量数据

计量数据需要满足结算最小时段和周期的要求。对于现货运行地区，计量需要提供分时电量数据。发电侧和用电侧需要统一抄表时间，实现同期抄表和定期抄录。

电网企业和电力调度机构，根据计量装置确定参与市场的发电企业、电力用户关口计量点的电量数据、电力辅助服务数据，并保证计量数据的准确和完整，按照结算时序要求传输至电力交易机构。

当计量数据无法满足结算时段要求时，由电网公司进行电量数据拟合，可采用插值法、外推法、样本法等方法，具体拟合方法以各地的市场规则为准。当计量装置数据缺失、错误或不可用时，电网企业或电力调度机构负责消缺、补采，重新提供至电力交易机构。电力交易机构则在下一结算周期进行结算调整。

6.3　结　算　流　程

批发市场结算采用"日清分、月结算"的方式，按日进行市场化交易结果清分，生成日清分依据；按月进行市场化交易电费的结算，生成月结算依据，并向经营主体出具。结算业务基本过程包含交易结算准备、交易结算计算、结算依据发布、交易结算调整四个步骤。

（1）交易结算准备。在规定时间内对各类交易结算所需基础数据进行收集汇总。基础数据包括经营主体档案数据、交易合同数据、市场出清及调度执行数据、辅助服务计算结果、调试及商运时间、关口设置及电量计量数据、市场规则、相关政府电价政策文件，以及其他相关数据。

（2）交易结算计算。依据国家政策文件、市场规则和基础数据，对参与电力市场的经营主体开展量价清分、电费计算。如果存在计算顺序的，一般和交易执行顺序保持一致。

（3）结算依据发布。电力交易机构按照结算科目规范和结算单式样，编制交易结算依据。各类交易结算科目单独计算、单独列示。在规定截止日期前，电力交易机构向经营主体发布交易结算依据。经营主体在规定时间内完成核对、异议反馈和确认。经确认的结算依据，由电力交易机构盖章后生成正式结算依据，发布至经营主体，同时推送给电网企业。

（4）交易结算调整。在交易结算依据正式发布后，如果需要对交易结算依据调整，可通过退补及清算来实现。因计量、档案、合同、出清等数据差错、变更等原因以及规则允许情况而产生的交易结算调整需求，通过退补进行处理。退补的追溯期一般不超过 12 个月。因政策规则调整、临时电价结算等原因产生的结算调整需求，通过清算进行处理。清算按照结算依据形成与发布的流程开展。退补和清算的费用，列入对应科目，随月度结算依据一起发布。

6.4　省间市场结算

省间市场结算是指在约定的结算关口开展电网企业之间、发电企业（直接通过省间联络线外送）与电网企业之间的省间交易结算。省间市场结算主要包括中长期、省间现货、应急调度、辅助服务、偏差结算等。省间现货市场已转入正式运行，因此结算采用"日清分、月结算"方式。

6.4.1 省间中长期及现货交易结算

省间中长期及现货结算，日清分按照 15 分钟的时间颗粒度计算，月结算则将全月日清分电量、电费相加合计。结算的基础数据主要包括中长期交易出清数据、现货交易出清数据、调度计划执行数据、计量数据等。

由于省间交易需要在输电通道上物理执行，因此结算时需要考虑输电损耗电量和输电价格。不同输电通道输电价格不同，输电损耗率也不同，结算时必须针对每笔交易逐段计算电量和电价。

省间中长期交易的跨区部分的结算电量，以跨区通道送出侧的调度实际执行结果为准，落地侧按照通道实际输电损耗折算获得。其余跨省部分按照跨区计算结果为边界分别计算。结算电价取中长期交易出清结果中的对应的关口电价。

省间现货交易结算时，电量的处理和中长期交易结算方法相同。结算电价，则按照交易中出清主体的上网侧电价，根据结算路径各关口之间的输电损耗和输电价格，依次折算形成。

6.4.2 省间应急调度结算

应急调度是指在非故障异常等紧急情况下，电力系统出现保安全、保平衡、保清洁能源消纳需求，且市场化手段均已用尽后仍未完全解决问题时，在日前、日内阶段规范开展的有条件的兜底保障措施。省间应急调度结算电量由相关的电力调度机构给出。结算价格按照应急调度规则，分为两类。一类是为消除安全风险、电力电量平衡缺口而开展的应急调度，按照鼓励发电侧的原则，送出方电厂上网电价按相关价格中的高电价为准；一类是为保障清洁能源消纳而开展的应急调度，按照鼓励消纳的原则，送出方电厂上网电价按相关价格中的低电价为准。

6.4.3 省间辅助服务结算

省间辅助服务结算主要是对区域调峰辅助服务、备用辅助服务开展结算。除了华中区域的备用市场，交易对象是"备而不用"的容量，其他市场交易对象本质仍是跨省区的电力，因此大部分仍然按照电能量结算的方式进行。各区域辅助服务结算和分摊方式如表 6-1 所示。

表 6-1　　　　　　　　　各区域辅助服务结算和分摊方式

区域	结算与分摊方式
东北区域	深度调峰辅助服务市场中各省的联络线交换电量月清月结。卖出调峰辅助服务省（区）电网企业通过国网东北分部向购入调峰辅助服务省（区）电网企业支付电量电费，按照其实际通过省间调峰辅助服务市场净外送电量计算
华北区域	以省网（控制区）为单位进行调峰服务费用的分摊和支付，每 15 分钟时段清算、每日统计，在发电企业该月电费总和基础上加、减应得或需支付的调峰服务费用，与每月电费一并结算
华中区域	省间电力调峰及备用辅助服务市场结算采用日清月结方式，与月度电费结算同步完成。省间相关输电费、线损由购电方承担
华东区域	调峰辅助服务市场执行日清月结，优先结算。市场初期暂不考虑跨省输电费和网损，根据电网发展和市场情况再予调整。备用辅助服务市场执行日清月结，优先结算。跨省输电费（包括卖方电网企业输电费和国网华东分省间输电费）由买方省（市）电网企业承担
西北区域	调峰辅助服务市场费用分为区域省间调峰辅助服务费用和替发电量费用，日清月结，优先结算。备用辅助服务市场执行日清月结，优先结算。跨省输电费（包括卖方电网企业输电费和国网西北分部省间输电费）由买方省（区）电网企业（代理用户购电）承担
西南区域	电力调度机构负责提供调峰辅助服务市场出清结果、交易执行情况，电力交易机构出具交易结算凭证（依据），电网企业按电费结算关系对发电企业开展电费结算。调峰辅助服务市场费用实行月清月结、优先结算，与当月电费结算同步进行

依据《电力辅助服务市场基本规则》（发改能源〔2025〕411 号）以及各区域制定的辅助服务相关的规则，电力交易机构依据电力调度机构提供的执行结果开展结算工作。

6.4.4　省间偏差结算

1. 波动偏差结算

波动偏差是指各结算关口调度执行曲线与关口电量之间的偏差。跨区跨省通道波动偏差电量，作为跨区跨省通道首末端省级电网企业的送受电量进行处理。配套电源波动偏差电量，作为配套电源与其接入的省级电网的送受电量进行处理。波动偏差电量送出方电价，采用送出省同一周期代理购电当月平均上网电价，乘以一定系数进行结算，系数由电力市场管理委员会审议后确定。若购售双方在交易合同中已明确波动偏差电量有关结算价格，按合同相关约定执行。

2. 责任偏差考核

责任偏差指调度执行曲线和经安全校核确定的交易合同曲线之间的差值，调度执行的调整原因分为"售电方（厂或送出省）申请""购电方（受入省）申请""受入省清洁能源消纳需求""安全运行要求"4类。除"安全运行要求"外的调整，其余均按照规定进行责任偏差考核。责任偏差电量原则上按照"日清分、月结算"的方式结算。跨区跨省交易责任偏差在省内的责任认定、费用处理，按各地区有关规定执行。

6.4.5　其他费用结算

依据《国家发展改革委　国家能源局关于建立煤电容量电价机制的通知》（发改价格〔2023〕1501号），电力交易机构根据调度机构传送的上月省间煤电机组最大出力执行考核情况以及次月省间煤电机组申报最大出力情况，计算省间煤电机组容量费用，据此开展省间煤电机组容量费用结算工作。

6.5　省内市场结算

省内市场结算以省间市场结算结果为边界，在省间结算的基础上开展。省级电力交易机构负责对省内的发电企业、电力用户、售电公司和新型经营主体进行电力交易结算，根据经营主体签订的交易合同、交易结果、执行结果和计量数据，按照结算规则进行电量清分、价格匹配，计算电费和其他费用，并向经营主体出具结算依据。

6.5.1　省内电能量交易结算

电能量交易结算模式和电力市场交易模式密切相关，根据是否运行现货，大体可分为非现货市场的结算模式和现货市场的结算模式。

6.5.1.1 非现货模式下的交易结算

现货市场运行之前，电力市场主要开展中长期交易，因此结算主要进行中长期交易合同结算和偏差结算。如果计量条件满足，并且开展了分时交易，那么可以按照"日清分、月结算"的方式进行。如果条件不具备，则仅开展月度结算。

中长期交易合同结算，根据交易合同的电量和电价进行结算。计量值和交易合同合计值的差值，视为偏差电量，有正有负，采用偏差价格结算。偏差电量有两种处理方式，一种是采用发电侧预挂牌上下调偏差处理机制，另一种是通过结算规则约定的偏差结算条款进行处理。这里主要介绍预挂牌上下调偏差处理机制。

中长期交易结束后，在调度执行之前，组织预挂牌交易。发电侧采用"报价不报量"的方式，申报上调报价和下调报价。电力交易机构按照上调报价由低到高排序，形成上调调用排序表，下调报价按照报价由高到低排序，形成下调调用排序表。价格相同时可以考虑按照发电侧节能低碳等电力调度的优先级进行排序。调度执行时，根据全月电力、电量平衡情况，在满足电网安全约束的前提下，调用上调或下调出力，实现供需平衡。机组实际提供的上调或者下调电量根据调度机构的实际调用量，按照其申报价格进行结算。上调或者下调的加权均价，作为所有经营主体的偏差电量结算的价格基准。

1. 用户侧偏差电量电费结算

用户侧的正偏差即为超用。用户侧超用电量结算价格＝上调服务加权均价×U_1，U_1 是超用电量惩罚系数，$U_1 \geqslant 1$。如果系统没有调用上调服务时，以月度集中竞价交易最高成交价（或统一出清价）乘以惩罚系数。

用户侧的负偏差即为少用。用户侧少用电量结算价格＝下调服务加权均价×U_2，U_2 是少用电量惩罚系数，$U_2 \leqslant 1$。如果系统没有调用下调服务时，以月度集中竞价交易最低成交价（或统一出清价）乘以惩罚系数。

惩罚系数可以根据超用电量或者少用电量的范围，分段设置。用户侧如果超用电量需要支付费用，如果少用电量就获得收入。

2. 发电侧偏差电量电费结算

发电侧的偏差电量，一般是指发电企业自身原因引起的超发或少发，超发获得收入，少发支付费用。电力调度机构负责记录发电侧偏差电量。

发电侧超发电量结算价格＝发电侧下调服务电量的加权均价×K_1，K_1是发电侧超发电量惩罚系数，$K_1 \leqslant 1$。如果系统没有调用下调服务时，以月度集中竞价交易最低成交价（或统一出清价）乘以惩罚系数。

发电侧欠发电量结算价格＝发电侧上调服务电量的加权均价×K_2，K_2是发电侧欠发电量惩罚系数，$K_2 \geqslant 1$。如果系统没有调用上调服务时，以月度集中竞价交易最高成交价（或统一出清价）乘以惩罚系数。

3. 偏差差额费用处理

用户侧的偏差电量费用与发电侧的上下调费用、偏差电量费用等之间的差额，按照当月上网电量或者用网电量占比分摊或者返还给所有经营主体，月结月清。

4. 算例说明

下面通过算例说明偏差结算过程。算例包括 2 个发电主体 A1、A2，2 个用电主体 B1、B2。假设 $U_1 = 1.1$，$U_2 = 0.8$，月度集中竞价交易价格为 418 元/兆瓦时（取统一出清价）。交易合同情况见表 6-2，预挂牌情况见表 6-3，计量情况见表 6-4。

表 6-2　　　　　　　　　　交易合同情况

参数	电量（兆瓦时）	电价（元/兆瓦时）
A1 和 B1 的交易	1000	400
A2 和 B2 的交易	2000	395

表 6-3　　　　　　　　　　预挂牌情况

参数	预挂牌上调报价（元/兆瓦时）	预挂牌下调报价（元/兆瓦时）
A1	415	370
A2	420	360

表 6-4　　　　　　　　　　计量情况

参数	计量电量（兆瓦时）
A1 计量	1000
A2 计量	1900
B1 计量	850
B2 计量	2050

总交易量为 3000 兆瓦时，总计量值为 2900 兆瓦时，因此系统调用了 A2 下调出力，下调 100 兆瓦时，下调价格为 360 元/兆瓦时。

（1）用户 B1 少用了 150 兆瓦时，采用下调价格×惩罚系数结算。计算结果见表 6-5。

表 6-5　　　　　　　　　　　　用户 B1 侧结算情况

参数	电量（兆瓦时）	电价（元/兆瓦时）	电费（元）
B1 计量	850	—	—
A1 和 B1 的交易合同电量	1000	400	400000
B1 偏差	−150	360×0.8	−43200
合计	—	—	356800

（2）用户 B2 多用了 50 兆瓦时，由于系统未调用上调，因此采用月度集中竞价交易×惩罚系数结算。计算结果见表 6-6。

表 6-6　　　　　　　　　　　　用户 B2 侧结算情况

参数	电量（兆瓦时）	电价（元/兆瓦时）	电费（元）
B2 计量	2050	—	—
A2 和 B2 的交易合同电量	2000	395	790000
B2 偏差	50	418×1.1	22990
合计	—	—	812990

（3）发电主体 A1，计量和交易值相同，直接按照交易结算，不再列表示意。

（4）发电主体 A2 响应下调需求，下调 100 兆瓦时，不属于自身偏差，按照下调价格结算。计算结果见表 6-7。

表 6-7　　　　　　　　　　　　发电主体 A2 侧结算情况

参数	电量	电价（元/兆瓦时）	电费（元）
A2 计量	1900	—	—
A2 和 B2 的交易合同电量	2000	395	790000
A2 下调结算	−100	360	−36000
合计	—	—	754000

发电侧和用电侧之间的差额,按照当月上网电量或者用网电量占比分摊或者返还给所有经营主体,月结月清,这里不再赘述。

6.5.1.2 现货模式下的交易结算

省级现货市场运行之后,交易的最小时间粒度精细到 15 分钟或者 30 分钟,因此按照"日清分、月结算"的方式进行。电能量结算成分主要包括中长期、日前和实时三部分。结算方式又分为两种,差量结算和差价结算。

1. 差量结算

差量结算可概括为"合约基准、日前差量、实时差量",中长期部分按照交易合约结算,现货和中长期的偏差部分按照现货价格结算,典型的如山东电力市场。

$$
\begin{aligned}
R_{n,t} = &\sum[Q_{c,vn,t} \times (P_{c,vn,t} + P_{d,n,t} - P_{d,vn,t})] \\
&+ (Q_{d,n,t} - Q_{c,vn,t}) \times P_{d,n,t} + (Q_{m,t} - Q_{d,n,t}) \times P_{r,n,t}
\end{aligned}
\tag{6-1}
$$

式中: $R_{n,t}$ 为经营主体 t 时刻的电能量费用, n 表示经营主体所在节点, t 表示结算时段; $Q_{c,vn,t}$ 为经营主体在 t 时段,统一结算点 vn 的中长期合约电量; $P_{c,vn,t}$ 为经营主体在 t 时段,统一结算点 vn 的中长期合约电价,如果存在多笔中长期交易,每笔交易均按照此方式计算后求和; $P_{d,vn,t}$ 为 t 时段,统一结算点 vn 的日前电价; $Q_{d,n,t}$ 为经营主体 t 时段,所在节点 n 的日前电量; $P_{d,n,t}$ 为经营主体 t 时段,所在节点 n 的日前电价; $Q_{m,t}$ 为经营主体 t 时刻的计量值; $P_{r,n,t}$ 为经营主体 t 时刻,所在节点 n 的实时节点电价。

这里补充介绍节点的概念。中长期交易为了增强市场的流动性,一般约定所有的交易都在"统一结算点"交割,包括双边协商、集中交易等。"统一结算点"是指为用户侧提供的统一现货结算价格的点,是一个虚拟的点,仅有结算意义。对于发电侧,中长期交易在"统一结算点"交割,现货交易在各自所在节点上交割。对于用户侧,中长期交易和现货交易都在"统一结算点"交割。不同市场下统一结算点的价格计算方法不同,如在山西规则中,该值采用发电侧各节点电价的加权值;在山东规则中,该值采用用电侧各节点电价的加权值。

下面通过算例进行说明。假设针对发电主体 A、用户 B 进行差价结算。已知交易参数见表 6-8。

表6-8 某个时段的交易计量数据

参数	电量（兆瓦时）	电价（元/兆瓦时）
A 和 B 的合约交易	1000	400（统一结算点）
A 日前交易	1100	380（A 节点）
A 实时交易	1050	375（A 节点）
B 日前交易	1020	382（统一结算点）
B 实时交易	980	378（统一结算点）

主体 A 和主体 B 的结算成分见表6-9和表6-10。

表6-9 主体 A 结算结果

参数	结算电量（兆瓦时）	结算电价（元/兆瓦时）	结算电费（元）
A 合约交易	1000	400+380-382	398000
A 日前	100	380	38000
A 实时	-50	375	-18750
合计	1050	—	417250

表6-10 主体 B 结算结果

参数	结算电量（兆瓦时）	结算电价（元/兆瓦时）	结算电费（元）
B 合约交易	1000	400	400000
B 日前	20	382	7640
B 实时	-40	378	-15120
合计	980	—	392520

2. 差价结算

差价结算可概括为"日前基准、实时差量、合约差价"，中长期部分通过差价锁定部分收益，典型的如浙江电力市场。差价结算模式下，日前市场电能量电费，按照日前市场出清电量和日前出清电价进行计算；实时市场电能量电费，按照实际计量扣减日前出清电量的差值，与实时出清电价进行计算；中长期合约电费，按照合约电量和合约电价与中长期结算参考点现货电价的差值进行计算，中长期结算参考点一般可选择为"统一结算点"。

差价结算的公式见式（6-2）。

$$R_{n,t} = \sum Q_{c,vn,t} \times (P_{c,vn,t} - P_{d,vn,t})$$
$$+ Q_{d,n,t} \times P_{d,n,t} + (Q_{m,t} - Q_{d,n,t}) \times P_{r,n,t} \qquad (6-2)$$

根据公式变化，可知差量结算式（6-1）和差价结算式（6-2）是等效的。

6.5.2 辅助服务费用结算

辅助服务结算主要包括调频结算、备用结算、爬坡辅助服务结算、"两个细则"结算等。在运行现货的省级市场中，调峰一般融入现货电能量交易，这里不再介绍调峰辅助服务的结算。辅助服务的结算总体原则是"谁服务、谁获利、谁受益、谁承担"。辅助服务的结算包括补偿费用结算和分摊费用结算两部分，辅助服务提供者获得补偿费用，辅助服务的需求者分摊补偿成本。

6.5.2.1 调频辅助服务结算

1. 调频补偿费用

调频补偿费用根据调频里程出清价格、实际调频里程、实际调频性能系数三者乘积进行计算。月度调频里程费用，是月度内所有交易周期对应时长的累计。具体公式如下：

$$S_{bm} = \sum_{i=1}^{n} (K_{b,i} \times Q_{bm,i} \times \pi_{bm,i} \times t) \qquad (6-3)$$

式中：S_{bm} 为月度调频里程费用，是调频服务提供者在交易周期内调频性能、实际调频里程、机会成本补偿价格与交易周期的乘积；$Q_{bm,i}$ 为该调频服务提供者在第 i 个交易周期的实际调频里程；$\pi_{bm,i}$ 为第 i 个交易周期的调频里程出清价格；$K_{b,i}$ 为调频服务提供者在第 i 个交易周期的实际调频性能；t 为交易周期对应的时长，一般取 1 小时；n 为每月市场总的交易周期数。

2. 调频违约费用

调频市场中标机组，根据辅助服务细则中调频考核的规定，如果出现下列情况，需要进行考核。

（1）调频综合性能指标小于准入门槛、调频资源不跟踪 AGC 的。

（2）调节速率未达到标准调节速率要求的。

（3）调节响应时间大于考核响应时间的。

（4）调节精度大于调节允许误差的。

（5）不同情形可约定不同的考核费用比例。

具体的考核费用计算方法可查阅具体的市场规则。

3. 调频费用分摊

辅助服务分摊方面，电力现货市场未连续运行的地区，用户侧原则上不参与辅助服务费用分摊，仅在发电侧主体之间分摊，按各发电主体月度上网电量比例计算。电力现货市场连续运行的地区，辅助服务费用一般由用电主体和未参与电能量市场交易的发电主体共同分摊。发电侧和用电侧的分摊比例通过市场规则确定。发电侧内部按照月度上网电量比例分摊，用户侧内部按照月度用电量比例分摊。

调频市场分摊费用总额等于"调频补偿费用"扣减"调频违约费用"，分摊方法遵循辅助服务分摊的总体原则。

6.5.2.2 备用辅助服务结算

1. 备用辅助服务补偿收益计算

备用辅助服务采用基于中标容量和时间的单一制价格结算机制。备用辅助服务费用根据出清价格、中标容量、中标时间三者乘积计算。实际备用容量低于中标容量的，按实际备用容量结算。

一个交易时段内备用市场收益计算见式（6-4）。每日收益为各交易时段的收益之和。

$$R_{i,t} = C_{i,t} \times P_t \times t \qquad (6-4)$$

式中：$R_{i,t}$ 为交易时段内的备用收益；$C_{i,t}$ 为备用提供方 i 在这个交易时段的中标容量；P_t 为交易时段的出清价格；t 为交易时段覆盖的小时数。

如果出现备用容量被实际调用，则还需要另外计算电能量费用，按照电能量市场价格计算。

2. 备用辅助服务考核

如果中标的备用主体，响应效率、有效响应量、响应持续时间有一项不满足要求，则取消补偿，并进行考核。

3. 费用分摊

备用辅助服务费用，遵循辅助服务分摊的总体原则。

6.5.2.3 爬坡辅助服务结算

爬坡辅助服务交付的是经营主体为系统灵活性而预留的容量。爬坡辅助服务的收益由上爬坡辅助服务补偿费用和下爬坡辅助服务补偿费用两部分组成，按日统计，按月结算。

上爬坡辅助服务补偿费用计算如下：

$$R_{up} = C_{up} \times P_{up} \qquad (6-5)$$

式中：R_{up} 为上爬坡辅助服务补偿费用；C_{up} 为上爬坡辅助服务容量；P_{up} 为上爬坡辅助服务价格。

下爬坡辅助服务补偿费用计算如下：

$$R_{down} = C_{down} \times P_{down} \qquad (6-6)$$

式中：R_{down} 为上爬坡辅助服务补偿费用；C_{down} 为上爬坡辅助服务容量；P_{down} 为上爬坡辅助服务价格。

如果中标机组无法按照计划提供爬坡辅助服务将面临费用的回收，按照未预留容量乘以对应的产品价格计算。

爬坡辅助服务费用的分摊遵循辅助服务分摊的总体原则。

6.5.2.4 "两个细则"结算

在辅助服务尚未市场化的省份，采用发电企业交叉补偿的方法，解决辅助服务的收益和分摊。为此政府主管部门出台了《发电厂并网运行管理实施细则》和《并网发电厂辅助服务管理实施细则》，简称"两个细则"。"两个细则"结算费用，指按照"两个细则"进行计算的辅助服务费用和并网运行考核费用。这些费用按照规则进行分摊、返还。

"两个细则"费用，由电力调度机构负责提供"两个细则"的费用及分摊结果，电力交易机构将其纳入结算依据。发电企业"两个细则"电费分为提供辅助服务所得费用 R_{as}、考核费用 R_{check}、分摊费用 R_{ac} 和返还费用 R_{rf} 4 部分。

$$R_{2bl} = R_{as} - R_{check} - R_{ac} + R_{rf} \qquad (6-7)$$

式中：R_{2bl} 为"两个细则"相关的总费用。

6.5.3 容量补偿费用结算

我国早期仅对部分特定的发电资源提供容量补偿机制。随着市场的深入建设，尤其是新能源的迅猛发展，未来将有越来越多的电源被纳入容量补偿机制。

6.5.3.1 抽水蓄能电站的补偿机制

抽水蓄能电站最早实施容量补偿机制，也称为"两部制电价"机制，该机制下抽水蓄能电站每年可以获得一笔和装机容量相关的补偿费用。《国家发展改革委关于抽水蓄能电站容量电价及有关事项的通知》（发改价格〔2023〕533号），为在运及2025年底前拟投运的48座抽水蓄能电站，核准了容量电价。考虑建设成本差异较大，每座抽水蓄能电站都有各自不同的容量电价。容量电价单位是"元/千瓦"。

$$容量电费 = 容量电价 \times 机组容量 \tag{6-8}$$

抽水蓄能容量电费纳入系统运行费用，单独列示，按照系统运行费用的分摊原则进行分摊。

6.5.3.2 煤电容量电价机制

2023年11月，《国家发展改革委 国家能源局关于建立煤电容量电价机制的通知》（发改价格〔2023〕1501号），提出构建有效反映各类电源电量价值和容量价值的两部制电价机制。其中电量电价通过市场化方式形成，灵敏反映电力市场供需、燃料成本变化等情况；容量电价水平根据转型进度等实际情况合理确定并逐步调整，充分体现煤电对电力系统的支撑调节价值，保障煤电行业持续健康运行。

1. 实施主体

煤电容量电价机制适用于合规在运的公用煤电机组，燃煤自备电厂、不符合国家规划的煤电机组，以及不满足国家对于能耗、环保和灵活调节能力等要求的煤电机组，不执行容量电价机制。

2. 容量电价水平确定

煤电容量电价按照回收煤电机组一定比例固定成本的方式确定。其中，用于计算容量电价的煤电机组固定成本实行全国统一标准，1501 号文规定每年每千瓦 330 元；固定成本比例则考虑各地实际情况，2024—2025 年建议多数地区为 30%左右，部分煤电功能转型较快的地区，可提高至 50%左右。2026 年起，各地区通过容量电价回收固定成本的比例提升至不低于 50%。

应急备用煤电机组的容量电价，按照回收日常维护成本的原则制定，可采取竞争性招标等方式确定。应急备用煤电机组调用时段电量电价，按同时段最短周期电力市场交易电价水平确定。

3. 容量成本分摊

煤电机组可获得的容量电费，根据当地煤电容量电价和机组申报的最大出力确定。煤电机组分月申报，容量电费按月结算。新建煤电机组自投运次月起执行煤电容量电价机制。各地煤电容量电费按月由工商业用户按当月用电量比例分摊。

对纳入受电省份电力电量平衡的跨省跨区外送煤电机组，送受双方通过年度及以上中长期合同，明确煤电容量电费分摊比例。配套煤电机组，原则上执行受电省份容量电价，容量电费由受电省份承担。向多个省份送电的，容量电费可暂按受电省份分电比例分摊，未来可按送电容量比例分摊。其他煤电机组，原则上执行送电省份容量电价，容量电费由送、受方合理分摊，分摊比例考虑送电省份外送电量占比、高峰时段保障受电省份用电情况等因素协商确定。对未纳入受电省份电力电量平衡的跨省跨区外送煤电机组，由送电省份承担其容量电费。

4. 容量电费考核

正常在运情况下，煤电机组如果无法按照调度指令或跨省跨区送电合同约定，提供申报的最大出力，月内发生两次扣减当月容量电费的 10%，发生三次扣减 50%，发生四次及以上扣减 100%。如果自然年内月容量电费全部扣减累计发生三次，煤电机组将被取消其获取容量电费的资格。

6.5.4 市场运行费用结算

为了统筹发用双侧的优先计划和市场交易，兼顾市场竞争和市场公平，规范经营主体行为，市场结算还需要处理电能量费用、辅助服务费用、容量费用之外的各类费用，包括成本补偿费用、市场平衡类费用、市场偏差类费用等。不同的市场规则中这部分约定的差异相对较大。本节以山西规则为例介绍主要的市场运行费用的结算成分。

6.5.4.1　成本补偿类费用

成本补偿是指针对发电机组被市场调用但其电能结算收益不能覆盖其申报意愿的部分进行补偿。成本补偿费用包括运行成本补偿和机会成本补偿。其中运行成本补偿又包括机组启动补偿费用、必开机组补偿。相关的费用以月度为周期，在一部分主体之间按照一定比例进行分摊。

1. 机组启动补偿

基于节点电价的基本原理，电力现货市场出清价格中仅包含机组的运行成本，未包含其启停成本，为此通过对机组启停成本进行单独补偿或通过成本覆盖的形式对机组整体成本进行补偿。机组启动补偿费用是指对按照日前现货市场出清结果提供启动服务的机组，按照启动报价的一定比例进行的补偿。启动补偿，主要用于覆盖机组启动产生的成本。

$$R_{sc,t} = \sum P_{sb,i} \times (Q_{n,i} / Q_{g,i}) \qquad (6-9)$$

式中：$P_{sb,i}$ 为机组当月第 i 次启动报价；$Q_{n,i}$ 为机组月度上网电量（扣除省间现货电量）中的非政府定价电量，$Q_{n,i} < 0$ 时，$R_{sc,t} = 0$，意即当日未启机的不予补偿；$Q_{g,i}$ 为机组月度上网电量（扣除省间现货电量）。

机组启动补偿费用由发电侧部分主体、用户侧主体按一定比例分摊。

2. 必开机组补偿费用

必开机组成本补偿是指必开机组处于必开最小出力时，按照对应成本补偿价格高于该时段日前节点电价的标准，对该时段日前正偏差电量进行的补偿。必开机组的发电成本补偿价格和日前节点电价的差值，乘以应补偿电量。应补偿电量取必开下限电量与中长期交易合约分解电量的差额，与省内日前结算电量（日前出清电量扣减合约电量）的较小值。

$$R_{on,t} = \sum \{\min[(Q^l_{on,t} - Q_{lt,t}), (Q_{da,t} - Q_{lt,t})] \times (P_{on,t} - P_{da,t})\} \qquad (6-10)$$

式中：$R_{\mathrm{on},t}$ 为必开机组补偿费用；$Q_{\mathrm{on},t}^{\mathrm{I}}$ 为必开下限电量；$Q_{\mathrm{lt},t}$ 为合约电量；$Q_{\mathrm{da},t}$ 为发电企业在 t 时段的省内日前出清电量；$P_{\mathrm{on},t}$ 为必开机组在 t 时段的发电成本补偿价格；$P_{\mathrm{da},t}$ 为 t 时段的省内日前节点电价。

必开机组补偿费用由发电企业、批发市场用户及电网企业代理购电用户按 1：1 比例分摊，发电企业按月度上网电量（扣除省间现货电量）比例进行承担，批发市场用户及电网企业代理购电用户按月度结算电量比例进行承担。

3. 机会成本补偿

机会成本补偿是指发电机组跟随调度指令动作进行调频时，在市场出清价格不满足报价的情况下被调用从而造成的损失进行补偿。机会成本补偿包括上调补偿、下调补偿。

上调补偿指调频机组实际发电出力（扣除省间现货电量）高于日前现货出清结果，且其实际发电出力（扣除省间现货电量）所在报价段的电能量报价高于实时节点电价时，按照上调补偿价格高于实时节点电价的部分，对该时段机组实际发电超过日前出清结果的电量进行的补偿。上调补偿如图 6−1 所示，其中阴影部分即补偿费用。

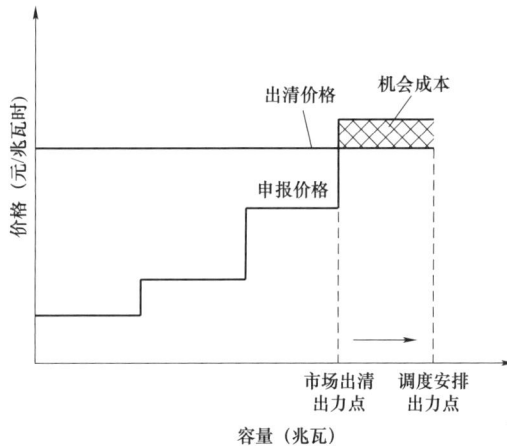

图 6−1 上调补偿示意图

当 $Q_t^{\mathrm{ME}} > Q_t^{\mathrm{DA}}$，且 $P_t^{\mathrm{BID}} > P_t^{\mathrm{RT}}$ 时，有：

$$R^{\mathrm{I}} = \sum (Q_t^{\mathrm{ME}} - Q_t^{\mathrm{DA}}) \times (P_t^{\mathrm{I}} - P_t^{\mathrm{RT}}) \tag{6−11}$$

$$P_t^{\mathrm{I}} = \min(P_t^{\mathrm{BID}}, K^{\mathrm{I}} \times P^{\mathrm{REF}}) \tag{6−12}$$

式中：R^I 指上调补偿费用；Q_t^{ME} 指 t 时刻的实际上网电量，Q_t^{DA} 指 t 时刻的日前出清电量；P_t^I 指 t 时刻的上调补偿价格；P_t^{RT} 指 t 时刻的实时市场价格；P_t^{BID} 指日前市场报价；K^I 指上调系数；P^{REF} 是指补偿的价格基准，与系数作用后用于限制上调补偿价格。

下调补偿指调频机组实际发电出力（扣除省间现货电量）低于日前现货出清结果，且其实际发电出力（扣除省间现货电量）所在报价段的电能量报价低于实时节点电价时，按照其实时节点电价高于下调补偿价格的标准，对该时段机组实际发电低于日前出清结果的电量进行补偿，如图 6-2 所示。

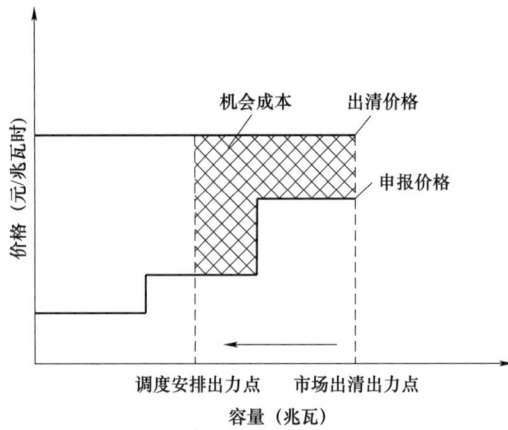

图 6-2 下调补偿示意图

当 $Q_t^{ME} < Q_t^{DA}$，且 $P_t^{BID} < P_t^{RT}$ 时，有：

$$R^D = \sum (Q_t^{DA} - Q_t^{ME}) \times (P_t^{RT} - P_t^D) \tag{6-13}$$

$$P_t^D = \max(P_t^{BID}, K^D \times P^{REF}) \tag{6-14}$$

式中：R^{DA} 指下调补偿费用；Q_t^{DA} 指 t 时刻的日前出清电量；Q_t^{ME} 指 t 时刻的实际上网电量；P_t^{RT} 指 t 时刻的实时市场价格；P_t^D 指 t 时刻的下调补偿价格；P_t^{BID} 指日前市场报价；K^D 指下调系数，P^{REF} 是指补偿的价格基准，与系数作用后用于限制下调补偿价格。

机会成本补偿在发电企业和电力用户之间按照一定比例分摊。发电企业间按月度上网电量（扣除省间现货电量，如有）比例分摊，用户侧按月度结算电量比例分摊。

6.5.4.2 市场平衡类费用

市场平衡类费用一般包括市场结构平衡费用、阻塞平衡费用。市场平衡类费用以月度为周期进行分摊。市场平衡类费用不同市场差异较大，具体参考各市场规则。

1. 市场结构平衡费用

市场结构平衡费用主要指在计划和市场双轨制下，由于非市场化用户用电量与政府定价上网电量不匹配等原因，导致发用两侧收支不平衡出现的偏差费用。其中市场结构平衡费用主要包括电网和用户之间由于网损造成的电量的偏差、分时和全月计量之间的偏差、电网代理用户产生的电量偏差、非现货用户合约的偏差、线损偏差、绿电交易偏差损益等。市场结构类平衡费用可由发电侧和用户侧共同分担，具体分担比例可参考各省结算规则。

2. 阻塞平衡费用

阻塞平衡费用是指现货市场中，发电侧以节点电价进行电能量电费结算，用户侧以统一结算点电价进行电能量电费结算，由此导致的应收批发市场用户费用与应付发电企业费用之间的偏差费用。阻塞平衡费用主要包括日前市场阻塞平衡费用和实时市场阻塞平衡费用。费用为正，表示向经营主体返还；费用为负，表示向经营主体分摊。阻塞平衡费用可由发电侧和用户侧共同分担，具体分担比例可参考各省结算规则。

6.5.4.3 市场偏差类费用

市场偏差类费用主要包含新能源场站偏差收益回收、机组考核返还费用、市场超额收益回收、用户侧日前申报偏差收益回收、用户侧中长期偏差收益回收、发电侧中长期偏差收益回收等。相关费用以月度为周期进行返还。不同市场的具体规定差异较大，这里不再展开介绍。

6.5.4.4 其他费用

当经营主体无法及时支付结算款项，且市场应急资金等风险防范机制已无法发挥作用时，该款项纳入其他市场运营费用，由经营主体按电量比例分担。若在运行过程中市场运营费用出现极端情况，由政府主管部门启动应急机制确定处理方式。

6.5.5　交易手续费

根据《关于电力交易机构组建和规范运行的实施意见》（发改经体〔2015〕2752号）规定，电力交易机构可向经营主体合理收费，主要包括注册费、年费、交易手续费。该费用不纳入结算依据，由电力交易机构直接收取。目前，国网区域电力交易机构未收取交易手续费，南网区域电力交易机构已经收取交易手续费。下面以广东电力市场为例进行介绍。

《广东电力市场交易服务收费管理办法（2025 年版）》中约定，经营主体包括各类发电企业、电力用户、售电公司等，需要按时足额支付交易服务费用。

其中交易手续费对参与电力批发交易的经营主体双向收取，对参与零售交易的经营主体暂不收取。主要针对电能量交易收取，其中绿电交易暂不收取。具体计算方法是：以交易最终成交电量作为计算基数，对参与交易的经营主体分别收费。年度、月度、周、现货的计算费率各不相同，见表 6-11。其中中长期电量是指经安全校核后的电量，包含二次交易。其中现货交易电量，取日前出清量扣减中长期交易电量、代理购电量的差值，取一天的合计值的绝对值。

表 6-11　　2025 年广东电力市场交易手续费收费标准

参数	参数取值（元/万千瓦时）	说明
F1	0.11	年度交易收费标准
F2	0.11	月度交易收费标准
F3	0.12	周交易收费标准
F4	0.12	现货交易收费标准

注册费和年费，收费对象是在交易中心注册的所有经营主体。目前广东暂未执行。

6.6 电力交易结算单

电力交易结算单是电力市场交易结算的体现，用于向经营主体反馈其参与的各项市场化交易的结算结果。目前国家电网经营区域内所有市场，采用了统一的结算科目分类和编码规则，以及标准的结算单式样。

6.6.1 结算科目

结算科目是对出现在结算依据中的条目的标准化定义，用于核算、统计参与电力市场的各类经营主体在某一时期内各类交易的结算情况。结算科目可以辅助经营主体理解结算依据，同时也为结算数据统计提供标准化的分类。结算科目一部分来源于交易类型，与交易类型对应关联；另一部分在结算环节自行生成，如偏差结算、平衡费用等。

6.6.1.1 结算科目规范

结算科目分为四级。一级科目包括"电量清分""权益凭证类交易及容量、分摊、补偿费用清分""结算调整"3 类。其中"电量清分""结算调整"科目中的数据，与电量相关，涉及电量清分的计算。"权益凭证类交易及容量、分摊、补偿费用清分"科目仅涉及费用计算，会依据电量清分的结果，本身不涉及电量清分。

1. 电量清分

一级科目"电量清分"主要展示需要电量清分的结算内容，其下包括中长期交易、现货交易、辅助服务交易、应急调度、波动偏差电量、电厂用网电量 6 个二级科目。考虑辅助服务市场部分品种包含电量清分过程，将辅助服务交易的结算结果归类至电量清分科目中。

（1）中长期交易。主要包括优先发购电量交易、电力直接交易、抽水招标交易、省间送受电交易、合同交易、调试运行电量、预挂牌交易、超合同交易、少合同交易、其他中长期交易等。

（2）现货交易。包括省间现货交易和省内现货交易，涵盖日前、日内和实时的电能量交易。

（3）辅助服务交易。电力辅助服务分为有功平衡服务、无功平衡服务和事故应急及恢复服务等。该科目展示除"两个细则"之外的固定补偿或已开展市场化交易的品种相应的电量及电费。另外，仅涉及发电侧的辅助服务相关费用。

（4）应急调度。用于展示日前、日内的应急调度电量结算情况。该科目仅用于省间结算。

（5）波动偏差电量。包括联络线波动偏差电量、配套火电波动偏差电量、其他跨区跨省电源波动偏差电量。该科目仅用于省间结算。

（6）电厂用网电量。指电厂启动调试阶段或由于自身原因机组全停时，电网向电厂送电的电量。

2. 权益凭证类交易及容量、分摊、补偿费用清分

该一级科目下所有类别仅费用项计入总和，电量数据均为计算相应费用结果的基础数据，不涉及电量清分，其下包括权益和凭证交易、市场运营费用、容量费用、偏差费用、系统运行费用、售电公司服务费用等11个二级科目。

对于仅计入费用的结算科目，发电侧方面，增加其电费收入的项目统计为正数，降低其电费收入的项目统计为负数；用电侧方面，增加其电费成本的项目统计为正数，降低其电费成本的项目统计为负数。售电公司统计方式与发电侧保持一致。

（1）权益和凭证交易。主要包括可再生能源超额消纳量交易、省间绿色电力交易（环境权益）、省内绿色电力交易（环境权益）。

（2）市场运营费用。指根据市场规则，对经营主体因参加市场运行而产生的额外成本进行补偿，并将补偿费用在相关经营主体间进行分摊。主要包括成本补偿与分摊费用、市场平衡类费用、其他市场运营费用等。

（3）容量费用。除电量电费外按照机组可用发电容量计算的费用或在容量市场的收益/成本费用等。对于抽水蓄能容量电费、煤电容量电费，本科目仅展示发电侧涉及的费用，用电侧分摊的费用在"系统运行费用"科目中展示。

（4）偏差费用。用于展示各相关经营主体的偏差结算费用。此科目下电量仅用于计算得出电费金额，不是经营主体发用电量的组成部分。发电侧承担的偏差费用为负数，返还的偏差费用为正数；用电侧承担的偏差费用为正数，返还的偏差费用为负数。

（5）需求侧响应费用。用于展示需求侧响应相关的费用。

（6）"两个细则"费用。用于展示各地区根据辅助服务管理实施细则和并网运行管理实施细则，对发电企业的考核（费用为负）、补偿费用（费用为正）。

（7）超低排放费用。用于展示支付给火电机组的超低排放费用。

（8）用户上网环节线损费用。根据《国家发展改革委关于第三监管周期省级电网输配电价及有关事项的通知》（发改价格〔2023〕526号）要求，用户自行采购、电网企业代理采购且由交易中心开展结算或出具结算依据的线损费用。

（9）输电费/输配电费。用于展示输电费或输配电费。

（10）系统运行费用。根据《国家发展改革委关于第三监管周期省级电网输配电价及有关事项的通知》（发改价格〔2023〕526号）和《国家发展改革委 国家能源局关于建立煤电容量电价机制的通知》（发改价格〔2023〕1501号）要求，用户侧用电价格中包含的系统运行费用，包括辅助服务费用分摊、抽水蓄能容量电费分摊、煤电容量电费分摊等。

（11）售电公司服务费用。展示售电公司向用户提供售电服务、增值服务等收取的费用。包括售电服务费、增值服务费、其他服务费。

3. 结算调整

该一级科目展示各经营主体因政策规则调整、临时电价结算等原因产生的退补及清算费用。其中，需调整电量总量或成分的事项，电量电费均统计；因其他原因产生仅涉及电费调整的事项，仅统计电费。

（1）退补。因抄表及计算差错等原因导致的本结算周期内无法完成的结算调整。

（2）清算。因经营主体主客观原因，由其发起的电费结算调整。

四级科目的详细分类表见附录B。其中，一级、二级科目由北京电力交易中心确定，省级交易中心不能增加。三级、四级科目，由北京电力交易中心确定标准版本，各省交易中心可根据实际需求在其基础上进行增设。各级交易机构也可以根据工作实际增设五级科目。

6.6.1.2　结算科目编码

为更好地标识各类、各级科目，结算科目采用了统一的编码规范。科目编码由四段组成，为"××–××–××–××"。

（1）第一段编码：代表一级科目。例如，电能量交易编码为01。

（2）第二段编码：代表二级科目，其与一级科目为对应关系。例如，一级科目电能量交易下分为中长期和现货，中长期编码为0101，现货编码为0102。

（3）第三段编码：代表三级科目，其与二级科目为对应关系。例如，二级科目中长期下分为电力直接交易、省间送受电交易等科目，电力直接交易编码为010102，省间送受电交易编码为010104。

（4）第四段编码：代表四级科目，其与三级科目为对应关系。例如，三级科目预挂牌交易分为上调电量和下调电量，上调电量编码为 01010701，下调电量编码为01010702。

6.6.2　结算单

电力交易机构完成结算后，需要根据结算结果生成结算单，并向经营主体出具。结算单应体现经营主体参与的各项交易的结算电量、电价、电费数据，以及计量数据等信息。结算单又称为结算依据或者结算凭证。

结算单根据发布时间可分为日清分结算单和月度结算单。其中日清分结算单适用于现货运行市场，在日清分计算结束后发布，按日展示中长期、现货的结算结果，方便经营主体及时了解自身收益和支出，起到参考作用。月度结算单则在所有市场都要求按月出具，用于反映经营主体参与的全月各项交易的结算电量、电价、电费数据，以及计量数据。电网公司在月度结算单的基础上加上输配电价、系统运行费用、政府性基金及附加等费用，形成电费账单。

月度结算包含交易结算单和交易结算明细。其中交易结算单展示交易结算科目的汇总数据,汇总至结算科目。交易结算明细则展示同一科目下的多笔交易或多个时段,作为附表展示。

图 6-3 给出了一个典型的交易结算单。表头包括结算单编号、结算单标题、经营主体名称、单位。上面的表格主要展示购电侧、售电侧的结算总量、总费信息。下面的表格显示各个科目的信息。

图 6-3 交易结算单式样

1. 结算单表头

(1)结算单编号。结算单编号由四段数字组成,段与段之间以"-"为分隔符,例如:BPX-2024-04-F51。

第一段编号:代表结算单出具的电力交易机构,使用简称。例如:北京电力交易中心为 BPX。

第二段编号:代表结算年度。例如:2024。

第三段编号:代表结算月份。例如:01。

第四段编号:代表经营主体,由各级电力交易机构自行确定内容和长度,可采用数据编号,也可采用系统中结算单元的规则编号。

(2)结算单标题。发布结算单的电力交易机构名称及月份,如"北京电力交易中心有限公司 2024 年 4 月交易结算单"。

（3）经营主体名称。结算单数据关联的经营主体的全称。结算单是按照经营主体粒度出具，并向经营主体定向发布。

（4）单位。结算单中电量单位一般为兆瓦时，保留 3 位小数；电价的单位一般为元/兆瓦时，保留 2 位小数；电费的单位一般为元，保留 2 位小数。

2. 结算单汇总表

第一列：展示结算的覆盖时间，一般显示为"本月"。

第二列：展示计量电量的属性，一般显示"购电侧"或"售电侧"。

第三列：结算电量，一般等同于经营主体的上网电量或者用电量。

第四列：合同电量，结算月份经营主体所有合同电量总和，含年度分月合同、月度合同、月内合同等。

第五列：偏差电量，结算月份实际上网电量或用电量，与合同电量的差值。

第六列：结算电费/售电公司收益，结算月份经营主体的电费总和，或者结算月份该售电公司售电服务、增值服务、其他服务等各类收益之和。

3. 结算单科目数据表

结算单科目数据表按照科目类别分别统计结算月份各项量价费，并按照科目层级汇总。

第一列：结算科目编码。

第二列：结算科目名称。

第三列：分月交易计划电量，展示该科目的交易或者计划电量。

第四列：结算电量/容量，展示该科目的结算电量，或者结算容量。

第五列：结算电价/均价，展示该科目的结算电价或者均价，均价通过"结算电费"和"结算电量"计算形成。

第六列：结算电费。

第七列至第九列：展示年累计交易计划电量、年累计结算电量、年累计结算电费。

第十列：备注。

4. 结算单明细表

结算单明细表为经营主体提供更详细的结算情况，方便经营主体下载、核对。内容和科目数据表类似，但粒度细至每一个交易合同。具体如图 6-4 所示。

××公司××年××月交易结算明细（购电侧）

单位：兆瓦时、兆瓦、元/兆瓦时、元/兆瓦、元

结算科目编码	结算科目	合同序列	合同名称	合同时段	合同电量	结算电量/容量	结算电价	结算电费	备注
必备	必备		必备		必备	必备	必备	必备	

注：1.绿电交易结算明细为绿色电力交易电能量部分。绿色电力交易环境权益部分对应的电量，即绿证核发电量交易明细请于"绿色电力消费凭证"中查阅。

××公司××年××月交易结算明细（售电侧）

单位：兆瓦时、兆瓦、元/兆瓦时、元/兆瓦、元

结算科目编码	结算科目	零售用户名称	户号/电源编号/计量点编号	合同时段	实际用电量	合同电量	结算电量/容量	结算电价	结算电费	备注
必备	必备	必备	必备		必备	必备	必备	必备	必备	

注：1.绿电交易结算明细为绿色电力交易电能量部分。绿色电力交易环境权益部分对应的电量，即绿证核发电量交易明细请于"绿色电力消费凭证"中查阅。

图6-4 结算单明细式样

发电企业、电力用户、售电公司等不同类型主体的结算单式样，略有差异，具体可查阅《关于完善结算科目及结算单式样应用的通知》（京电交结〔2023〕59号），这里不再赘述。

7 绿电及绿证交易

绿电及绿证交易作为推动可再生能源发展和能源转型的重要市场机制，不仅为市场主体提供了满足绿色电力需求的途径，也为新能源项目提供了合理的收益补偿。本章主要介绍绿电及绿证交易的政策背景和发展历程、交易方式、绿电消费核算以及绿证核发核销方法、电碳协同等内容。

7.1　概　　述

7.1.1　基本概念

绿色电力，是指符合国家有关政策要求的风电（含分散式风电和海上风电）、太阳能发电（含分布式光伏发电和光热发电）、常规水电、生物质发电、地热能发电、海洋能发电等已建档立卡的可再生能源发电项目所生产的全部电量。

绿色电力交易，是指以绿色电力和对应绿色电力环境价值为标的物的电力交易品种，交易电力同时提供国家核发的可再生能源绿色电力证书，用以满足发电企业、售电公司、电力用户等出售、购买绿色电力的需求。

绿色电力证书（简称绿证），是我国可再生能源电量环境属性的唯一证明，是认定可再生能源电力生产、消费的唯一凭证。1个绿证单位对应1000千瓦时可再生能源电量。不足核发1个绿证的当月电量结转至次月。绿证式样如图7-1所示。

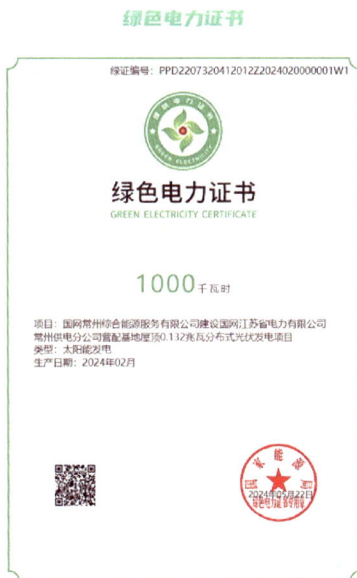

图 7-1　绿证式样

7.1.2 政策背景

2020 年 9 月，国家主席习近平在第 75 届联合国大会上宣示中国碳达峰、碳中和目标，彰显了我国坚定走绿色低碳发展道路的信心和决心，同时也为我国能源清洁低碳转型指明了方向。

2021 年 8 月，国家发展改革委、国家能源局发布了《关于绿色电力交易试点工作方案的复函》（发改体改〔2021〕1260 号），同意国家电网公司、南方电网公司开展绿色电力交易试点，并提出要做好绿色电力交易与绿证机制的衔接。

2022 年 9 月，国家发展改革委、国家能源局先后印发了《关于推动电力交易机构开展绿色电力证书交易的通知》（发改办体改〔2022〕797 号）、《关于有序推进绿色电力交易有关事项的通知》（发改办体改〔2022〕821 号），进一步完善了绿证交易机制，鼓励各类用户自愿消费绿色电力，要求相关企业及单位承担绿电消费社会责任。

2023 年 2 月，国家发展改革委、财政部、国家能源局印发了《关于享受中央政府补贴的绿电项目参与绿电交易有关事项的通知》（发改体改〔2023〕75 号），明确带补贴绿电项目参与绿电交易的交易方式及相关补贴利益分配机制。2023 年 8 月，国家发展改革委、财政部、国家能源局印发了《关于做好可再生能源绿色电力证书全覆盖工作促进可再生能源电力消费的通知》（发改能源〔2023〕1044 号），绿色电力证书实现对水、风、光、生物质能等可再生能源全覆盖。

2024 年 7 月，国家发展改革委、国家能源局印发了《电力中长期交易基本规则—绿色电力交易专章》（发改能源〔2024〕1123 号），提出加快建立有利于促进绿色能源生产消费的市场体系和长效机制，推动绿色电力交易融入电力中长期交易。2024 年 8 月，国家能源局印发了《可再生能源绿色电力证书核发和交易规则》（国能发新能规〔2024〕67 号），绿证核发由国家统一组织，交易面向社会开放，价格通过市场化方式形成，信息披露及时、准确，全生命周期数据真实可信、防篡改、可追溯。

2025 年 1 月，国家发展改革委、国家能源局印发了《关于深化新能源上网电价市场化改革　促进新能源高质量发展的通知》（发改价格〔2025〕136 号），坚持市场化方向，推动新能源上网电量全面进入市场、上网电价由市场形成，配套建立可持续发展价格结算机制，区分存量和增量分类施策，促进行业持续健康发展；同时，进一步强调改革与绿证政策的协同，特别是对纳入新能源可持续发展价格结算机制的电量，不重复获得绿证收益。

7.1.3 发展历程

随着新能源去补贴化以及进入电力市场的步伐加快，绿电及绿证交易成为新能源进入电力市场体现其绿色环境价值的重要方式。

2021 年 9 月，全国绿色电力交易试点启动，共有 17 个省份 259 家经营主体参与，累计交易电量达 79.35 亿千瓦时，减少标准煤燃烧 243.60 万吨，减排二氧化碳 607.18 万吨。

截至 2024 年 12 月底，绿色电力交易基本形成"省内为主、跨省区为辅"的市场格局。交易范围方面，绿色电力交易覆盖国家电网、南方电网、蒙西电网等全国主要电网经营区；其中，省内绿电交易覆盖全国近 30 个省份。交易组织方面，省间绿电交易在年度（多年）、月度、月内连续运营基础上，探索开展了集中竞价交易，浙江、安徽开展了分布式绿电聚合交易。合同规范方面，北京电力交易中心发布了《多年期省间绿色电力双边协商交易协议参考模板》和《多年期省内绿色电力双边协商交易协议参考模板》。市场服务方面，上海、江苏、天津、四川等多地成立了绿电绿证服务站、供电营业厅绿电服务微网点等服务体系，提供绿电接入、交易咨询、账单解读、消费认证等"一站式"服务。

2022 年 9 月起，绿证依托中国绿色电力证书交易平台，以及北京电力交易中心、广州电力交易中心开展交易。

2024 年，全国交易绿证 4.46 亿个，同比增长 3.6 倍，其中绿证单独交易 2.77 亿个、绿电交易绿证 1.69 亿个。按项目类型分，风力发电 2.39 亿个、太阳能发电 2.02 亿个、生物质发电 359 万个、其他可再生能源发电 206 万个。截至 2024 年 12 月底，全国交易绿证 5.53 亿个，其中绿证单独交易 3.15 亿个、绿电交易绿证 2.38 亿个。

7.2 绿 电 交 易

7.2.1 交易主体

初期，参与绿色电力交易的发电侧主体为风电、光伏发电项目，条件成熟时，可逐步扩大至符合条件的其他可再生能源；用电侧主体为在电力交易平台注册入市的直接购电用户、售电公司。

发电侧主体主要是未纳入国家可再生能源电价附加补助政策范围内的集中式风电和光伏发电企业。分布式光伏、分散式风电成功核发绿证后，可直接参加绿电交易，或由分布式发电聚合商聚合参与绿电交易。享受可再生能源补贴的新能源发电也可参与绿电交易，高于项目所执行的煤电基准电价的溢价收益等额冲抵国家可再生能源补贴或归国家所有；放弃补贴的，参与绿电交易的全部收益归发电企业所有。

用电侧主体主要是跨国公司及产业链企业、外向型企业、行业龙头企业。绿电溯源性强、国际认可度高，对于外向型企业的进出口、碳关税等方面均有较大帮助。目前参与绿电交易的企业中，金属冶炼、化学制造等行业积极性较高，如宝钢股份、科思创、巴斯夫、上海氯碱化工、奥特斯等。

7.2.2 交易组织

绿色电力交易的组织方式主要采用双边协商、挂牌交易和集中竞价交易等形式，其中省内交易暂不单独组织集中竞价和滚动撮合交易。交易范围覆盖省间和省级两级市场，目前以年度和月度交易为主。随着市场机制不断完善，绿电交易正朝着长周期与短周期双向拓展：多年期购电协议有助于用户锁定用电成本，保障新能源企业投资与发电计划的稳定性；小时级交易则能实现绿电消费的精准匹配与溯源，不仅有利于提升我国绿电的国际认可度，更能有效衔接国际绿色贸易规则。

绿色电力交易可根据电力中长期交易基本规则和各省细则、跨省跨区电力中长期交易实施细则等相关规定,在合同各方协商一致并确保绿色电力交易可追踪溯源的前提下,建立灵活的合同调整机制,按月或更短周期开展合同转让等交易。

电力用户或售电公司与发电企业签订绿色电力交易合同,应明确交易电量、价格(包括电能量价格、绿证价格)等事项。售电公司与电力用户签订的零售合同中应明确上述事项。

1. 省间绿电交易流程

省间绿电交易流程分为需求汇总、交易组织和结果发布三个阶段。以省间双边协商交易为例,如图7-2所示。

(1)需求汇总阶段。经营主体通过所在省电力交易平台提交绿色电力双边协商交易需求。购电省和售电省的电网企业与相关省级电力交易机构收集和汇总省间绿色电力交易需求信息,并在确认后将需求信息提交至北京电力交易平台。

(2)交易组织阶段。北京电力交易中心根据提交的需求信息,以及省间通道输送能力、送端省送出能力和受端省受入能力等因素,在北京电力交易平台发布省间绿色电力交易公告,组织开展省间双边协商交易。参与交易的主体自主进行申报。

(3)结果发布阶段。北京电力交易中心汇总省间绿电交易数据,并通过北京电力交易平台出清形成交易预成交结果,经电力调度机构完成安全校核后由北京电力交易中心在北京电力交易平台发布成交结果。

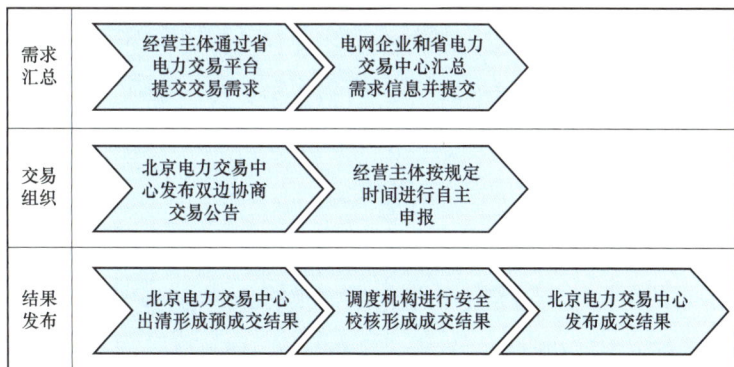

图7-2 省间绿电双边协商交易流程

2. 省内绿电交易流程

省内绿电交易流程分为交易组织和结果发布两个阶段。以省内双边协商交易为例，如图 7-3 所示。

（1）交易组织阶段。省级电力交易机构在电力交易平台上发布省内绿电交易公告，并通知经营主体参与绿电双边协商交易。各经营主体自主协商，并就交易电量、电能量价格、绿色电力环境价值及其偏差补偿方式达成共识后，于规定时间内在电力交易平台完成申报。

（2）结果发布阶段。省级电力交易机构在电力交易平台上进行出清形成绿电交易预成交结果，经电力调度机构安全校核后，发布成交结果。

图 7-3　省内绿电双边协商交易流程

3. 多年期购电协议

近年来，多年期购电协议（PPA）的发展与应用得到国内外广泛关注。国际方面，2023 年全球披露的多年期购电协议签约量再创新高，装机容量达到 4600 万千瓦，较 2015 年增长近 10 倍。

国内方面，政府主管部门出台多项政策，鼓励新能源企业与电力用户签订年度及多年期绿电双边合同。北京电力交易中心在国外多年期购电协议种类、内容设计以及执行方式经验基础上，结合我国省间省内市场实际，编制了《多年期省间绿色电力双边协商交易协议参考模板》《多年期省内绿色电力双边协商交易协议参考模板》，组织开展了我国多年期绿色电力交易。

多年期绿电协议参考模板与中长期市场运行紧密衔接，对经营主体提出了两方面要求：一是经营主体约定符合中长期市场规则的分时电量、分时电价和环境价值等，涉及省间多年绿电双边合同的送受电方向应与国家明确的省间通道送电方向一致；二是签订多年期绿电协议的经营主体须通过电力交易平台完成交易，形成预成交结果。电力交易机构按年、月等周期依序将预成交结果或调整结果发至电力调度机构进行安全校核，安全校核通过后的电量作为合同执行依据。多年期绿电协议参考模板，充分考虑了售电公司代理用户参与绿色电力交易的方式，明确了重大政策变化、不可抗力导致的合同无法履约协商条款，设置了灵活多变的价格机制。电能量交易价格可选择全时段固定价格、分时段固定价格、分时段浮动价格，绿色电力环境价格可选择单一固定价格、分期固定价格、分期浮动价格等。

4. 小时级绿电

欧盟《可再生能源指令（第三版）》要求，输配电系统运营商尽可能准确地以与市场结算频率相等的时间间隔（不超过 1 小时）提供各竞价区可再生能源电力比例和所供应电力的温室气体排放含量数据，如有预测数据，还应提供预测数据。

目前，24/7 全天候小时级绿电采购方式日益流行。从可再生能源发展来看，小时级绿电匹配能满足欧美在能源转型领域对提升可再生能源比重和能源使用效率的迫切需求，解决可再生能源发电特性和电力用户用电特性之间的偏差，更好地支持可再生能源电力消纳。全天候小时级绿电消费相比年度合约具有更精细的匹配度，精细化的绿电匹配溯源具有更高的可信度。

为有效实现小时级绿电生产和消费匹配，江西在绿电交易过程中细化绿色电力交易颗粒度，通过区块链技术按小时精细化记录绿电生产、传输、交易的全流程信息，绿色电力环境价值按小时维度三者取小的原则，实现绿色电力消费凭证按小时进行核发。绿电用户只需"扫一扫"绿色电力消费凭证对应的二维码，即可查询具有时间戳的小时级消费凭证，精准匹配绿电项目与用户供需曲线，为提升绿电交易溯源认证机制奠定基础。2025 年 4 月江西开展小时级绿电交易的试点结算，实现了绿电生产和消费的小时级匹配，首次向用户核发 24 小时绿色消费凭证。4 月累计达成绿电交易电量 2.16 亿千瓦时，核发绿证 121885 张。

7.2.3 交易结算

绿色电力交易电能量部分与绿证部分分开结算。电能量结算时，发用双方必须单方各自按照时段进行解耦清分、解耦结算；绿证结算时，发用双方必须相互按照全月（或小时级）进行耦合清分、耦合结算。

（1）电能量部分按照跨省区、省内市场交易规则开展结算。

（2）绿证部分按当月（或小时级）合同电量、发电企业上网电量、电力用户用电量三者取小的原则确定结算数量,以绿证价格结算。其中,同一电力用户/售电公司与多个发电企业签约,总用电量低于总合同电量的,该电力用户/售电公司对应于各发电企业的用电量按总用电量占总合同电量比重等比例调减;同一发电企业与多个电力用户/售电公司签约的,总上网电量低于总合同电量时,该发电企业对应于各电力用户/售电公司的上网电量按总上网电量占总合同电量比重可等比例调减。

绿电交易完成结算后,电力用户最终获得绿色电力证书交易凭证和绿色电力消费凭证,如图7-4所示。

图7-4 绿色电力证书交易凭证和绿色电力消费凭证

以某省绿电交易为例,相关交易合同及计量电量信息见表7-1。

表7-1 绿电交易合同及结算数据

交易序列	2024年1月××省内绿电交易				
合同价格	451 元/兆瓦时		绿色电力环境价值		20 元/兆瓦时
绿色电力环境价值偏差补偿条款	因购方实际用电量少于合同电量,售方绿色电力环境价值未能售出时,购方按照30元/兆瓦时对售方进行补偿;因售方实际上网电量少于合同电量,购方绿色电力环境价值未能购入时,售方按照65元/兆瓦时对购方进行补偿;购方实际用电量和售方实际上网电量均少于合同电量时,双方按照上述约定互相补偿。				
发电企业	电力用户	执行周期	合同电量	上网电量	用电量
某光伏电站	某有限公司	2024-01-01 至 2024-01-31	6000 兆瓦时	5000 兆瓦时	8000 兆瓦时

电能量结算：结算电量＝合同电量＝6000兆瓦时。

结算电费＝合同电量×合同电价＋合同偏差电量×偏差电价＝6000×451＋偏差电费。

绿色电力环境价值结算：按当月合同总电量（按购方所在节点确定，省间交易还应考虑实际输电量）、发电企业上网电量、电力用户用电量三者取小的原则确定结算量（以兆瓦时为单位取整数，发电侧上网电量尾差部分滚动至次月核算、核发绿证）。因此，绿色环境权益部分电量为＝min（合同电量，上网电量，用电量）＝min（6000，5000，8000）＝5 000兆瓦时，绿色电力环境价值结算＝环境权益部分电量×绿色电力环境权益价值＝5000×20＝100000（元）。

绿色电力环境价值偏差结算：因上网电量小于合同电量，发电企业绿色电力环境价值偏差量为合同电量－上网电量＝6000－5000＝1000（兆瓦时），绿证偏差结算电费＝偏差电量×售方偏差补偿价格＝1000×65＝65000（元）。

7.3　绿证交易

7.3.1　交易主体

绿证交易主体包括卖方和买方。卖方为已建档立卡的发电企业或项目业主，买方为符合国家有关规定的法人、非法人组织和自然人。交易主体可委托代理机构参与绿证核发和交易。

国家电网经营区绿证买方主要分布在售电、电力供应、制造业、黑色金属冶炼和压延加工业、基础化学原料制造、批发和零售、科学研究和技术服务业、采矿业、有色金属冶炼和压延加工业、租赁和商务服务业等行业，这些行业购买绿证占绿证购买总数的比例如图7-5所示。

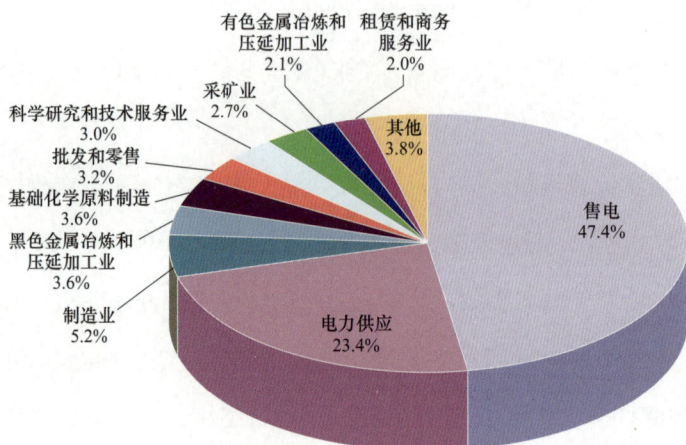

图7-5 绿证买方行业分布情况

7.3.2 交易组织

绿证在符合国家相关规范要求的平台开展交易,目前依托中国绿色电力证书交易平台,以及北京、广州电力交易中心开展绿证单独交易。

绿证交易的组织方式主要包括挂牌交易、双边协商、集中竞价等,交易价格由市场化方式形成。国家绿证核发交易系统与各绿证交易平台实时同步待出售绿证和绿证交易信息,确保同一绿证不重复成交。

(1)挂牌交易。卖方可同时将拟出售绿证的数量和价格等相关信息在多个绿证交易平台挂牌,买方通过摘牌的方式完成绿证交易。

(2)双边协商交易。买卖双方可自主协商确定绿证交易的数量和价格,并通过选定的绿证交易平台完成交易。鼓励双方签订省内、省间中长期双边交易合同,提前约定双边交易的绿证数量、价格及交割时间等。

(3)集中竞价交易。按需适时组织开展。

7.3.3 交易结算

用户在进行绿证交易时,需及时完成资金支付,完成全部资金支付后1个工作日内，相应资金划入发电企业资金账户。发电企业在收到资金后，于税法规定期限内向用户开具符合要求的发票。

挂牌交易中，购方摘牌后须在当日 17:00 前完成款项支付，否则交易解除，订单会自动取消；双边协商交易中，售方申报后，购方须在当日 15:00 前完成交易确认，购方完成确认后，支付时间由购售双方自行约定，售方进行确认收款后完成交割。

7.4 绿证核发及核销

7.4.1 绿证核发

绿证核发的整体流程主要包括项目资格审核、证书核发、自愿认购账户申请等环节，具体流程如图 7-6 所示。项目资格审核阶段，已在信息平台注册的企业需在线提交相关文件，而未注册的企业则需按要求在线注册并填报项目信息。证书核发阶段，通过资格审核后的企业需在信息平台按月填报项目结算电量信息，并上传相关证明扫描件，信息中心复核后，按 1 个证书对应 1 兆瓦时结算电量标准向企业核发证书。自愿认购账户申请阶段，通过资格审核的企业可在认购平台上开户并出售证书，开户时需携带证明材料原件和复印件到信息中心现场办理，并登记相关信息。

1. 档案信息匹配

通过建立电力交易机构与电网企业档案关联匹配机制，贯通多系统档案信息，形成完整的可再生能源发电项目基础档案，做好档案信息和计量信息的映射匹配。优化建档立卡流程，对于存量未建档立卡项目，以电网公司掌握的项目信息为基础开展建档立卡；对于新增项目，建立同步开展项目管理平台、电网企业统计营销系统建档和电力交易机构市场成员注册的机制，直接实现档案信息关联，支撑数据高效交互。可再生能源项目档案信息数据规范性校核规则见表7-2。

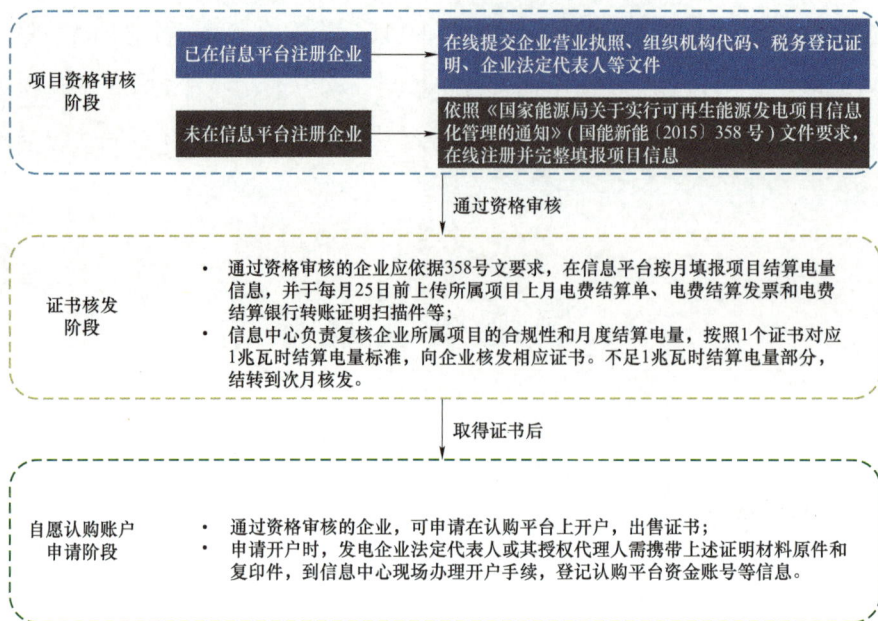

图7-6 绿证核发流程

表7-2 可再生能源项目档案信息数据规范性校核规则

信息类型	业务字段	校核规则说明
主体信息	主体名称	不能为空,当主体类别为法人时填写企业工商注册信息中的企业全称;当主体类别为自然人时填写自然人姓名
主体信息	主体类别	不能为空且必须为:1-法人;2-自然人
主体信息	身份证号码	当主体类别为自然人时必填,不能为空且必须符合身份证号码规范;主体类别为法人时空值
主体信息	统一社会信用代码	当主体类别是法人时必填,不能为空且符合企业名称规范;当主体类别是自然人时空值
项目信息	主体ID	项目所属主体的主体ID,关联项目主体信息的标识,不能为空且必须在主体信息中存在
项目信息	项目名称	不能为空,填写项目的批复(备案、核准)文件中的项目名称
项目信息	项目类型	不能为空且必须为:1-光伏发电;101-集中式光伏;102-分布式光伏;3-生物质发电;31-农林生物质直燃;32-垃圾焚烧;33-沼气发电;4-风电;41-陆上集中式风电;42-陆上分布式风电;43-海上风电;5-地热发电;6-海洋能发电;61-波浪能发电;62-潮汐能发电;69-其他海洋能发电;7-水力;11-光热发电;12-新型储能;13-风光一体化;99-其他

续表

信息类型	业务字段	校核规则说明
项目信息	项目总容量（兆瓦）	项目并网容量不能为空，计量单位为兆瓦
项目信息	地理位置	填写项目所处地理位置区域编码，依照 GB/T 2260—2007《中华人民共和国行政区划代码》，精确到县区级，不能为空且必须符合编码规范
项目信息	项目详细地址	项目的详细地址，精确到道路或门牌，不能为空
项目信息	项目状态	不能为空且必须为：1-立项；2-建设；3-投运；4-完成；5-注销
项目信息	补贴类型	不能为空且必须为：1-中央补助；2-省级补助；3-市级补助；4-县级补助；5-无补助
项目信息	发电量消纳方式	不能为空且必须为：1-全部自用；2-全部上网；3-自发自用余电上网
项目信息	并网时间	填写并网日期或者投产日期，项目分配投产时以最后一批机组投产日期为准，不能为空
项目信息	发电户号	项目数据来源为营销系统时（全量分布式项目、部分集中式项目），不能为空且必须符合户号编码规范，多个户号用逗号（英文）分割；数据来源非营销系统时不做校验

2. 电量数据归集

绿证核发原则上以电网企业、电力交易机构提供的数据为基础，与发电企业或项目业主提供数据相核对。

电网企业、电力交易机构应在每月 22 日前，通过国家绿证核发交易系统推送绿证核发所需上月电量信息。

对于自发自用等电网企业无法提供绿证核发所需电量信息的，可再生能源发电企业或项目业主可直接或委托代理机构提供电量信息，并附电量计量等相关证明材料，还应定期提交经法定电能计量检定机构出具的电能量计量装置检定证明。

3. 绿证核发结果

国家绿证核发交易系统提供绿证在线查验服务，用户登录绿证账户或通过扫描绿证二维码，可获取绿证编码、项目名称、项目类型、电量生产日期等信息。

绿证完成交易后，交易平台应将交易主体、数量、价格、交割时间等信息实时同步至国家绿证核发交易系统。国家能源局资质中心依据绿证交易信息实时做好绿证划转，划转后的绿证相关信息与对应交易平台同步。

对 2023 年 1 月 1 日（不含）前投产的存量常规水电项目对应绿证，依据电网企业、电力交易机构报送的水电电量交易结算结果，从卖方账户直接划转至买方账户；电网代理购电的，相应绿证依电量交易结算结果自动划转至相应省级绿证账户，绿证分配至用户的具体方式由省级能源主管部门会同相关部门确定。

2024 年，全年核发绿证 47.34 亿个，同比增长 28.4 倍，其中可交易绿证 31.58 亿个，占 66.71%。按项目类型分，风力发电 19.41 亿个、太阳能发电 8.27 亿个、常规水电 15.78 亿个、生物质发电 3.81 亿个、其他可再生能源发电 809 万个。截至 2024 年 12 月底，全国累计核发绿证 49.55 亿个，其中可交易绿证 33.79 亿个。

7.4.2 绿证核销

绿证核销是指对已交易的绿证进行注销登记，以确保绿证对应电量的环境权益不被重复使用或交易。

绿证核销需遵循唯一性、真实性及不可逆原则，以确保其对应电量的环境权益不被重复使用或交易。其中，唯一性原则指每个绿证有唯一编号，防止核销时出现重复或混淆；真实性原则指核销绿证必须对应真实的可再生能源电量生产和交易记录；不可逆原则指一旦绿证被核销，其对应的环境权益将无法再次被使用或交易。

绿证交易双方在国家认可的交易平台完成交易后，交易平台会记录交易信息，买方随后向国家能源局资质中心提交核销申请并附上交易凭证等证明材料，资质中心审核申请和证明材料，核实交易的真实性、绿证的唯一性以及电量的准确性，审核通过后在信息管理平台进行核销登记，将结果反馈给交易双方并更新信息，最后资质中心对核销的绿证进行公示并接受社会监督。

7.5 绿电消费核算

7.5.1 核算主体

绿色电力消费核算，是指经各类主体自愿申请，依托在电力交易机构设立的绿色电力消费核算账户,对通过绿电交易、绿证交易、自发自用可再生能源电力等方式消费绿色电力、获得环境权益进行的汇总和计算,形成绿色电力消费核算结果;或依据政府有关部门的要求和授权,对各级行政区、企业集团和产业园区等整体绿色电力消费情况进行的数据汇总、统计、排名和评价。

绿色电力消费核算主体范围包括用电主体、企业集团、区域(城市、乡镇、园区等),也可对生产产品产业链、供应链绿色电力使用情况进行核算。核算主体自主确定核算范围,根据核算主体确定的范围,依托核算账户收集汇总消费数据。

核算主体的绿色电力消费途径主要包括绿电交易、绿证交易、自发自用可再生能源电力,通过核算账户对消费数据及环境权益转移情况进行记账。经营主体通过常规电力交易,与可再生能源发电企业签订常规合同的交易、结算信息,也应纳入核算体系。

(1)绿电交易方式,是指经营主体通过参与绿色电力交易,以"证电合一"方式购买绿色电力,同时获得对应的绿证。此部分环境权益计入交易结算对应月份。

(2)绿证交易方式,是指购买者通过参与绿色电力证书交易,以"证电分离"方式购买绿证,也视为消费了绿色电力。核算主体自主将此部分环境权益分配至对应月份。

(3)自发自用可再生能源电力方式,是指核算主体通过自建的集中式、分布式电源获得和使用的绿色电力,同时获得对应的绿证。此部分环境权益计入电量生产对应月份。

7.5.2 核算账户

绿色电力消费核算账户是指核算主体在电力交易机构设立,用于对绿电交易结算信息,绿证的持有、转移、使用等信息及自发自用可再生能源情况进行记录的专用电子账户。

绿色电力消费账户真实、完整、准确记录核算主体绿色电力消费相关信息;支撑开展绿色电力消费核算,为核算主体提供全面、翔实的绿色电力消费清单,帮助核算主体掌握自身绿色电力消费情况；支持与其他系统交互，通过网络向第三方提供核算结果，支撑核算主体的绿色电力消费主张。

账户体系按照功能分为核算账户、核算子账户、集团账户。

（1）核算账户是最基本的核算单元，全面、完整记录核算主体通过绿电交易结算、绿证交易、自发自用可再生能源电力信息及用电量。参与绿电绿证交易的经营主体可直接申请核算账户。

（2）核算子账户用于对核算账户中环境权益的分配，核算主体可在核算账户下设立核算子账户，将通过绿电交易、绿证交易和自发自用可再生能源电力获取的环境权益分配给租赁办公营业场所、产品生产线、具体产品、电动汽车用户等，或声明绿色环境权益归属其他主体。

（3）集团账户是根据企业集团、园区等主体申请设立，用于汇总关联账户绿色电力消费信息的账户。核算主体可使用集团账户，根据企业集团的分支机构组织架构、园区的地理范围等，建立集团账户与核算账户、核算子账户的关联关系，汇总绿色电力消费数据，完成对企业集团、园区的整体绿色电力消费核算。

7.5.3 核算方法

1. 数据来源及记录方式

绿色电力消费核算以月度、年度为基本周期，也可根据核算主体的需求确定。绿色电力消费核算基础数据包括绿电交易结算电量、绿证折算电量、自发自用可再生能源电量，各类数据的来源、依据和记录方式见表7-3。

表7-3　　　　　　　　　　绿色电力消费核算数据表

数据类别	原始数据	数据来源	需要审核的佐证材料
绿电交易结算电量	绿色电力交易合同、结算数据	电力交易机构绿色电力交易平台	—
绿证折算电量	通过电力交易机构绿色电力证书交易平台参与绿证交易的绿证数量	电力交易机构绿色电力证书交易平台	—
	通过其他渠道购买的绿证数量	用户自行填报	绿色电力购买证明
自发自用可再生能源电量	发电量	计量部门	计量部门提供的数据
	上网电量		

（1）绿电交易结算电量。以电力交易机构的电力交易平台记录的绿色电力交易合同、结算数据为依据，从电力交易平台直接获取。

（2）绿证折算电量。以各绿证交易平台交易信息为依据，按 1 张绿证对应 1 兆瓦时折算为绿电电量。通过电力交易机构绿证平台购买绿证，直接通过账户完成绿证的入账和记录；通过其他渠道购买的绿证，由核算主体自主填报绿证购买信息，经审核后入账并作为核算依据。

（3）自发自用可再生能源电量。以负责计量部门提供的自发自用项目发电量、上网电量结算数据作为计算依据，其中发电量数据可作为绿证核发的基础数据。

2. 绿电交易月度核算

核算主体月度绿电交易结算电量等于所有绿电交易合同的月度结算电量（已划转绿证）之和，如式（7−1）所示。

$$Q_{e月度绿电交易结算电量} = \sum\nolimits_{i=1}^{合同总数} Q_{e合同i交易结算电量} \qquad (7-1)$$

式中：$Q_{e月度绿电交易结算电量}$ 为核算主体月度绿电交易结算电量，兆瓦时；$Q_{e合同i交易结算电量}$ 为核算主体单个绿电交易合同对应的结算电量，兆瓦时。

核算周期为月度以上时，核算主体的绿电交易总电量等于各月的绿电交易结算电量之和，如式（7−2）所示。

$$Q_{E绿电交易结算电量} = \sum\nolimits_{核算周期起始月份}^{核算周期结束月份} Q_{e月度绿电交易结算电量} \qquad (7-2)$$

式中：$Q_{E绿电交易结算电量}$ 为核算周期内，核算主体绿电交易结算总电量，兆瓦时。

通过购买绿证方式消费绿色电力，每张绿证折算为 1 兆瓦时绿电电量。核算主体需要分配和明确绿证被使用的月份，绿证折算电量核算的基本周期为月度，核算方法如式（7−3）所示。

$$Q_{E绿证折算电量} = \sum\nolimits_{核算周期起始月份}^{核算周期结束月份} Q_{e月度分配绿证折算电量} \qquad (7-3)$$

式中：$Q_{E绿证折算电量}$ 为核算周期内，核算主体持有绿证折算总电量，兆瓦时；$Q_{e月度分配绿证折算电量}$ 为核算主体自主分配到月度的绿证折算电量，兆瓦时。

3. 自发自用项目绿电核算

核算主体月度自发自用电量等于当月自建项目发电量减去核算主体的余量上网电量，如式（7-4）所示。

$$Q_{e月度自发自用电量} = Q_{e月度发电量} - Q_{e月度上网电量} \tag{7-4}$$

式中：$Q_{e月度自发自用电量}$ 为核算主体自建可再生能源项目的月度自发自用电量，兆瓦时；$Q_{e月度发电量}$ 为核算主体自建可再生能源项目的绿电发电量，兆瓦时；$Q_{e月度上网电量}$ 为核算主体余量上网绿电电量，兆瓦时。

核算周期为月度以上时，核算主体的自发自用总电量等于各月的自发自用电量之和，如式（7-5）所示。

$$Q_{E自发自用电量} = \sum_{核算周期起始月份}^{核算周期结束月份} Q_{e月度自发自用电量} \tag{7-5}$$

式中：$Q_{E自发自用电量}$ 为核算周期内，核算主体自发自用绿电总电量，兆瓦时。

绿色电力消费量为绿电交易结算电量、绿证折算电量和自发自用电量，如式（7-6）所示。

$$Q_{E绿色电力消费量} = Q_{E绿电交易结算电量} + Q_{E绿证折算电量} + Q_{E自发自用电量} \tag{7-6}$$

式中：$Q_{E绿色电力消费量}$ 为核算主体的绿色电力消费总量，兆瓦时。

核算主体用电总量为用网电量和自发自用电量之和，如式（7-7）所示。

$$Q_{E总用电量} = Q_{E用网电量} + Q_{E自发自用电量} \tag{7-7}$$

式中：$Q_{E总用电量}$ 为核算主体在核算周期内用电总量，兆瓦时；$Q_{E用网电量}$ 为核算主体在核算周期内使用的来自电网的用电量，兆瓦时。

绿电消费占比是核算主体的绿色电力消费量占总用电量的比例，如式（7-8）所示。

$$RE\% = \frac{Q_{E绿色电力消费量}}{Q_{E总用电量}} \times 100\% \tag{7-8}$$

式中：$RE\%$ 为核算主体的绿色电力消费占比，为百分数形式。

7.5.4 核算结果

绿色电力消费核算结果形式包括绿色电力消费清单和报告、绿色电力消费评级标识和授牌等。绿色电力消费核算结果可根据需要和核算主体授权通过网络向第三方提供。

绿色电力消费清单按月、年度向核算主体发布，核算主体可通过在交易平台中设立的账户查询或通过预留邮箱获取，核算清单如图7-7所示。

图7-7 绿色电力消费核算清单样图

绿色电力消费核算报告根据核算主体委托一次性或周期性出具，核算报告内容包含核算对象的基本信息、核算范围描述、核算时间段、核算单位、绿色电力消费数据明细和汇总结果以及绿电消费占比等。

绿色电力消费标识按照统一的评价标准，对核算主体在一定时间段内消费绿色电力的水平进行阶梯化评级，核定绿色电力消费水平等级并核发对应级别的标识，支撑政府和金融机构依据评级开展政策和金融支持等。

在政府部门授权下，支撑开展绿色用电城市、园区、企业评比工作，为"绿色企业""绿色城市""绿色园区"授牌。

7.6 电 碳 协 同

7.6.1 碳市场概况

我国碳市场历经十余年发展，已形成以全国统一市场为核心、地方试点为补充的多层次体系。未来，随着行业覆盖扩大、金融工具创新及国际链接加强，碳市场将在实现"双碳"目标中发挥更关键作用。

我国碳市场的发展，可分为试点探索（2011—2020 年）与全国统一市场建设（2021 年至今）两大阶段。第一阶段，2011 年北京、天津、上海等 7 省市启动碳交易试点，2016 年新增四川、福建试点探索林业碳汇和自愿减排机制，2017 年全国碳市场建设启动，首批纳入电力行业（年排放超 2.6 万吨二氧化碳当量的企业），并计划逐步扩展至石化、钢铁等八大高耗能行业。第二阶段，2021 年 7 月 16 日，全国碳市场正式上线交易，覆盖 2225 家电力企业，完成首个履约周期。截至 2024 年底，累计运行 1263 天，成交量 6.30 亿吨，成交额 430.33 亿元，均价 68.3 元/吨。

碳市场主要包括控排企业、交易机构、政策制定与监管部门、金融机构等。控排企业以电力行业为核心，逐步覆盖钢铁、石化等重点行业企业，需按配额完成履约。交易机构主要为上海环境能源交易所，负责全国碳市场信息发布与监管；地方试点市场如北京、广东等仍保留区域交易职能。生态环境部主导配额分配与核查，联合国家统计局、国家能源局发布碳核算标准（如电力碳足迹因子）。金融机构参与碳金融衍生品开发，如碳期货、碳基金等，推动市场流动性。

燃煤发电企业作为碳市场首批纳入主体，需通过购买配额或减排项目抵消超排量，推动行业低碳转型。2025 年 1 月，生态环境部等三部门发布《2023 年电力碳足迹因子数据》，明确燃煤、燃气、可再生能源等发电类型的碳足迹因子，为企业碳足迹核算提供统一依据。

7.6.2 电碳协同实践

7.6.2.1 影响因素

1. 碳价格信号

电力市场与碳市场的协同效应首先体现在碳价格信号的传递。碳市场为电力生产提供了价格信号，迫使发电企业考虑碳排放成本。通过设置适当的碳定价机制，可以让发电企业在生产过程中更倾向于选择低碳能源。

2. 碳配额的分配

碳市场中的配额分配方式对电力市场的影响至关重要。碳配额通常由政府或相关监管机构进行分配，分配方式可以采用免费分配、拍卖等形式。免费分配可能导致市场激励不足，而拍卖方式则能激励企业减少碳排放。企业可在碳市场上交易配额，灵活调节排放额度。

3. 电力市场的灵活性

电力市场需要具备一定的灵活性，以适应碳市场的波动。在设计电碳协同机制时，需要考虑电力市场对碳市场价格波动的适应能力，如通过引入需求响应、储能技术等手段，提高系统的灵活性，确保低碳电力能够快速响应市场需求。

7.6.2.2 国外实践

1. 欧盟

欧盟建立了相对完善的碳排放交易体系（EU ETS），将电力企业纳入碳市场管控范围，依据历史排放和行业标准分配碳配额，允许企业间进行碳配额交易。电力企业可以通过节能减排、使用可再生能源等方式减少碳排放，降低碳成本。例如德国的意昂集团（E.ON）一方面，加大在风电、光伏等可再生能源发电领域的投资和布局，提高清洁能源在电力供应中的占比；另一方面，对传统火电机组进行节能改造和灵活性改造，提高发电效率，减少碳排放。同时，意昂集团还积极参与碳市场交易，通过优化碳资产管理，降低企业整体碳成本，提升企业竞争力。

欧盟电力市场与碳市场之间形成了一定的互动关系。碳市场促使电力市场价格信号发生改变，高碳电力的成本上升，低碳电力的竞争力增强。例如，在一些碳市场配额收紧的时期，煤炭发电企业的成本压力增加，而可再生能源发电企业的市场价值则得到提升，进一步推动了电力行业向低碳化、清洁化方向发展。

另外，欧盟委员会提出碳边境调节机制（Carbon Border Adjustment Mechanism, CBAM），目的是为避免自身气候政策的有效性因碳泄漏而受到破坏。机制基于碳排放量核算，对部分高碳排放行业进口产品征收碳关税，旨在拉平欧盟内、外企业碳排放成本，保护欧盟制造商不因本地碳市场的高碳价而外迁。

2. 美国

美国部分州建立了区域碳市场机制，如区域温室气体减排行动（RGGI），涵盖了电力企业在内的多个行业。在这些区域碳市场中，电力企业需要购买碳排放许可，同时也鼓励企业通过节能减排和使用清洁能源来降低碳排放。例如，爱迪生电力公司一方面加大对智能电网和储能技术的投资，提高电力系统的灵活性和可再生能源的消纳能力；另一方面，积极拓展需求侧管理业务，通过与用户合作，推广节能设备和优化用电方式，减少碳排放。此外，一些电力公司还参与了碳捕捉、利用与封存（CCUS）技术的研发和应用，以减少发电过程中的碳排放。

美国政府主要通过税收优惠、补贴等政策手段，激励电力企业参与碳减排和可再生能源开发。例如，为可再生能源发电项目提供投资税收抵免（ITC）和生产税收抵免（PTC），降低企业的投资成本，促进了风电、太阳能等可再生能源发电的大规模发展。同时，一些州还设立了绿色银行，为清洁能源项目提供融资支持。

3. 日本

日本政府制定了"绿色成长战略"，将电力行业作为实现碳减排目标的重点领域之一。通过政策引导和资金支持，鼓励电力企业加大对可再生能源的开发利用，同时积极推进传统火电的节能改造和低碳化转型。例如，东京电力公司（TEPCO）在福岛核事故后，加速推进可再生能源发电项目的建设，包括海上风电、太阳能发电等，并且通过与能源技术公司合作，研究和应用碳捕捉技术，以减少碳排放。此外，一些电力公司还积极参与分布式能源的发展，鼓励用户安装太阳能发电设备，并通过智能电网技术实现分布式能源的有效管理和利用。

日本注重培育公众的节能意识和低碳生活方式，通过广泛的宣传教育和激励措施，引导公众参与到电碳协同中来。例如，一些电力公司推出了节能奖励计划，对用户节约用电、使用节能设备给予奖励。同时，日本还鼓励公众参与可再生能源项目的投资和建设，通过社区风电、太阳能共享等方式，提高公众的参与度。

7.6.2.3 国内实践

绿电及绿证交易作为我国电力市场的创新交易品种,对企业满足欧盟碳关税要求、完成国家能耗双控要求、响应产品供应链要求、履行自身社会责任、彰显绿色低碳发展形象、提升国际竞争力等方面有着至关重要的作用。

绿电及绿证交易在交易组织和应用场景等方面略有差别和侧重,为企业减碳降耗提供了更多选择。

绿电交易是企业减排降耗的重要方式。绿电交易发用两侧耦合性强、溯源性好,国内国际减碳、降耗认可度均较好,得到企业广泛接受认可。北京、天津、上海、湖北、深圳、重庆等省（市）率先出台了"绿电抵碳"的政策,见表7-4。

表 7-4 各地绿电抵碳政策

省（市）	文件名称	发布时间	主要内容
天津	《关于做好天津市 2022 年度碳排放报告核查与履约等工作的通知》（津环气候〔2023〕25 号）	2023 年 3 月	各重点排放单位在核算净购入使用电量时,可申请扣除购入电网中绿色电力电量
北京	《关于做好 2023 年本市碳排放单位管理和碳排放权交易试点工作的通知》（京环发〔2023〕5 号）	2023 年 4 月	重点碳排放单位通过市场化手段购买使用的绿电碳排放量核算为零
上海	《关于调整本市碳交易企业外购电力中绿色电力碳排放核算方法的通知》	2023 年 6 月	外购绿电排放因子调整为 0
湖北	《湖北省 2022 年度碳排放权配额分配方案》（鄂环函〔2023〕201 号）	2023 年 11 月	对于配额存在缺口的企业,可进行绿电减排量抵销,抵销比例不超过该企业单位年度碳排放初始配额的 10%,且抵销量不超出企业配额缺口量
深圳	《深圳市 2024 年度碳排放配额分配方案》	2024 年 8 月	2024 年度配额短缺的重点排放单位可使用当年度内通过市场化手段购买消费的绿电核减其超额碳减排量
重庆	《重庆市 2023 年度碳排放配额分配实施方案》（渝环办〔2024〕162 号）	2024 年 9 月	购入使用符合要求的市外绿色电力消费量,经核定其对应的减排量可用于抵销履约,抵销比例不超过年度配额缺口量的 8%

绿证交易是企业减排降耗的补充手段。全体电力用户均可参与,不受入市限制,相对更为灵活。绿证交易属权证交易,国内降耗的认可度较好,国际认可度在持续加强,减碳应用场景扩展,企业接受认可度提高。

7.6.3　发展展望

面向我国"碳达峰、碳中和"目标，未来我国电力市场还需要持续在绿色低碳转型的机制设计和市场实践方面开展大量的探索工作，具体如下。

（1）完善绿色电力市场机制。进一步加强绿色电力交易的市场化定价机制，确保绿色电力的供需关系能够通过市场交易灵活调节，同时推动绿色电力的全生命周期透明核查。优化绿证交易规则，使其能够清晰标明电力的环境属性，以符合欧盟的碳排放核算要求。

（2）促进长期购电协议（PPA）发展。长期购电协议是与绿色电力供应商直接对接的有效方式，物理溯源性强、认可度高。应持续完善我国 PPA 机制，使其具备与绿电直连相近的减碳属性，提升认可度和权威性，以激励更多企业通过 PPA 的方式有效管理自身碳排放，增强产品绿色竞争力，应对国际绿色贸易壁垒。

（3）增强国际互认与标准化。推动我国的绿色电力证书逐步与国际市场接轨，实现绿证的国际互认。通过制定统一的交易规则和标准，提升我国在全球绿色能源市场中的竞争力，同时推动我国企业满足欧盟等国际市场的低碳要求。

（4）加强政策协同与市场监管。完善政策框架，确保绿色电力消费和绿色电力证书的有效性。加强对碳排放监测和奖惩机制的监管，确保市场参与方遵循透明、公平的交易规则，同时为企业提供清晰的绿色电力购买和碳排放核算指引。

（5）推动技术创新与交易平台升级。利用区块链和智能合约等先进技术，提升绿色电力交易的透明度、效率和安全性。为国内外企业提供更加灵活、透明的低碳能源供应选择，促进绿色电力在更多行业的应用。

8 电力零售市场交易

电力零售市场是终端用户与售电公司进行电能交易的市场。售电公司通过批发市场购电，向用户提供差异化电价套餐（如固定价、分时电价）及增值服务（绿电、需求响应等）。该市场赋予用户选择权，促进零售价格竞争和售电服务优化，是电力市场建设与运营的重要组成部分。

8.1 概　　述

电力零售市场是连接电力批发市场与终端用户的桥梁，通过引入竞争机制优化资源配置，其核心特征是交易主体多元化、价格形成市场化、服务产品多样化。零售市场的服务产品，除基础电能产品外，售电公司还提供包括绿电交易、需求侧响应、能效管理等增值服务。本节主要介绍电能相关的交易产品。

8.1.1　交易主体

售电主体主要是售电公司、虚拟电厂（负荷聚合商）等。目前我国在电力交易机构注册的售电公司已超 5000 余家；零售用户是在电力交易平台注册生效，并通过售电公司购电的工商业用户，含执行工商业电价的企事业单位及自然人用户。

（1）售电公司、虚拟电厂（负荷聚合商）。根据市场规则创建（定制）套餐，与零售用户签订合同，代理零售用户在批发市场购电。售电公司、虚拟电厂（负荷聚合商）应在电力交易平台注册生效。

（2）市场化电力用户。分为直接参与市场交易的用户和通过电网企业代理购电的工商业用户。

1）直接参与市场交易的用户。应在电力交易平台注册生效。按照电力用户参与市场的方式，分为批发用户、零售用户。

2）电网企业代理购电的用户。按照代理购电相关政策规定，对暂未直接从电力市场购电的用户，由电网企业代理购电。电网企业代理购电的用户可在每季度最后 15 日前与售电公司签订零售合同或申请作为批发用户，次月起直接参与市场交易。具备条件的地区工商业用户可以按月入市。

8.1.2　交易组织

电力交易机构负责零售市场交易组织及结算，通过电力交易平台、"e–交易"

App 提供网购式的零售商城服务。售电公司通过电力交易平台、"e - 交易" App 发布零售套餐。零售用户可在线比对遴选套餐，与售电公司洽谈达成交易，生成合同，按照零售合同约定条款进行市场结算。

零售交易以年、月为周期常态化开市。售电公司与零售用户应在每月规定的截止时间前，完成次月及年内后续月份零售合同签订、变更、续约和解约。零售合同签订、变更、续约、解约的确认，可以通过电子营业执照、电子签章等方式，按规定进行身份认证，履行相关签章手续。

（1）零售合同签订指经合同双方协商一致，通过标准化零售套餐交易或双边协商零售交易完成合同订立。

（2）零售合同续约指合同到期前，合同双方均可向对方提出续约申请，经对方确认后，合同延续。

（3）零售合同变更指售电公司与零售用户任一方可在合同期内向对方提出变更零售合同关键参数或更换零售合同的申请。如果是变更零售合同关键参数，只能在原合同基础上变更未履行月份的零售合同参数，变更内容可作为补充合同内容。如果是变更合同的，需要解除原零售合同，并签订新的零售合同。

（4）零售合同解约指合同到期前，双方在规定时间内按照约定条款解除合同，履行相应确认程序后生效。

8.1.3　交易方式

零售交易方式包括标准化零售套餐交易和双边协商零售交易两种，其中标准化零售套餐交易可分为直接下单和议价下单。

1. 标准化零售套餐交易

（1）售电公司根据相应零售市场技术规范，制定标准化零售套餐（简称"零售套餐"）。经电力交易机构校验通过后自动发布。

（2）零售用户自主选择售电公司发布的零售套餐。直接下单方式下，零售用户直接下单售电公司发布的零售套餐，不调整套餐中的参数，直接生成零售合同。议价下单方式下，零售用户选择售电公司发布的零售套餐后，通过双边协商方式，与售电公司协商调整套餐关键参数，并经双方确认后达成最终的零售合同。

（3）电力交易平台根据零售套餐参数和零售合同范本自动生成零售合同。

（4）零售用户确认（或签章）后，合同生效，次月起执行。

2. 双边协商零售交易

（1）零售用户选择售电公司，并向其发起邀约。

（2）售电公司负责将合同信息录入电力交易平台，经电力交易机构校验通过后，推送至零售用户。零售用户对合同信息确认。

（3）电力交易平台根据合同信息和零售合同范本自动生成零售合同。

（4）售电公司和零售用户共同签章后合同生效，次月起执行。

8.1.4 交易合同

零售合同是指售电公司与零售用户签订的明确电量、电价、电费等权责的合同统称。新型经营主体（虚拟电厂运营商、负荷聚合商等）与其聚合资源之间应通过签订零售合同的方式确定代理关系及相应权责。电力交易机构负责零售合同范本编制，经电力市场管理委员会审议通过后在电力交易平台发布，供售电公司和零售用户使用。在同一个交易周期内，零售用户只能向一家售电公司购电、签订零售合同，且全部电量均通过该售电公司购买。

零售套餐是零售合同的重要组成部分，指售电公司制定发布的售电资费标准总称，由零售价格机制、基准曲线、电量偏差处理方式、期限、解约条款、适用对象等部分组成。目前，按照价格形成方式，零售套餐可分为固定价格类、分时价格类、市场联动类、价差分成类、组合类、绿色电力套餐等。下面进行分类介绍。

8.2 固定价格类套餐

固定价格类套餐是指售电公司与零售用户约定某一时段或全时段固定交易结算价格的套餐，即"一口价"模式。该价格不随售电公司在批发市场的交易价格变动，具体包括不分时段固定价格、阶梯价格等套餐。固定价格类套餐的特点是合同期内电价固定不变。批发市场价格上涨时，零售用户无须承担涨价风险，但下降时也无法享受降价收益。相对应的售电公司的风险相对较高。

结算原则：固定价格类套餐按照套餐约定价格和实际用电量结算。固定价格类套餐电能量费用具体公式如下：

$$C_w = P_m \times Q_m \qquad (8-1)$$

式中：C_w 为零售用户月度零售电能量电费；P_m 为零售用户月度结算价格；Q_m 为零售用户月度结算电量。

算例：某零售用户选择固定价格类套餐。月度结算电量为 12814 兆瓦时，约定月度结算价格为 361.25 元/兆瓦时。该零售用户该月电能量电费为 361.25×12814＝462.9（万元）。

8.3 分时价格类套餐

分时价格类套餐是指按照当地政府分时价格机制，设置峰谷时段，约定每天 24 个时段的电能量价格的套餐。分时价格类套餐的特点是合同期内电价按照约定价格执行。售电公司可以将市场供需等情况传导给终端用户，引导用户按照供需用能，降低用电成本。套餐价格与批发市场价格解耦，约定各时段固定价格值，批发市场价格上涨时，无须承担涨价风险，但下降时也无法享受降价收益。

结算原则：分时价格类套餐按照分时价格约束机制，设置峰谷时段，约定每天 24 个时段的电能量价格。分时价格类套餐电能量费用具体公式如下：

$$C_w = P_m \times Q_m \qquad (8-2)$$
$$P_m = \sum (P_t \times Q_t)/Q_d \qquad (8-3)$$
$$Q_m = Q_d + Q_c \qquad (8-4)$$
$$Q_d = \sum Q_t \qquad (8-5)$$

四式中：C_w 为零售用户月度零售电能量电费；P_m 为零售用户月度结算价格；Q_m 为零售用户月度结算电量；Q_t 为零售用户 t 时段用电量；P_t 为零售用户 t 时段结算价格；Q_d 为零售用户月度日清累计电量，即分时电量累计日，再累计至月的数值；Q_c 为零售用户月度日清累计电量和月度结算电量的差值。

算例：某零售用户选择分时价格类套餐。某月（30 日）日清累计电量为 16496

兆瓦时，月度结算电量为 16560 兆瓦时，该用户该月零售套餐分时价格、电量见表 8-1。

表 8-1   零售用户分时价格、电量表

时刻	分时价格 （元/兆瓦时）	分时电量 （兆瓦时）	时刻	分时价格 （元/兆瓦时）	分时电量 （兆瓦时）
1 日 1 时	375.8	25	…	…	…
1 日 2 时	375.8	32	30 日 13 时	225.4	24
1 日 3 时	225.4	27	30 日 14 时	225.4	19
1 日 4 时	225.4	15	30 日 15 时	375.8	18
1 日 5 时	375.8	19	30 日 16 时	601.3	35
1 日 6 时	375.8	28	30 日 17 时	601.3	24
1 日 7 时	375.8	35	30 日 18 时	601.3	24
1 日 8 时	375.8	36	30 日 19 时	601.3	26
1 日 9 时	601.3	29	30 日 20 时	375.8	34
1 日 10 时	601.3	32	30 日 21 时	375.8	36
1 日 11 时	225.4	28	30 日 22 时	375.8	24
1 日 12 时	225.4	37	30 日 23 时	375.8	19
…	…	…	30 日 24 时	375.8	14

1 时段电量＝1 日 1 时段电量＋2 日 1 时段电量＋3 日 1 时段电量＋…＋30 日 1 时段电量＝720 兆瓦时。

其他时段电量计算不再赘述。

零售用户月度累计分时电能量电费＝1 时段电能量电费＋2 时段电能量电费＋…＋23 时段电能量电费＋24 时段电能量电费＝（375.8×720＋375.8×632＋225.4×567＋…＋375.8×647＋375.8×657＋375.8×656）＝592.79（万元）。

零售用户日清累计电量＝16496 兆瓦时。

零售用户月度结算均价＝592.79/16496×10000＝359.35（元/兆瓦时）。

零售用户该月电能量电费＝359.35×16560＝595.08（万元）。

8.4 市场联动类套餐

市场联动类套餐是指售电公司与零售用户约定实际零售价格参照市场某一公

开的基准价格按月浮动，浮动值可为固定值或浮动比例的套餐。采用固定值的可设置上下浮动限值，采用浮动比例的可设置上下浮动参数，基准价格可参考中长期交易结算均价、代理购电价格、售电公司整体购电均价、现货市场结算价格等。市场联动类套餐的特点是，零售电价随市场价格波动而变化，售电公司和零售用户同时承担市场价格波动风险。

结算原则：以联动现货市场结算价格为例，以现货市场某基准价格叠加固定价格形成每天 24 个时段的电能量价格。可选择的基准价格包括当月 t 时段现货市场用户侧实时结算价格算术平均值、当月 t 时段现货市场用户侧日前结算价格算术平均值、当日 t 时段现货市场用户侧实时结算价格、当日 t 时段现货市场用户侧日前结算价格。

例如，基准价选择当月 t 时段现货市场用户侧实时结算价格算术平均值的市场联动类套餐，电能量费用具体公式如下：

$$C_w = P_m \times Q_m \qquad (8-6)$$

$$Q_m = Q_d + Q_c \qquad (8-7)$$

$$Q_d = \sum Q_t \qquad (8-8)$$

$$Q_t = \sum_{d=1}^{D} Q_{t,d} \qquad (8-9)$$

$$P_m = \sum [(P_{s,t} + P_g) \times Q_t] / Q_d \qquad (8-10)$$

$$P_{s,t} = \sum_{d=1}^{D} P_{s,t,d} / D \qquad (8-11)$$

六式中：C_w 为零售用户月度零售费用；P_m 为零售用户月度结算价格；P_g 为固定价格；$P_{s,t}$ 为用户侧月度 t 时段实时结算价格算术平均值；$P_{s,t,d}$ 为用户侧 d 日 t 时段实时结算价格；Q_m 为零售用户月度结算电量；Q_d 为零售用户月度日清累计电量；Q_c 为零售用户月度日清累计电量和月度结算电量的差值；Q_t 为零售用户月度 t 时段日清分时电量；$Q_{t,d}$ 为零售用户 d 日 t 时段日清分时电量；D 为当月总天数。

算例：某零售用户选择联动实时市场类套餐，选择当月 t 时段现货市场用户侧实时结算价格算术平均值为基准价，固定价格为 6 元/兆瓦时，分时累计电量为 16496 兆瓦时，月度结算电量为 16560 兆瓦时，月末差额电量 64 兆瓦时。

现货市场用户侧 1 时段实时结算价格见表 8-2，其他时段不再展示。

表 8-2 零售用户 1 时段实时结算价格表

日期	用户侧1时实时结算价（元/兆瓦时）	日期	用户侧1时实时结算价（元/兆瓦时）	日期	用户侧1时实时结算价（元/兆瓦时）	日期	用户侧1时实时结算价（元/兆瓦时）
1日	340.4	10日	372.8	19日	418.5	28日	421.3
2日	298.4	11日	376.2	20日	421.4	29日	465
3日	370.3	12日	392	21日	429.5	30日	443.1
4日	297.1	13日	413.6	22日	383.5		
5日	301	14日	416.1	23日	398.2		
6日	306.8	15日	399.1	24日	458.1		
7日	253.8	16日	432.6	25日	454.3		
8日	365.4	17日	425.1	26日	430.7		
9日	354.5	18日	426.3	27日	387.3		

零售用户 1 时段结算电价=（用户侧 1 日 1 时段实时结算价+…+用户侧 30 日 1 时段实时结算价）/月总天数=（340.4+…+443.1）/30=388.413（元/兆瓦时）。

经计算,得到零售用户月度 1 至 24 时段结算电价、累计日清分时电量见表 8-3。

表 8-3 零售用户时段结算电价、累计日清分时电量表

时段	月度时段结算电价（元/兆瓦时）	月度累计日清分时电量（兆瓦时）	时段	月度时段结算电价（元/兆瓦时）	月度累计日清分时电量（兆瓦时）
1:00	388.413	668	13:00	141.3	781
2:00	474.1	632	14:00	166.8	756
3:00	474.6	567	15:00	177.9	745
4:00	477.8	553	16:00	330.2	778
5:00	489.6	536	17:00	462.5	727
6:00	489.7	570	18:00	541.6	716
7:00	451.7	660	19:00	550	697
8:00	331.4	697	20:00	527.6	666
9:00	222.6	734	21:00	507.7	674
10:00	166.4	799	22:00	492.4	647
11:00	174.8	767	23:00	515.1	657
12:00	182.6	813	0:00	508.6	656

零售用户月度累计分时电能量电费=（零售用户 1 时段结算电价+固定价格）×1 时段累计日清分时电量+…+（零售用户 24 时段结算电价+固定价格）×24 时段累计日清分时电量）=（388.413×668+474.100×632+…+515.142×657+508.648×656）=650（万元）。

零售用户日清累计电量＝16496兆瓦时。

零售用户月度结算均价＝650/16496×10000＝394.03（元/兆瓦时）。

零售用户该月电能量电费＝394.03×16560＝652.51（万元）。

8.5 价差分成类套餐

价差分成类套餐是指售电公司与零售用户约定分成基准价和分成比例。当批发市场价格高于基准价时，售电公司与零售用户按照分成比例分担超出部分；当批发市场价格低于基准价时，售电公司与零售用户按照分成比例分成收益部分。价差分成类套餐的特点是，合同期内电价随市场价格变动。批发市场价格上涨时，承担部分涨价风险；下降时，享受部分降价收益（承担风险和收益的比例可以分别设置）。

结算原则：以差价部分按比例分成为例，电力用户与售电公司市场化成交电价为 P_c，约定基准价为 P_1，批发市场价格为 P_2。市场批发价格 P_2 比基准价 P_1 低的价差按约定比例 k_1 分成，批发市场价格 P_2 比约定基准价 P_1 高的价差按约定比例 k_2 分摊，算法如下：

当 $P_2 < P_1$ 时

$$P_c = P_1 + k_1(P_2 - P_1) \tag{8-12}$$

例如：若基准价 P_1 为 500 元/兆瓦时，市场批发价 P_2 为 450 元/兆瓦时。若用户分成比例为90%，则其结算电价为 500＋(450－500)×90%＝455（元/兆瓦时）。

当 $P_2 \geqslant P_1$ 时

$$P_c = P_1 + k_2(P_2 - P_1) \tag{8-13}$$

例如：若基准价 P_1 为 500 元/兆瓦时，市场批发价 P_2 为 550 元/兆瓦时。若用户分成比例为90%，则其结算电价为 500＋(550－500)×90%＝545（元/兆瓦时）。

其中，基准价 P_1 可以设为固定价格类套餐价格（如年度长协均价）、市场联动类套餐价格（如月度集中竞价均价）、燃煤发电基准价（或基准价±浮动比例）。

如图 8-1 所示，该套餐100%电量以燃煤发电基准价上限为参考价格，年度长协为作为批发市场价格，分成比例为100%（低于参考价部分全部返还给用户，高于参考价部分都由售电公司承担），即 $P_1 = 469.2$ 元/兆瓦时，$P_2 = 452.84$ 元/兆瓦时，$K = 1$。因此，该套餐用户成交价格 $P_c = P_1 + (P_2 - P_1) = P_2 = 452.84$ 元/兆瓦时。

套餐详情

参考燃煤发电基准价上限（0.4692元/度）｜以年度交易为

历史参考价 **0.452840元/kWh**

基础信息

套餐编号：
执行周期：2024-03-2024-12
套餐期限（个月）：　　套餐类型：
12个月　　　　　　　　比例分成套餐
套餐销量（单）：　　　套餐收藏量（次）：
1　　　　　　　　　　　0

商家信息

查看商家

☆收藏　圖加入对比　　立即下单

套餐详情

比例分成类

选择分成参考价方式 ｜ 固定价格

依据价格名称	电量比例(%)	低于江苏省分成参考价的部分甲方占比	高于江苏省分成参考价的部分甲方占比
批发市场年度长协交易均价	100	100	0
批发市场月度竞价出清价格	0	0	0
代理购电价格	0	0	0
月内挂牌价格	0	0	0

依据价格名称	依据价格(元/kWh)	值(%)	固定价格(元/kWh)	分成参考价(元/kWh)
批发市场年度长协交易均价	0.45284	3.61	0.4692	0.4692

实际结算电价上限

☆收藏　圖加入对比　　立即下单

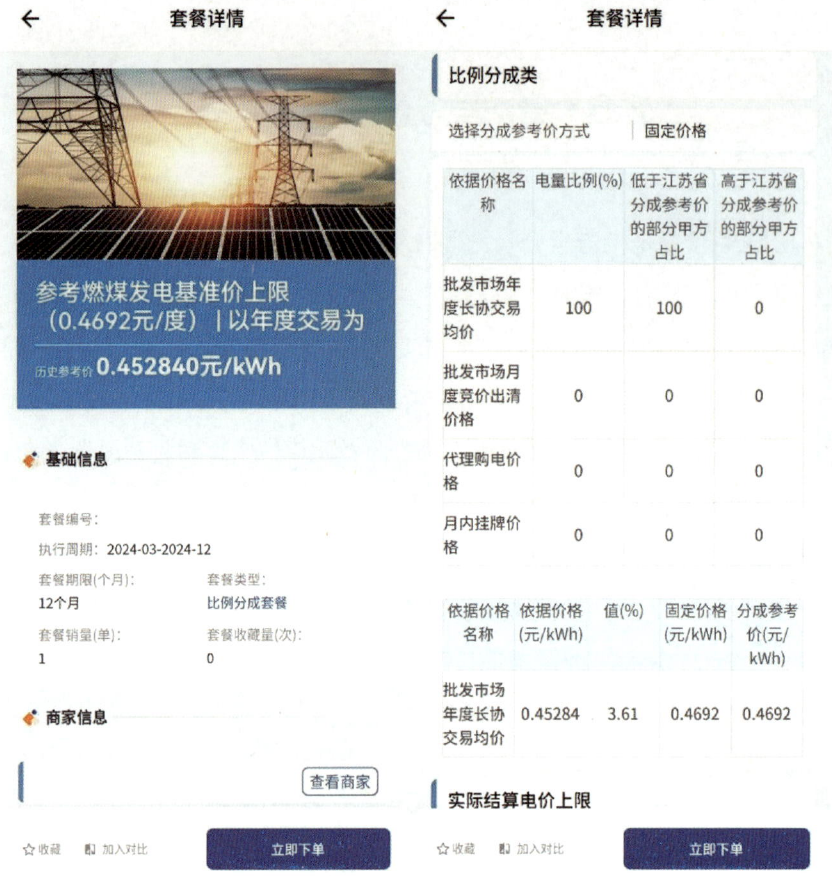

图 8−1　套餐以燃煤发电基准价上限为约定分成基准价

8.6　组合类套餐

组合类零售套餐是在固定价格类、分时价格类、市场联动类、价差分成类套餐中任选两类进行组合，各自按一定电量比例混合。

以分时价格类与市场联动类组合为例，明确分时价格类电量比例（比例范围1%~99%），其余电量执行市场联动类价格机制，两部分电量的加权平均电价即为组合类套餐每天 24 个时段的电能量价格。具体公式如下：

$$C_w = P_m \times Q_m \qquad (8-14)$$

$$P_m = [\sum(P_{f,t} \times Q_{f,t}) + \sum(P_{k,t} \times Q_{k,t})] / Q_d \qquad (8-15)$$

$$Q_d = \sum Q_t \qquad (8-16)$$

$$Q_{f,t} = Q_t \times \alpha \qquad (8-17)$$

$$Q_{k,t} = Q_t \times (1-\alpha) \qquad (8-18)$$

五式中：C_w 为零售用户月度零售费用；P_m 为零售用户月度结算价格；Q_m 为零售用户月度结算电量；Q_d 为零售用户月度日清累计电量；Q_t 为零售用户月度 t 时段日清分时电量；$Q_{f,t}$ 为零售用户 t 时段分时价格类电量；$Q_{k,t}$ 为零售用户 t 时段市场联动类电量；$P_{f,t}$ 为零售用户 t 时段分时价格类套餐电价；$P_{k,t}$ 为零售用户 t 时段市场联动套餐电价；α 为零售用户套餐分时价格类电量比例。分时价格类套餐及市场联动类套餐计算示例参考 8.3 节、8.4 节。

8.7 绿色电力套餐

绿色电力套餐，由上述的固定价格类、分时价格类、市场联动类、价差分成类、组合类套餐确定电能量价格，叠加绿色电力环境价值（溢价）形成。

结算原则：绿色电力环境价值部分的电量，按当月合同电量、发电企业上网电量（如有机制电量，需从上网电量中扣除）、电力用户用电量三者取小的原则确定结算数量。为满足最小 1 兆瓦时的发证需求，结算数据以兆瓦时为单位取整（小数点后舍弃）。绿色电力零售套餐，电能量费用和绿色环境费用分别计算，电能量部分计算实例参考前述套餐实例。绿色电力环境价值（溢价）部分费用，计算公式如下：

$$C_h = P_h \times Q \qquad (8-19)$$

式中：C_h 为绿色电力环境价值（溢价）费用；Q_h 为绿色电力环境价值（溢价）；Q 为绿色电力环境价值结算电量。

算例：用户 A、用户 B、1 号机组、2 号机组在 1 月份绿色电力合同及月结电量信息见表 8-4。

表 8-4　　　　　　　　　绿色电力环境价值信息表

发电机组名称	用户	绿电合同电量（兆瓦时）	绿电机组未参与电能量市场交易的上网电量（兆瓦时）	用户月结电量（兆瓦时）	绿色电力环境价值（元）
1 号机组	用户 A	500	600.3	300.4	20
2 号机组	用户 B	600	400.6	700.5	19

（1）1 号机组与用户 A 的绿色电力环境价值结算电量：

rounddown（min（500，300.4，600.3））=300 兆瓦时；

rounddown 表示舍去小数点后的数值。

（2）用户 A 的绿色电力环境价值费用=绿色电力环境价值结算电量×绿色电力环境价值=20×300=6000（元）。

（3）2 号机组与用户 B 的绿色电力环境价值结算电量：

rounddown（min（600，400.6，700.5））=400 兆瓦时；

（4）用户 B 的绿色电力环境价值费用=绿色电力环境价值结算电量×绿色电力环境价值=19×400=7600（元）。

8.8 偏差考核计算

上述套餐重点介绍了价格的约定。为避免实际用电曲线、用电总量，和用户与售电公司约定的用电数据产生较大偏差，造成售电公司在批发市场的大幅偏差，售电公司与用户可以在价格约定的基础上，继续约定基准用电曲线和偏差结算条款，由用户承担一定的偏差费用，推动零售用户合理用电和准确预测，维护零售合同双方的利益，实现收益共享、风险共担。本节以山东市场零售套餐偏差考核为例进行介绍。

典型的偏差考核可以采用两种方式约定，一是约定曲线形状的偏差，用考核时段的电量与全天总量的比例，进行偏差约定；另一种是约定电量偏差，采用实际用电量和合同电量进行偏差约定，又可分为月度（日）用电总量偏差、月度时段偏差、日时段偏差。

8.8.1　基于基准曲线的偏差考核

基于基准曲线的偏差考核以小时为最小时间粒度。套餐中约定正偏差考核时段和负偏差考核时段,以及考核阈值、考核价格。首先依据套餐基准曲线计算约定时段内电量占全天电量比例,作为基准值 QPZ。然后依据用户实际用曲线,计算正偏差考核时段内实际用电量占全天用电量比例。如果该值超出基准值时,X1%以内的多用电量免于偏差考核,X1%以外的多用电量按照该时段现货实时市场用电侧的价格的 Y1%或固定价格收取偏差考核费用;再计算负偏差考核时段内实际用电量占全天用电量比例,如果小于基准值时,X2%以内的少用电量免于偏差考核,X2%以外的少用电量按照该时段现货实时市场用电侧价格的 Y2%或固定价格收取偏差考核费用。月内各小时考核费用之和为售电公司向用户收取的月度总偏差考核费用。

下面以案例进行说明。某零售用户选择基于基准曲线偏差考核的零售套餐,时段 1 为正偏差考核,偏差考核基准值为 4.2%,偏差考核价格比例为 5%,偏差免考核比例 10%,实时市场用电侧统一结算点价格为 386.6 元/兆瓦时,分时电量为 62 兆瓦时;时段 2 为负偏差考核,偏差考核基准值为 4%,偏差考核价格比例为 3%,偏差免考核比例 20%,实时市场用电侧统一结算点价格为 327.8 元/兆瓦时,分时电量为 44 兆瓦时;当日分时累计电量为 1179 兆瓦时。以两个时段的偏差考核费用计算为例进行说明。

时段 1 正偏差电量比例 =(1 时段分时电量/日分时累计电量−偏差考核基准值)/偏差考核基准值 =(62/1179 − 4.2%)/4.2%=25.2%。

时段 1 偏差考核电量 =(1 时段正偏差电量比例 − 1 时段正偏差免考核比例 10%)× 偏差考核基准值 × 日分时累计电量 =(25.2% − 10%)× 4.2% × 1179=7.5(兆瓦时)。

时段 1 正偏差考核费用 =1 时段正偏差考核电量 × 用电侧实时市场统一结算点价格 × 1 时段偏差考核价格比例=7.5 × 386.6 × 5%=144.98(元)。

时段 2 负偏差电量比例 =(2 时段分时电量/日分时累计电量 − 负偏差考核基准值)/负偏差考核基准值=(44/1179 − 4%)/4%= − 6.7%。

由于 6.7%<20%，处于免考核比例内，因此时段 2 负偏差考核电量=0 兆瓦时。

时段 2 负偏差考核费用=时段 2 负偏差考核电量×实时市场用电侧统一结算点价格×2 时段偏差考核价格比例=0×327.8×3%=0（元）。

8.8.2 基于用户申报电量的偏差考核

设置以月度、日、小时为周期的电量偏差考核条款，主要包括月度（日）用电总量偏差考核法、月度时段偏差电量考核法、日时段偏差电量考核法。

1. 月度（日）用电总量偏差考核法

以电力零售用户申报的月度（日）总用电量为基准值 Q_{jz}。当用户实际用电量超出基准值时，X_1%以内的多用电量免于偏差考核，X_1%以外的多用电量按照其月度加权平均电量价格的 Y_1%或固定价格收取偏差考核费用；当用户实际用电量少于基准值时，X_2%以内的少用电量免于偏差考核，X_2%以外的少用电量按照其月度加权平均电量价格的 Y_2%或固定价格收取偏差考核费用。

下面以案例进行说明。某零售用户选择基于申报月度总用电量的偏差考核零售套餐。1 月该用户申报的月度总用电量为 8750 兆瓦时，实际结算电量为 9516 兆瓦时，多用偏差考核价格比例为 5%，偏差免考核比例 3%，该用户 1 月加权平均电量价格为 377.2 元/兆瓦时；2 月该用户申报的月度总用电量为 7150 兆瓦时，实际结算电量为 6615 兆瓦时，少用偏差考核价格比例为 5%，偏差免考核比例 2%，该用户 2 月加权平均电量价格为 335.5 元/兆瓦时。计算两个月的偏差考核费用。

1 月多用偏差考核电量=1 月月结电量－偏差考核基准值－偏差免考核比例×偏差考核基准值=9516－8750×(1＋3%)=503.5（兆瓦时）。

1 月多用偏差考核费用=1 月多用偏差考核电量×1 月加权平均电量价格×偏差考核价格比例=503.5×377.2×5%=9496.01（元）。

2 月份少用偏差考核电量=偏差考核基准值－2 月月结电量－偏差免考核比例×偏差考核基准值=7150×(1－2%)－6615=392（兆瓦时）。

2 月少用偏差考核费用=2 月少用偏差考核电量×2 月加权平均电量价格×偏差考核价格比例=392×335.5×5%=6575.80（元）。

2. 月度时段偏差电量考核法

以电力零售用户申报的某个或多个时段月度总用电量为基准值 Q_{jz}。当用户实际用电量超出基准值时，$X_1\%$以内的多用电量免于偏差考核，$X_1\%$以外的多用电量按照该时段其月度加权平均电能量价格的 $Y_1\%$或固定价格收取偏差考核费用；当用户实际用电量少于基准值时，$X_2\%$以内的少用电量免于偏差考核，$X_2\%$以外的少用电量按照该时段其月度加权平均电能量价格的 $Y_2\%$或固定价格收取偏差考核费用。月度各时段考核费用之和为售电公司向用户收取的月度总偏差考核费用。

下面以案例进行说明。某零售用户选择月度时段偏差电量考核法的零售套餐。假设该零售套餐约定时段1、时段24为偏差考核时段（简化计算），多用偏差考核价格比例为5%，少用偏差考核价格比例为6%，多用偏差免考核比例3%，少用偏差免考核比例2%，其时段1、时段24的月度加权平均电量价格均为377.2元/兆瓦时，用户申报及实际月度时段电量见表8-5。

表8-5 用户申报及实际月度时段电量表 单位：兆瓦时

时段	用户申报电量	月度时段电量	时段	用户申报电量	月度时段电量
1:00	630	668	13:00	800	781
2:00	630	632	14:00	700	756
3:00	630	567	15:00	700	745
4:00	600	553	16:00	730	778
5:00	600	536	17:00	730	727
6:00	600	570	18:00	720	716
7:00	630	660	19:00	780	697
8:00	630	697	20:00	700	666
9:00	700	734	21:00	690	674
10:00	750	799	22:00	620	647
11:00	790	767	23:00	610	657
12:00	850	813	24:00	680	656

月度1时段多用偏差考核电量＝月度1时段电量－月度1时段偏差考核基准值－多用偏差免考核比例×月度1时段偏差考核基准值＝668－630×(1＋3%)＝19.1（兆瓦时）。

月度 1 时段多用偏差考核费用 = 月度 1 时段多用偏差考核电量 × 偏差考核价格比例 × 1 时段月度加权平均电量价格 = 19.1 × 5% × 377.2 = 360.23（元）。

月度 24 时段少用偏差考核电量 = 月度 24 时段偏差考核基准值 − 月度 24 时段电量 − 少用偏差免考核比例 × 月度 24 时段偏差考核基准值 = 680 × (1 − 2%) − 656 = 10.4（兆瓦时）。

月度 24 时段少用偏差考核费用 = 月度 24 时段少用偏差考核电量 × 偏差考核价格比例 × 24 时段月度加权平均电量价格 = 10.4 × 6% × 377.2 = 235.37（元）。

零售用户月度偏差考核费用 = 月度 1 时段偏差考核费用 + 月度 24 时段偏差考核费用 = 360.23 + 235.37 = 595.60（元）。

3. 日时段偏差电量考核法

以电力零售用户申报的日用电曲线中每小时用电量为基准值 Q_{jz}。当用户该小时内实际用电量超出基准值时，X_1% 以内的多用电量免于偏差考核，X_1% 以外的多用电量按照该时段现货实时市场用电侧电量价格的 Y_1% 或固定价格收取偏差考核费用；当用户实际用电量少于基准值时，X_2% 以内的少用电量免于偏差考核，X_2% 以外的少用电量按照该时段现货实时市场用电侧电量价格的 Y_2% 或固定价格收取偏差考核费用。月内各小时考核费用之和为售电公司向用户收取的月度总偏差考核费用。

下面以案例进行说明。某零售用户选择日时段偏差电量考核法的零售套餐，该零售套餐约定 1 时段、24 时段为偏差考核时段，多用偏差核价格比例为 5%，少用偏差考核价格比例为 6%，多用偏差免考核比例 3%，少用偏差免考核比例 2%。其 3 日 1 时段偏差考核基准值为 630 兆瓦时，实际用电量为 668 兆瓦时，3 日 1 时段实时市场统一结算点价格为 377.2 元/兆瓦时；9 日 24 时段偏差考核基准值为 680 兆瓦时，实际用电量为 656 兆瓦时，9 日 24 时段实时市场统一结算点价格均为 380 元/兆瓦时。

3 日 1 时段多用偏差考核电量 = 实际用电量 − 偏差考核基准值 − 多用偏差免考核比例 × 偏差考核基准值 = 668 − 630 × (1 + 3%) = 19.1（兆瓦时）。

3 日 1 时段多用偏差考核费用 = 多用偏差考核电量 × 偏差考核价格比例 × 3 日 1 时段实时市场统一结算点价格 = 19.1 × 5% × 377.2 = 360.23（元）。

9日24时段少用偏差考核电量＝偏差考核基准值－实际用电量－少用偏差免考核比例×偏差考核基准值＝680×(1－2%)－656＝10.4（兆瓦时）。

9日24时段少用偏差考核费用＝少用偏差考核电量×偏差考核价格比例×9日24时段实时市场统一结算点价格＝10.4×6%×380＝237.12（元）。

9 电力市场信息披露

在电力市场中，信息披露是保障市场公平、高效运行的核心机制之一。通过公开、透明、及时的信息共享，可以降低交易成本、减少信息不对称、增强市场竞争力，并辅助监管决策。构建规范完备的信息披露体系是电力市场运营的必要条件和关键环节，通过规范化的数据共享机制，可以为经营主体提供决策依据，为监管机构提供治理手段，同时也为社会公众打开参与市场的窗口。本章主要介绍各类主体信息披露主要内容、信息披露流程等。

9.1 概　　述

9.1.1 信息披露基本概念和原则

电力市场信息披露是指在电力市场化交易过程中,由市场运营机构、电网企业、发电企业、电力用户、售电公司等主体,按照法律法规和市场规则要求,向市场参与者、监管机构及社会公众公开或定向提供的与电力生产、消费、交易、输配及市场运行相关的信息、规则的行为。电力市场信息披露的目的是保障市场公开透明、促进市场公平竞争、提供市场决策信息支撑。

信息披露需要遵循安全、真实、准确、完整、及时、易于使用的原则。信息披露主体应严格按照有关规则要求披露信息,并对披露信息的真实性、准确性、完整性、及时性负责。

完备准确的信息披露能够帮助经营主体全面了解市场供需、交易现状、结算情况,为其制定交易策略提供必要支撑,可以降低交易成本,提升市场运营效率。规范的信息披露有助于监管机构开展有效的市场监督工作,及时发现和处理违规行为,维护市场秩序,保护经营主体的合法权益。同时,透明的信息环境也有利于吸引更多新的经营主体进入,推动电力市场的创新发展,保障电力市场的稳定运行。

9.1.2 信息披露方式

1. 标准数据格式

电力交易机构负责制定统一的信息披露的标准数据格式,并基于电力交易平台提供数据接口服务。数据格式的标准化,可有效提升披露信息的规范性和易用性。披露信息以结构化数据为主,非结构化信息采用 PDF 等文件格式。

2. 披露主体

信息披露主体是指参与电力市场的市场成员,包括参与电力市场的各类发电企业、售电公司、电力用户、新型主体（独立储能等）、电网企业和市场运营机构，其中市场运营机构包括电力交易机构和电力调度机构。信息披露主体按照标准数据格式，在规定时间之前，通过申报、电力交易平台抽取等手段进行信息维护。披露信息的保留时间不少于 2 年。

3. 披露频次

电力市场信息按照年、季、月、周、日等周期开展披露。预测类信息一般在交易申报开始前披露，运行类信息一般在运行日次日披露。现货未开展的地区或时期，可根据市场运行需要按周、日披露信息，现货市场未结算试运行的地区（期间）可暂不披露现货市场相关信息。

4. 披露途径

通过电力交易平台、e–交易、微信公众号、信息发布会等渠道开展电力市场信息披露工作。

5. 信息披露监管

政府主管部门对电力市场的信息披露工作进行监管。电力交易机构配合开展监管工作，对没有按照规则进行披露的主体，及时提醒，并报送政府主管部门。

市场成员在信息披露中的违规操作，将纳入电力交易信用评价，同时由政府主管部门将其纳入失信管理并采取监管措施。违规操作包括信息披露不及时、不准确、不完整，制造传播虚假信息，发布误导性信息，其他违反信息披露有关规定的行为。具体的监管措施按照《电力监管条例》规定执行。

政府主管部门会不定期组织电力交易机构对各市场成员披露信息的及时性、完整性、准确性作出评价，评价的结果将向所有市场成员公布。

9.2 信息披露内容

2024 年 1 月，国家能源局印发了《电力市场信息披露基本规则》（国能发监管〔2024〕9 号），统一明确了电力市场信息披露的基本要求。信息披露主体具有依规开展信息披露的义务和按披露范围查看信息的权利。按照信息公开的范围，电力市场信息分为公众信息、公开信息、特定信息三类。公众信息是指向社会公众披露的信息，包括政策法规、市场成员基本信息、重大经营信息、股权关联关系信息等信息；公开信息是指向有关市场成员披露的信息，包括机组信息、履约信息、用电信息等信息；特定信息是指根据电力市场运营需要向特定市场成员披露的信息，包括交易申报信息、合同信息、结算类信息等。公众信息、公开信息清单见附录C。下面按照披露主体分类介绍信息披露内容。

9.2.1 发电企业

1. 发电企业应当披露的公众信息

（1）企业全称、企业性质、所属集团、工商注册时间、统一社会信用代码、股权结构、法定代表人、电源类型、装机容量、联系方式等。

（2）企业变更情况，包括企业更名或法定代表人变更，企业增减资、合并、分立、解散及申请破产的决定，依法进入破产程序、被责令关闭等重大经营信息。

（3）与其他市场经营主体之间的股权关联关系信息。

（4）其他政策法规要求向社会公众披露的信息。

2. 发电企业应当披露的公开信息

（1）电厂机组信息，包括电厂调度名称、所在地市、电力业务许可证（发电类）编号、机组调度管辖关系、投运机组台数、单机容量及类型、投运日期、接入电压等级、单机最大出力、机组出力受限的技术类型（如流化床、高背压供热）、抽蓄机组最大及最小抽水充电能力、静止到满载发电及抽水时间等。

（2）配建储能信息（如有）。

（3）机组出力受限情况。

（4）机组检修及设备改造计划。

3. 发电企业应当向特定市场成员披露的特定信息

（1）市场交易申报信息、合同信息。

（2）核定（设计）最低技术出力，核定（设计）深调极限出力，机组爬坡速率，机组边际能耗曲线，机组最小开停机时间，机组预计并网和解列时间，机组启停出力曲线，机组调试计划曲线，调频、调压、日内允许启停次数，厂用电率，热电联产机组供热信息等机组性能参数。

（3）机组实际出力和发电量、上网电量、计量点信息等。

（4）发电企业燃料供应情况、燃料采购价格、存储情况、供应风险等。

（5）发电企业批发市场月度售电量、售电均价。

（6）水电、新能源机组发电出力预测。

9.2.2　电力用户

1. 电力用户应当披露的公众信息

（1）企业全称、企业性质、行业分类、用户类别、工商注册时间、统一社会信用代码、法定代表人、联系方式、经营范围、所属行业等。

（2）企业变更情况，包括企业更名或法定代表人变更，企业增减资、合并、分立、解散及申请破产的决定，依法进入破产程序、被责令关闭等重大经营信息。

（3）与其他市场经营主体之间的股权关联关系信息。

（4）其他政策法规要求向社会公众披露的信息。

2. 电力用户应当披露的公开信息

（1）企业用电类别（如工业用电、商业用电，不同类别的用电在电价、峰谷时段及政策优惠上存在差异）、接入地市、用电电压等级（对于明确企业的地理位置，对于电网规划、负荷预测以及需求响应等有重要作用）、自备电源（如有）、变压器报装容量以及最大需量等。

（2）配建储能信息（如有）。

3. 电力用户应当向特定市场成员披露的特定信息

（1）市场交易申报信息（包括企业的购电量、售电量、报价策略等，可反映市场供需关系、价格形成机制及企业竞争力等，监管机构获取该类信息有助于增强市场透明度，促进公平竞争，有助于监管机构及时发现并纠正市场违规行为）。

（2）与发电企业、售电公司签订的购售电合同信息或协议信息（获取该类信息有助于监管机构对合同执行情况进行监督，保障市场健康有序发展）。

（3）企业用电信息，包括用电户号、用电户名、结算户号、用电量及分时用电数据、计量点信息等。

（4）可参与系统调节的响应能力和响应方式等。

（5）用电需求信息，包括月度、季度、年度的用电需求安排。

（6）大型电力用户计划检修信息。

9.2.3　售电公司

1. 售电公司应当披露的公众信息

（1）企业全称、企业性质、售电公司类型、工商注册时间、注册资本金、统一社会信用代码、股权结构、经营范围、法定代表人、联系方式、营业场所地址、信用承诺书等。

（2）企业资产信息，包括资产证明方式、资产证明出具机构、报告文号（编号）、报告日期、资产总额、实收资本总额等。

（3）从业人员信息，包括从业人员数量、职称及社保缴纳人数等。

（4）企业变更情况，包括企业更名或法定代表人变更，企业增减资、合并、分立、解散及申请破产的决定，或者依法进入破产程序、被责令关闭等重大经营信息，配电网运营资质变化等。

（5）售电公司年报信息，内容包括但不限于企业基本情况、持续满足市场准入条件情况、财务情况、经营状况、业务范围、履约情况、重大事项，信用信息、竞争力等。

（6）售电公司零售套餐产品信息。

（7）与其他市场经营主体之间的股权关联关系信息。

（8）其他政策法规要求向社会公众披露的信息。

2. 售电公司应当披露的公开信息

（1）履约保函、保险缴纳金额、有效期等信息。

（2）拥有配电网运营权的售电公司应当披露电力业务许可证（供电类）编号、配电网电压等级、配电区域、配电价格等信息。

（3）财务审计报告（如有）。

3. 售电公司应当向特定市场成员披露的特定信息

（1）市场交易申报信息。

（2）与代理用户签订的购售电合同信息或者协议信息。

（3）与发电企业签订的交易合同信息；

（4）售电公司批发侧月度结算电量、结算均价。

（5）可参与系统调节的响应能力和响应方式等。

9.2.4 新型主体

1. 独立储能应当披露的公众信息

（1）企业全称、企业性质、额定容量、工商注册时间、统一社会信用代码、股权结构、经营范围、法定代表人、联系方式等。

（2）企业变更情况，包括企业更名或法定代表人变更，企业增减资、合并、分立、解散及申请破产的决定，依法进入破产程序、被责令关闭等重大经营信息。

（3）与其他市场经营主体之间的股权关联关系信息。

（4）其他政策法规要求向社会公众披露的信息。

2. 独立储能应当披露的公开信息

（1）储能调度名称、调度管辖关系、投运日期（独立储能正式投入商业运行时间点，有助于评估储能系统的运行效率、经济效益及折旧程度）、接入电压等级、机组技术类型（电化学、压缩空气等，不同技术类型有独特的技术优势和适用场景）、所在地市。

（2）满足参与市场交易的相关技术参数，包括额定充（放）电功率、额定充（放）电时间、最大可调节容量、最大充放电功率、最大持续充放电时间等。

3. 独立储能应当向特定市场成员披露的特定信息

（1）市场交易申报信息（包括储能系统参与市场交易的电量、电价、交易时段等具体信息，该类信息是市场竞价、成交及结算的基础）、合同信息（包括独立储能与电网、用户或其他市场主体签订的各类合同文本及执行情况）。

（2）性能参数类信息，包括提供调峰、调频、旋转备用等辅助服务的持续响应时长，最大最小响应能力，最大上下调节功（速）率，充放电爬坡速率等。

（3）计量信息，包括户名、发电户号、用电户号、结算户号、计量点信息、充放电电力电量等信息。

虚拟电厂、负荷聚合商等其他新型主体信息披露要求根据市场发展需要另行明确。

9.2.5　电网企业

1. 电网企业应当披露的公众信息

（1）企业全称、企业性质、工商注册时间、统一社会信用代码、法定代表人、联系方式、供电区域等。

（2）与其他市场经营主体之间的股权关联关系信息。

（3）政府定价信息，包括输配电价、政府核定的输配电线损率、各类政府性基金及其他市场相关收费标准等。

（4）代理购电信息，包括代理购电电量及构成、代理购电电价及构成、代理购电用户分电压等级电价及构成等。

（5）其他政策法规要求向社会公众披露的信息。

2. 电网企业应当披露的公开信息

（1）电力业务许可证（输电类、供电类）编号。

（2）发电机组装机、电量及分类构成（含独立储能）情况（反映电力市场供应情况）。

（3）年度发用电负荷实际情况（反映电力供需情况，为后期合约签订提供参考依据）。

（4）全社会用电量及分产业用电量信息（转载披露，反映不同产业、地区的用电特性）。

（5）年度电力电量供需平衡预测及实际情况（作为分季节电价预测依据）。

（6）输变电设备建设、投产情况。

（7）市场经营主体电费违约总体情况（反映电力市场的信用状况和风险水平）。

（8）需求响应执行情况。

3. 电网企业应当向特定市场成员披露的特定信息

（1）向电力用户披露历史用电数据、用电量等用电信息。

（2）经电力用户授权同意后，应允许市场经营主体获取电力用户历史用电数据、用电量等信息。

9.2.6　市场运营机构

1. 市场运营机构应当披露的公众信息

（1）电力交易机构全称、工商注册时间、股权结构、统一社会信用代码、法定代表人、服务电话、办公地址、网站网址等。

（2）电力市场公开适用的法律法规、政策文件、规则细则类信息，包括交易规则、交易相关收费标准，制定、修订市场规则过程中涉及的解释性文档等。

（3）业务标准规范，包括注册流程、争议解决流程（有助于市场成员应对纠纷、维护自身权益）、负荷预测方法和流程、辅助服务需求计算方法、电网安全校核规范、电力市场服务指南、数据通信格式规范等。

（4）信用信息，包括市场经营主体电力交易信用信息（经政府部门同意）、售电公司违约情况等。

（5）电力市场运行情况，包括市场注册、交易总体情况。

（6）强制或自愿退出且公示生效后的市场经营主体名单。

（7）市场结构情况，可采用 HHI、Top$-$m 等指标。

（8）市场暂停、中止、重新启动等情况。

（9）其他政策法规要求向社会公众披露的信息。

2. 市场运营机构应当披露的公开信息

（1）报告信息，包括信息披露报告等定期报告、经国家能源局派出机构或者地方政府电力管理部门认定的违规行为通报、市场干预情况、电力现货市场第三方校验报告、经审计的收支总体情况（收费的电力交易机构披露）等。

（2）交易日历，包括多年、年、月、周、多日、日各类交易安排。

（3）电网主要网络通道示意图。

（4）约束信息，包括发输变电设备投产、检修、退役计划，关键断面输电通道可用容量，省间联络线输电可用容量，必开必停机组名单及总容量，开停机不满最小约束时间机组名单等。

（5）参数信息，包括市场出清模块算法（市场出清模块算法是电力市场交易的核心组成，主要根据市场参与者的报价和电力供需情况，确定电力交易的价格和数量，从而实现市场的公平、有效出清）及运行参数（包括报价周期、交易单位、竞价轮次等）、价格限值（作为电力市场重要调控手段，以防止市场价格异常波动，影响经营主体利益大幅变动）、约束松弛惩罚因子、节点分配因子及其确定方法、节点及分区划分依据和详细数据等。

（6）预测信息，包括系统负荷预测、电力电量供需平衡预测、省间联络线输电曲线预测、发电总出力预测、非市场机组总出力预测、新能源（分电源类型）总出力预测、水电（含抽蓄）出力预测等。

（7）辅助服务需求信息，包括各类辅助服务市场需求情况，具备参与辅助服务市场的机组台数及容量、用户及售电公司总体情况。

（8）交易公告，包括交易品种、经营主体、交易方式、交易申报时间、交易合同执行开始时间及终止时间、交易参数、出清方式、交易约束信息、交易操作说明、其他准备信息等必要信息。

（9）中长期交易申报及成交情况，包括参与的主体数量、申报电量、成交的主体数量、最终成交总量及分电源类型电量、成交均价及分电源类型均价、中长期交易安全校核结果及原因等。

（10）绿电交易申报及成交情况，包括参与的主体数量、申报电量、成交的主体数量、最终成交总量、成交均价等。

（11）省间月度交易计划。

（12）现货、辅助服务市场申报出清信息，包括各时段出清总量及分类电源中标台数和电量、出清电价、输电断面约束及阻塞情况等。

（13）运行信息，包括机组状态、实际负荷、系统备用信息，重要通道实际输电情况、实际运行输电断面约束情况、省间联络线潮流、重要线路与变压器平均潮流，发输变电设备检修计划执行情况、重要线路非计划停运情况、发电机组非计划停运情况，非市场机组实际出力曲线，月度发用电负荷总体情况等。

（14）市场结算总体情况，包括结算总量、均价及分类构成情况，绿电交易结算情况，省间交易结算情况，不平衡资金构成、分摊和分享情况，偏差考核情况等。

（15）电力并网运行管理考核和返还明细情况，包括各并网主体分考核种类的考核费用、返还费用、免考核情况等。

（16）电力辅助服务考核、补偿、分摊明细情况，包括各市场经营主体分辅助服务品种的电量/容量、补偿费用、考核费用、分摊比例、分摊费用等。

（17）售电公司总体经营情况，包括售电公司总代理电量、户数、批发侧及零售侧结算均价信息，各售电公司履约保障凭证缴纳、执行情况、结合资产总额确定的售电量规模限额。

（18）交易总体情况，包括年度、月度、月内、现货交易成交均价及电量。

（19）发电机组转商情况，包括发电机组、独立储能完成整套设备启动试运行时间。

（20）到期未取得电力业务许可证的市场经营主体名单。

（21）市场干预情况原始日志，包括干预时间、干预主体、干预操作、干预原因，涉及《电力安全事故应急处置和调查处理条例》（中华人民共和国国务院令第599号）规定电力安全事故等级的事故处理情形除外。

3. 市场运营机构应当向特定市场成员披露的特定信息

（1）成交信息，包括各类交易成交量价信息。

（2）日前省内机组预计划。

（3）月度交易计划。

（4）结算信息，包括各类交易结算量价信息、绿证划转信息、日清算单（现货市场）、月结算依据等。

（5）争议解决结果。

9.3 信息披露流程

信息披露流程主要包括签订承诺书、信息发布、信息更正等环节，具体流程以各地区规定为准。信息披露相关主体按照账号权限在信息披露平台完成相关信息的填报和发布，为提高信息发布效率和数据准确性，部分披露信息内容可以自动从交易平台抽取形成。信息披露主体对披露信息的准确性负责。下面以四川省为例，详细介绍信息披露流程。

1. 签订承诺书

所有信息披露主体在开展披露工作前，需要签订信息披露承诺书，明确信息安全保密责任与义务等条款，对披露信息的真实、准确、完整、及时做出承诺，确保披露的信息符合法律、法规和市场规则。

2. 信息发布

信息披露主体按照披露时间要求和标准数据格式，在规定时间之前，通过交易平台完成信息填报，填报方式分为自动抽取和手工填写两种方式，在信息披露模块进行信息维护。信息披露主体的相关负责人负责对填报内容进行审核。部分披露信息没有时间标签，发生变化后，披露主体需要及时更新并再次发布。

3. 信息更正

信息一经发布，原则上不得撤回。对于特殊情况需撤回的，由披露主体提出撤回申请，经电力交易机构同意后方可执行撤回操作，平台应记录撤销操作的日志。

如果已发布的信息存在错误，可以通过发布信息更正说明的方式及时进行处理。

9.4 信息披露查询

社会公众可通过电力交易平台或"e–交易"App查询相关公众信息。市场成员可登录电力交易平台或"e–交易"App，根据自身权限访问，查阅公开信息和特定信息，同时也可通过微信公众号、信息发布会渠道获得相关信息。

9.4.1 电力交易平台查询

社会公众仅能查看公众信息，通过访问电力交易平台，无须登录，可直接点击平台首页的"信息披露"查看政策规则、标准规范、电网概况、市场成员等栏目下的公众信息。

市场成员除了可查看公众信息外，还可以查看公开或特定信息。此时需通过账号登录电力交易平台，点击"信息披露–综合查询"菜单，可查阅首页及相关科目下的公开、特定信息。市场成员可通过首页"搜索"功能实现快速检索信息，如图9-1所示。每个市场成员只能查看和自己相关的特定信息。

图9-1 电力交易平台信息披露搜索界面

9.4.2 "e–交易"查询

通过手机应用商城下载并安装"e–交易"App。

社会公众查看公众信息时，无须登录。打开"e–交易"App，将左上角站点切换为查询省份，可选择"首页–市场服务"下的"信息披露"模块进行查看政策规则、标准规范、电网概况、市场成员等栏目下的公众信息。

市场成员查看公开或特定信息时，点击右下角"我的–立即登录"，右上角站点选择查询省份，点击"信息披露"模块进行查看，如图9-2所示。查看特定信息时，同样需要登录"e–交易"App，每个市场成员只能查看和自己相关的特定信息。

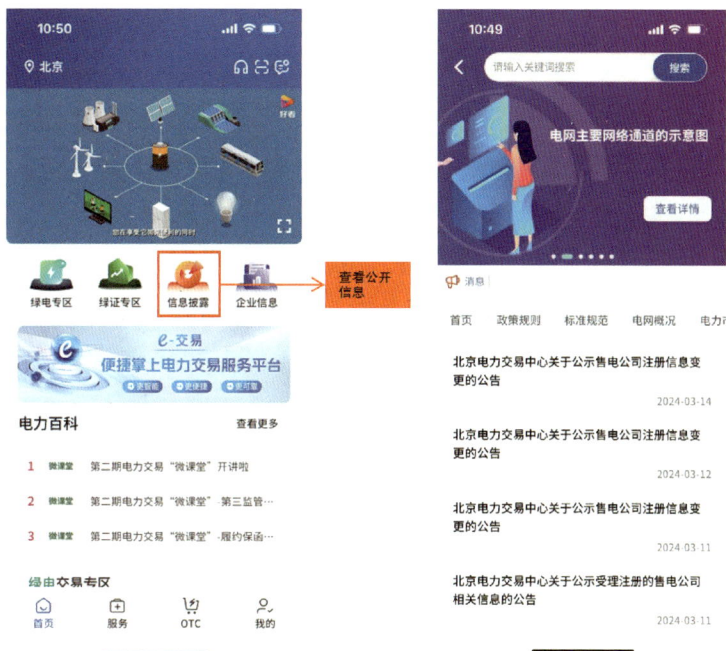

图 9-2 "e-交易"App 信息披露查阅界面

市场成员可点击界面左上角，可以快速切换需要查阅的其他省级电力市场，如图 9-3 所示。

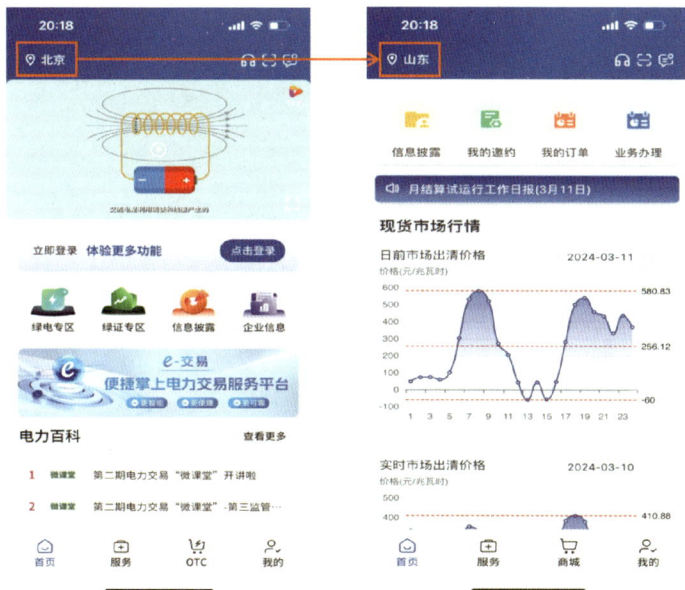

图 9-3 "e-交易"App 信息披露查阅省份切换

10 电力市场运营监测分析及评价

电力市场运营监测分析及评价是市场健康运行的重要保障，能够帮助市场运营机构、监管机构密切跟踪监测市场动态变化，及时发现潜在风险，制定优化措施或调整市场规则。市场运营监测分析通过对供需形势、市场结构、主体行为、市场量价等关键指标的动态监测与分析，实现市场运行状态的全面评估分析与风险预警。本章将系统阐述电力市场运营监测分析及评价的基本原则、核心内容和指标体系，为市场风险防控与机制完善提供辅助支撑。

10.1 概 述

电力市场运营监测分析及评价是指通过数据采集、指标分析、风险评估和效果反馈等手段，对电力市场的运行状态、交易行为、供需平衡、价格机制等进行动态监测与系统性评估的过程。其目的是确保电力市场公平、高效、安全运行，并为政策制定、市场监管和市场主体决策提供科学依据。现阶段，电力市场运营监测分析及评价的呈现形式以分析评价报告为主，包括但不限于电力市场运营监测分析报告、电力市场年报等。

10.1.1 基本原则

电力市场运营监测分析及评价遵循电力运行规律和市场经济规律，同时还遵循以下原则。

（1）系统性原则。电力市场运营监测分析及评价涵盖政府相关部门的政策文件、市场运营机构的运营规范、各类经营主体的市场行为等多方动态，涉及市场注册、交易、结算等全周期业务流程，需要以系统思维和全局视角开展总体设计。

（2）时效性原则。电力市场运营监测分析及评价可根据需要按月度、季度、年度为周期常态化开展，原则上每月 20 日前完成上月市场运营情况分析，每季度首月 25 日前完成上季度市场运营情况分析，每年 1 月底前完成上年度市场运营情况分析。针对特定时期、特殊事件等可开展专题分析。考虑当前市场发展变化较快，监测指标与评价体系应及时调整，通过实时监测与定期评估相结合方式，快速响应市场变化。

（3）规范性原则。建立统一的市场运营监测及评价的业务标准和数据规范，依托交易平台实现数据自动采集与计算，以市场运营实际数据为基础，标准量化、科学真实，避免主观干预，确保分析结果的独立性；采用标准化分析方法和模型，符合电力市场运行规律；在保护敏感信息的前提下，适度公开市场运营监测分析及评价结果，增强市场公信力。

10.1.2 电力市场运营监测分析及评价的作用和意义

开展电力市场监测分析及评价对于市场各方均具有重要意义。

作为市场运营机构，电力市场监测分析及评价可以起到风险预警、效率提升、决策支持等方面的指导作用。通过监测分析评价，可以识别市场操纵、供需失衡等潜在风险，保障市场稳定运行；可以优化交易规则和调度策略，降低市场运营成本；通过数据分析可以为市场规则修订、系统升级提供依据。

作为政府主管部门，电力市场监测分析及评价可以起到政策制定、市场监管、宏观调控等方面的支撑作用。通过监测分析评价，可以基于市场运行数据调整电价、可再生能源配额等政策；可以发现违规行为（如串谋、哄抬电价），维护市场秩序，提升市场监管效能；可以引导能源电力供需平衡，保障国家能源安全，促进清洁低碳转型。

作为市场经营主体，电力市场监测分析及评价可以起到经营指导、合规参考、竞争力提升等方面的优化作用。通过监测分析评价，可以观测价格波动和供需趋势，优化交易策略；可以明确市场边界，规避法律与财务风险，减少不当竞争或者滥用市场力的风险；可以对标行业标杆，发现自身不足，学习先进经验，改进运营效率与服务质量，持续提升市场竞争力。

作为社会公众，电力市场监测分析及评价是观察电力市场的一个窗口，可以起到权益保障、绿色转型、信息公开等方面的科普作用。通过监测分析评价，可以监测电价合理性，确保民生用电价格相对稳定；可以评估可再生能源消纳效果，促进全民参与绿色低碳转型；可以增强市场透明度，让公众更清晰地了解电力市场运作机制，减少信息不对称，增强对电力市场的信任和理解。

10.2 市场运营监测分析报告

市场运营监测分析报告主要包含市场运营总体情况、市场交易情况、市场运营总结、专题分析四大核心内容。报告通常按月度、季度和年度周期编制，旨在全面、客观、精准地呈现电力市场运行状况，为市场参与者和管理者提供决策支持。

10.2.1　主要内容

1. 市场运营总体情况

市场运营总体情况主要是指电力供需形势和市场发展情况,可以直观展示市场运营的总体特征。

电力供需形势,重点分析地区内发用电平衡、电力电量盈余或缺口、有序用电等情况,分析煤价、气候、经济、碳市场价格等外部因素对市场供需平衡的影响和趋势。

市场发展情况,重点关注经营主体注册、市场交易、市场风险分析、政策出台等方面动态。经营主体注册、市场交易等情况可以反映当前市场总体规模和市场经营主体的活跃程度,是分析市场力结构的重要基础。市场风险分析重点关注影响电力市场秩序、交易连续运营的重大风险事件。市场政策出台主要包括能源电力规划、市场建设、交易规则、交易方案等相关政策文件。如136号文推动新能源发电全面入市后,新能源逐步报量报价(甚至带曲线)参与市场交易,将主动加强出力预测、偏差控制等管理的精益化水平,这在一定程度上有利于电力电量平衡和交易执行。

2. 市场交易情况

市场交易是电力市场最主要的活动,交易电量、电价将直接反映当前市场运行状态。市场交易主要分为省间交易和省内交易两部分。

省间交易定位于落实国家能源战略,促进资源大范围优化配置和余缺互济。通过省间交易履约情况、价格水平、绿电成分、通道送电等指标,可以反映省间交易对送受电省电力资源配置、保供稳价、绿色转型等方面的贡献。省间交易可分为中长期交易、现货交易等。

省内交易定位于保障本省电力电量平衡,保障电力可靠供应。省内交易主要从中长期交易、现货交易、零售交易等方面进行分析。中长期交易作为稳定市场供需的压舱石,重点关注交易电量比例、不同周期价格走势、直接交易和代购电价格差异等;现货交易主要提供电力供需的实时价格信号,重点关注分时点价格差距、阻塞盈余与不平衡资金等;零售交易主要反映售电公司与零售用户的市场行为与风险偏好,重点关注零售套餐、绑定电量、履约保函保险收取及使用等。

3. 市场运营情况总结

市场运营情况总结是在评估市场运营成效的基础上，深入分析面临的形势及存在的问题，对后续市场建设运营给出意见建议。

市场运营成效主要从市场运行效率、主体经济效益、支撑电网安全稳定运行等多方面进行分析总结。

形势问题主要是分析近段时期电力市场运行面临的内外部政策调整、经济发展、气候变化、能源变革等形势，从市场架构、市场衔接、交易运营组织、市场注册管理、支撑技术系统等方面分析中长期、现货、辅助服务等市场建设运营中存在的问题，并对政策出台、规则修订提出针对性意见建议。

4. 专题分析

各市场运营机构根据市场运营实际情况，可不定期开展市场运营专题分析，如迎峰度夏期间市场运营专题分析、新能源参与市场情况专题分析、现货试运行期间市场衔接情况专题分析等。

10.2.2 分析频次

电力市场运营监测分析的频次，原则上应与交易组织频次保持一致。初期按照月度、季度、年度等周期开展分析，现货长周期试运行或正式运行地区，可按日或按周开展分析。

1. 月度监测分析

月度监测分析是对每月基础指标及当年各月指标趋势进行统计、分析，编制月度市场运营分析报告，并对综合指标进行常态化监测（选择适合本地市场实际的指标），以快速捕捉当月市场波动、异常交易和风险预警信息，形成初步的市场运行态势报告。其特点是数据时效性要求高，侧重于发现问题并进行初步预警。

2. 季度监测分析

季度监测分析是以季度为周期对当前市场运营情况进行深度分析，研判市场形势，发现问题提出解决措施，编制季度市场运营分析报告，评估省间与省内市场运行的协调性、经营主体行为及风险防控效果，形成对市场运行机制的深入诊断。其特点是分析周期较长，能更好地消化月度波动，突出阶段性问题，强调对市场机制、交易行为和绩效变化的深度研判，为下一步政策制定和市场机制优化完善提供依据。

3. 年度监测分析

年度监测分析是以年度为周期对当前市场运营情况进行深度分析，研判市场形势，发现问题提出解决措施，编制年度市场运营分析报告，并依据建立的评价指标体系进行综合评分，归纳总结市场运行成效、存在问题和改进方向。通过分析全年数据的时序趋势和各类指标的周期性变化，可以验证和调整运营分析模型。其特点是数据完整、指标系统，能够反映市场全年运行全貌，为下一步市场建设与运营工作提供战略指导。

10.3 市场运营监测分析指标

根据国家相关要求并结合当前市场建设进程，市场运营机构建立了市场运营分析指标体系，包括基础指标和综合指标。其中，基础指标主要用于各市场运营情况的基础分析，综合指标主要用于市场供需、交易行为等市场运营环境的深度监测分析。

10.3.1 基础指标

基础指标是电力市场运营分析的重要组成部分，涵盖了电力市场运营的各个方面，主要包括电力供需形势、经营主体注册及参与交易情况、交易总体情况、市场风险分析和政策出台情况等维度，为全面、深入地了解和评估电力市场运营状况提供了数据支持和决策依据。

（1）电力供需形势，主要包括发电装机容量、发电量、用电量、最大用电负荷和峰谷差等关键指标，用以评估电力市场的供需平衡状况。

（2）市场主体注册及参与交易情况，主要包括注册家数、各类市场主体的交易电量等指标，反映市场主体的活跃度和市场参与度。

（3）交易总体情况，主要包括交易电量、交易价格和交易频次等指标，用于分析市场交易的规模、价格走势和活跃程度。

（4）市场风险分析，主要包括价格异常波动、合同履约风险、售电公司欠费风险、履约保函/保证金执行情况等指标，用以监测市场运营中的潜在风险。

（5）政策出台情况，主要记录和解读与电力市场相关的政策文件，分析其对市场改革和发展的影响。

10.3.2 综合指标

综合指标包括但不限于市场供需、市场结构、市场交易、市场运营、市场价格、相关性系数等。

1. 市场供需类指标

（1）容量供需比：即反映某省（区域）电力市场内总可用发电容量与总负荷需求量的情况。当市场现有发电容量不能满足市场负荷需求时，省内发电企业行使市场力的可能性较大；当现有发电容量能够满足市场负荷需求时，发电企业行使市场力的可能性较小。

（2）剩余供应率指标：即反映某省（区域）电力市场某一时段除该供应者外其他供应者的市场份额之和。该指标体现该供应者对市场价格的影响。

2. 市场结构类指标

（1）供应者 Top-m 份额：即反映某省（区域）电力市场中最大的 m 个供应者所占的市场份额。该指标反映市场是否具有寡头垄断性质，数值越大，表明市场集中度越高。

（2）HHI（赫芬达尔—赫希曼指数）：即反映某省（区域）电力市场内用来确定市场的集中程度。主体越少，市场分配越集中、越大，表明市场中存在垄断力的可能性越大；反之则越小，市场竞争情况越好。

3. 市场交易类指标

（1）限价成交比率：即反映某省（区域）统计期内中长期交易按限价（包括按上限和下限）成交电量占比。按上限或下限成交比例越高，越能反映发用两侧对市场价格作用程度。

（2）价格偏离度：即反映某省（区域）统计期内不同类型经营主体（如火电、新能源、批发用户、零售用户、售电公司等）中长期成交均价与市场均价的偏离程度。该指标反映不同类型经营主体对市场认知的一致性,偏离度越高表明市场竞争越充分,偏离度越低表明市场主体对市场认知的一致性越高,市场竞争性不足。

(3)交易中标率:即反映某省(区域)同一周期内,按售电侧和购电侧分别统计成交率。

4. 市场运营类指标

(1)交易指数:即反映某省(区域)以某一年全年电力市场总市值(各月市场化交易电量乘以市场化交易均价)为基准值,按月计算统计月份总市值与基准值的比值,分析各月电力市场交易指数变化。该指标反映市场总体增长性。

(2)市场参与度:即反映统计期内经营主体参与度情况,可从参与主体家数(用户侧、发电侧)、参与发电容量两个维度进行统计。该指标反映统计期内经营主体参与市场化交易的程度。

(3)绿色市场化交易电量占比:即反映省内用电侧市场化购入绿色电量占全部市场化交易电量的情况。该指标反映省内用户购买可再生能源的意愿。

(4)绿电溢价水平:即反映统计期内绿电交易成交均价与当地燃煤发电基准价格(或市场均价)的差值情况。溢价水平高表明省内用电侧对绿电需求旺盛,新能源的绿电价值得到充分发挥。

(5)电力直接交易签约率:即反映统计期内省(区域)内电力直接交易签约电量与上年度市场化用户用电量的情况。该指标反映中长期保供稳价水平。

(6)电力直接交易履约率:即反映统计期内省(区域)用户侧已完成的电力直接交易电量与直接交易计划电量完成情况。该指标反映经营主体参与市场交易的理性程度和市场灵活性,数值越高,表明交易组织越合理,市场交易更理性。

5. 市场价格类指标

(1)价格极差:即反映统计期内某类市场化交易成交最大值与最小值的情况。该指标反映电价的离散程度、变异范围和离散幅度。

(2)电力价格指数:即以基数年市场化交易价格为基准,反映当前市场化电力交易价格的趋势。

(3)报价相对比:即反映统计期内某发电商的报价异常情况。该指标反映了发电商某一次报价与平均水平的差别,正常时应为 100% 左右,若指标远离 100%,则表明申报异常,应引起重视。

6. 相关性系数指标

价格相关性系数：即反映中长期市场化成交均价与发电设备平均利用小时数的关联性大小。包括中长期交易均价与现货交易均价的相关性系数、中长期交易均价与发电装机的相关性系数、中长期交易均价与清洁能源发电装机的相关性系数等。

综合指标示例见表 10-1。

表 10-1   综合指标内容

序号	类别	指标名称	指标计算方法	指标说明	指标解释
1	市场供需	容量供需比	$CR=\dfrac{Q_{C}}{Q_{L}}$	Q_C：统计期发电机组可用发电容量，兆瓦；Q_L：统计期总负荷需求量，兆瓦	容量供需比趋近于 1 或小于 1 时，市场现有的发电容量不能满足市场的负荷需求，省内发电企业行使市场力的可能性大；容量供需比大于 1 时，市场现有的发电容量能够满足市场的负荷需求，发电企业行使市场力的可能性小
2	市场供需	剩余供应率	$RSI_i=\left(1-\dfrac{C_i}{\sum_{k=1}^{N}C_k}\right)\times100\%$ $RSI=\min_{1\leqslant i\leqslant N}\{RSI_i\}$	N：市场供应者个数；C_i：市场供应者 i 的市场份额；RSI_i：市场供应者 i 的剩余供应率，%；RSI：取所有市场供应者 RSI 指标的最小值，%	当 RSI 小于 100% 时，表明缺少了供应者 i 将无法满足市场需求，该供应者对市场价格具有一定的影响力；数值越小表示其控制市场价格的能力越强；等于 100% 为是否具有市场力的临界值；当大于 100% 时，不具有市场力
3	市场结构	供应者 Top-m 份额	$I_{Top-m}=\dfrac{\sum_{i=1}^{m}S_{\max,i}}{\sum_{i=1}^{N}S_i}\times100\%$	N：市场供应者个数；S_i：市场供应者 i 的市场份额；m：所要截取的较大份额市场供应者的数量，$m<N$；$S_{\max,i}$：市场份额排在前面的第 i 个市场供应者的市场份额；I_{Top-m}：市场中 Top-m 份额指标，%	一般工业领域中常用 4-firm 指标，即取 Top-4 指标大于 65% 表明市场具有寡头垄断性质；指标大于 75% 时市场不能进行有效竞争。该指标越大，则表明市场集中度越高
4	市场结构	HHI	$I_{HHI}=\sum_{i=1}^{N}(100S_i)^2$	N：市场供应者个数；S_i：市场供应者 i 的市场份额；I_{HHI}：市场的 HHI 指标数值	市场成员越少，市场分配越集中，I_{HHI} 越大，表明市场中存在垄断力的可能性越大；反之则越小，市场竞争情况越好。不足 1500 的，为较充分的竞争状态；在 1500~2500 之间，为中度集中的市场；达到 2500 以上的，为高度集中的市场

序号	类别	指标名称	指标计算方法	指标说明	指标解释
5	市场交易	限价成交比率	$I_{max} = \dfrac{Q_{max}}{Q} \times 100\%$ $I_{min} = \dfrac{Q_{min}}{Q} \times 100\%$	I_{max}：按上限价格成交的电量占比，%； I_{min}：按下限价格成交的电量占比，%； Q_{max}：按上限价格成交的电量，兆瓦时或亿千瓦时； Q_{min}：按下限价格成交的电量，兆瓦时或亿千瓦时； Q：总成交电量，兆瓦时或亿千瓦时	I_{max} 指标越高，表明供小于求，用电侧更希望买到该时段的电量。 I_{min} 指标越高，表明供大于求，发电侧更希望得到该时段的发电权
6	市场交易	价格偏离度	$S_E = \sqrt{\dfrac{\sum_{i=1}^{n}(P_i - \overline{P})^2}{n}}$ $S_U = \sqrt{\dfrac{\sum_{i=1}^{m}(P_i - \overline{P})^2}{m}}$	S_E、S_U：发电侧、用电侧价格偏离度； P_i：第 i 个市场主体的成交均价，元/兆瓦时； $\overline{P}$：全市场成交均价，元/兆瓦时； n、m：发电侧、用电侧参与市场交易的市场主体数量	该指标反映不同市场主体对市场认知的一致性，偏离度越高表明市场竞争越充分，市场主体报价策略以及对市场价格的预判各不相同；偏离度越低表明市场主体对市场认知的一致性越高，市场竞争性不足
7	市场交易	交易中标率	$Q = \sum_{i=1}^{n} \dfrac{Q_{中标}}{Q_{申报}} \times 100\%$	i：交易组织批次； $Q_{中标}$：各交易批次成交电量，兆瓦时或亿千瓦时； $Q_{申报}$：各交易批次申报电量，兆瓦时或亿千瓦时	对于双边交易，中标电量与申报电量一致；对于挂牌交易，中标电量按摘牌电量统计，申报电量按挂牌电量统计；对于集中竞价交易，申报电量按发电侧、购电侧分别统计
8	市场运营	交易指数	$CI = \dfrac{Q_m \times P_m}{\frac{1}{12}\sum_{i=1}^{12} Q_i \times P_i} \times 1000$	CI：统计月份的交易指数； Q_m：统计月份的省内市场化交易电量，兆瓦时或亿千瓦时； P_m：统计月份的省内市场化交易均价，元/兆瓦时； Q_i：基准年第 i 月的省内市场化交易电量，兆瓦时或亿千瓦时； P_i：基准年第 i 月的省内市场化交易均价，元/兆瓦时	交易指数反映市场总体增长性。当指数大于 1000 时，说明相比于基期，报告期的市值（电费值）更大，该区域社会总体电力市场呈增长趋势；当指数小于 1000 时，说明相比于基期，报告期的市值（电费值）较小，社会总体电力市场呈衰退趋势

续表

序号	类别	指标名称	指标计算方法	指标说明	指标解释
9	市场运营	市场参与度	$I_{num} = \dfrac{M\_NUM}{T\_NUM} \times 100\%$ $I_{power} = \dfrac{M\_POW}{T\_POW} \times 100\%$	I_{num}：主体数量参与度，%； M_NUM：参与市场化交易的市场主体数量； T_NUM：市场主体总数量； I_{power}：主体容量参与度，%； M_POW：参与市场化交易的装机容量； T_POW：总装机容量	市场参与度指标反映统计期内市场主体参与市场化交易的程度。参与度越近于1，表明市场参与度越高，市场放开比例越大，市场主体参与市场化交易的意愿越强；反之则越小，市场参与度越低
10	市场运营	绿色指数1：绿色市场化交易电量占比	$GI_1 = \dfrac{Q_G}{Q} \times 100\%$	GI_1：绿色市场化交易电量占比，%； Q_G：省内用电侧市场化购入绿色电量，其中绿色电量包括直接交易用户、售电公司与可再生能源发电企业成交电量（含省内直接交易、绿电交易）、省间购入可再生能源电量及绿证交易折算电量（按1张证1兆瓦时折算），兆瓦时或亿千瓦时； Q：全部市场化交易电量（含绿证交易折算电量），兆瓦时或亿千瓦时	绿色市场化交易电量占比反映通过市场化交易全省可再生能源的消纳情况，该指数越高，一方面表明可再生能源占有率不断提高，另一方面表明省内用户购买可再生能源的意愿较强
11	市场运营	绿色指数2：绿色电力环境价值水平	$GI_2 = \dfrac{\sum\limits_{i=1}^{N} P_{zi} \times Q_i}{\sum\limits_{i=1}^{N} Q_i}$	GI_2：绿色电力环境价值水平，元/兆瓦时； P_{zi}：市场主体i在绿色交易中绿证部分的成交价格，元/兆瓦时； Q_i：市场主体i在绿色交易中绿证部分的成交数量，兆瓦时； N：市场主体数量	绿色电力环境价值水平主要反映新能源的环境属性，价值水平高表明省内用电侧对绿电需求旺盛，新能源的绿电价值得到充分发挥
12	市场运营	直接交易完成率	$I_{DAP} = \dfrac{E_{DA}}{E_{DP}} \times 100\%$	I_{DAP}：直接交易完成率，%； E_{DA}：已执行完成的直接交易电量，兆瓦时或亿千瓦时； E_{DP}：已达成直接交易电量，兆瓦时或亿千瓦时	直接交易完成率反映市场主体是否理性参与电力直接交易，反映交易周期或品种是否满足市场主体灵活要求。该指数越高，表明交易组织越合理，市场交易更理性

序号	类别	指标名称	指标计算方法	指标说明	指标解释
13	市场价格	价格极差	$RP_{jc} = P_{max} - P_{min}$	RP_{jc}：某类市场化交易成交价格的极差，元/兆瓦时； P_{max}：某类市场化交易成交价格的最大值，元/兆瓦时； P_{min}：某类市场化交易成交价格的最小值，元/兆瓦时	价格极差反映电价的离散程度、变异范围和离散幅度，极差越大，电价离散程度越大；反之，电价离散程度越小
14	市场价格	价格离散度	$VP = \dfrac{S_p}{\overline{P}}$ $S_p = \sqrt{\dfrac{\sum_{i=1}^{n}(p_i - \overline{P})^2}{n}}$	VP：某类市场化交易成交价格的离散系数； S_p：某类市场化交易成交价格的标准差； $\overline{P}$：某类市场化交易成交价格的平均值； p_i：某类市场化交易中主体 i 的成交价格； n：某类市场化交易中参与主体个数	电价离散系数反映电价的离散程度，离散系数越大，电价离散程度越大；反之，电价离散程度越小
15	市场价格	电力价格指数	$I_m = \dfrac{CI_m \times \left(\frac{1}{12}\sum_{i=1}^{12}Q_i\right)}{Q_m}$	I_m：m 月电力价格指数； CI_m：m 月市场交易指数； Q_m：m 月市场化交易电量，兆瓦时或亿千瓦时； Q_i：基准年第 i 月的市场化交易电量，兆瓦时或亿千瓦时	电力价格指数以基数年平均市场化交易价格为基数反映了当前市场化电力交易价格的趋势
16	市场价格	报价相对比	$I_{PR} = \dfrac{P_t}{\overline{P}} \times 100\%$	I_{PR}：报价相对比，%； P_t：时段 t 或某笔交易内市场主体报价，元/兆瓦时； $\overline{P}$：时段 t 或某笔交易内所有市场主体平均报价，元/兆瓦时	平均报价可以有多种选择，如某一时段所有市场主体报价的平均数，或某一市场主体过去一段时期相应时段报价的平均数。 报价相对比反映了市场主体某一次报价与平均水平的差别，正常时应为 100%左右，若指标远离 100%，则表明申报异常
17	相关性系数	相关性系数	$R_{(A,B)} = CORREL(A,B)$	A：指标 A 各月数据； B：指标 B 各月数据	相关性系数反映两个指标之间的关联程度，系数取值范围为 $-1\sim+1$，0 表示两个变量不相关，正值表示正相关，负值表示负相关。相关系数的绝对值越大，表示相关性越强

10.4 市场运营评价指标体系

随着新型电力系统加快构建、新能源快速发展，统筹安全、绿色、经济"三元挑战"难度显著增加，电力市场呈现建设目标多元化、商品价值多维化、交易组织精细化、市场空间分层化、市场主体多样化等诸多特征，亟待构建一套科学完善、量化分析的评价指标体系，精准评估电力市场建设运营成效，针对具体问题提出优化改进建议，为下一步电力市场建设与运营提供参考。

10.4.1 事前研判评价指标

事前研判，用于关注市场运营前的准备工作，包括市场结构、供需预测、风险评估等方面。其核心目的是确保市场在开始运营前就具备合理的预设条件，一般包括市场化程度、供需情况、市场力等三个方面，评价指标见表 10-2。

表 10-2   事前研判评价指标

关键问题	具体指标		
	三级指标	指标释义	评价标准
市场化程度	市场化交易电量占比	市场化交易电量占比是指市场化交易电量与实际发（用）电量的比值，可分发用两侧分别计算，越趋近于100%，表明该区域的市场化程度越高	优 [80%, 100%] 良 [70%, 80%) 中 [60%, 70%) 差 [0%, 60%)
供需情况	中长期（以年度为周期）供需比	中长期（以年度为周期）供需比由参与年度交易市场主体最大可申报量之和、年度交易市场总需求进行度量，反映市场对较长周期供需形式的研判	优 ≥1.1 良 [1.05, 1.1) 中 [1.02, 1.05) 差 <1.02
	现货（以月度为周期）供需比	现货（以月度为周期）供需比由现货市场发电侧申报容量与现货竞价空间的比值进行度量，反映供需实时变化过程中，市场能否保持稳定运行	优 [1.2, 1.8] 良 [1.1, 1.2) or (1.8, 2.0] 中 [1.02, 1.1) or (2.0, 2.5] 差 <1.02 or >2.5
市场力	市场占有率 Top-m	市场占有率 Top-m 是指市场中最大的 m 个供应者（发电企业或售电公司）所占市场份额，该指标越大，表明市场集中度越高	优 [0%, 50%) 良 [50%, 70%) 中 [70%, 80%) 差 [80%, 100%]

续表

关键问题	具体指标		
	三级指标	指标释义	评价标准
市场力	市场集中度 HHI	市场集中度 HHI 用来确定市场的集中程度，通过各市场供应者（发电企业或售电公司）所占市场份额的平方和来度量	完全竞争＜1500 有限竞争 [1500, 2500) 高度垄断≥2500
	剩余供应率指数 RSI	剩余供应率指数 RSI 用来衡量除某一发电企业以外剩余发电容量的充裕度	存在市场力风险：$RSI≤1$

10.4.2 事中监测评价指标

事中监测，用于实时监控市场的运行状态，识别并解决市场运营过程中出现的问题，确保市场健康、稳定地运行，评价指标见表 10-3。

表 10-3　　　　　　　　　　　事中监测评价指标

关键问题	具体指标		
	三级指标	指标释义	评价标准
市场活跃度	中长期交易换手率	长期交易换手率用于评估中长期市场的交易频率，由中长期月内融合交易的反向交易电量以及常规转让、回购等合同交易电量占中长期累计交易电量的比值进行度量。该值越大，表明市场主体通过反向交易、转让、回购等手段进行持仓量调整或者金融套利的意愿越大，交易流动性越强	优≥10% 良 [7%, 10%) 中 [3%, 7%) 差 [0%, 3%)
市场竞争度	中长期集中交易占比	中长期集中交易占比是指中长期集中交易（包括集中竞价、滚动撮合、挂牌摘牌）电量与中长期总交易电量的比值，反映电力市场场内集中交易程度的高低。该值越大，中长期场内交易集中度越高，市场价格公平、透明程度越高	优 [60%, 100%] 良 [40%, 60%) 中 [20%, 40%) 差 [0%, 20%)
	中长期限价成交占比	中长期限价成交占比是指中长期交易中按照规则限价成交电量的占比	优 [0%, 40%) 良 [40%, 60%) 中 [60%, 80%) 差 [80%, 100%]
价格波动水平	市场价格波动率	市场价格波动率是指最近统计周期（如 1 年）内市场均价的波动水平，可利用离散系数对批发市场、零售市场分别进行计算	正常 [1%, 20%) 异常 [20%, 100%] 或＜1%
	价格离散度	价格离散度是指一个统计周期内不同主体交易价格与市场均价的差异水平，通过离散系数计算	正常 [5%, 30%) 异常＜5%或≥30%

10.4.3　事后分析评价指标

事后分析，用于评估市场运营后的效果，包括市场运营效率、目标达成情况及存在问题。这些指标有助于总结经验、提炼教训，并为未来优化提供依据，见表 10-4。

表 10-4　　　　　　　　　　　　　　事后分析评价指标

关键问题	具体指标		
	三级指标	指标释义	评价标准
中长期保供稳价水平	中长期签约结构情况	中长期签约结构情况是指市场主体在不同标的周期［年度（多年）、月度（多月）、月内等］中长期成交电量、电价，反映随着交割日期临近，市场主体在不同时间阶段对市场供需与价格的预期，同时反映市场交易流动性	优{年＜50%，月内＞10%} 良{年[50%，70%)，月内[3%，10%)} 中{年[70%，80%)，月内＜3%} 差{年＞80%，月+月内＜10%}
	中长期交易影响稳价程度	中长期交易影响稳价程度是指中长期交易合约电费占实际结算电费的比重，反映中长期交易在电力市场中稳价格、控风险的重要作用	优≥85% 良[70%，85%) 中[60%，70%) 差[0%，60%)
新能源入市情况	新能源市场化交易情况	新能源市场化交易情况是指通过机制引导新能源参与市场的情况，市场化电量占比反映了新能源市场化参与市场程度，市场化电量变化说明了新能源入市激励政策发布及执行情况	新能源市场化电量占比 优 [80%，100%] 良 [50%，80%) 中 [20%，50%) 差 [0%，20%) 新能源市场化电量变化 优≥20% 良 [5%，20%) 中 [2%，5%) 差 [0%，2%)
	绿色消费水平	绿色消费水平是指统计期内绿电交易占省内市场化主体发电（受端省为用电）的比重	优≥10% 良 [5%，10%) 中 [2%，5%) 差 [0%，2%)
	环境溢价水平	环境溢价水平通过环境价格与燃煤标杆价的比值评价，体现绿色电力的环境价值	优≥15% 良 [10%，15%) 中 [5%，10%) 差 [0%，5%)
省间省内衔接水平	省间省内中长期电价偏差水平	省间省内中长期电价偏差水平是指省间中长期、省内中长期分别与省内现货价格偏差的比值	优{年＜50%，月内＞10%} 良{年[50%，70%)，月内[3%，10%)} 中{年[70%，90%)，月内＜3%} 差{年＞90%，月+月内＜10%}
	省间、省内现货市场持留占比	省间、省内现货市场持留是指外送省份的发电企业通过对省间、省内现货市场的价格预判（主要由于两级市场限价区间不同），通过报价策略持留一定的发电容量，从而确保在省间现货市场获利	优 [0%，30%) 良 [30%，60%) 中 [60%，85%) 差 [85%，100%]

关键问题	具体指标		
	三级指标	指标释义	评价标准
省间省内衔接水平	外送（外购）电对省内负荷影响程度	外送（外购）电对省内负荷影响程度主要利用相关系数，计算省间、省内两个市场负荷曲线形状的一致程度	送端省： 优［−1，−0.1) 良［−0.1，0.3) 中［0.3，0.7) 差［0.7，1) 受端省： 优［0.7，1) 良［0.3，0.7) 中［−0.1，0.3) 差［−1，−0.1)
中长期现货衔接情况	中长期现货电量偏差率	中长期现货电量偏差率是指中长期与现货（日前）市场成交电量的偏差情况。偏差率越小，表明中长期交易结果对系统运行的影响程度越大	优［0%，20%) 良［20%，40%) 中［40%，70%) 差［70%，100%］
	中长期现货出清电价偏差水平	中长期现货出清电价偏差水平是指市场主体在中长期、现货日前市场交易环节出清电价偏差占现货日前出清电价的比值。该指标越小，表明中长期、现货市场的供需形式、市场边界条件越接近，两个市场在交易出清机制方面协同程度越高	优［0%，30%) 良［30%，50%) 中［50%，80%) 差［80%，100%］
	中长期现货触发限价偏差率	中长期现货触发限价偏差率是指中长期、现货日前市场出清电价触发限价区间情况的偏差程度。该指标主要用于衡量中长期限价区间与现货限价区间是否合理衔接，偏差越小，表明两类市场的限价区间趋同程度越高	优［0%，30%) 良［30%，50%) 中［50%，80%) 差［80%，100%］
	中长期现货电价一致性	中长期现货电价一致性是指利用相关系数计算中长期、现货两级市场分时价格曲线形状的一致程度	优［80%，100%） 良［50%，80%) 中［20%，50%) 差［0%，20%)
批发零售衔接情况	批零市场价格变化协同性	批零市场价格变化协同性是指在最近统计周期（如1年）内批发、零售两个市场价格变化曲线的一致程度，主要利用相关系数进行度量	优［80%，100%） 良［50%，80%) 中［20%，50%) 差［0%，20%)
	批零分时价格曲线一致性	批零分时价格曲线一致性是指利用相关系数计算批发、零售两级市场分时价格曲线形状的一致程度	优［80%，100%） 良［50%，80%) 中［20%，50%) 差［0%，20%)
市场化供需协同情况	市场化供需协同贡献率	市场化供需协同贡献率是指需求侧资源通过参与市场交易主动进行削峰填谷的情况	优≥5% 良［2%，5%) 中［1%，2%) 差［0%，1%)

　　通过电力市场建设运营评价，能够客观评价各地电力市场建设进展与机制运作成效，总结提炼经验推广应用，归纳分析短板风险并引以为戒，指导各省有针对性地高标准推进电力市场建设，更好地发挥电力市场在保供应、促转型方面的关键作用，服务全国统一电力市场深化建设。

11 电力市场风险防控

电力市场风险防控是保障电力市场安全稳定运行、维护市场秩序和主体权益的重要机制。该机制基于风险演变规律的研究，采取科学方法识别风险，提前制定有效应对措施，既为市场常态运行划定风险边界，又为突发事件提供应急预案。本章重点介绍供需平衡调控、稳价机制、公平性保障、履约监管、市场干预、异常处置、信用管理等风险防范措施。

11.1 概　　述

11.1.1 市场主要风险

随着市场化改革纵深推进，燃煤发电、工商业用户、新能源发电全面入市，当前市场风险主要包括电力供需失衡风险、市场价格异常风险、不正当竞争风险、电力市场技术支持系统运行异常风险、合同违约风险、其他市场风险。

（1）电力供需失衡风险：指电力供应与需求大幅波动、超出正常预测偏差范围，影响电力系统供需平衡的风险。

（2）市场价格异常风险：指某地区、时段市场价格持续偏高或偏低，波动范围或持续时间明显超过正常变化范围的风险。

（3）不正当竞争风险：指经营主体违规行使市场力，利用市场地位操纵市场价格、持留容量、达成垄断协议等，或串通报价、哄抬价格，使得市场价格偏离、市场受限的风险。

（4）电力市场技术支持系统运行异常风险：指支撑电力市场的各类技术支持系统出现异常或不可用状态，或因黑客、恶意代码等攻击、干扰和破坏等行为，造成被攻击系统及其中数据的机密性、完整性和可用性被破坏，影响市场正常运行的风险。

（5）合同违约风险：指经营主体签订的电力批发、零售交易合同，由于经营主体失信、失去正常履约能力、存在争议或不可抗力等原因而不能正常履行，影响市场结算工作正常开展的风险。

（6）其他市场风险：指存在经营主体交易申报差错、滥用高频量化交易、提供虚假注册资料获取交易资格等情形，影响市场正常秩序的风险。

电力市场风险影响范围广，潜在损失大，不仅局限于电力市场领域的风险，也与电力工业其他方面的风险相关，还与国家政策、国内外经济形势、能源领域的风险有关。识别和评估电力市场风险，应该从整体、全局出发，全面地考虑市场环境中的风险成因及影响风险的因素。

11.1.2　市场风险防控基本情况

国家发展改革委、国家能源局会同有关部门建立健全电力市场风险防控机制，防范市场风险，保障电力系统安全和市场平稳运行，维护经营主体合法权益和社会公共利益。电力交易机构按照"谁运营、谁防范，谁运营、谁监控"的原则，履行市场监控和风险防控责任，接受电力监管机构监管。经营主体共同遵守并按规定落实市场风险防控职责。

电力市场运营实践中，主要采取电力供需平衡、市场价格稳定、促进公平竞争、履约保障、信息披露、市场干预、异常交易处置、信用行为管理、监测提示、应急灾备、经营主体风险教育等风险防控措施。各项防控措施按规范程序在交易规则中明确，条件成熟的也可单独制定风险防控制度。防控情况纳入市场运营监测分析报告，按季度向电力监管机构报告。

与其他市场相比，电力市场主要交易对象为电能量，电能量不能储存，发、输、配、用瞬间同时完成，供需失衡风险发生概率高且影响国计民生，因此采取大范围、更灵活的市场机制保障电力供应，采取偏差考核或偏差结算促进交易合同履约，防控措施与其他市场显著不同。电能量又是一种特殊的商品，具有一般商品属性，市场价格稳定、促进公平竞争、交易异常处置、信息披露、监测提示等风险防控措施与其他市场基本相同。电力市场、证券市场、碳排放权市场风险管理措施对比见表 11-1。

表 11-1　　　　　　　　市场风险管理措施对比表

防控措施	电力市场风险管理	证券市场风险管理	碳排放权市场风险管理
供需平衡	电力供需平衡	交易股票、资金供需平衡	交易碳排放权、资金供需平衡
价格稳定	价格涨跌幅限制	价格涨跌板	价格涨跌幅限制
促进公平竞争	超买超卖限制、单一主体市场占有份额限制	账户持有量为限开展交易、举牌交易限制	账户持有量为限开展交易、最大持仓量限制
转让周期	合同转让约束	交易转让时间 T+1	交易转让时间 T+1
履约保障	售电公司交易前提交履约保证，偏差考核或偏差结算	交易前存入交易资金	交易前存入交易资金

防控措施	电力市场风险管理	证券市场风险管理	碳排放权市场风险管理
信息披露	信息披露	信息披露、大户报告制度、举牌信息披露	信息披露、大户报告制度
市场干预	市场干预	暂停交易	限制资金或者交易产品的划转和交易，限制相关账户使用，暂停交易
异常交易处置	异常交易监控、报告与处置	异常交易监控与处置	异常交易监控与处置
信用行为管理	经营主体信用评价	投资主体信用行为管理	交易主体信用行为管理
风险预警	风险监测与提示	风险警示	风险警示
应急灾备	突发事件应急演练与处置、灾备系统	建立风险准备金、灾备系统	建立风险准备金、灾备系统
风险教育	经营主体风险教育	投资主体风险教育	交易主体风险教育

11.2 市场风险防控主要措施

11.2.1 电力供需平衡措施

当前我国电力保供总体平稳有序，但形势日益复杂。我国电力资源供需逆向分布，远距离、大范围资源配置需求突出，发生阻塞风险的可能性始终存在。新能源装机快速增长，新能源电量占比持续提升，保供的不确定性显著增强。全国统一电力市场是全国统一大市场的重要组成部分，建设运营的基本前提和首要任务就是保障电力安全可靠供应，服务经济社会高质量发展。

1. 电力中长期交易稳定基本盘

落实国家能源战略和优先发电计划，所有地区中长期合同均足额签约，充分体现中长期交易压舱石、稳定器作用。两级交易机构高效协同服务电力保供，密切关注供需形势变化，积极协调送受方省份和有关主体，缩短交易周期，提高交易频次和交易灵活性，快速响应电力保供和清洁能源消纳需要。

2. 电力现货调节短期供需

现货市场一般包括日前市场、日内市场、实时市场。日前市场可按日组织，满足日前市场负荷需求和备用需求。日内市场在运行日滚动优化快速启停机组等灵活调节资源,满足系统平衡要求。实时市场在运行日满足超短期负荷预测和备用需求。市场化手段用尽后仍无法满足电网安全运行、电力可靠供应时,电力调度机构按照相关规定开展应急调度。

3. 可调节资源参与市场交易

构建新型电力系统将极大提升电网对灵活调节资源的需求,我国能源结构以煤电为主,使得系统的可调节能力受限,发挥市场机制作用充分挖掘可调节资源,是保障电网安全运行、电力可靠供应的有效手段。建设与运营辅助服务市场,拥有可调节资源的经营主体通过市场化机制提供调峰、调频、备用、爬坡等服务,维持电力系统安全稳定运行,保证电能质量。部分省份探索虚拟电厂、源网荷储一体化项目、微电网等新型主体聚合参与市场交易,建立负荷侧市场化调节机制,有力支撑了电力保供。

11.2.2　市场价格稳定与促进公平竞争措施

按照有关价格改革、基本规则等文件要求实施量价风控措施,避免市场价格大幅波动、市场操纵和不正当竞争等风险。

1. 价格涨跌幅限制

电力市场交易的成交价格由经营主体通过双边协商、集中竞价等市场化方式形成,第三方不得干预。为保持能源价格稳定,允许对中长期、现货交易的报价或出清价格设置上、下限,由相应电力市场管理委员会提出,经国家能源局派出机构和政府有关部门审定。目前,省内中长期交易燃煤机组发电基准价上下浮动不超过20%,高耗能企业市场交易电价不受上浮 20%限制。省间现货交易申报价格上限和日均结算价格上限分别按上年度覆盖范围内省内现货市场正式申报价格上限的最高值的 2 倍、1 倍确定。省内现货交易考虑经济社会承受能力、市场供需、机组成本等因素设定报价限价和出清限价。例如,山东对电力现货市场电能量价格申报上限为 1.3 元/千瓦时,申报下限为 −0.08 元/千瓦时;对市场电能量出清价格上限为1.5 元/千瓦时,下限为 −0.1 元/千瓦时。

2. 超买超卖限制

电力市场同一经营主体可根据自身电力生产或者消费需要，购入或者售出电能量。为降低市场操纵风险，发电企业在单笔电力交易中的售电量不超过其剩余最大发电能力，购电量不超过其售出电能量的净值（多次售出、购入相互抵消后的净售电量）。电力用户和售电公司在单笔电力交易中的售电量不超过其购入电能量的净值（多次购入、售出相互抵消后的净购电量）。例如，对发电企业、电力用户合理设置申报小时数上限。

3. 单一主体市场占有份额限制

为防止形成市场垄断，对同一售电公司（含同一投资主体）设置交易电量限额（参考资产规模）和在各电力市场中所占份额的比例上限，严格监管发电企业在各电力市场中所占份额的比例。例如，山西、山东等省份对同一售电公司市场份额上限设置为8%～30%。

4. 其他量价防控措施

合同转让交易遵循购售双方的意愿，原则上鼓励清洁、高效机组替代低效机组发电，可合理设置合同电量转让比例，明确约束条件限制转让行为，防止通过合同转让形成市场垄断。明确要求经营主体不滥用市场支配地位操纵价格，不通过串通报价、哄抬价格等方式扰乱市场秩序；必须独立报价，禁止通过口头或书面协议统一约定交易价格或电量，防止市场垄断和不正当竞争。

11.2.3 履约保障措施

电能量是一种不能储存、瞬时平衡的特殊商品，多种因素影响发用电量规模。针对性实施履约保障措施，保障电力交易合同高效履约，避免违约风险，影响正常电力市场秩序。

1. 提高电力中长期交易灵活性促进合同足额履约

在连续开市开展电能量交易时，同步灵活开展合同转让、变更等交易，提升合同履约质量。建立与新能源发电特性相适应的中长期交易机制，满足新能源对交易电量、曲线的偏差调整需要。因电力安全保供、清洁能源消纳等需要，跨省跨区月内市场交易可不受输电通道常规送电方向、送电类型约束。

2. 偏差考核或偏差结算

现货市场正式运行前，中长期市场开展偏差结算或偏差考核促进交易合同履约，减少负荷偏差保障电网安全运行。现货市场正式运行后，中长期市场合同偏差电量按照现货市场规则结算。例如，北京电力交易中心开展省间交易合同偏差电量结算，区分责任偏差和波动偏差，通过规则约定结算价格。天津、河北等省（市）电力交易中心未运行现货市场之前，开展省内交易合同偏差电量结算，向超过规则标准的发电企业、售电公司、电力用户结算偏差电费。

3. 售电公司交易前提交履约保证

收取履约保证是交易机构普遍采取的方式。证券、环境交易所等交易机构实行交易前存入足额资金，期货、产权、金融资产交易所等交易机构实行交易前存入一定比例的保证金，促进买方按交易结果履约。相比存入资金，履约保函可以减少资金占压、降低资金成本，符合国家政策鼓励方向。

电力市场中，售电公司参与批发和（或）零售市场交易前，按照规定标准提交履约保函或者保证保险等履约保障凭证，受益人为与其签署资金支付协议的电网企业，接收、管理保障凭证的主体为电力交易机构。售电公司未缴纳或未足额缴纳相关费用时，电网企业申请使用履约保函、保险，由电力交易机构向履约保函、保险开立单位出具保障凭证，要求支付款项，同时向相关市场主体发出执行告知书，说明售电公司欠费情况，并做好相关信用管理和交易工作。若售电公司所交履约保函、保险额度不足以支付应缴相关费用，售电公司根据履约保函、保险执行告知书要求，在规定时限内足额缴纳相关费用。

售电公司通过以下额度的最大值提交履约保函或者保证保险等履约保障凭证：过去 12 个月批发市场交易总电量，按标准不低于 0.8 分/千瓦时；过去 2 个月内参与批发、零售两个市场交易电量的大值，按标准不低于 5 分/千瓦时。现货市场地区，地方主管部门可以根据市场风险状况，适当提高标准，具体标准由各地自行确定。实际提交的履约保函、保险额度不足时，售电公司在接到电力交易机构通知后及时补缴。未按时足额缴纳履约保函、保险，经电力交易机构书面提醒仍拒不足额缴纳的，实施以下措施：① 取消该售电公司后续交易资格；② 在电力交易平台、"信用中国"网站等政府指定网站公布该售电公司相关信息和行为；③ 公示结束后按照国家有关规定，对该企业法定代表人、自然人股东、其他相关人员依法依规实施失信惩戒；④ 其所有已签订但尚未履行的购售电合同由地方主管部门征求合同购售电各方意愿，通过电力交易平台转让给其他售电公司。

近年来，虚拟电厂（负荷聚合商）作为新型市场主体逐步参与电力市场，提交履约保证有利于规范其交易行为，促进足额高效履约。例如，山西、山东、江苏、安徽等省份已发布相关政策，要求虚拟电厂参与 2025 年市场交易前提交履约保障凭证，缴纳标准参照售电公司。

11.2.4 市场干预措施

市场干预指在特定的情形下和确定的一段时间内，政府主管部门、监管机构对全部或部分市场交易采取临时管制，或授权电力交易机构和电力调度机构进行紧急市场干预。电力监管机构根据维护市场正常运作和电力系统安全的需要，制定市场暂停、中止、恢复等干预规则，规定市场干预措施实施条件和相关处理办法。

发生下列情况时，可依法依规采取市场干预措施：

（1）电力系统内发生事故危及电网安全的。

（2）发生恶意串通操纵市场等行为，并影响交易结果的。

（3）市场技术支持系统发生故障，导致交易无法正常进行的。

（4）政策调整或外部环境变化导致市场交易严重不平衡的。

（5）不可抗力导致交易不能正常开展的。

（6）国家能源局及其派出机构作出暂停市场交易决定的。

（7）市场发生其他严重异常情况的。

市场干预主要手段包括调整交易时间、暂缓交易、调整市场限价、调整交易电量、取消市场出清结果、实施发用电计划管理、发布临时条款、其他维护市场正常运行手段。

电力交易机构实施市场干预措施前，应及时告知相关经营主体。实施后，详细记录市场干预的起因、起止时间、范围、对象、手段和结果等内容，向政府主管部门、监管机构提交报告，并按信息披露规则向有关经营主体披露。市场恢复具备正常开展交易条件时，经政府主管部门、监管机构授权，电力交易机构向经营主体发布市场恢复信息。

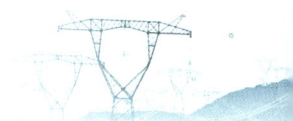

11.2.5 交易异常处置措施

电力交易机构协助国家能源局及其派出机构维护电力市场秩序,按照授权报告和处置交易异常情况,促进交易业务合规开展。

1. 经营主体风险教育与合规管理

电力交易机构通过组织专项行动、发布提示、政策解读、规则讲解、定期培训、模拟演练、编印教材等方式,引导经营主体依法合规参与电力交易,防范市场风险。例如,经营主体市场注册签署电力交易风险告知书,了解签署的入市协议、交易承诺书、交易平台使用协议等文本中风险责任划分,开展风险警示教育。发布电力交易风险提示,多种形式开展专题讲解,提示经营主体关注电价政策、交易规则、交易方案变化,避免对规则不理解影响正常参与交易。妥善保护、规范使用电力交易平台账号和密钥,避免利益受损。

对于在市场注册、交易、信息披露等环节存在异常交易风险的经营主体,电力交易机构可以采取要求经营主体说明情况、谈话提醒、发布书面风险提示函、发布风险警示公告等措施,促进遵守交易规则。对于严重违反交易规则的行为,收集证据材料,报请国家能源局及其派出机构按照《电力监管条例》等相关法律法规处理。例如,电力交易机构对售电公司持续满足注册条件情况进行核验,连续 12 个月未进行实际交易的,征得地方主管部门同意后暂停其交易资格;连续 3 年未在任一行政区域开展售电业务的,经地方主管部门和能源监管机构调查确认后,启动强制退出程序。

2. 经营主体交易申报差错处置

经营主体交易申报时,由于操作失误录入错误的交易数据,可能影响交易结果,甚至引起交易价格大幅波动、交易失败、系统运行中断等风险。例如,某售电公司2022 年 1—2 月月度交易因电量申报失误导致偏差电费超 14 亿元;2022 年 2 月挂牌交易及 2022 年度挂牌(滚动撮合)交易中,6 家经营主体在不同交易时段数据填错、申报数据计量单位出错、参与错误交易场次,造成损失。

发生该类操作风险后,电力交易机构可通过向政府部门汇报、征求电力市场管理委员会意见等途径规范处置。为预防该类操作风险,可发布电力市场交易申报差错处理相关规定，规范风险处置流程。加强经营主体操作培训，促进其熟悉、了解交易规则及软件操作。正式交易前组织模拟交易，各经营主体参与，发现问题及时反馈，减少正式交易时出错概率。

3. 经营主体异议反馈、投诉举报处置与争议解决

为保障经营主体合法权益、提升市场服务水平，电力交易机构设有服务热线、邮箱等多种投诉举报渠道，同时在电力交易大厅公示 12398 能源监管热线。任何单位或个人对于经营主体交易行为、市场运营机构的服务存在异议，可选择任一投诉举报渠道。若实名反映，需提供包括但不限于异议内容、有效联系方式等信息，并提供相关证明材料，不得捏造事实、虚假举证。受理人员依法保护投诉举报人的合法权益，不得随意泄露举报人的姓名或名称、材料等相关信息。

参与市场交易发生争议时，经营主体可自行协商解决，协商无法达成一致时可提交国家能源局派出机构、地方政府电力管理部门调解处理，也可提交仲裁委员会仲裁或者向人民法院提起诉讼。

11.2.6 信用行为管理措施

电力交易机构配合国家能源局及其派出机构、地方政府电力管理部门，对参与电力市场交易的各类发电企业、售电公司、电力用户等进行信用管理，对其信用行为进行监督。建立健全信用管理机制，维护经营主体合法权益，营造良好市场信用环境。信用评价工作接受政府相关部门监管。

1. 评价工作流程

申报企业保证填报信息的真实、准确、完整、规范，并以电子形式提交信用评价申报材料。电力交易机构依据评价标准和相关规定开展信用评价，并通过合法渠道依法采集属于政府信息公开范围的公共信用信息，与参评主体提交的数据信息作比对。评价通过后，发布信用评价结果。实施信用信息动态管理，实时监测企业信用情况。

2. 信用评价指标

信用评价分为场内评价和场外评价。场外评价主要评价市场主体的财务状况和社会信用状况；场内评价主要评价市场主体在市场交易中的表现和行为，涉及市场化交易能力、交易管理、合同管理、运行管理、结算管理、信息披露等方面的评价。

3. 信用评价等级

信用评价结果采用"三等五级"制,即分为 A、B、C 三等,下设 AAA、AA、A、B、C 五级。

AAA 级表示信用表现很好。履约意愿明确,履约能力坚实,履约表现优秀,经营状况很好,对履行相关经济和社会责任能够提供可靠的安全保障,不确定因素对其经营和发展影响很小。

AA 级表示信用表现好。履约意愿清晰,履约能力坚强,履约表现优良,经营状况较好,对履行相关经济和社会责任能够提供稳定的安全保障,不确定因素对其经营和发展影响小。

A 级表示信用表现较好。履约意愿较明确,履约能力相对坚强,履约表现较好,经营状况较稳定,对履行相关经济和社会责任能够提供较好的安全保障,不确定因素对其经营和发展影响较小。

B 级表示信用表现一般。履约意愿不明确,履约能力不稳定,履约表现不好,经营状况较差,对履行相关经济和社会责任不能够提供较好的安全保障,不确定因素对其经营和发展产生直接的影响。

C 级表示信用表现较差。履约意愿不清楚,履约能力很不稳定,履约表现差,经营状况差,对履行相关经济和社会责任不能够提供安全保障,不确定因素对其经营和发展产生直接的负面影响。

例如,信用评价体系总分为 1000 分,评价分级具体见表 11-2。

表 11-2　　　　　　　　信用评价等级分类

信用评价等级	信用评价分数区间	信用评价情况
AAA	900 分及以上	很好
AA	750(含)~900 分	好
A	600(含)~750 分	较好
B	400(含)~600 分	一般
C	400 分以下	差

4. 信用评价结果应用

经营主体信用评价结果在指定时间内向国家有关信用管理机构提交,作为涉电力领域市场主体信用评价依据的补充，联合实施激励和惩戒。部分电力交易机构将信用评价结果与售电公司履约保障额度挂钩，评价等级高减少额度，评价等级低增加额度。

11.2.7 其他市场风险管理措施

1. 风险监测与提示

电力交易机构履行市场运营、市场监控、风险防控等职责，加强对市场运营情况的监测分析，按照有关规定向国家能源局及其派出机构、地方政府电力管理部门及时报送发现的重大异常情况，定期提交市场运营监测分析报告。必要时按照有关规定向经营主体提示市场风险。

2. 突发事件应急

对影响交易连续运营、市场正常运行的重大风险，电力交易机构按照有关规定组织编制各类市场风险应急预案，明确具体的风险源、风险级别、防范措施、各方职责和处置程序等内容，并根据市场交易变化滚动修编。针对已经发生的市场风险，根据其风险特点和等级，按照事前制定的有关预案及时应急处置，尽可能减少风险造成的后果。例如，制定电力交易平台突发事件应急预案，平时加强培训与演练，当突发长时间中断运行事件时，快速恢复系统正常运行，最大限度降低对电力市场造成的影响和损失。

3. 灾备系统建设

构建灾备系统是防范电力交易平台运行中断的有效手段。统一建设灾备系统，按照数据级、应用级容灾要求做好业务与数据的备份工作，确保电力交易平台快速恢复。必要时建设电力交易平台热备用系统，出现系统中断等故障时实时切换，保障交易连续运营不受影响。

4. 建立健全信息安全保障机制

电力交易机构根据内设部门职能设置信息管理权限，控制关键信息知悉范围，定期开展信息安全薄弱环节排查，制定信息安全事故应急处置预案，做好事前主动防御，确保电力运行信息安全可控。建立电力交易从业人员回避和保密管理制度，避免泄露重要信息。

12 电力交易平台

电力市场的稳定运行依托于多个复杂的技术支持软件。电力交易平台通过信息化技术、智能出清算法和大数据分析技术等，面向经营主体提供市场注册、中长期交易、市场结算、信息披露等服务，面向电力交易机构提供市场出清、市场结算、市场分析等业务操作，是服务电力市场的核心技术底座。本章将聚焦北京电力交易中心的电力交易平台，深入介绍这一关键系统的架构设计、功能模块和运行情况，展现技术赋能电力市场建设的创新实践。

12.1 概　述

电力交易平台采用云架构技术统一建设而成，部署范围覆盖 1 个省间市场和 27 个省（市、自治区）级市场，主要包括市场服务、市场出清、市场结算、市场合规、信息披露等功能。

电力交易平台的建设历程和我国的电力市场改革进程息息相关，根据市场发展不同阶段的需要，北京电力交易中心提前谋划部署，已完成 2 代交易平台的研发、运行。

第一代电力交易平台于 2012 年开始设计和建设，采用了国家电网公司的信息化开发平台 SG-UAP 的框架技术，主要满足电力用户直接交易、发电权交易等品种的开展，交易标的一般为月度电量。2015 年中发 9 号文发布后，电力市场建设开始提速。工商业用户逐步进入市场，带来市场主体数量的激增。"中长期+现货"的全市场体系的建设要求，将交易的颗粒度缩至小时级，交易的复杂度、数据量级都大大增加。同时信息化技术的发展也日新月异，原有交易平台从框架结构、底层设计，到具体功能，逐渐不能满足新的要求。2018 年新一代电力交易平台启动设计，采用了云架构、微服务、分布式数据库等新技术构建软件框架。2019 年完成了新一代电力交易平台的全部功能的研发工作。其后在省间和省级电力市场进行上线和应用。2022 年 12 月，"1 省间+27 省级"的电力交易平台全部通过实用化验收。至此新一代电力交易平台全面进入连续运行阶段，并根据业务发展不断扩展应用功能，有力地支撑了电力市场改革的快速推进。

12.2 平 台 架 构

电力交易平台采用"一平台+多应用"的架构，遵循交易业务应用聚合、应用入口统一、业务流程贯通、数据维护同源的原则。一平台是指电力交易平台，拥有更加强大的电力市场中台能力，实现前端业务灵活构建、业务支撑便捷高效、数据资源开放共享、数据生态合作共赢。多应用是指在电力交易平台基础上，扩展了"e–交易"、可再生能源超额消纳量凭证交易、绿色电力证书交易、分布式发电市场化交易，以及电力市场全景仿真等应用。

12.3　平台主要功能

电力交易平台主要包括市场服务应用、批发交易功能、零售交易功能、市场结算功能、信息披露功能、运营分析功能、市场合规功能、绿证核发功能、数据能力中心、统一用户中心等，并配套有手机 App 应用"e–交易"。

1. 市场服务应用

市场服务应用，面向发电企业、电力用户、售电公司、新型主体等各类经营主体提供访问接入，具体功能主要包括注册中心、市场成员管理、综合服务和数据申报、信息查询等。市场服务应用可以通过浏览器、App 等不同方式访问，为海量经营主体提供形式多样、内容丰富的信息交互渠道。市场主体只需要接入互联网，就可以便捷、高效地参与电力市场。

注册中心，支撑发电企业、电力用户、售电公司、电网企业、新型储能、虚拟电厂、负荷聚合商等经营主体，开展市场注册、信息变更、注销，电力用户转换批发、零售、代理购电身份等业务。

市场成员管理，主要指电力交易机构对参与电力市场的各类经营主体进行规范统一管理，保障电力市场稳定运行的相关业务活动，包括经营主体信息、从业人员、发电机组信息、电力用户用户单元信息、资质、停牌及复牌、零售市场关系、可再生能源配额等业务。

综合服务，支撑市场培训、在线咨询、投诉建议、电力交易知识库等综合服务业务，是电力交易机构向市场主体提供的即时信息交互、个性化的定制服务。

数据申报，支撑各类经营主体申报市场交易相关的各类业务信息，与交易平台市场出清、市场结算、现货交易等业务衔接，具体功能包括中长期交易、现货交易、辅助服务交易的申报，合同信息申报，结算信息申报等业务。

信息查询，主要是指电力交易机构管理、收集、整理、汇总、分类发布市场信息，支撑各类经营主体通过电力交易平台查询中长期交易、现货交易、辅助服务交易、市场运营、电网运行、市场主体注册信息、信用信息等内容丰富的业务信息，还充分考虑了政府部门、监管机构及发电集团的不同需要，为其提供针对性的信息查询服务，方便市场主体获取市场信息。

2. 批发交易功能

批发交易功能，主要是指电力交易平台支撑批发市场电能量交易、合同、计划的全链条业务。批发市场交易管理形成交易结果流转至合同管理，计划管理依据合同管理模块交易电量形成计划电量，合同管理模块中的中长期合同电价及分时电量作为结算数据。菜单主要包括交易配置管理、中长期交易、现货交易、合同管理、计划管理、绿电交易管理、绿证交易管理，其中中长期交易和现货交易又区分省间中长期交易、省内中长期交易、省间现货交易、省内现货交易等。

3. 零售交易功能

零售交易功能，主要是指电力交易平台支撑零售市场中零售用户向售电公司购电交易、零售合同签订与调整、解约等全链条业务。售电公司在零售商城建立零售商铺、创建零售套餐，零售用户选择符合自身用能习惯的零售套餐签约形成零售合同，并可与售电公司协商调整零售合同约定的零售价格、偏差电量约束等关键性参数，亦可通过双边协商或单方面违约方式解除零售合约。零售交易功能主要包括零售交易参数配置、零售合约管理、零售信息披露、零售市场运营监测等。

4. 市场结算功能

市场结算功能，主要是指电力交易平台支撑非现货市场、现货市场两种市场模式下的市场结算业务。菜单设计按照发电侧、用户侧两方面考虑，其中发电侧结算主要包括直购电厂结算、非直购电厂结算和分布式电源市场交易结算，用电侧结算包括直接交易用户结算、售电公司和零售用户结算等。市场结算功能主要包括结算模型、数据准备、结算配置、批发市场（发、用电）结算、零售市场结算、市场运营费用管理、结算结果发布与异议处理等。

5. 信息披露功能

信息披露功能，主要是指电力市场运营机构通过电力交易平台披露市场信息，经营主体通过电力交易平台披露企业自身相关信息。信息披露功能主要包括信息发布配置、中长期交易信息、现货交易信息、零售市场信息、经营主体自主信息披露等。

6. 运营分析功能

运营分析功能，主要是指电力交易平台支撑电力交易机构统计分析市场交易、结算等业务，并对市场运行情况进行监测，主要包括市场信息统计等。

7. 市场合规功能

市场合规功能，主要是指电力交易平台支撑电力交易机构开展市场分析评估和市场运行监视业务，根据业务风险点建立规则库，在线识别风险，给相关业务人员发出预警信息，实现电力市场风险管控；构建电力市场经营主体信用评价体系，支撑电力交易机构对经营主体进行信用评级管理，实现联合奖惩，保障电力市场合规平稳运行。市场合规功能主要包括市场分析评估、业务监视与风险管控、经营主体信用评价等。

8. 绿证核发功能

绿证核发功能，主要是国家电网经营区域各省级电力交易机构通过电力交易平台汇集本省可再生能源发电项目的电量信息至北京电力交易中心，汇总生成拟核发绿证数据台账，通过专网将可再生能源核发数据清单推送至国家能源局核发绿证。国家能源局核发绿证后，将相关数据信息通过专网推送至北京电力交易中心，北京电力交易中心通过电力交易平台同步发送至各省。绿证核发功能主要包括基础数据管理、档案信息管理、绿证核发信息管理、绿证核发统计分析等。

9. "e–交易" App 功能

"e–交易" App 是电力交易平台移动端服务，遵循"数据同源"原则，统一接入各级电力交易机构的交易平台。"e–交易" App 作为电力交易平台的移动端服务应用，主要包括绿电交易、绿证交易、零售服务、信息披露、身份识别、数字证书申请、结算单查询等功能。

绿电专区，主要支持绿色电力交易，包括双边、挂牌和平台聚合集中竞价交易，也提供绿电订单和合同管理。

绿证专区，主要支持全流程绿证交易，包括双边、挂牌交易，经营主体可根据需要灵活申购，操作简单，交易透明。实现证书类业务统一账户、在线交易、即时支付、实时交割，并提供在线对账、证书查询溯源、环境权益价格信息披露等服务。

信息披露专区，主要涵盖全面的电力市场信息，包括批发、零售市场行情和政策规则，提供便捷的信息披露和查询渠道，助力电力市场发展。

零售商城，主要融合各省零售市场。售电公司在零售商城开立商铺，创建零售标准化、差异化的电力零售套餐，便于零售用户方便选、简单购，选择适合自身的零售套餐，实现电商化零售交易，有效提升零售市场的透明度和规范性，降低零售交易的风险。

10. 数据能力中心

数据能力中心，主要是汇集各类交易数据、调度机构数据、电网企业数据等业务数据，汇集经营主体登录数据、操作数据等行为数据，汇聚各类经济数据、一次能源价格等外部数据，实现面向经营主体的电力交易数据分析和面向市场运营机构运营管理的综合统计分析。数据能力中心数据分析结构如图12-1所示。

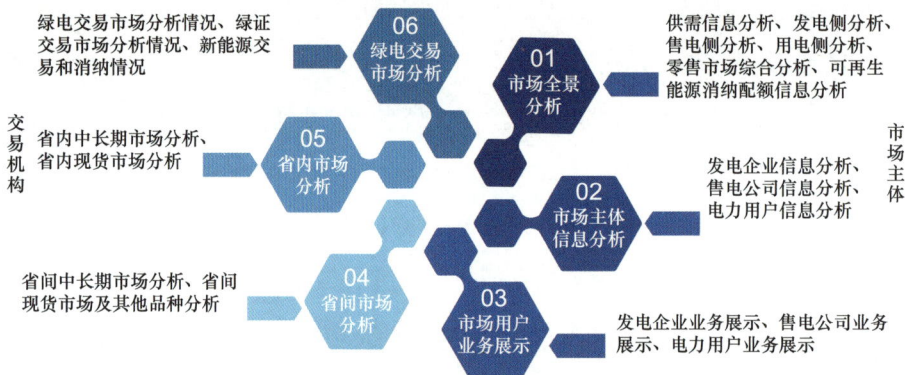

图 12-1 数据能力中心数据分析结构

11. 统一用户中心

统一用户中心，遵循"账号角色统一管理、权限分级配置管理"的架构，从原有"多应用多账号"切换到"一号通用"，实现用户使用同一个账号登录省间和省级交易平台各业务应用。统一用户中心主要包括账号管理、角色管理、菜单管理、访问分析等功能。

12.4 平台运行情况

电力交易平台高效稳定运行，有力支撑了市场注册、交易出清、交易结算、信息披露等各类业务稳定、高效开展。

1. 市场服务

服务经营主体便捷入市，截至 2024 年底已注册经营主体超 65 万家，分布式电源、新型储能、虚拟电厂、负荷聚合商等新型主体正在快速增长。打造现代电力市场交易服务应用，建成"电力市场服务专区"，实现中国建设银行、中国光大银行等金融机构履约保函在线接入，支持售电公司安全高效参与电力交易，促进市场要素顺畅流动。

2. 交易出清

有力支撑电力中长期市场连续开市，支持多周期市场双边、挂牌、集中撮合、连续滚动撮合等交易连续开市，出清计算能力提升至十万级，年交易电量达到 5 万亿千瓦时；有力支撑中长期交易"六签"，建成分时段电力曲线交易、电子合同等功能，支持经营主体分时段电力申报和交易出清，实现交易由电量到电力的转变；打造安全可信认证体系，为经营主体提供公平开放的身份鉴权服务，实现基于电子营业执照的智能注册、登录认证、代理绑定、授权 4 文件签章等多场景应用，提高安全认证服务便捷性；有力支撑电网企业代理购电、连续挂牌交易等核心业务，支撑燃煤机组入市、电网企业代理购电交易。

3. 交易结算

有力支撑两级市场一体化结算，支持优发优购及全品种市场交易电量结算，具备不平衡资金清算能力，实现超百万级市场主体、亿级数据的高性能结算，提升日清月结计算效率。

4. 信息披露

有力支撑市场信息披露，建成涵盖市场公众、公开、特定信息的信息披露功能 93 个栏目，支持市场运营机构、电网企业线上发布信息，支持经营主体自主信息披露，累计披露信息超 14 万余次，面向经营主体开放数据接口服务 31 项，有力支撑了现阶段电力市场快速发展；有力支撑现货市场运行，建成省间与省内现货申报、结算、信息披露等功能，支持经营主体日申报、日发布、日清算，保障省间和省级现货市场稳定运行。

5. 绿电绿证

打造绿电绿证数字化服务应用，建设绿色电力交易、绿证交易、绿色电力消费核算等功能，与国家能源局专线互通，支持绿色电力证书核发全覆盖，2024 年绿电交易电量突破 1300 亿千瓦时，绿证交易量累计突破 1.7 亿张；打造电商化"e-交易"移动应用，建设新闻资讯、交易支撑、运营服务、注册管理、辅助服务等功能，支撑经营主体便捷访问，建立绿电交易专区和零售专区，有力支撑了绿色电力交易和零售交易，服务客户超 50 万家。打造区块链技术应用体系，支持绿电交易在发、输、售、用全环节上链，实现安全身份认证、轻量级数字鉴权、便捷内容溯源等应用，支撑超 11 万张绿色电力消费凭证核发、超 1 亿张绿色电力证书交易。

12.5 下一代平台建设展望

《全国统一电力市场发展规划蓝皮书》提出"2025 年初步建成全国统一电力市场，2029 年全面建成全国统一电力市场"的要求。未来，电力交易平台将围绕 AI 技术创新，重构市场服务、出清、结算、合规等核心应用，全面支撑全国统一电力市场运营发展需要，重点支撑以下方面业务需求。

（1）建立"统一平台、协同运行"统一电力市场交易平台总体架构，统一全市场交易申报入口，具备支撑涵盖国家电网、南方电网、蒙西电网经营范围内的海量主体统一申报、分层出清的联合运营能力。

（2）建立全国统一绿色电力协同交易体系，实现绿电交易由电量向电力转变，支撑分布式光伏、聚合商等新型主体参与市场化交易。建立适应大规模绿证入市交易能力，支撑实现绿证核发全覆盖，实现绿证交易全流程存证与溯源，建立绿电消费与碳市场的衔接互认能力。

（3）建立电力交易全业务流程在线监视，适应电力市场合规风险智能监控与应急响应要求，构建电力市场风险智能识别、预警和防控体系，支撑电力市场合规公平稳定运行。

（4）构建省间、省内各电力交易平台全联通数据链，面向各经营主体提供多元化高速接入通道和开放统一的标准化接口服务，支撑全国统一电力市场交易平台的高标准联通能力。

（5）建立电力市场专业人工智能基础平台，打造智能客服、智能结算、智能感知运营态势、智能交易与行情一体化体系。

（6）建立电力交易平台主备系统，实现主备系统间智能切换和快速恢复，保障市场全天候稳定运行。

附　　录

附录A　电力市场相关政策

序号	类别	印发部门	政策名称（文号）
1	计划与市场衔接	中共中央、国务院	《关于进一步深化电力体制改革的若干意见》（中发〔2015〕9号文）
2	计划与市场衔接	国家发展改革委、国家能源局	《关于有序放开发用电计划的实施意见》（发改经体〔2015〕2752号）
3	计划与市场衔接	国家发展改革委、国家能源局	《关于有序放开发用电计划的通知》（发改运行〔2017〕294号）
4	计划与市场衔接	国家发展改革委、国家能源局	《关于积极推进电力市场化交易进一步完善交易机制的通知》（发改运行〔2018〕1027号）
5	计划与市场衔接	国家发展改革委	《关于全面放开经营性电力用户发用电计划的通知》（发改运行〔2019〕1105号）
6	计划与市场衔接	国家发展改革委	《关于进一步深化燃煤发电上网电价市场化改革的通知》（发改价格〔2021〕1439号）
7	计划与市场衔接	国家发展改革委	《关于组织开展电网企业代理购电工作有关事项的通知》（发改办价格〔2021〕809号）
8	计划与市场衔接	国家发展改革委	《关于做好2020年电力中长期合同签订工作的通知》（发改运行〔2019〕1982号）
9	计划与市场衔接	国家能源局	《关于开展跨区域省间可再生能源增量现货交易试点工作的复函》（国能监管〔2017〕49号）
10	计划与市场衔接	国家发展改革委、国家能源局	《关于开展电力现货市场建设试点工作的通知》（发改办能源〔2017〕1453号）
11	计划与市场衔接	国家发展改革委、国家能源局	《关于进一步做好电力现货市场建设试点工作的通知》（发改办体改〔2021〕339号）
12	计划与市场衔接	国家能源局	《完善电力辅助服务补偿（市场）机制工作方案》（国能发监管〔2017〕67号）
13	计划与市场衔接	国家发展改革委、国家能源局	《电力中长期交易基本规则》（发改能源规〔2020〕889号）
14	计划与市场衔接	国家发展改革委	《电力市场运行基本规则》（国家发展改革委2024年第20号令）
15	计划与市场衔接	国家能源局	关于印发《电力市场信息披露基本规则》的通知（国能发监管〔2024〕9号）
16	计划与市场衔接	国家能源局	关于印发《电力市场注册基本规则》的通知（国能发监管规〔2024〕76号）
17	计划与市场衔接	国家发展改革委、国家能源局	关于印发《电力辅助服务市场基本规则》的通知（发改能源规〔2025〕411号）

续表

序号	类别	印发部门	政策名称（文号）
18	计划与市场衔接	国家发展改革委、国家能源局	《关于做好 2021 年电力中长期合同签订工作的通知》（发改运行〔2020〕1784 号）
19	计划与市场衔接	国家发展改革委、国家能源局	《关于做好 2023 年电力中长期合同签订履约工作的通知》（发改运行〔2022〕1861 号）
20	计划与市场衔接	国家发展改革委、国家能源局	《关于国家电网有限公司省间电力现货交易规则的复函》（发改办体改〔2021〕837 号）
21	计划与市场衔接	国家发展改革委、国家能源局	《关于加快建设全国统一电力市场体系的指导意见》（发改体改〔2022〕118 号）
22	计划与市场衔接	国家发展改革委、国家能源局	《关于加快推进电力现货市场建设工作的通知》（发改办体改〔2022〕129 号）
23	计划与市场衔接	国家发展改革委、国家能源局	《电力现货市场基本规则（试行）》（发改能源规〔2023〕1217 号）
24	计划与市场衔接	国家发展改革委、国家能源局	《关于进一步加快电力现货市场建设工作的通知》（发改办体改〔2023〕813 号）
25	计划与市场衔接	国家发展改革委、国家能源局	《电力辅助服务管理办法》（国能发监管规〔2021〕61 号）
26	计划与市场衔接	国家发展改革委、国家能源局	《关于建立健全电力辅助服务市场价格机制的通知》（发改价格〔2024〕196 号）
27	计划与市场衔接	国家发展改革委、国家能源局	《关于建立煤电容量电价机制的通知》（发改价格〔2023〕1501 号）
28	上网电价及输配电价改革	国家发展改革委	《关于降低燃煤发电上网电价和工商业用电价格的通知》（发改价格〔2015〕748 号）
29	上网电价及输配电价改革	国家发展改革委	《关于完善跨省跨区电能交易价格形成机制有关问题的通知》（发改价格〔2015〕962 号）
30	上网电价及输配电价改革	国家发展改革委、国家能源局	《关于降低燃煤发电上网电价和一般工商业用电价格的通知》（发改价格〔2015〕3105 号）
31	上网电价及输配电价改革	国家发展改革委	《关于完善两部制电价用户基本电价执行方式的通知》（发改办价格〔2016〕1583 号）
32	上网电价及输配电价改革	国家发展改革委	《关于进一步完善抽水蓄能价格形成机制的意见》（发改价格〔2021〕633 号）
33	上网电价及输配电价改革	国家发展改革委	《关于进一步深化燃煤发电上网电价市场化改革的通知》（发改价格〔2021〕1439 号）
34	上网电价及输配电价改革	国家发展改革委、国家能源局	《输配电定价成本监审办法（试行）》（发改价格〔2015〕1347 号）
35	上网电价及输配电价改革	国家发展改革委、国家能源局	《关于推进输配电价改革的实施意见》（发改经体〔2015〕2752 号）
36	上网电价及输配电价改革	国家发展改革委	《关于全面推进输配电价改革试点有关事项的通知》（发改价格〔2016〕2018 号）
37	上网电价及输配电价改革	国家发展改革委	《关于全面推进跨省跨区和区域电网输电价格改革工作的通知》（发改办价格〔2017〕1407 号）
38	上网电价及输配电价改革	国家发展改革委	《区域电网输电价格定价办法（试行）》（发改价格规〔2017〕2269 号）
39	上网电价及输配电价改革	国家发展改革委	《区域电网输电价格定价办法》（发改价格规〔2020〕101 号）
40	上网电价及输配电价改革	国家发展改革委	《关于第三监管周期省级电网输配电价及有关事项的通知》（发改价格〔2023〕526 号）
41	配售电改革	国家发展改革委、国家能源局	《关于推进售电侧改革的实施意见》（发改经体〔2015〕2752 号）

续表

序号	类别	印发部门	政策名称（文号）
42	配售电改革	国家发展改革委、国家能源局	《售电公司管理办法》（发改体改规〔2021〕1595号）
43	配售电改革	国家发展改革委、国家能源局	《有序放开配电网业务管理办法》（发改经体〔2016〕2120号）
44	配售电改革	国家发展改革委、国家能源局	《关于规范开展增量配电业务改革试点的通知》（发改经体〔2016〕2480号）
45	配售电改革	国家发展改革委、国家能源局	《关于规范开展第二批增量配电业务改革试点的通知》（发改经体〔2017〕2010号）
46	配售电改革	国家发展改革委、国家能源局	《关于规范开展第三批增量配电业务改革试点的通知》（发改经体〔2018〕604号）
47	配售电改革	国家发展改革委、国家能源局	《关于规范开展第四批增量配电业务改革试点的通知》（发改运行〔2019〕1097号）
48	新能源	国家发展改革委、国家能源局	《关于做好风电、光伏发电全额保障性收购管理工作的通知》（发改能源〔2016〕1150号）
49	新能源	国家发展改革委、国家能源局	《可再生能源调峰机组优先发电试行办法》（发改运行〔2016〕1558号）
50	新能源	国家发展改革委、国家能源局	《关于印发清洁能源消纳行动计划（2018—2020年）的通知》（发改能源规〔2018〕1575号）
51	新能源	国家发展改革委、国家能源局	《关于建立健全可再生能源电力消纳保障机制的通知》（发改能源〔2019〕807号）
52	新能源	国家能源局	《关于建立可再生能源开发利用目标引导制度的指导意见》（国能新能〔2016〕54号）
53	新能源	国家发展改革委、财政部、国家能源局	《关于试行可再生能源绿色电力证书核发及自愿认购交易制度的通知》（发改能源〔2017〕132号）
54	新能源	财政部、国家发展改革委、国家能源局	《关于促进非水可再生能源发电健康发展的若干意见》（财建〔2020〕4号）
55	新能源	国家发展改革委、财政部、国家能源局	《关于做好可再生能源绿色电力证书全覆盖工作促进可再生能源电力消费的通知》（发改能源〔2023〕1044号）
56	新能源	国家发展改革委、国家能源局	《关于开展分布式发电市场化交易试点的通知》（发改能源〔2017〕1901号）
57	新能源	国家发展改革委、国家能源局	《关于开展分布式发电市场化交易试点的补充通知》（发改办能源〔2017〕2150号）
58	新能源	国家发展改革委	《全额保障性收购可再生能源电量监管办法》（国家发展改革委2024年第15号令）
59	新能源	国家发展改革委、国家能源局	《关于深化新能源上网电价市场化改革　促进新能源高质量发展的通知》（发改价格〔2025〕136号）
60	新型主体参与市场	国家发展改革委、国家能源局	《关于开展分布式发电市场化交易试点的通知》（发改能源〔2017〕1901号）
61	新型主体参与市场	国家能源局	《关于支持电力领域新型经营主体创新发展的指导意见》（国能发法改〔2024〕93号）
62	新型主体参与市场	国家发展改革委、国家能源局	《关于加快推进虚拟电厂发展的指导意见》（发改能源〔2025〕357号）
63	新型主体参与市场	国家发展改革委、国家能源局	《关于有序推动绿电直连发展有关事项的通知》（发改能源〔2025〕650号）

附录 B　电力市场结算科目编码

一级科目		二级科目		三级科目		四级科目		组合编码
电量清分	01	中长期交易	01	优先发购电量交易	01	保障性发电量	01	01010101
						必开电量	02	01010102
						其他优先发购电量	03	01010103
				电力直接交易	02	电网代理购电交易	01	01010201
						省内绿色电力交易（电能量）	02	01010202
						其他电力直接交易	03	01010203
				抽水招标交易	03		00	01010300
				省间送受电交易	04	配套电源省间交易	01	01010401
						省间绿色电力交易（电能量）	02	01010402
						其他省间交易	03	01010403
				合同交易	05	合同转让交易	01	01010501
						合同回购交易	02	01010502
				调试运行电量	06	调试电量	01	01010601
						试运行电量	02	01010602
				预挂牌交易	07	上调电量	01	01010701
						下调电量	02	01010702
				超合同电量	08	超发电量	01	01010801
						超用电量	02	01010802
				少合同电量	09	少发电量	01	01010901
						少用电量	02	01010902
				其他中长期交易	10		00	01011000
		现货交易	02	省间现货交易	01	日前交易	01	01020101
						日内交易	02	01020102
						实时交易	03	01020103
				省内现货交易	02	日前交易	01	01020201
						日内交易	02	01020202
						实时交易	03	01020203

续表

一级科目		二级科目		三级科目		四级科目		组合编码
电量清分	01	辅助服务交易	03	有功平衡服务	01	调频服务	01	01030101
						调峰服务	02	01030102
						备用服务	03	01030103
						转动惯量服务	04	01030104
						爬坡服务	05	01030105
				无功平衡服务	02		00	01030200
				事故应急及恢复服务	03	稳定切机服务	01	01030301
						稳定切负荷服务	02	01030302
						黑启动服务	03	01030303
				其他辅助服务	04		00	01030400
		应急调度	04	保安全	01	日前应急调度	01	01040101
						日内应急调度	02	01040102
				保平衡	02	日前应急调度	01	01040201
						日内应急调度	02	01040202
				保清洁能源消纳	03	日前应急调度	01	01040301
						日内应急调度	02	01040302
		波动偏差电量	05	联络线波动偏差电量	01		00	01050100
				配套火电波动偏差电量	02		00	01050200
				其他跨区跨省电源波动偏差电量	03		00	01050300
		电厂用网电量	06		00		00	01060000
权益凭证类交易及容量、分摊、补偿费用清分	02	权益和凭证交易	01	可再生能源超额消纳量交易	01	水电超额消纳量交易	01	02010101
						非水可再生能源超额消纳量交易	02	02010102
				省间绿色电力交易（环境权益）	02		00	02010200
				省内绿色电力交易（环境权益）	03		00	02010300
		市场运营费用	02	成本补偿与分摊类费用	01		00	02020100
				市场平衡类费用	02	结构平衡费用	01	02020201
						阻塞平衡费用	02	02020202
						优购损益费用	03	02020203
						其他平衡费用	04	02020204
				其他市场运营费用	03			02020300
		容量费用	03	煤电容量电费	01		00	02030100
				抽水蓄能容量电费	02		00	02030200
				其他容量费用	03		00	02030200

续表

一级科目		二级科目		三级科目		四级科目		组合编码
权益凭证类交易及容量、分摊、补偿费用清分	02	偏差费用	04	省间责任偏差费用	01		00	02040100
				省内责任偏差费用	02		00	02040200
				绿色电力环境价值偏差补偿	03		00	02040300
				其他偏差费用	04		00	02040400
		需求侧响应费用	05		00		00	02050000
		"两个细则"费用	06		00		00	02060000
		超低排放费用	07		00		00	02070000
		用户上网环节线损费用	08		00		00	02080000
		输电费/输配电费	09	电量输电/输配电费	01		00	02090100
				容量输电/输配电费	02		00	02090200
		系统运行费用	10	辅助服务费用分摊	01		00	02100100
				煤电容量电费分摊	02		00	02100200
				抽水蓄能容量电费分摊	03		00	02100300
				其他系统运行费用	04		00	02100400
		售电公司服务费	11	售电服务费	01		00	02110100
				增值服务费	02		00	02110200
				其他服务费	03		00	02110300
结算调整	03	退补	01		00		00	03010000
		清算	02		00		00	03020000

附录 C　市场运营机构电力市场信息披露内容（公众、公开部分）

编号	信息名称	信息内容	披露时间或周期	披露范围	披露市场	提供方	备注
6.1	交易机构基本信息	机构全称、工商注册时间、股权结构、统一社会信用代码、法定代表人、服务电话、办公地址、网站网址等	注册生效后披露，及时更新	公众	省间、省内	电力交易机构	股权结构披露直接股东及股份占比
6.2	法律法规、政策文件、规则及细则	电力市场公开适用的法律法规、政策文件	收到文件后5个工作日内	公众	省间、省内	电力交易机构	
6.3		可公开的电力市场规则细则类信息，包括交易规则，制定、修订市场规则过程中涉及的解释性文档等	文件印发后5个工作日内	公众	省间、省内	电力交易机构	
6.4		交易收费标准	收到文件后5个工作日内	公众	省间、省内	电力交易机构	
6.5	业务标准规范	负荷预测方法和流程	及时更新	公众	省内	电力调度机构	
6.6		辅助服务需求计算方法	及时更新	公众	省间、省内	电力调度机构	
6.7		电网安全校核规范	及时更新	公众	省间、省内	电力调度机构	
6.8		市场经营主体注册流程	制定后及时披露	公众	省间、省内	电力交易机构	
6.9		争议解决流程	制定后及时披露	公众	省间、省内	电力交易机构	
6.10		电力市场服务指南	制定后及时披露	公众	省间、省内	电力交易机构	
6.11		数据通信格式规范	制定后及时披露	公众	省间、省内	电力交易机构	
6.12	信用信息	经政府同意的市场经营主体电力交易信用信息	年	公众		电力交易机构	
6.13		售电公司违约情况	发生后及时披露	公众	省间、省内	电力交易机构	
6.14	电力市场运行情况	截至上一年底各类市场经营主体注册情况，上一年度交易结算总量、均价情况	年	公众	省间、省内	电力交易机构	
6.15	退市市场经营主体名单	强制或自愿退出且公示生效后的市场经营主体名单	及时更新	公众	省间、省内	电力交易机构	

续表

编号	信息名称	信息内容	披露时间或周期	披露范围	披露市场	提供方	备注
6.16	市场结构情况	HHI、Top-m 指标	年	公众	省内	电力交易机构	
6.17	市场暂停、中止、重新启动等情况		发生后及时披露	公众	省间、省内	电力调度机构、电力交易机构	
6.18	市场信息披露报告	市场信息披露报告，包括电网概况、电力供需及预测情况、市场准入、市场交易、市场结算、市场建设、违规情况、市场干预情况等	季、月	公开	省间、省内	电力交易机构	交易机构牵头编制报告，其他信息披露主体提供相关信息
6.19	违规行为通报及市场干预情况	经国家能源局派出机构或者地方政府电力管理部门认定的违规行为通报、市场干预情况	收到文件后5个工作日内	公开	省间、省内	电力交易机构	
6.20	电力现货市场第三方校验报告		按照市场管理委员会要求时间	公开	省间、省内	电力调度机构	
6.21	交易机构经审计的收支总体情况		年	公开		电力交易机构	向市场经营主体收费的电力交易机构披露
6.22	交易日历	多年、年、月、周、多日、日各类交易安排	年	公开	省间、省内	电力交易机构	
6.23	电网主要网络通道示意图	500千伏电压等级及以上	年	公开	省间、省内	电力调度机构	
6.24	约束信息	发输变电设备投产、退役计划	年、月	公开	省间、省内	电力调度机构	
6.25		发输变电设备检修计划	年、月、日	公开	省间、省内	电力调度机构	
6.26		省间联络线输电可用容量（考虑所有已知影响）	年、月、周	公开	省间	电力调度机构	月度分周按峰平谷时段披露，周按交易时间单元披露
6.27		省内关键输电断面可用容量（考虑所有已知影响）	年、月、周	公开	省内	电力调度机构	
6.28		必开必停机组名单及总容量	日	公开	省间、省内	电力调度机构	
6.29		开停机不满最小约束时间机组名单	日	公开	省间、省内	电力调度机构	
6.30	参数信息	市场出清模块算法及运行参数	及时更新	公开	省间、省内	电力调度机构	
6.31		价格限值	及时更新	公开	省间、省内	电力调度机构	

续表

编号	信息名称	信息内容	披露时间或周期	披露范围	披露市场	提供方	备注
6.32	参数信息	约束松弛惩罚因子	及时更新	公开	省间、省内	电力调度机构	
6.33		节点分配因子	日	公开	省内	电力调度机构	以每两小时为单位披露，适用于节点边际电价市场
6.34		节点分配因子确定方法	及时更新	公开	省内	电力调度机构	适用于节点边际电价市场
6.35		节点及分区划分依据和详细数据	及时更新	公开	省内	电力调度机构	适用于节点边际电价市场
6.36	预测信息	系统负荷预测	月	公开	省内	电力调度机构	月最大负荷
6.37			周、日	公开	省内	电力调度机构	按交易时间单元披露
6.38		电力电量供需平衡预测	月	公开	省内	电力调度机构	供需形势分析
6.39			日	公开	省内	电力调度机构	按交易时间单元披露供需差额
6.40		各电网电力平衡预测	月	公开	省间	电力调度机构	
6.41		省间联络线输电曲线预测	日前、日内	公开	省间	电力调度机构	按交易时间单元披露
6.42		发电总出力预测	日	公开	省间、省内	电力调度机构	按交易时间单元披露，分区边际电价市场需发布分区预测
6.43		非市场机组总出力预测	日	公开	省间、省内	电力调度机构	按交易时间单元披露
6.44		新能源总出力预测	周、日	公开	省内	电力调度机构	分电源类型按交易时间单元披露
6.45		水电（含抽蓄）总出力预测	周、日	公开	省间、省内	电力调度机构	按交易时间单元披露
6.46	辅助服务需求信息	各类辅助服务需求总量	日	公开	省间、省内	电力调度机构	按交易时间单元披露
6.47		具备参与辅助服务市场的机组台数及容量、用户及售电公司个数等	日	公开	省间、省内	电力调度机构	按交易时间单元披露
6.48	交易公告	包括交易品种、交易主体、交易方式、交易申报时间、交易合同执行开始时间及终止时间、交易参数、出清方式、交易约束信息、交易操作说明、其他准备信息等	交易组织前及时披露	公开	省间、省内	电力交易机构	

编号	信息名称	信息内容	披露时间或周期	披露范围	披露市场	提供方	备注
6.49	中长期交易申报及成交情况	包括交易参与的主体数量、申报情况、成交的主体数量、成交总量及分电源类型电量、成交均价及分电源类型均价等	交易出清后及时披露	公开	省间、省内	电力交易机构	
6.50	中长期交易安全校核及原因		交易出清后及时披露	公开	省间、省内	电力调度机构	
6.51	绿电交易申报及成交情况	包括参与的主体数量、申报电量、成交的主体数量、最终成交总量、成交均价	交易出清后及时披露	公开	省间、省内	电力交易机构	
6.52	现货市场申报、出清信息	日前、日内平均申报电价,日前、日内各时段出清电量及各类电源电量和台数,日前、日内平均出清电价	出清后及时披露	公开	省间、省内	电力调度机构	节点边际电价市场应当披露交易时间单元所有节点的节点边际电价以及各节点边际电价的电能量、阻塞等各分量价格
6.53	辅助服务市场申报、出清信息	各类辅助服务市场申报总电量及平均价格,各时段出清电量及各类电源电量和台数、平均中标价格	出清后及时披露	公开	省间、省内	电力调度机构	出清按交易时间单元披露,其他按日披露
6.54	日前、实时市场各时段出清的断面约束及阻塞情况		日	公开	省间、省内	电力调度机构	运行结束按交易时间单元披露,适用节点边际电价市场
6.55	省间交易计划		月	公开	省间	电力交易机构	
6.56	运行信息	机组状态	日	公开	省间、省内	电力调度机构	运行日次日按交易时间单元披露
6.57		发电总出力	日	公开	省间、省内	电力调度机构	
6.58		非市场机组总出力	日	公开	省间、省内	电力调度机构	
6.59		新能源总出力	日	公开	省内	电力调度机构	
6.60		水电(含抽蓄)总出力	日	公开	省间、省内	电力调度机构	
6.61		实际负荷	日	公开	省内	电力调度机构	
6.62		系统备用信息	日	公开	省内	电力调度机构	
6.63		重要通道实际输电情况	日	公开	省内	电力调度机构	

续表

编号	信息名称	信息内容	披露时间或周期	披露范围	披露市场	提供方	备注
6.64	运行信息	实际运行输电断面约束情况	日	公开	省内	电力调度机构	
6.65		省间联络线输电情况	日	公开	省间、省内	电力调度机构	
6.66		重要线路与变压器平均潮流	日	公开	省内	电力调度机构	
6.67		发输变电设备投产、退役、检修、改造等计划执行情况	月、日	公开	省间、省内	电力调度机构	
6.68		重要线路实际停运情况	日	公开	省间、省内	电力调度机构	
6.69		发电机组非停情况	日	公开	省间、省内	电力调度机构	
6.70		电网负荷总体情况	月	公开	省内	电力调度机构	最高最低负荷和负荷变化情况
6.71	电力并网运行管理考核和返还明细	各并网主体分考核种类考核费用、返还费用、免考核情况等	月	公开	省间、省内	电力调度机构	
6.72	电力辅助服务考核、补偿和分摊明细	各市场经营主体分辅助服务品种的电量/容量、补偿费用、考核费用、分摊比例、分摊费用等	月	公开	省间、省内	电力调度机构	
6.73	结算情况	结算总体情况及分类构成情况	月	公开	省间、省内	电力交易机构	
6.74			日	公开	省间、省内	电力交易机构	
6.75		绿电交易结算情况	月	公开	省间、省内	电力交易机构	
6.76		省间交易结算情况	月	公开	省间	电力交易机构	
6.77		不平衡资金构成、分摊和分享情况	月	公开	省内	电力交易机构	不平衡资金分项计列
6.78		偏差考核情况	月	公开	省间、省内	电力交易机构	
6.79	售电公司结算总体情况	售电公司代理电量，批发侧、零售侧结算均价	月	公开	省内	电力交易机构	零售侧结算均价不含输配电价及基金附加等

编号	信息名称	信息内容	披露时间或周期	披露范围	披露市场	提供方	备注
6.80	售电公司履约保障凭证情况	各售电公司履约保障凭证缴纳、执行情况，结合资产总额确定的售电量规模限额	月	公开	省内	电力交易机构	
6.81	交易总体情况	年度、月度、月内、现货交易成交均价及电量	月	公开	省间、省内	电力交易机构	中长期交易分电源类型披露
6.82	发电机组转商情况	发电机组、独立储能完成整套设备启动试运行时间	及时更新	公开	省间、省内	电力调度机构	
6.83	到期未取得电力业务许可证的市场经营主体名单		及时更新	公开	省间、省内	电力交易机构	
6.84	市场干预情况原始日志	干预时间、干预主体、干预操作、干预原因	发生后及时披露	公开	省间、省内	电力调度机构、电力交易机构	
6.85	省间联络线输电容量分配结果		日	公开	省内	电力调度机构	
6.86	省间联络线输电容量预留		日	公开	省内	电力调度机构	适用于分区边际电价市场
6.87	平衡市场交易电量、价格		日	公开	省内	电力调度机构	
6.88	再调度费用及明细		季	公开	省内	电力调度机构	

附录 D　电力交易平台访问网址

经营区	市场类别	地区	网址
国家电网 经营区	省间市场	国家电网区域	https://pmos.sgcc.com.cn
	省级市场	首都	https://pmos.bj.sgcc.com.cn
		天津	https://pmos.tj.sgcc.com.cn
		河北	https://pmos.hb.sgcc.com.cn
		冀北	https://pmos.jibei.sgcc.com.cn
		山西	https://pmos.sx.sgcc.com.cn
		山东	https://pmos.sd.sgcc.com.cn
		上海	https://pmos.sh.sgcc.com.cn
		江苏	https://www.jspec.com.cn
		浙江	https://www.zjpx.com.cn/
		安徽	https://pmos.ah.sgcc.com.cn
		福建	https://pmos.fj.sgcc.com.cn
		湖北	https://newpmos.hb.sgcc.com.cn/
		湖南	https://pmos.hn.sgcc.com.cn
		河南	https://pmos.ha.sgcc.com.cn
		江西	https://pmos.jx.sgcc.com.cn
		四川	https://pmos.sc.sgcc.com.cn
		重庆	https://pmos.cq.sgcc.com.cn
		辽宁	https://pmos.ln.sgcc.com.cn
		吉林	https://pmos.jl.sgcc.com.cn
		黑龙江	https://pmos.hl.sgcc.com.cn
		蒙东	https://pmos.md.sgcc.com.cn
		陕西	https://pmos.sn.sgcc.com.cn
		甘肃	https://pmos.gs.sgcc.com.cn
		青海	https://pmos.qh.sgcc.com.cn
		宁夏	https://pmos.nx.sgcc.com.cn
		新疆	https://pmos.xj.sgcc.com.cn
		西藏	https://pmos.xz.sgcc.com.cn

续表

经营区	市场类别	地区	网址
南方电网经营区	省间市场	南方电网区域	https://www.poweremarket.com
	省级市场	广东	https://pm.gd.csg.cn
		广西	https://pm.gx.csg.cn
		海南	https://www.poweremarket.com
		云南	https://www.kmpex.com
		贵州	https://www.poweremarket.com
内蒙古电网经营区	省级市场	蒙西	http://www.imptc.com

参 考 文 献

[1] Daniel S，Kirschen，Goran Strbac. 电力系统经济学原理 [M]. 朱治中，译. 北京：中国电力出版社，2007.

[2] 皮波·兰奇，圭多·切尔维尼. 电力市场经济学：理论与政策 [M]. 杨争林，译. 北京：中国电力出版社，2017.

[3] 谢开. 美国电力市场运行与监管实例分析 [M]. 北京：中国电力出版社，2017.

[4] 谢开，彭鹏，荆朝霞，等. 欧洲统一电力市场设计与实践 [M]. 北京：中国电力出版社，2022.

[5]《全国统一电力市场发展规划蓝皮书》编写组. 全国统一电力市场发展规划蓝皮书 [M]. 北京：中国电力出版社，2024.

[6] 张智刚，康重庆. 碳中和目标下构建新型电力系统的挑战与展望 [J]. 中国电机工程学报，2022,42（08）：2806 – 2819. DOI:10.13334/j.0258 – 8013. pcsee.220467.

[7] 陈国平，董昱，梁志峰. 能源转型中的中国特色新能源高质量发展分析与思考 [J]. 中国电机工程学报，2020,40（17）：5493 – 5506. DOI:10.13334/j.0258 – 8013.pcsee.200984.

[8] 谢开. 全面完善市场运营体系　加快推进全国统一电力市场建设 [J]. 国家电网报，2025.

[9] 谢开，刘敦楠，李竹，等. 适应新型电力系统的多维协同电力市场体系 [J]. 电力系统自动化，2024,48（4）：2 – 12.

[10] 孙大雁，耿建，杨胜春，等. 新型电力系统环境下煤电与新能源等多元资源协调优化运行及其挑战 [J]. 电网技术，2024,48（08）：3105 – 3113. DOI:10.13335/j.1000 – 3673.pst.2024.0713.

[11] 史连军，韩放. 中国电力市场的现状与展望 [J]. 电力系统自动化，2000,（3）：1 – 4.

[12] 李竹，庞博，李国栋，等. 欧洲统一电力市场建设及对中国电力市场模式的启示 [J]. 电力系统自动化，2017,41（24）：2 – 9.

[13] 张显，王彩霞，谢开，等. "双碳"目标下中国绿色电力市场建设关键问题 [J]. 电力系统自动化，2024,48（4）：25 – 33.

[14] 张显，汤亚宸，李达，等. 考虑绿电交易的电力碳排放定量测算 [J]. 电网技术，2024,

48（5）：1957－1966. DOI:10.13335/j.1000－3673.pst.2023.0953.

[15] 周琳，付学谦，刘硕，等. 促进新能源消纳的综合能源系统日前市场出清优化 [J]. 中国电力，2019,52（11）：9－18.

[16] 汤洪海，邢通，李帆琪，等. 考虑省间交易模式的新能源基地源－储协同外送优化及综合效益分配策略 [J]. 新型电力系统，2024,2（3）：312－329. DOI:10.20121/j.2097－2784.ntps.240004.

[17] 张圣楠，刘永辉，胡婉莉，等. 电力交易平台业务中台设计研究 [J]. 电网技术，2021,45（4）：1364－1370. DOI:10.13335/j.1000－3673.pst.2020.1877.

[18] 李国栋，李庚银，周明，等. 国外促进新能源消纳的典型市场机制分析 [J]. 中国电力，2019,52（2）：46－52+60.

[19] 宋莉，刘敦楠，庞博，等. 需求侧资源参与电力市场机制及典型案例实践综述 [J]. 全球能源互联网，2021,4（4）：401－410. DOI:10.19705/j.cnki.issn 2096－5125.2021.04.009.

[20] 卫子杰，荆朝霞，季天瑶. 基于多时间尺度耦合建模的电力市场与碳市场联动均衡机制研究 [J]. 电网技术，2024,49（4）：1447－1458.

[21] 史连军，庞博，刘敦楠. 新电改下北京电力交易中心电力市场综合指数的交易分析[J]. 电力系统自动化，2019,43（6）：163－170.

[22] 史连军，邵平，张显. 新一代电力市场交易平台架构探讨 [J]. 电力系统自动化，2017,41（24）：67－76.

[23] 张显，史连军. 中国电力市场未来研究方向及关键技术 [J]. 电力系统自动化，2020,44（16）：1－11.

[24] 安麒，王剑晓，武昭原，等. 高比例可再生能源渗透下的电力市场价值分配机制设计 [J]. 电力系统自动化，2021,46（7）：13－22.

[25] 孙大雁，史新红，冯树海. 全国统一电力市场环境下的电力辅助服务市场体系设计[J]. 电力系统自动化，2023,48（4）：13－24.

[26] 钟海旺，张宁，杜尔顺. 新型电力系统中的规划运营与电力市场：研究进展与科研实践[J]. 中国电机工程学报，2024,44（18）：7084－7104.

[27] 王宣元，马莉，曲昊源. 美国得克萨斯州风电消纳的市场运行机制及启示 [J]. 中国电力，2017,50（7）：10－18+27.

[28] 曾鸣，张硕. 我国"十四五"能源体系建设情况分析 [J]. 中国电力企业管理，2023,（25）：

65－67.

[29] 夏清. 促进新型电力系统建设的市场机制创新［J］. 全球能源互联网，2023，6（4）：
353－354. DOI:10.19705/j.cnki.issn2096－5125.2023.04.002.

[30] 张粒子，陈皓轩，黄弦超，等. 欧洲电力平衡市场机制设计逻辑及对我国碳中和目标下辅
助服务市场发展规划的启示［J］. 中国电机工程学报，2023，43（S1）：14－30. DOI:
10.13334/j.0258－8013.pcsee.231465.

[31] 刘敦楠. 电力市场、碳排放权市场和绿色证书市场的协调发展［J］. 电器工业，2017，（7）：
44－46.

[32] 荆朝霞. 新型电力系统下电力市场的建设及运行机制研究［J］. 电力工程技术，2022，41
（1）：1.

[33] 荆朝霞，李煜鹏，赵昱宣，等. 能源系统低碳转型背景下的混合电力市场体系结构与设计
［J］. 电力系统自动化，2024，48（11）：24－36.

[34] 马莉，范孟华. 全国统一电力市场建设现状及展望［J］. 中国电力企业管理，2024，（10）：
16－20.

[35] 康重庆，杜尔顺，李姚旺，等. 新型电力系统的"碳视角"：科学问题与研究框架［J］. 电
网技术，2022，46（3）：821－833. DOI:10.13335/j.1000－3673.pst.2021.2550.

[36] 别朝红，林超凡，李更丰，等. 能源转型下弹性电力系统的发展与展望［J］. 中国电机工
程学报，2020，40（9）：2735－2745. DOI:10.13334/j.0258－8013.pcsee.191705.

[37] 肖云鹏，王锡凡，王秀丽，等. 面向高比例可再生能源的电力市场研究综述［J］. 中国电
机工程学报，2018，38（3）：663－674. DOI:10.13334/j.0258－8013.pcsee.172424.

[38] 丁一，谢开，庞博，等. 中国特色、全国统一的电力市场关键问题研究（1）：国外市场启
示、比对与建议［J］. 电网技术，2020，44（7）：2401－2410. DOI:10.13335/j.1000－3673.pst.
2020.0422.

[39] 夏清，陈启鑫，谢开，等. 中国特色、全国统一的电力市场关键问题研究（2）：我国跨区
跨省电力交易市场的发展途径、交易品种与政策建议［J］. 电网技术，2020，44（8）：
2801－2808. DOI:10.13335/j.1000－3673.pst.2020.0392.

[40] 曾丹，谢开，庞博，等. 中国特色、全国统一的电力市场关键问题研究（3）：省间省内电
力市场协调运行的交易出清模型［J］. 电网技术，2020，44（8）：2809－2819. DOI:10.13335/
j.1000－3673.pst.2020.0435.

[41] 侯孚睿，王秀丽，锁涛，等. 英国电力容量市场设计及对中国电力市场改革的启示[J]. 电力系统自动化，2015，39（24）：1-7.

[42] 陈先龙，王秀丽，吕建虎，等. 基于消纳责任权重的两级电力市场优化运行模型[J]. 全球能源互联网，2020，3（5）：430-440.

[43] 杨争林，曾丹，冯树海，等. 电力市场实验能力建设面临的挑战及关键技术[J]. 电力系统自动化，2022，46（10）：111-120.

[44] 程海花，杨辰星，刘硕，等. 基于路径组合计及ATC的省间中长期交易优化出清和系统研发[J]. 电网技术，2022，46（12）：4762-4774. DOI:10.13335/j.1000-3673.pst.2022.0875.

[45] 郑亚先，杨争林，冯树海，等. 碳达峰目标场景下全国统一电力市场关键问题分析[J]. 电网技术，2022，46（1）：1-20. DOI:10.13335/j.1000-3673.pst.2021.1734.

[46] 耿建，周竞，吕建虎，等. 负荷侧可调节资源市场交易机制分析与探讨[J]. 电网技术，2022，46（7）：2439-2448. DOI:10.13335/j.1000-3673.pst.2022.0184.

[47] 龙苏岩，盛祥祥，周天翔，等. 基于统一数据模型的电力现货市场清算方法及其应用[J]. 电力系统自动化，2021，45（6）：169-175.

[48] 曾丹，杨争林，冯树海，等. 交直流混联电网下基于ATC的省间交易优化出清建模[J]. 电网技术，2020，44（10）：3893-3899. DOI:10.13335/j.1000-3673.pst.2020.0111.

[49] 尚楠，陈政，卢治霖，等. 电力市场、碳市场及绿证市场互动机理及协调机制[J]. 电网技术，2023，47（01）：142-154.

[50] 周华锋，刘映尚，彭超逸，等. 基于均值聚类算法的电力现货市场报价行为分析[J]. 电力系统及其自动化学报，2022，34（8）：130-138.

[51] 陈中飞，荆朝霞，陈达鹏，等. 美国调频辅助服务市场的定价机制分析[J]. 电力系统自动化，2018，42（12）：1-10.

[52] 张翔，陈政，马子明，等. 适应可再生能源配额制的电力市场交易体系研究[J]. 电网技术，2019，43（8）：2682-2690.

[53] Kevin Carden，Nick Wintermantel，Astrapé Consulting. Energy Storage Capacity Value on the CAISO System[R]. The California Public Utilities Commission，2019.

[54] 廖侃，丁肇豪，舒隽，等. 欧美电力市场操纵行为监管原则分析及其对中国的启示[J]. 电力系统自动化，2020，44（14）：1-8.

[55] 包铭磊，丁一，邵常政，等. 北欧电力市场评述及对我国的经验借鉴[J]. 中国电机工程

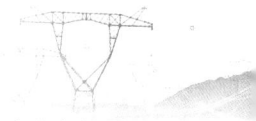

学报，2017,37（17）：4881－4892.

[56] 郭鸿业，陈启鑫，夏清，等. 电力市场中的灵活调节服务：基本概念、均衡模型与研究方向 [J]. 中国电机工程学报，2017,37（17）：3057－3066.

[57] 张忠会，赖飞屹，谢义苗. 基于纳什均衡理论的电力市场三方博弈分析 [J]. 电网技术，2016,40（12）：3671－3679.

[58] 周亦洲，孙国强，黄文进，等. 计及电动汽车和需求响应的多类电力市场下虚拟电厂竞标模型 [J]. 电网技术，2017,46（6）：1759－1766.

[59] 艾欣，周树鹏，赵阅群. 考虑风电不确定性的用户侧分时电价研究 [J]. 电网技术，2016,40（5）：1529－1535.

[60] 马子明，钟海旺，李竹. 美国电力市场信息披露体系及其对中国的启示 [J]. 电力系统自动化，2017,41（24）：49－57.

[61] 邰雪，孙宏斌，郭庆来. 能源互联网中基于区块链的电力交易和阻塞管理方法 [J]. 电网技术，2016,40（12）：3630－3638.

[62] 宋永华，林今，胡泽春. 能源局域网：物理架构、运行模式与市场机制 [J]. 中国电机工程学报，2016,36（21）：5776－5787.

[63] 李洋. 市场化改革下的可再生能源发电价格机制研究 [J]. 中国电力，2016,49（3）：119－122.

[64] 胡晨，杜松怀，苏娟. 新电改背景下我国售电公司的购售电途径与经营模式探讨 [J]. 电网技术，2016,40（11）：3293－3299.

[65] 葛睿，陈龙翔，王轶禹，等. 中国电力市场建设路径优选及设计 [J]. 电力系统自动化，2017,41（24）：10－15.

[66] 马莉，黄李明，薛松. 中国新一轮电力市场改革试点有序运行关键问题 [J]. 中国电力，2017,50（4）：17－22.